"十三五"职业教育国家规划教材

"十二五"职业教育国家规划教材
经全国职业教育教材审定委员会审定

普通高等教育"十一五"国家级规划教材

U0648891

21世纪新概念教材·高等职业教育现代物流管理专业教材新系

全国联编

微课版

现代物流学

【第七版】

梁金萍 齐云英 王 宁 主编

Xiandai Wuliuxue

东北财经大学出版社
Dongbei University of Finance & Economics Press

大连

图书在版编目（CIP）数据

现代物流学 / 梁金萍，齐云英，王宁主编. —7版. —大连：东北财经
大学出版社，2022.10
（21世纪新概念教材·高等职业教育现代物流管理专业教材新系）
ISBN 978-7-5654-4598-9

Ⅰ．现…　Ⅱ．①梁…②齐…③王…　Ⅲ．物流–高等职业教育–教材
Ⅳ．F252

中国版本图书馆 CIP 数据核字（2022）第 131398 号

东北财经大学出版社出版
（大连市黑石礁尖山街217号　邮政编码　116025）
网　　址：http：//www.dufep.cn
读者信箱：dufep@dufe.edu.cn
大连日升彩色印刷有限公司印刷　东北财经大学出版社发行
幅面尺寸：185mm×260mm　字数：434千字　印张：19　插页：1
2022年10月第7版　　　　　　2022年10月第1次印刷
责任编辑：郭海雷　　　　　　　责任校对：张晓鹏
封面设计：冀贵收　　　　　　　版式设计：原　皓
定价：44.00元

第七版前言

2009年3月，国务院通过了《物流业调整和振兴规划》，这是我国第一个物流业专项规划。2009年3月，国家发展改革委等部门联合发布了《关于推动物流高质量发展 促进形成强大国内市场的意见》，明确物流业是支撑国民经济发展的基础性、战略性、先导性产业，明确了物流业对我国经济发展的重要性。2017年10月，国务院办公厅发布了《关于积极推进供应链创新与应用的指导意见》，首次将供应链的创新与应用上升为国家战略。2020年11月，《中共中央关于制定国民经济和社会发展第十四个五年规划和二〇三五年远景目标的建议》再次强调提升产业链供应链现代化水平、构建现代物流体系、健全现代流通体系。2020年8月，国家发展改革委发布了《推动物流业制造业深度融合创新发展实施方案》，强调推动物流业制造业深度融合、创新发展，推进物流降本增效，促进制造业转型升级。2021年1月，国务院办公厅印发《关于推进电子商务与快递物流协同发展的意见》强调要深入实施"互联网+流通"行动计划，提高电子商务与快递物流协同发展水平。以上政策的发布与实施反映了我国物流快速高质量发展的过程，同时也体现了物流在我国发展中的战略地位和重要性。

本教材经过十几年的使用，获得了用书院校师生的广泛好评，并于2006年被评为普通高等教育"十一五"国家级规划教材，2012年被评为第三届"物华图书奖"二等奖，2015年被评为"十二五"职业教育国家规划教材，2020年被评为"十三五"职业教育国家规划教材。我们根据全国职业教育工作会议精神，围绕高等职业教育现代物流管理专业的人才培养目标，突出了实操性、实务性及技能训练，参照物流行业转型升级的现状和教学改革的新趋势，在深入调研和精心准备的基础上展开了修订工作。

第七版教材根据《国家职业教育改革实施方案》（国发〔2019〕4号）文件精神，沿用了第六版任务化、模块化的形式，落实立德树人根本任务，体现知识传授与价值引领相结合，增加了数字化资源、拓展训练等内容。此次修订，针对教材中的疑难问题采用了微课研讨的方法，对教材中的重点或难点问题辅以专门视频，在价值引领案例栏目设置动态二维码，不断更新拓展案例。编者在总结多年教学改革和编写教材经验的基础上，对教材编写模式进行了大胆的创新，按教师编写教案的思路进行内容组织，既方便教师组织课堂教学，又提高了教材的可阅读性。本教材通过问题引导，引出理论知识，提高学生的学习兴趣；通过课堂讨论和课堂提问，使学生对学习内容加深理解；通过课堂实训，解决各学校物流实训室不足的问题；通过企业案例小组讨论，使理论联系实际，充实实用知识与技能；通过项目考核和项目实训考查学生对本项目知识的掌握情况，引导学生应用专业知识分析解决实际问题，进一步提升学生的专业应用能力。

第七版教材进一步完善了配套的教学资源库，任课教师除了可以登录东北财经大学出版社网站（www.dufep.cn）免费下载电子课件、期末模拟试卷及答案、项目内思考问题答案提示、项目后习题答案等常规资源外，还可向出版社索取与教材配套的教学日历、教学大纲、微课、教学案例集、教学录像、试题库等资源。

本教材由具有多年教学经验的梁金萍、齐云英、王宁老师担任主编，梁金萍负责全书的策划、组织、大纲制定，齐云英、王宁负责全书的统稿工作。编写分工如下：王宁负责项目一、项目四；曹琨负责项目二、项目三；齐云英负责项目五、项目七；梁金萍负责项目六；滕光富负责项目八；夏静负责项目九、项目十。

本教材在编写过程中参考了大量的文献资料，借鉴和吸收了国内外众多学者的研究成果，在此，对他们的辛勤工作深表敬意。由于编者水平有限，本教材可能存在诸多缺点和不足，敬请各位专家学者和广大读者朋友批评指正。

编　者

2022年4月

目录

项目一
物流基础知识

学习目标

知识目标：

1.认识现代物流及物流活动；了解物流的发展和物流科学的产生；了解物流的概念和物流的功能；掌握物流学的主要观点。

2.了解物流标准的概念和种类；了解物流标准制定的基本方法；掌握物流标准化的方法。

能力目标：

1.能引用物流学观点分析物流现象。

2.能准确应用物流标准。

价值目标：

1.认识物流行业对于国民经济的支撑作用。

2.明确物流人的责任和担当，增强使命感，提高专业认同度。

3.认识到物流标准化的价值，践行标准，强化推广物流标准化的意识。

价值引领案例

物流人物 | 快递小哥李庆恒的逆袭

学习微平台

拓展阅读 1-1

杭州的李庆恒带着"感觉这个行业蛮有挑战性"的想法，抱着试一试的心态通过应聘成为快递小哥中的一员。5年之后，李庆恒在浙江省第三届快递职业技能竞赛中"一赛成名"，荣获快递员项目的第1名。

初入公司的李庆恒十分敬业，他在客服岗位完成本职工作外，还主动参与一线快递员的工作，在"双11""6·18"等电商促销节日里帮忙打包、分发货物。有人问他这样给自己加码是否感觉很累，他笑笑说，这样的日子过得才充实。成为快递分拣员后，他每晚都用最快的速度将包裹准确无误地分拣完毕，还练就了一项"报菜名"的真本事：无论快递上标明的是航空代码、区号还是邮政编码，他都能立马回答出来在哪个城市。有人说这是熟能生巧，只有他自己知道为了背熟这些数据下了多少功夫。他坦言，有时都有点"走火入魔"，连看到路过的汽车车牌，都会下意识地把相关城市的所有信息在脑子里过一遍。

让李庆恒"一赛成名"的是2019年举办的浙江省第三届快递职业技能竞赛。这是全国快递行业规格较高、含金量较大的比赛，竞争激烈程度可想而知。为了准备比赛，李庆恒不仅要做到对全国各地的邮编、城市区号、航空代码张口就来，还要眼疾手快，从固体胶、U盘、打火机、人民币、乒乓球等数百件物品里，挑出航空禁寄物品。比赛最难的部分是"画地图"。12分钟内要在电脑上完成19单快件的派送路线设计，既要保证每一个快件在派送时限内送达，又要考虑路线的合理优化，花最少的时间、走最短的路。为了准备此次比赛，没有收投快递件经验的李庆恒主动跟着一线快递员学习快递派送技巧，每天下班后抽出两小时左右时间从数百件物品中挑出航空禁寄物品，练就了一双"火眼金睛"。

"1.5 米高度摔 3 次""封边的胶带头不能长于 10 厘米，不能短于 5 厘米"……简单的几个数字背后，凝聚了李庆恒的汗水与努力。他介绍说，比赛中，包裹包好后从1.5 米的高度摔 3 次，包裹不破损，才能获得相应分数。

凭借一股子韧劲和过硬的业务能力，李庆恒获得了该赛事快递员项目的第 1 名，同时被浙江省人社厅授予"浙江省技术能手"称号。

资料来源　邹伽然. 95 后快递小哥的逆袭之路［N］. 工人日报，2020-07-13.经过节选、改编。

思考：　　（1）快递工作的价值体现在哪里？
　　　　　（2）物流从业人员的职业素养包括哪些？

任务一　认识物流

★任务目标

认识现代物流及物流活动，了解物流的发展和物流科学的产生，掌握物流的概念和物流的功能；掌握物流学的主要观点，能运用这些观点来分析物流现象。

★课堂讨论

在学习物流课程之前，你认为物流工作包含哪些内容？物流工作的对象是什么？做好物流工作需要具备哪些素质？

★问题引导

京东物流：三年内京东云仓覆盖全国

JDL 京东物流 CEO 王振辉在 2020 全球智能物流峰会上指出，面对汽车客户售后备件供应链中上下游信息割裂、库存水平高、配送时效慢三大问题，京东物流提供了一整套解决方案：通过一套订单协同平台系统，打通链路，解决了信息割裂的问题；通过销售预测和智能补货，使整个库存水平降低了 30%；通过备件库智能分仓，配送频次从每周2～3 次提升到 6 次，订单一次满足率提升了 10%。而在与消费品行业客户合作中，京东物流打造了智能场站、数字化车队和链上签等产品，实现了园区智能调度、数字化月台、运单合同电子化等，为客户节约了超过 60% 的人力成本和 50% 的单据管理成本。

另外，在产地供应链提升中，京东物流通过平邑智能云仓项目，打造了电商进村和物流进村的"平邑模式"。平邑智能云仓建筑面积超过 4 万平方米，可实现自动化存储、自动化分拣和自动化记录等功能，尤其是全自动化的立体库的存储容量超过1.1 万立方米，可承接 B2B、B2C 的业务，实现货到人拣选，日处理量订单超过 10 万单。平邑智能云仓使用了京东物流自动化立体库、天狼穿梭车、地狼 AGV 和交叉分拣机四大自研技术产品，以及 CLPS、WMS、TMS 和 WCS 等软件管理系统，真正实现了自动化、智能化。

资料来源　编者根据 JDL 京东物流 CEO 王振辉在 2020 全球智能物流峰会上的主旨演讲整理。

思考：传统物流与现代物流有什么区别？

小词典

物流是指根据实际需要，将运输、储存、装卸、搬运、包装、流通加工、配送、信息处理等基本功能实施有机结合，使物品从供应地向接收地进行实体流动的过程。

引导知识点

一、传统物流与现代物流

物流的概念是随着交易对象和环境变化而发展的，因此需要从历史的角度来考察。在美国，早在第一次世界大战后的 20 世纪 20 年代，产业和理论界就已运用"physical distribution"这一概念作为企业经营的一个要素加以研究。第二次世界大战期间，美国陆军中就开始用"logistics management"（现代物流管理）来指代物流，后来其理论、方法也为企业和理论界所认同，并广泛运用起来，它们将之称为商业物流或销售物流（business logistics），以力求合理有效地组织商品的供应、保管、运输、配送，而且实践证明取得了相当大的成效。"物流"这个名称在日本是 20 世纪五六十年代开始使用的，当时日本的企业界和政府为了提高产业劳动效率，组织了各种专业考察团到国外考察学习，公开发表了详细的考察报告，全面推动了日本生产经营管理的发展。该报告中提及了"physical distribution"（PD）一词。"PD"概念马上被产业界接受，尽管"PD"这个外来语后来经历了若干年才正式被译为"物的流通"（1964 年），但当时的日本正处于经济发展的黎明期，物流革新思想不仅渗透到了产业界，还渗透到了整个日本社会。

随着时间的推移，狭义物流（physical distribution）的概念逐渐被广义物流（logistics）替代。最初的物流概念主要侧重于商品物资移动的各项机能，即发生在商品流通领域中的在一定劳动组织条件下，凭借载体从供应方向需求方的商品实体定向移动，是在流通的两个阶段（G—W，W—G）上发生的所有商品实体的实际流动。显然这种物流是一种商业物流或销售物流，它作为一种狭义的物流具有明显的"中介性"，是连接生产与消费的手段，直接受商品交换活动的影响和制约，具有一定的时间性，只有存在商品交换时才会出现，不会永恒存在。

小资料 1-1

1963 年，美国成立了第一个物流组织——美国实体配送管理协会（NCPDM），指出物流管理是为了控制企业内物料移动、在制品库存和产成品分销活动。1985 年，美国实体配送管理协会改名为美国物流管理协会（CLM），标志着物流管理进入现代物流管理阶段，研究领域扩大到物资供应、企业生产、企业分销以及废弃物再生等全范围和全领域。2005 年年初，美国物流管理协会正式更名为美国供应链管理专业协会（CSCMP），标志着全球物流进入供应链时代。该协会官方网站已变更为"www.cscmp.org"，其中国代表处网址也变更为"www.cscmpchina.org"。

美国供应链管理专业协会对物流的最新定义是："物流是供应链的一部分，是为了满足顾客的需要，对商品、服务及相关信息从产地到消费地高效、低成本流动和储存而进行的实施和控制过程。"

现代物流包括了从原材料采购、在制品移动到产成品销售全过程的物资流通活动，物流合理化不限于物流部门内部，而是扩展到生产和销售部门。现代物流是为了实现顾客满意，连接供给主体和需求主体，克服空间和时间阻碍的、有效的、快速的商品和服务流动的经济活动过程。现代物流将物流活动从被动、从属的地位上升到企业经营战略的高度，成为企业经营的重要组成部分，物流概念已不仅是对活动概念的集合，还上升到了管理学的高度。

传统物流与现代物流的区别见表1-1。

表1-1   传统物流与现代物流的区别

区别项目	传统物流	现代物流
范围与边界	重视销售物流与生产物流	强调供应、生产、销售、消费等全过程的"大物流"
系统概念	重视运输、储存、包装、装卸、流通加工、信息处理等构成要素的系统最佳	强调物流系统与其他经营系统的"大系统"最佳
目标与理念	效率与成本的均衡	效率、成本、服务的均衡
功能定位	节约成本的"手段"与"策略"	扩大销售、增加利润的"战略"
物流服务特点	各种物流功能相对独立 无物流中心 不能控制整个物流链 限于地区物流服务 短期合约	广泛的物流服务项目 第三方物流被广泛采用 采用物流中心 供应链的全面管理 提供国际物流服务 与全球性客户的长期合作
物流服务管理	价格竞争 提供标准服务	以降低总物流成本为目标 增值物流服务 为顾客提供"量身定做"的特殊服务
物流信息技术	无外部整合系统 有限或无EDI联系 无卫星定位系统	实时信息系统 与顾客、海关等的EDI联系 卫星跟踪系统 存货管理系统
物流管理	有限或无现代管理	全球质量管理 时间基础管理 业务过程管理

★ 问题引导

我们在超市选购饮料时，通常只关心它的品牌、口味和价格，而不关心它是如何生产和运输的。

思考：这瓶饮料要经过多少环节才能到达你的手里？饮料厂要如何组织原材料，生产线上的物料和包装如何移动，经销商如何采购和销售，又如何将它送到零售店里？从它走下生产流水线的那一刻起，到你拿到手中为止，中间究竟经过了多少个环节、转运了多少辆卡车、进出了多少个仓库、到过多少个配送中心、历经多少道经销商以及多少人的手才被摆上货架？

引导知识点

二、物流的功能

物流的具体功能有如下几点：

（1）客户服务管理：掌握客户的需求动态，根据客户的要求和企业营销战略确定顾客服务水准，及时提供物流服务。

（2）物流需求预测：物流需求预测是对生产、装运、销售等方面有可能产生的物流数量的一种预示或估计。

（3）物流信息：物流信息在相关部门或企业之间的流动传递，是提高物流作业效率、实现物流系统化的关键环节。

（4）库存控制：在保障供应的前提下，使库存物品的数量最少所进行的有效管理的技术经济措施。库存控制是建立在对市场的科学预测基础之上的。库存控制是物流管理的核心。

（5）装卸搬运：在物流的过程中，保管和运输两端场所对货物进行的装车、卸车、移动、取货、分拣等作业活动。

（6）订单处理：接受订货信息，按照订单组织进货。

（7）工厂和仓库布局：根据物流合理化的要求，确定物流节点的数量和位置。工厂（包括商店等）和仓库（包括配送中心等）的位置及数量直接关系到物流网络的基本格局，影响到物流的走向、物流的流量等。

（8）物资采购：主要是指根据生产经营计划和库存状况，向供应商下订单补充库存。

（9）物流包装：为保证物流过程中货物不发生损坏，便于运输和保管进行的包装活动，也称之为运输包装。

（10）退货处理：将不合格货物和多余货物退还给供货部门的活动。

（11）废弃物处理：物流过程中的废弃物的回收活动。

（12）运输：作为物流的主要功能，其实现了商品的空间位移。合理安排运输，充分利用各种运输方式的优势，实现门到门的多式联运，对运输过程进行实时控制（货物跟踪系统、往返货物配载系统等），开展集装运输等是现代物流在运输领域的重要特征。

（13）仓库管理和保管：对入出库、装卸等作业活动实施的管理活动以及对库内物品进行妥善保管的相关作业活动。

（14）流通加工：流通加工是在流通领域从事简单生产活动，流通加工不改变商品的基本形态和功能，只是完善商品的使用功能，提高商品的附加价值。

（15）配送：配送属于由末端物流节点向最终用户进行的货物运输活动，具有小批量、多品种的特点。

★ 问题引导

苏宁物流自2014年独立运营以来，已构建起仓配、快递、快运、冷链、跨境、即时配、售后七大产品体系，正通过搭建科技和效率驱动物流基础设施平台，以"数字化+供应链"进行全链路输出，为商家和消费者提供价格更优、体验更好的服务。

目前，苏宁物流可为苏宁各门店提供多种物流配送服务，比如半日达、准时达、次日达、预约送、承诺达、大件送装一体、代客检、延时赔等，为用户解决了多样化的需求。

苏宁物流还为其他合作伙伴转型升级提供了强有力的支撑。例如，苏宁物流与宜家家居达成合作，为其提供"揽配装"一体化服务，全链路时长缩短10.9%，包装费用降低36%，用户满意度提升到99.83%。另外，苏宁物流为某知名鞋服品牌提供库存整合和到店服务，将其华东五仓合为一仓，仓储面积从4.8万平方米降至2万平方米，配送时长从48小时降至24小时，成本节约达到40%。

思考：苏宁电器门店和宜家家居的物流服务分别属于哪种类型？

◎ 引导知识点

三、现代物流的分类

社会经济领域中的物流活动无处不在，对于各个领域的物流，虽然其基本构成要素相同，但由于物流对象不同，物流目的不同，物流范围、范畴不同，就形成了不同的物流类型。

1.按物流活动的空间范围分类

（1）企业物流。企业物流是指生产和流通企业围绕其经营活动所发生的物流活动。企业物流属于微观物流。美国后勤管理协会认为企业物流是"研究对原材料、半成品、产成品、服务以及相关信息从供应始点到消费终点的流动与存储进行有效计划、实施和控制，以满足客户需要的科学"。

（2）城市物流。城市物流可表述为：在一定的城市行政区划条件下，为满足城市经济的发展要求和城市发展特点而组织的城市范围内的物流活动。城市物流属于中观物流，其研究目标是实现一个城市的物流合理化问题。

（3）区域物流。区域物流是按照自然经济联系、民族、文化传统以及社会发展需要而形成的经济联合体，是社会经济活动专业化分工与协作在空间上的反映。区域物流与区域经济是相互依存的统一体，区域物流是区域经济的主要构成要素，是区域经济系统形成与发展的一种主导力量。它在提高生产领域、流通领域的效率和经济效益，提高区域市场竞争能力，改变生产企业的布局和生产方式方面都发挥着积极的作用。

（4）国民经济物流。国民经济物流是指在一国范围内由国家统一计划、组织或指导下的物流，属于宏观物流。它是一国范围内最高层次的物流，其涉及的范围广、部门多、问题复杂，因而必须从整体上加强研究和组织。

（5）国际物流。国际物流是指跨越不同国家（地区）之间的物流。它是随着世界各国之间进行国际贸易而发生的商品实体从一个国家（地区）流转到另一个国家（地区）而发生的物流活动。

2.按物流作用的不同分类

根据物流活动发生的先后次序，企业物流可分为五部分：供应物流、生产物流、销售物流、回收物流、废弃物物流。

（1）供应物流。供应物流是指为生产企业提供原材料、零部件或其他物品时，物品在提供者与需求者之间的实体流动。

企业为保证本身生产的节奏，需要连续不断地组织原材料、零部件、燃料、辅助材料的供应，这种物流活动对企业生产的正常、高效运行起着重大作用。企业供应物流的关键在于如何降低供应物流的成本并保证供应，这也是企业供应物流的最大难点。为此，企业供应物流就必须解决有效的供应网络问题、供应方式问题、零库存问题等。

（2）生产物流。生产物流是指在生产过程中，原材料、在制品、半成品、产成品等在企业内部的实体流动。

原料、零部件、燃料等从企业仓库进入生产线的开始端，再进一步随生产加工过程流动，在流动的过程中本身被加工，同时产生一些废料、余料，直到生产加工终结，再流动至产成品仓库，便是完整的企业生产物流过程。

（3）销售物流。销售物流是指生产企业、流通企业出售商品时，物品在供方与需方之间的实体流动。

销售物流是企业为保证本身的经营效益，不断伴随销售活动，将产品所有权转给用户的物流活动。销售物流的特点是通过包装、送货、配送等一系列物流活动实现销售，其主要研究送货方式、包装水平、库存控制、运输路线等问题。

（4）回收物流。回收物流是指不合格物品的返修、退货以及周转使用的包装容器等从需方返回到供方所形成的物品实体流动。

企业在生产、供应、销售的活动中总会产生各种边角余料和废料，其回收需要伴随物流活动。在一个企业中，回收物品处理不当就会影响整个生产环境，甚至会影响产品质量，也会占用很大空间，造成资源浪费。

（5）废弃物物流。废弃物物流是指将经济活动中失去原有使用价值的物品，根据实际需要进行收集、分类、加工、包装、搬运、储存，并分送到专门处理场所时所形成的物品实体流动。

在循环利用过程中，基本或完全失去了使用价值，形成无法再利用的最终排放物，即废弃物。废弃物经过处理后返回自然界，形成了废弃物物流。废弃物的大量产生，严重地影响人类赖以生存的环境，必须妥善处理。因此，对废弃物物流的管理不仅要从经济效益角度考虑，还要从社会效益角度考虑。

小思考 1-1

生产企业物流与销售企业物流有什么异同点？

3.按物流运作的主体不同分类

（1）自营物流。自营物流是一种传统的物流模式，它是由企业依赖自有的物流设施和人员的物流模式。自营物流具有较大的灵活性，由于企业自身是物流的组织者，所以可以按照企业的要求和产品的特点对物流进行设计与布局。

如果自有物流设施能得到充分利用，物流成本将低于外包物流，这是由于长期使用自有物流资源会降低单位货物的物流成本，在某种程度上这也是一种规模经济的表现。但是由于自营物流使企业物流资源不能随着需求的增加或减少而增加或减少，因而它存在着很大的局限性。当企业的物流需求减少时，仍需承担自有物流设施中未利用部分的成本；反之，当企业对物流资源有额外需求时，自有物流却无法满足。总之，在市场经济环境下自营物流存在着巨大的风险。

（2）第三方物流。第三方物流通常又称为"契约物流"或"物流联盟"，是指从生产到销售的整个流通过程中进行服务的第三方，通过签订合作协议或结成合作联盟，在特定的时间段内按照特定的价格向客户提供个性化的物流代理服务。

（3）第四方物流。第四方物流服务的提供者是一个供应链的集成商，它对公司内部和具有互补性的物流服务提供者所拥有不同的物流资源、能力和技术进行整合和管理，提供一整套供应链解决方案。

第四方物流的前景非常诱人，但是进入第四方物流领域的门槛也非常高。欧美国家和地区的经验表明，要想进入第四方物流领域，企业必须在某一方面或某几方面具备很强的核心竞争力，并且有能力通过战略合作伙伴关系顺利进入其他领域。

4.按物流组织的特征分类

（1）虚拟物流。虚拟物流是"以计算机网络技术进行物流运作与管理，实现企业间物流资源共享和优化配置的物流模式"。虚拟物流要求把物流资源视为商品，这就意味着物流资源可以被借进、借出或交易、合并和配置，从而为物流系统的设计创造具有强大潜力的可能性，也意味着可能在物流资源的配置效率方面取得重大突破。

（2）定制物流。定制物流是"根据客户的特定要求而设计的物流服务模式"。定制物流是物流企业快速响应客户个性化的物流需求，并及时按照客户的特定需求进行物流服务的设计与提供，从而在不牺牲成本和效率的基础上为客户提供个性化的物流服务。定制物流产生的动力源于物流服务购买者的物流外包，而且是独一无二的物流产品。因此，物流服务提供者必须根据每个潜在客户的需要制订不同的解决方案。

（3）精益物流。精益物流是"消除物流过程中的无效和不增值作业，以尽量少的投入满足客户需求，实现客户的最大价值，并获得高效率、高效益的物流"。

精益物流的目标可概括为：企业在提供给客户令其满意的服务水平的同时，把浪费降到最低程度。

（4）绿色物流。绿色物流是"在物流过程中抑制物流对环境造成危害的同时，实现对物流环境的净化，使物流资源得到最充分利用"。

5.其他物流分类

（1）按物流的对象划分，包括农产品物流、煤炭物流、钢铁物流和医药物流等。

（2）按对物流环境和运作有无特殊要求划分，包括军事物流、危险品物流、冷链物流、集装箱物流和托盘物流等。

（3）按物流服务方式划分，包括门到门物流、快递物流和电子商务配送等。

★ 问题引导

"一骑红尘妃子笑，无人知是荔枝来。"这是唐朝诗人杜牧《过华清宫》里的诗句。诗里描述了皇帝命人为杨贵妃千里快马送荔枝的情景。在唐朝，估计也只有像贵妃级的人物才能在长安吃到岭南荔枝，而现在，在荔枝成熟的季节，大小城市的超市里都有成堆的荔枝在售，现代社会的每个人都能享受到唐朝贵妃的待遇。

思考：物流创造了哪些价值？

⊙ 引导知识点

四、物流活动创造价值

1. 物流创造时间价值

"物"从供给者到需要者之间本来就存在一段时间差，由于改变这一时间差而创造的价值，称作"时间价值"。通过物流获得时间价值的形式有以下几种：

（1）缩短时间创造价值。

缩短物流时间，可获得多方面的好处，如减少物流损失、降低物流消耗、增加物的周转、节约资金等。马克思从资本角度早就指出过："流通时间越等于零或近于零，资本的职能就越大，资本的生产效率就越高，它的自行增殖就越大。"（《马克思恩格斯全集》第 24 卷第 142 页）这里马克思所讲的流通时间完全可以理解为物流时间，因为物流周期的结束是资本周转的前提条件。这个时间越短，资本周转越快，表现出资本的较高增殖速度。

从全社会物流的总体情况来看，加快物流速度、缩短物流时间，是物流必须遵循的一条经济规律。

（2）弥补时间差创造价值。

在经济社会中，供给与需求之间普遍存在时间差，正是因为具有时间差，商品才能取得自身最高价值，才能获得十分理想的效益。例如，粮食集中产出，但是人们的消费是一年 365 天，天天有需求。粮食本身是不会自动弥补这个时间差的，如果没有有效的方法，集中生产出的粮食除了当时的少量消耗外，其余大部分就会变质、腐烂，而到了非产出时间，人们就会缺少足够的粮食供应。物流便是以科学的系统方法对此进行弥补，通过"时间差"来实现其"时间价值"。

（3）延长时间差创造价值。

物流总体上遵循"加速物流速度，缩短物流时间"这一规律，以尽量缩小时间间隔来创造价值，但是在某些具体物流中也存在人为地、能动地延长物流时间来创造价值。例如，针对秋季集中产出的水果、棉花等农作物，通过物流的储存、储备活动，有意识地延长其物流的时间，以均衡人们的需求。这种配合时机销售的营销活动的物流便是有意识地延长物流时间来创造价值。

2. 物流创造场所价值

"物"从供给者到需求者之间往往会有一段空间距离，供给者和需求者往往处于不同的场所，因改变"物"的不同场所而创造的价值称作"场所价值"。

学习微平台

动画：认识物流管理

物流创造场所价值是由现代社会产业结构、社会分工所决定的，主要原因是供给和需求之间的空间差。商品在不同地理位置有不同的价值，通过物流将商品由低价值区转移到高价值区，便可获得价值差，即"场所价值"。

（1）从集中生产场所流入分散需求场所创造价值。

现代化大生产的特点之一，往往是通过集中的、大规模的生产来提高生产效率，降低成本。在一个小范围集中生产的产品可以覆盖大面积的需求地区，有时甚至可覆盖一个国家乃至若干国家。通过物流将产品从集中生产的地区转移到分散于各地的消费地区，有时可以获得很高的利益。

（2）从分散生产场所流入集中需求场所创造价值。

和上面相反的情形在现代社会中也不少见。例如，粮食是在一亩地一亩地上分散生产出来的，而一个大城市的需求却相对大规模集中；一个大汽车厂的零配件生产分布得非常广，但却集中在一个大厂装配，这也形成了分散生产和集中需求，物流便依此取得了场所价值。

（3）在低价值地区生产流入高价值地区需求场所创造价值。

现代社会中供应与需求的空间差，有不少是自然地理和社会发展因素决定的，例如，农村生产粮食、蔬菜而于城市消费，南方生产荔枝而于各地消费，北方生产高粱而于各地消费等。物流将商品从低价值地区转移到高价值地区，人们从中获利。现代人每日消费的物品几乎都是在相距一定距离甚至十分遥远的地方生产的。这么复杂交错的供给与需求的空间差都是靠物流来弥合的，物流从业者也从中获得了利益。

在经济全球化的浪潮中，国际分工和全球供应链构筑的一个基本选择是在成本最低的地区进行生产，通过有效的物流系统和全球供应链，在价值最高的地区销售，信息技术和现代物流技术为此创造了条件，使物流得以创造价值，得以增值。

▶▶ **小资料1-2**

郑州中欧班列向客户提供高效运输新选择

2021年12月26日下午，一列满载机械配件、日用品等货物的中欧班列从中铁联集郑州中心站首发，经二连浩特口岸出境，奔向万里之外的俄罗斯加里宁格勒，标志着郑州始发终到中欧班列境外目的站点增至12个。新线路的打通，不仅为西向出口客户提供了高效运输新选择，还可提升中欧班列（郑州）对波罗的海沿岸国家、西欧和北欧的辐射力，带动中原地区与西北欧国家的全面经济合作。

据统计，2021年第一季度中欧班列（郑州）开行349班，累计货值12.97亿美元、货重22.47万吨，与去年同期相比，开行列数、货值、货重分别增长122%、103%、109%。

截至2021年4月8日，中欧班列（郑州）累计开行4 265班（2 473班去程、1 792班回程），累计货值174.39亿美元、货重235万吨。

资料来源　大象新闻. 郑州至加里宁格勒中欧班列首发　中欧班列（郑州）境外目的站点增至12个［EB/OL］.［2022-05-01］. http：//finance.sina.com.cn/jjxw/2021-12-29/doc-ikyamrmz1993315.shtml；佚名. 中欧班列（郑州）累计货值近13亿美元［EB/OL］.［2022-05-01］. http：//newpaper.dahe.cn/hnrb/html/2021-04/13/content_486078.htm.

★问题引导

目前，各大电器卖场通常只摆放样机而非现场提货。当顾客看中一款机型后，先付款拿发票，然后根据双方协商好的送货时间，由物流配送中心直接送货到家。

思考：这样做有什么好处？

◎ 引导知识点

学习微平台

微课：物流学说

五、物流学的主要观点

1. "商物分离说"（商物分流）

商物分离是物流科学赖以存在的先决条件。所谓商物分离，是指流通中的两个组成部分——商业流通和实物流通——各自按照自己的规律和渠道独立运动。

社会进步使流通从生产中分化出来之后，并没有结束分化及分工的深入和继续。第二次世界大战之后，流通过程中上述两种不同形式出现了更明显的分离，从不同形式逐渐变成了两个有一定独立运动能力的不同运动过程，这就是所谓的"商物分离"。

商物分离前后的流通过程如图1-1、图1-2所示，通过对比发现，商物分离后的流通过程显然要比商物分离前的流通过程合理得多。

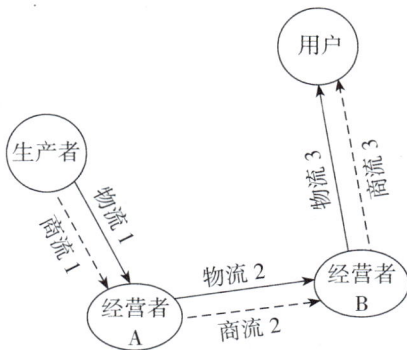

图1-1　商物分离前

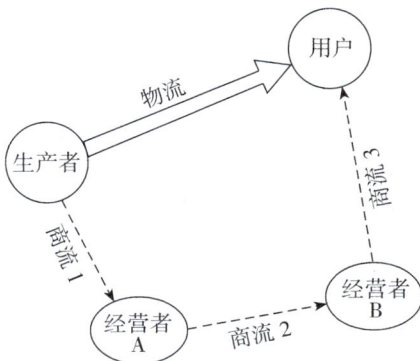

图1-2　商物分离后

商流和物流也有其不同的物质基础和不同的社会形态。商流明显侧重于经济关系、分配关系、权利关系，因而属于生产关系范畴，而物流明显侧重于工具、装备、设施及技术，因而属于生产力范畴。

所以，商物分离实际是流通总体中的专业分工、职能分工，是通过这种分工实现大生产式的社会再生产的产物。这是物流科学中重要的新观念。物流科学正是在商物分离基础上才得以对物流进行独立的考察，进而形成的科学。

2.“黑大陆说”

著名的管理学权威彼得·德鲁克曾经讲过：“流通是经济领域里的黑暗大陆。”彼得·德鲁克泛指的是流通，但是，由于流通领域中物流活动的模糊性尤其突出，是流通领域中人们尚未认清的领域，所以“黑大陆说”现在主要针对物流而言。

“黑大陆”主要是指尚未认识、尚未了解的领域。“黑大陆说”也是对物流本身的正确评价，这个领域未知的东西还很多，理论和实践皆不成熟。从某种意义上看，“黑大陆说”是一种未来学的研究结论，是战略分析的结论，带有很强的哲学的抽象性，这一学说对于研究这一领域起到了启迪和动员作用。

3.“物流冰山说”

“物流冰山说”（如图1-3所示）是日本早稻田大学西泽修教授提出来的，他专门研究物流成本时发现，现行的财务会计制度和会计核算方法都不可能掌握物流费用的实际情况，因而人们对物流费用的了解是一片空白，甚至有很大的虚假性，他把这种情况比作“物流冰山”。冰山的特点是，大部分沉在水面之下，而露出水面的仅是冰山的一角。物流便是一座冰山，其中沉在水面以下的是我们看不到的黑色区域，我们看到的水面之上的不过是物流的一部分。

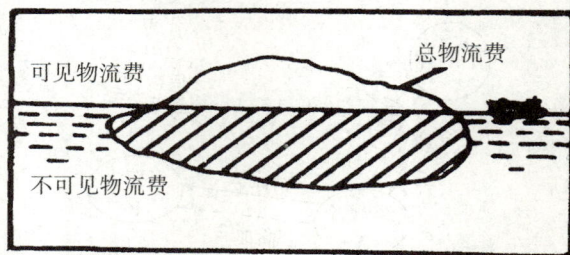

图1-3　“物流冰山说”

西泽修教授用物流成本的具体分析论证了彼得·德鲁克的“黑大陆说”，事实证明，我们对物流领域的方方面面还是不清楚的，黑大陆和冰山的水下部分正是物流尚待开发的领域，正是物流的潜力所在。

4.“第三个利润源说”

“第三个利润源说”主要出自日本。第三个利润源是对物流潜力及效益的描述。从历史发展来看，人类历史上曾经有过两个大量提供利润的领域——第一个是资源领域，第二个是人力领域。资源领域起初是廉价原材料、燃料的掠夺或获得，其后则是依靠科技进步，节约消耗、代用、综合利用、回收利用乃至大量人工合成资源而获取高额利润，习惯称之为“第一个利润源”。人力领域最初是廉价劳动，其后则是依靠科技进步提高劳动生产率，降低人力消耗或采用机械化、自动化来降低劳动耗用从而降低成本，增加利润，这个领域习惯称为“第二个利润源”。

小思考1-2

为什么称物流为"第三个利润源"?

这三个利润源注重于生产力的不同要素:第一个利润源的挖掘对象是生产力中的劳动对象;第二个利润源的挖掘对象是生产力中的劳动者;第三个利润源则主要挖掘生产力要素中劳动工具的潜力,与此同时又挖掘劳动对象和劳动者的潜力,因而更具有全面性。

第三个利润源的最初理论认识基于两个前提条件:

第一,物流是可以完全从流通中分化出来的,自成系统独立运行,有本身的目标、本身的管理,因而能对其进行独立的、总体的判断。

第二,物流和其他独立的经营活动一样,它不是总体的成本构成因素,而是单独盈利因素,物流可以成为"利润中心"型的独立系统。

第三个利润源的理论,反映了日本人对物流的理论认识和实践活动,反映了他们与欧洲人、美国人在物流认识上的差异。一般而言,美国人对物流的主体认识可以概括为"服务中心"型,而欧洲人的认识可以概括为"成本中心"型。显然,"服务中心"和"成本中心"与"利润中心"的差异很大。"服务中心"和"成本中心"主张的是总体效益或间接效益,而第三个利润源的"利润中心"的主张,指的是直接效益。但是如果广义理解第三个利润源,把第三个利润源不仅看成直接谋利的手段,而且特别强调它的战略意义,特别强调它是在经济领域中潜力将尽的情况下的新发现,是经济发展的新思路,也许其对今后经济的推动作用真正如同经济发展中曾有的廉价原材料的推动作用一样,这恐怕是现在学术界更多人的认识,第三个利润源的真正价值恐怕是从直接利润延伸的战略意义了。

5."效益背反说"和物流的整体观念

效益背反是物流领域中很常见、很普遍的现象,是这一领域中内部矛盾的反映和发现。

效益背反指的是物流的若干功能要素之间存在着损益的矛盾,也即某一个功能要素的优化和利益发生的同时,必然会存在另一个或另几个功能要素的利益损失,反之也是如此。这是一种此长彼消、此盈彼亏的现象,虽然在许多领域中这种现象都是存在的,但在物流领域中,这个问题似乎尤其突出。

"效益背反说"有许多有力的实证予以支持。例如,包装问题,在产品销售市场和销售价格皆不变的前提下,假定其他成本因素也不变,那么包装方面每少花一分钱,这一分钱就必然转到收益上来,包装费越节省,利润则越高。但是,一旦商品进入流通之后,如果因节省包装费而降低了产品的防护效果,造成了大量损失,就会造成储存、装卸、运输功能要素的工作劣化和效益大减。显然,包装活动的效益是以其他的损失为代价的,我国流通领域每年因包装不善出现的上百亿元的商品损失,就是这种效益背反的实证。在认识效益背反的规律之后,物流科学也就迈出了认识物流功能要素这一步,从而寻求克服和解决各功能要素效益背反现象的出路。当然,或许也曾有过追求各个功能要素全面优化的企图,而在系统科学已在其他领域形成和普及的时代,科学的思维必将导致人们寻求物流的总体最优化。不但将物流细分成若干功能要素来认识物流，而且将包装、运输、保管等功能要素的有机联系寻找出来，作为一个整体来认识物流，进而有效解决效益背反，追求总体效益，这是物流科学的一大发展。

6."成本中心说"

"成本中心说"的含义是，物流在企业战略中只对企业影响活动的成本产生作用，物流是企业成本重要的产生点，因而，解决物流的主要问题并不是要搞合理化、现代化，也不在于支持保障其他活动，而是通过物流管理和物流的一系列活动降低成本。所以，成本中心既是主要成本的产生点，又是降低成本的关注点。假定销售额为100万元，利润是10万元，物流成本为10万元，物流成本占销售额的10%，那么每当物流成本降低1万元，就相当于多盈利1万元，而创造1万元的盈利需要10万元的销售额，也就是说降低1万元的物流成本相当于创造了10万元的销售业绩。这类似于物理学中的杠杆原理，物流成本的下降通过一定的支点，带来相当于几倍的销售额增长。

7."服务中心说"

"服务中心说"代表了美国和欧洲等一些学者对物流的认识。他们认为，物流活动最突出的作用并不在于为企业降低了消耗、增加了利润，而在于提高企业对用户的服务水平进而提高企业的竞争能力。因此，他们在用来描述物流的词汇上选择了"后勤"一词，特别强调其服务功能。通过物流的服务保障，企业以其整体能力来压缩成本和增加利润。

8."战略说"

"战略说"是当前盛行的一种说法，实际上学术界和产业界越来越多的人已逐渐认识到，物流更具有战略性，是企业发展的战略而不是一项具体操作性任务。应该说，这种看法把物流放在了很高的位置。企业战略是什么呢？是生存和发展。物流会影响企业的生存和发展，而不局限于在流通环节上搞得合理一些，它追求的是整体的改进而非部分改良。

◉ 小案例 1-1

DHL：疫情期间仍然坚持物流服务领先

DHL一贯坚持"把握市场，服务领先"的市场策略，凭借完善的物流体系、专业的物流专家团队和一体化解决方案，将疫情期间跨境电商出口业务做大、做强，为物流业的发展持续助力。

DHL在疫情期间开通许多新的班次，进一步完善了我国洲际物流通道，助力全球供应链在后疫情时期保持稳定，并助推跨境电商业务的发展和进出口贸易往来，为"双循环"新发展格局贡献力量。

进入后疫情时代，跨境电商持续保持蓬勃发展态势。对于跨境电商物流来说，清关时效和派送非常重要，而这正是DHL的优势所在。凭借遍布全球220多个国家和地区的物流网络和高时效性的国际限时快递服务，DHL可帮助国内企业更好地对接以B2B为主流的全球贸易格局，并与中国企业一起以实际行动稳定全球供应链，助力中国加速构建国内国际双循环相互促进的新发展格局。DHL将继续通过专业的物流服务助力商贸流在中国与全球各地间的畅通，在协助中国企业更好地"走出去"的同时，也助力全球企业"走进来"，为加快形成新发展格局贡献力量。

资料来源　编者根据网络资料整理编写。

★ 问题引导

日日顺乐家服务模式

自成立以来，海尔集团旗下的日日顺乐家秉承"让服务创造价值"的宗旨，为用户提供好的体验，目标是做中国领先的社区生活服务平台。2020年7月，中通快递收购了日日顺乐家智能快递柜。日日顺乐家的农特产直供平台一端联结农村基地和产业市场，另一端联结社区居民，从而减少中间环节。

（1）保证采购的农产品优质。日日顺乐家采取了"抢单众包"的抢入模式，由覆盖全国各地的服务商担当"触角"，发挥本地人知根知底的优势，确保日日顺乐家直供平台上所提供的每一款产品都是来自原产地、精挑细选的上等佳品。

（2）介入生产全过程，推进农产品标准化。日日顺乐家除了严格采购优质农产品外，还深入到上游农产品的生产全过程，即从农产品的种子选择、种植环境、生长过程、加工、储存及运输五大环节进行技术支持和品质管理，确保平台上农产品的品质。

（3）社区末端物流服务。在每个社区布局"智能柜"和"服务驿站"，有效解决用户接收包裹不方便、快递入户不安全和个人隐私等痛点，同时帮助物业提高社区管理走向规范化，帮快递公司解决派件效率低的问题。

（4）农产品直供与定制。把优质农产品基地与社区用户直接对接（从产地直达社区），整合快速高效的冷链物流体系等，确保满足社区居民对农产品的需求。

资料来源 编者根据网络资料整理编写。

思考：日日顺乐家采用了哪些物流合理化措施？

小词典

物流合理化是指设备配置和一切活动趋于合理化的物流过程。所谓合理化就是对物流整体系统进行调整改进的优化，目的是以尽可能低的物流成本，获得尽可能高的服务水平。

引导知识点

六、物流合理化

1.物流合理化的含义

"最高的服务水平和最低的物流成本"，这只是一种理想化的物流模式，在现实中，两者之间存在着一种"二律背反"，是不可能同时成立的。高水平、高标准的服务要求有大量的库存、充足的运力和充足的仓容，这些势必产生较高的物流成本；而低的物流成本所要求的是少量的库存、低廉的运费和较少的仓容，这些又必然减少服务项目，降低服务水平和标准。例如，从连锁店的角度来讲，要求物流系统提供尽可能高的服务水准，而从配送中心的角度来讲，为提高部门效益，又要求尽可能低的物流成本。这样，高水准的服务和低的物流成本就产生了矛盾。

处理好降低物流成本与提高服务水平之间的关系就是物流合理化的过程，最终要找到一个既能让用户满意的服务水平，又能兼顾企业利益的平衡点。

在某一项目标可以实现，而另一项目标却不能够同时实现的情况下，我们只能追求一种合理化物流的模式，通过权衡利弊进行抉择，用综合方法来求得服务与成本之间的平衡，以取得最佳的综合经济效益。

2.物流合理化的四种模式

（1）服务水平提高，同时降低成本。

这种所有企业梦寐以求的合理化形式似乎过于理想化，但这的确是可能实现的，也是物流合理化的最高标准。随着物流服务水平的提高，物流成本中有一部分会随着服务水平的提高而上升，但也有一部分不受服务水平提高的影响，可以使这一部分成本的降低额不小于服务水平提高而增加的成本，这样就达到了物流合理化的目的。

（2）提高服务水平，使增加的销售额远远大于增加的物流成本。

物流合理化很大一部分是在成本与销售额之间进行的平衡，原则是保证企业利润的最大化。销售额与成本的关系可以用图1-4来表示。

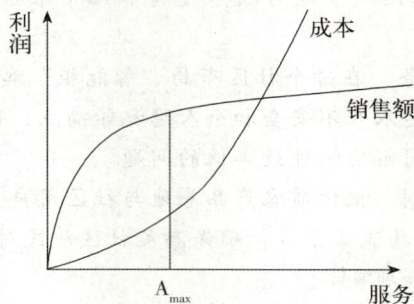

图1-4　销售额与成本的关系

物流合理化，适用于处于图1-4中A_{max}点左侧的范围，提高服务，增加的销售额大于成本增加量，利润趋于最大。但同时还有一种情况，就是处于A_{max}点右侧时，适当降低服务水平，会导致成本大量地下降，但对销售额影响不是很大。

（3）保持原有服务水平和适当降低服务水平，使成本下降的幅度远远大于销售额的下降。

这是许多企业为降低成本而普遍采用的一种合理化模式，可以考虑采用的具体方式有：

① 联合配送，这是缘于各家公司都在为运输费用的不断上升而烦恼，由此产生的一种省钱节能的物流方式。联合配送方式极大地降低了运费，提高了作业效率。虽然不如企业自有配送灵活、方便，但是对于体积小、每日各门店销售量不是很大，而且又无生命时限的商品（如照相机）来说，共同配送可以保证供应，对于其销售量的影响不会很大，但运输成本显著下降。

② 最小订货量限制。采取扩大每一次订货量的方法，能够使运输量不致浪费、订货次数不致太频繁，同时也可以节省费用。采用这种方式的前提是采用帕累托80/20效率法则进行顾客服务调查，区别不同的顾客，提供适当的物流政策，这样做销售额可能会略微下降，但物流成本将大幅度降低。

③ 进行商流、物流的合理化分离。根据商品的周转、销售对象的不同，将保管场所和配送方式差别化。根据合理化物流模式的不同表现，采用不同的物流作业、订

货标准以及物流计划。

以上方式虽然都可以对物流成本的降低有所帮助，优化库存、提高作业效率和专业化，但共同的缺点是缺乏灵活性，对于紧急订货的应变能力差等。企业应根据成本管理的不同目标，采取能保证利润最大化的合理化物流的方式。

（4）建立完善高效的物联网、自动化和现代化的配送中心。

建立完善高效的物联网、自动化和现代化的配送中心虽然短期内看不出效益，但如果能对企业长远利益起很大的作用，那么也不失为一种合理化物流的方式。一些大型配送中心将物联网技术、大数据以及条码技术和射频技术应用于物流自动化，实现了需求、配送和库存管理一体化、自动化，提高了准确率。虽然短期内对销售的影响不明显，而且投入很大，但一旦物联网系统运行稳定，对于企业将来开拓成长空间、扩大规模都会产生巨大的潜在效益。

因此，只要在保证企业整体利润最大化的前提下，物流系统对于自身的改进，使系统总成本尽可能最小的方式都是物流合理化的模式。

物流活动本身就是一个系统，是一项协作性很强的综合管理工作，物流所有环节只是物流整体的一部分、一个子系统，它们的一切作业活动必须在保证整体最优的前提下实现局部优化。为此，物流合理化就是对子系统物流进行局部合理化，再根据物流系统总目标和有关盈利及服务要求进行协调、平衡，以达到利润最大化下的物流总成本尽可能低的合理化。

课堂提问 ✓

国美从一个电器商店发展成为全国连锁的电器销售商，搭建了总部集中采购、各专卖店集中销售并充分利用地区大库和专卖店小库构成的配送体系，实现了全国范围内的配送。

请回答：

（1）上述案例中，国美采取了什么措施来降低成本？

（2）你认为降低成本的措施还有哪些？

课堂实训 ✓

（1）说说你看到过的物流公司，讲讲你对这些公司的印象，并描绘你理想中的物流公司是什么样子的。

（2）请根据自己网上购物的经历，设计一下货物的运输流程，看看不同货物的流程有何不同。

案例分组讨论 ✓

某家以仓储为主营业务的企业此前的经营理念是有什么就储存什么，以前是以五金交电为主，后来也储存过钢材、水泥和建筑涂料等生产资料。这种经营方式暂时解决了企业仓库的出租问题，但为了企业长远的发展，管理层认为必须发展区域物流。

（1）专业化。经过市场调查和分析研究，这家企业最后确定了立足自己的老本行，发展以家用电器为主的仓储业务。一方面，在家用电器仓储上加大投入和加强管理，加强与国内外知名家用电器厂商的联系，向这些客户介绍企业确定的面向家用电器企业的专业化发展方向，吸引家电企业进入。另一方面，与原有的非家用电器企业用户协商，建议其转库，同时将自己的非家用电器用户主动地介绍给其他同行。

（2）延伸服务。在家用电器的运输和使用过程中，难免出现损坏的家用电器，以往都是每家生产商自己进行维修，办公场所和人力方面的成本很高，经过与用户协商，在得到大多数生产商认可的情况下，这家企业在库内新增了家用电器的维修业务，既解决了生产商的售后服务问题，也节省了维修品往返运输的成本和时间，并分流了企业内部的富余人员，一举两得。

（3）多样化。除了为用户提供仓储服务之外，这家企业还为一个最大的客户的市场销售部门提供办公场所服务，为客户提供了前店后厂的工作环境，大大地提高了客户的满意度。

（4）区域性物流配送。通过几年的发展，企业经营管理水平不断提高，企业内部的资源得到了充分的挖掘，同样，企业的仓储资源和其他资源也已经处于饱和状态。在国内发展现代物流的形势下，这家企业认识到只有走出库区，面向社会发展物流，才能提高企业的经济效益，提高企业的实力。经过多方努力，他们找到一家第三方物流企业，在这个第三方物流企业的指导下，通过与几家当地的运输企业合作（外包运输），开始了区域内的家用电器物流配送，现在这家企业的家用电器的物流配送已经覆盖了四川、贵州和云南。

问题：通过本案例，你认为目前中国传统物流企业怎样才能实现向现代物流企业的转变？

任务二　了解物流标准

★任务目标

了解物流标准的基本概念和物流标准的种类，以及物流标准制定的基本原则；掌握物流标准制定的基本方法，掌握物流标准化的方法。

★课堂讨论

中国有一句古话说得好：没有规矩不成方圆。规矩就是约定大家共同要做到的标准。请大家先讨论现实生活中的一些标准，再来分析标准化带来的好处。

★问题引导

现代铁路两条铁轨之间的标准距离是1.47米，这个标准是从哪儿来的呢？早期的铁路是由造电车的人所设计的，1.47米正是电车所用的轮距标准。那么，电车的轮距标准又从哪里来的呢？最先造电车的人以前是造马车的，所以电车的轮距标准是沿用马车的轮距标准。马车又为什么要用这个轮距标准呢？英国马路辙迹的宽度是1.47米，所以，如果马车用其他轮距，它的轮子很快会在英国的老路上被撞坏。这些辙迹又是从何而来的呢？是从古罗马人那里来的。因为整个欧洲，包括美国的长途老路都是由罗马人为其军队所铺设的，而1.47米正是罗马战车的宽度，任何其他轮距的战车在这些路上行驶的话，轮子的寿命都不会很长。罗马人为什么以1.47米作为战车的轮距宽度呢？

原因很简单，这恰恰是牵引一辆战车的两匹马屁股的宽度。

故事到此还没有结束。美国航天飞机燃料箱的两侧有两个火箭推进器，因为这些推进器造好之后要用火车运送，路上又要通过一些隧道，而这些隧道的宽度只比火车轨道宽一点儿，因此火箭助推器的宽度是由铁轨的宽度所决定的。所以，最后得出的结论是：路径依赖导致了美国航天飞机火箭助推器的宽度竟然是在2 000年前便由两匹马屁股的宽度决定了。

思考：标准是如何制定出来的？你知道物流标准托盘平面尺寸（1 200mm×1 000mm）是怎么来的吗？

引导知识点

小词典

标准是指为取得全局的最佳效果，在总结实践和充分协商的基础上，对人类生活和生产技术活动中具有多样性和重复性特征的事物和概念，以特定的程序和形式颁发的统一规定。

物流标准化指的是以物流为一个大系统，制定系统内部设施、机械装备、专用工具等各个分系统的技术标准；制定系统内各分领域如包装、装卸、运输等方面的工作标准；以系统为出发点，研究各分系统与分领域中技术标准与工作标准的配合性要求，统一整个物流系统的标准；研究物流系统与其他相关系统的配合性，进一步谋求物流大系统的标准统一。

一、物流标准的种类

1.统一性标准

（1）专业计量单位标准。

除国家公布的统一计量标准外，物流系统有许多专业的计量问题，必须在国家及国际标准基础上，确定本身专门的标准，同时，由于物流的国际性很突出，专业计量标准需考虑国际计量方式的不一致性，还要考虑国际习惯用法，不能完全以国家计量标准为唯一依据。

（2）物流基础模数尺寸标准。

基础模数尺寸指标准化的共同单位尺寸，或系统各标准尺寸的最小公约尺寸。在基础模数尺寸确定之后，各个具体尺寸标准都要以基础模数为依据，选取其整数倍作为规定的尺寸标准。物流基础模数尺寸的确定，不但要考虑国内的物流系统，而且要考虑与国际物流系统的衔接，这是具有一定难度和复杂性的。

（3）物流建筑模数尺寸标准。

物流建筑模数尺寸标准主要是物流系统中各种建筑所使用的基础模数，它是以物流基础模数尺寸为依据确定的，也可以选择共同的模数尺寸。该尺寸是设计建筑物长、宽、高尺寸，门窗尺寸，建筑物间距离，建筑物开间及进深等尺寸的依据。

（4）集装模数尺寸标准。

集装模数尺寸标准是在物流基础模数尺寸基础上，推导出的各集装设备的基础尺寸，以此尺寸作为设计集装设备三项尺寸的依据。在物流系统中，由于集装是起贯穿作用的，集装尺寸必须与各环节物流设施、设备、机具相配合，因此整个物流系统设计时往往以集装尺寸为核心，然后在满足其他要求的前提下决定设计尺寸。因此，集装模数尺寸影响和决定着与其相关各环节的标准化。

（5）物流专业名词标准。

为了使大系统配合和统一，尤其是在建立系统的情报信息网络之后，要求信息传递非常准确，这首先便要求专用语言及所代表的含义实现标准化。对于同一个指令，如果不同环节有不同的理解，这不仅会造成工作的混乱，而且容易出现大的损失。物流专业名词标准，包括物流用语的统一化及定义的统一解释，还包括专业名词的统一编码。

▶▶ 小资料1-3

《物流术语》（GB/T 18354—2021）界定了物流活动中的物流基础术语38个、物流作业服务术语61个、物流技术与设施设备术语47个、物流信息术语26个、物流管理术语33个、国际物流术语及其定义45个，适用于物流及其与物流相关领域的术语应用。

《物流术语》国家标准在2001年首次发布，此次为该标准经第二次修订后发布。本次修订后共分7章，269条术语。

标准的修订，除了进一步推动国内物流产业和物流理论发展外，还将为国家更大规模、更高层次对外开放提供物流术语传播、沟通和应用标准，从而推动中国物流理论、技术、方法和模式在国际上的应用。

（6）物流核算、统计的标准化。

物流核算、统计的标准化是建立系统情报网、对系统进行统一管理的重要前提条件，也是对系统进行宏观控制与微观监测的必备前提。这种标准化包含下述内容：①确定共同的、能反映系统及各环节状况的最少核算项目；②确定能用于系统进行分析并可供情报系统收集储存的最少的统一项目；③制定核算、统计的具体方法，确定共同的核算统计计量单位；④确定核算、统计的管理、发布及储存规范等。

（7）标志、图示和识别标准。

物流中的物品、工具、机具都是在不断运动中，因此识别和区分便十分重要，对于物流中的物流对象，需要有易于识别区分的标志，有时需要自动识别，这就需要用复杂的条形码来代替用肉眼识别的标志。标志、条形码的标准化已成为物流系统中重要的标准化内容。

以上并未将物流系统中需贯彻应用的全部标准化内容列入，仅仅列举了有物流突出特点的标准化内容。

2.技术标准

（1）运输车船标准。

该标准的对象是物流系统中从事物品空间位置转移的各种运输设备，如火车、货船、拖拉车、卡车、配送车辆等。其包括从各种设备的有效衔接等角度制定的车厢、船舱尺寸标准，载重能力标准，运输环境条件标准等；从物流系统与社会关系角度制定的噪声等级标准、废气排放标准等。

（2）作业车辆标准。

该标准的对象是物流设施内部使用的各种作业的车辆，如叉车、台车、手推车等，包括尺寸、运行方式、作业范围、作业重量、作业速度等方面的技术标准。

（3）传输机具标准。

该标准包括水平、垂直输送的各种机械式、气动式起重机和提升机的尺寸、传输能力等技术标准。

（4）仓库技术标准。

该标准包括仓库尺寸、建筑面积、有效面积、通道比例、单位储存能力、总吞吐能力、湿度等技术标准。

（5）站台技术标准。

该标准包括站台高度、作业能力等技术标准。

（6）包装、托盘、集装箱标准。

该标准指包装、托盘、集装箱系列尺寸标准，包装物强度标准，包装物、托盘、集装箱重量标准，以及各种集装、包装材料、材质标准等。

（7）货架、储罐标准。

该标准包括货架净空间、载重能力、储罐容积尺寸标准等。

（8）信息标准。

该标准包括EDI标准、GPS标准等。

3.工作标准与作业规范

工作标准与作业规范是对各项工作制定的统一要求及规范化规定。工作标准及作业规范可确定各种岗位职责范围、权利与义务、工作方法、检查监督方法、奖罚方法等，可统一全系统工作方式，大幅度提高办事效率，方便用户的工作联系，防止在工作及作业中出现遗漏、差错，并有利于监督评比。主要工作标准及作业规范有：

（1）岗位责任及权限范围。

（2）岗位交换程序及工作执行程序。例如，规定配送车辆每次出车应由司机进行的车检程序、车辆定期车检时间及程序等。

（3）物流设施、建筑的检查验收规范。

（4）货车和配送车辆运行时间表、运行速度限制等。

（5）司机顶岗时间，配送车辆的日配送次数或日配送数量。

（6）吊钩和索具使用、放置规定。

（7）情报资料收集、处理、使用、更新规定。

（8）异常情况的处置办法等。

★问题引导

中铁快运作为现代物流企业，国内网络遍及包括香港特别行政区在内的各大城市，目前已形成连锁服务网络，提供"门到门""户到户"服务，同时通过铁海、铁空联运可办理与部分国家间的国际快件运输业务。

中铁快运希望在整个业务节点和流程中（即从发送作业开始，经转运作业、干线运输作业、区域分拨作业，直到最后的到达作业）所产生的相关单证（如托运单、运单、交接单等）能够在信息标志上始终保持一致性，从而便于计算机信息系统的自动识别和处理，提高作业效率和管理效率。但在现实中，由于一些有关运输信息标识、城市地理信息标志、邮政编码和货物条形码等的应用标准不太统一，致使企业在一些业务环节上衔接度和协调性较差，不仅使物流时间延长，还造成了一些无谓的浪费。

中铁快运在开发自己的物流信息系统时，就面临一个难题，即如何处理与海关、民航、商检等信息系统的接口标准问题。目前我国在这方面还没有形成各个系统统一的信息标准体系。我国物流企业急需国家完善一些基础标准，并尽量实现各行业标准的协调统一。

思考：制定物流相关标准应考虑哪些因素？

⦿ 引导知识点

二、物流标准制定的基本原则

1.确定物流标准的基点

物流是一个非常复杂的系统，涉及面又很广泛，过去构成物流这个大系统的许多组成部分也并非完全没搞标准化，但是这只形成了局部标准化或与物流某一局部有关的横向系统的标准化。从物流系统来看，这些互相缺乏联系的局部标准化之间缺乏配合性，不能形成纵向的标准化体系，所以要形成整个物流体系的标准化，必须在这个局部中寻找一个共同的基点，这个基点能贯穿物流全过程，形成物流标准化工作的核心，这个基点的标准化成为衡量物流全系统的基准，是各个局部标准化的准绳。

为了确定这个基点，将进入物流领域的产品（货物）分成三类：零星货物、散装货物与集装货物。在对零星货物和散装货物进行换载、装卸等作业时，实现操作及处理的标准化是相当困难的。集装货物在流转过程中始终都以集装体为基本单位，其集装形态在运输、储存、装卸搬运各个阶段都基本上不会发生变化，也就是说集装货物容易实现标准化处理。人们通过对物流现状的调查及对发展趋势的预测，肯定了集装形式是物流通行的主导形式，而散装只是在某些专用领域可能有发展，而在这些专用领域很容易建立独立的标准化系统。至于零星货物，一部分可以向集装靠拢，另一部分则还会保持其多样化的形态而难以实现标准化。

不论是国际物流还是国内物流，集装系统是保持物流各环节上使用设备、装置及机械之间整体性及配合性的关键，所以集装系统是使物流过程连贯并建立标准化体系的基点。

2.体系的配合性

配合性是建立物流标准化体系必须体现的要求，它是衡量物流系统标准化体系成败的重要标准。物流系统配合性的主要范围有：

（1）集装与生产企业最后工序至包装环节的配合性。为此要研究集装的"分割系列"，以此来确定包装环节的要求，如包装材料种类、材料的强度、包装方式、规格尺寸等。

（2）集装与装卸机具、装卸场所、装卸小工具（如索具、跳板）的配合性。

（3）集装与仓库站台、货架、搬运机械、保管设施乃至仓库建筑的配合性。

（4）集装与保管条件、工具、操作方式的配合性。

（5）集装与运输设备、设施，如运输设备的载重、有效空间尺寸等的配合性。例如，将集装托盘货载放入大集装箱或国际集装箱，就组成了以大型集装箱为整体的更大的集装单位，将集装托盘或小型集装箱放入货车车厢，货车车厢就组成了运输单位，为此要研究基本集装单位的"倍数系列"。

（6）集装与末端物流的配合性。根据当前状况和对将来的预测，关注消费者需求的转移，"用户第一"的基本观念，在物流中的反映就是末端物流越来越受到重视。集装物流转变为末端物流，一方面是要对简单性的集装进行多样化的分割，就必须研究集装的"分割系列"；另一方面是进行"流通加工"活动，以解决集装简单化与末端物流多样化要求之间的矛盾。衔接消费者的"分割系列"与衔接生产者的"分割系列"有时是相互矛盾的，所以集装的配合性不能孤立地研究，要与生产及包装的配合性结合起来，这样就增加了复杂性。

（7）集装与国际物流的配合性。由于国际贸易的迅猛发展以及跨国公司的建立，集装与国际物流的配合性的研究成为物流标准化的重要方面。标准化空间越大，标准化的利益就越大。向国际标准靠拢，积极采用国际标准，将是今后的发展趋势。标准化在国际贸易中将发挥越来越大的作用。

3.传统、习惯及经济效果的统一性

物流活动是和产品生产系统、车辆设备制造系统、消费使用系统等密切联系的。早在物流的系统思想出现之前，这些与物流密切联系的系统就已经建立起各自的标准体系，或者形成了一定的习惯。在这种情况下，物流标准体系的建立只考虑本系统的要求是不行的，还必须适应这些既成事实，或者改变这些既成事实。这就势必与早已实现标准化的各个系统、长期形成的习惯及社会的认识产生矛盾，这些矛盾涉及个人的看法、习惯，也涉及宏观及微观的经济效果。

所以，单从技术角度来研究个别标准的配合性虽然是必要的，但最后不一定以研究的结论作为定论，因为上述问题涉及物流系统标准化经济效果的计算问题。如上所述，由于物流系统标准化往往涉及其他系统，所以标准化经济效果的计算是十分复杂而困难的事情。目前，物流系统标准化工作进展较快的日本等国，也正在研究经济效果的计算方法，但还没有形成一套成熟的方案。

4.与环境及社会的适应性

物流对环境的影响在近些年来表现出尖锐化和异常突出的倾向，主要原因是物流量加大、物流速度加快、物流设施及工具大型化使环境受到影响。对环境影响主要表现在噪声对人精神、情绪、健康的影响，废气对空气的污染，运输车辆对人身的伤害等。这些影响与物流标准化有关，尤其是在推行标准化过程中，只重视设施、设备、工具、车辆技术标准等内在标准的研究，而忽视物流对环境及社会的影响，加深了上述矛盾，这是有悖于物流标准化宗旨的。

所以，在推行物流标准化时，必须将物流对环境的影响放在标准化的重要位置上，除了有反映设备能力、效率、性质的技术标准外，还要对安全标准、噪声标准、排放标准、车速标准等做出具体的规定，否则，再高的标准化水平如不被社会接受，甚至受到居民及社会的抵制，也很难发挥作用。

5.贯彻安全与保险的原则

物流安全问题也是近些年来非常突出的问题，往往一个安全事故会将一个公司拖垮，几十万吨的超级油轮、货轮遭受灭顶之灾的事故也并不少见。当然，除了经济方面的损失外，人身伤害也是物流过程中经常出现的，如交通事故的伤害，物品对人的碰撞伤害，危险品爆炸、腐蚀造成的伤害等。所以，物流标准化中的一项重要工作是对物流安全性、可靠性的规定，并为安全性、可靠性统一技术标准、工作标准。

物流保险的规定也是与安全性、可靠性标准有关的标准化内容。在物流中，尤其是在国际物流中，都有世界公认的保险险别与保险条款，虽然许多规定并不是以标准化形式出现的，而是以立法形式出现的，但是其共同约定、共同遵循的性质是相同的，是具有标准化内涵的，其中不少手续、文件等都有具体的标准化规定，保险费用等的计算也受标准规定的约束，因而物流保险的相关标准化工作也是物流标准化的重要内容。

★ 问题引导

目前主要有三方在负责我国物流标准的制定：其一是中国物流与采购联合会的标准化部与全国物流标准化技术委员会；其二是北京起重运输机械研究所标准化室与全国起重机械标准化技术委员会以及机械工业物流仓储设备标准化技术委员会；其三是全国物流信息管理标准化技术委员会。因此，在制定物流标准时就出现了问题，比如货架标准，以前一直没有一个权威的部门负责，现在全国物流标准化技术委员会和机械工业物流仓储设备标准化技术委员会都认为这属于自己的范围。比如冷链物流标准，全国物流标准化技术委员会认为冷链物流如同危险品物流，属于物流中的特殊种类，全国物流标准化技术委员会认为其了解冷链物流的管理过程，标准应由其负责制定。但是中国制冷学会认为这属于它们的范围，因为它们对制冷技术更了解，并且认为冷链设备标准归属物流相关组织没有先例。

思考：物流标准化有何好处，在制定标准时如何划分范围更合理？

引导知识点

三、物流标准化

1.物流标准化方法

从世界范围来看，各个国家的物流体系的标准化都还处于初级阶段，这一阶段的重点在于通过制定标准规格尺寸来实现全物流系统的贯通，取得提高物流效率的初步成果。这里介绍标准化的一些方法，主要是初步的规格化的方法及做法。

（1）确定物流的基础模数尺寸。

物流基础模数尺寸的作用和建筑模数尺寸的作用是大体相同的，其考虑的基点主要是简单化。基础模数尺寸一旦确定，设备的制造、设施的建设、物流系统中各环节的配合协调、物流系统与其他系统的配合就有所依据。目前，国际标准化组织（ISO）中央秘书处及欧洲各国已基本认定 600mm×400mm 为基础模数尺寸，如图 1-5 所示。我国应当研究这个问题，为以后的发展做好准备。

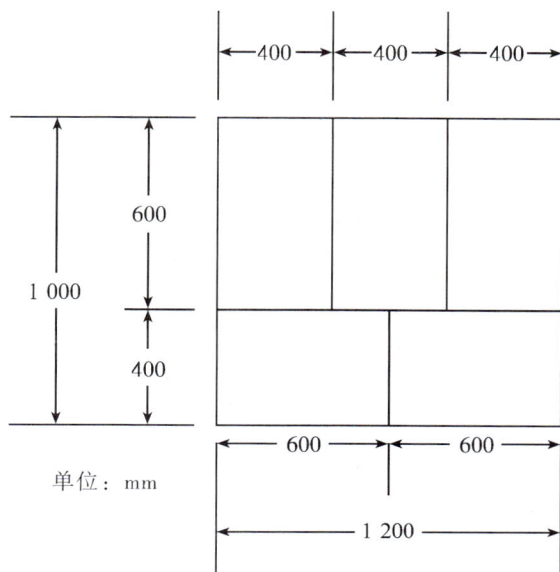

图1-5　模数尺寸的配合关系

如何确定基础模数尺寸呢？大体方法如下：由于物流标准化系统建立较晚，所以确定基础模数尺寸主要考虑了目前对物流系统影响最大而又最难改变的事物，即输送设备，从而采取"逆推法"，由输送设备的尺寸来推算最佳的基础模数。当然，在确定基础模数尺寸时也考虑到了现在已通行的包装模数和已使用的集装设备，并从行为科学的角度研究了对人及社会的影响。从与人的关系看，基础模数尺寸是适合人体操作的高限尺寸。

（2）确定物流模数。

物流模数是物流设施与设备的尺寸基准。物流标准化的基点应建立在集装的基础上，所以，在基础模数尺寸之上，还要确定集装的基础模数尺寸（即最小的集装尺寸）。

集装基础模数尺寸可以从 600mm×400mm 开始，按倍数系列推导出来，也可以在满足 600mm×400mm 的基础模数的前提下，从卡车或大型集装箱的分割系列推导出来。日本在确定物流模数尺寸时，就是采用后一种方法，以卡车（早已大量生产并实现了标准化）的车厢宽度作为确定物流模数的起点，推导出集装基础模数尺寸，如图 1-6 所示。

（3）以分割及组合的方法确定系列尺寸。

物流模数作为物流系统各环节的标准化的核心，是形成系列化的基础。依据物流模数进一步确定有关系列的大小及尺寸，再从中选择全部或部分，确定为定型的生产制造尺寸，这就完成了某一环节的标准系列。

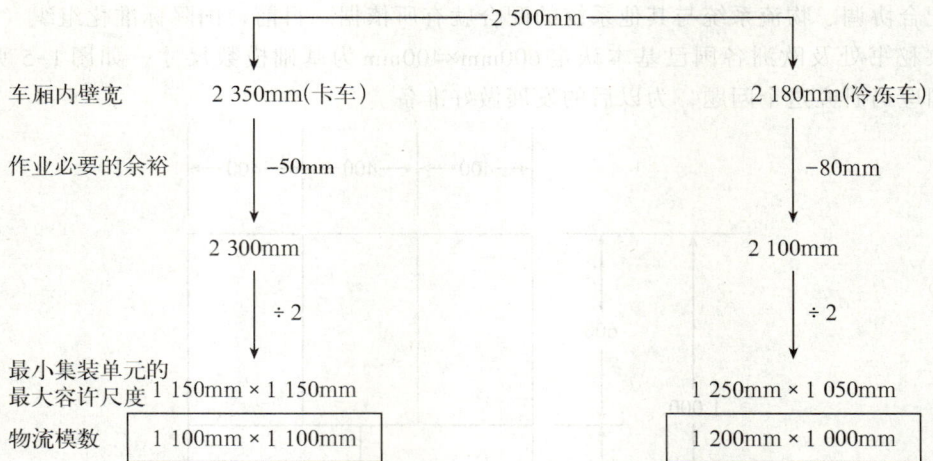

图1-6　以卡车车厢宽度为起点推导集装基础模数尺寸过程

小资料1-4

目前，冷链物流、医药物流、应急物流、汽车物流等专业类物流标准的制修订工作均已完成，专业类物流标准数量和水平大幅提升，有力地推动了专业物流的快速发展。物流全流程、各领域逐步实现"有标准可依"。根据2021版《物流标准目录手册》，截至2021年6月30日，我国已颁布物流国家标准、行业标准和地方标准共计1 196项。

2018年12月28日，经国家市场监督管理总局、国家标准化管理委员会批准发布《绿色物流指标构成与核算方法》（GB/T37099—2018）、《物流园区绩效指标体系》（GB/T 37102—2018）、《托盘单元化物流系统 托盘设计准则》（GB/T 37106—2018）三项国家标准，并于2019年7月1日正式实施。三项国家标准均是列入物流标准化中长期发展规划的重点标准项目，标准的发布与实施将有力地支撑物流业的高质量可持续发展。

资料来源　编者根据网络资料整理编写。

2.国际物流标准化

目前，国际物流模数尺寸的标准化正在研究及制定中，但与物流有关的设施、设备的技术标准大多早已发布，并有专门的专业委员会负责制定新的国际标准。

国际标准化组织内与物流有关的技术组织包括技术委员会（TS）及技术处（TD）。每个技术委员会或技术处都有其指定负责常务工作的秘书国，我国也明确了各标准的归口单位。

目前，国际标准化组织对物流标准化的研究工作还在进行中，对于物流标准化的重要模数尺寸已大体取得了一致意见或拟订了初步方案。几个基础模数尺寸如下：

① 物流基础模数尺寸：600mm×400mm。

② 物流模数尺寸（集装基础模数尺寸）：以1 200mm×1 000mm为主，也允许1 200mm×800mm及1 100mm×1 100mm。

　　许多国家都以此为基准，修改本国物流的有关标准，以便与国际发展趋势吻合。例如，英国、美国、加拿大、瑞典等国家都已放弃国内原来使用的模数尺寸，而改用国际标准化组织发布的模数尺寸。日本等一些国家在采用1 200mm×1 000mm的模数尺寸系列的同时，还发展了1 100mm×1 100mm正方形的集装模数尺寸，以形成本国的物流模数系列。

课堂提问 ✔

　　（1）列举一至两个物流标准化实例。
　　（2）标准化有什么作用？

课堂实训 ✔

　　请说出以下包装储运标志的含义。

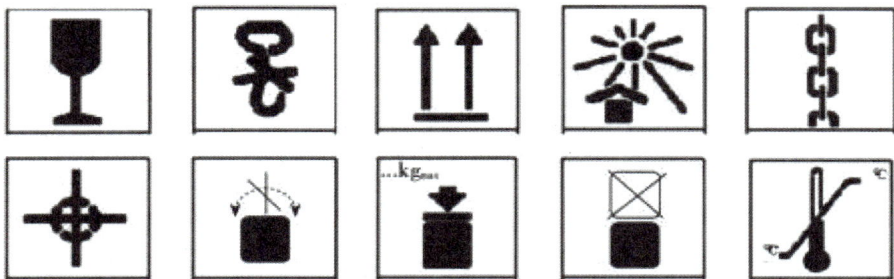

案例分组讨论 ✔

　　为贯彻落实《物流业发展中长期规划（2014—2020年）》（国发〔2014〕42号），国家标准化管理委员会联合国家发展和改革委员会等单位编制了《物流标准化中长期发展规划（2015—2020年）》（以下简称《规划》）。

　　《规划》明确了到2020年我国物流标准化工作的发展目标、主要任务、重点领域、重点工程等，是物流标准化工作的重要指导性文件。《规划》由"发展现状与面临的形势"、"指导思想、基本原则与发展目标"、"主要任务"、"标准制修订的重点领域"、"重点工程"、"保障措施"和"组织实施"七部分构成。

　　《规划》突出了《物流业发展中长期规划（2014—2020年）》和《深化标准化工作改革方案》的指导作用，以"物流标准化升级"为主线，依据创新机制、协同推进、突出重点、注重实效的原则，结合标准化改革的阶段目标和物流标准化工作在体系构建、制修订、实施、监督、管理方面存在的问题，提出未来五年物流标准化工作的发展目标。

　　《规划》提出了六项主要任务，并按照目前物流标准现状，确定了重点开展、大力推进以及积极探索的基础类、通用类、专业类物流标准制修订重点领域，从目前物流标准实施存在着"用"得不到位、使用效果差等实际问题出发，以提高物流标准的实际应用效果为目的，选取了目前物流行业发展中有迫切需求、需要多部门协同推进以及基础性的标准化工作，确定了包括托盘标准应用推广、多式联运、冷链物流、物流信用、物流信息、电子商务物流、物流服务标准化试点、物流标准国际化培育以及物流标准化基础能力建设等重点开展的九项标准化工程。《规划》在"重点工程"中同时提出了每项工程的牵头单位和参加单位，旨在使标准化工作真正落地，有效落实，并能通过标准化工程的落实，形成有效的标准化协同机制。

思考：本《规划》对我国物流业的发展起到哪些积极作用？

任务三　知晓物流系统

★任务目标

掌握系统和物流系统的概念，了解物流系统的构成要素；熟练掌握物流系统的设计，能用所学知识设计合理的物流系统。

小词典

物流系统是在一定的时间和空间里，由所输送的物品和其他相关的设施设备、人员以及信息技术等若干相互作用、相互制约的动态要素构成的能实现物流目标的有机整体。物流系统是由物流要素组成的、各相关要素有机结合并使物流功能合理化的统一体。

★课堂讨论

大学一般在每年9月1日开学，9月6日、7日新生报到，除新生外，各年级学生的教材必须在第一周周一前发到每个学生手上，以保证正常的教学。请分组讨论教材物流过程，经过哪些环节、哪些人经手、涉及哪些事务。

★问题引导

以6个人为一个小组，分别担任某物流公司的运输经理、运输调度员、司机、装卸工人、仓库管理员、客户6个角色。客户发出需求通知，运输经理安排运输相关事宜等，模拟一个小型运输系统。

思考：感受系统内部各岗位之间的联系，找出本组模拟小型运输系统的薄弱之处。

引导知识点

一、物流系统的构成要素

1.物流系统的一般要素

（1）人的要素。人是所有系统的核心要素，也是系统的第一要素。

（2）资金要素。资金是所有企业系统的动力。

（3）物的要素。它包括物流系统的劳动对象，即各种实物。

（4）信息要素。它包括物流系统所需要处理的信息，即物流信息。

2.物流系统的功能要素

物流系统的功能要素指的是物流系统所具有的基本能力，这些基本能力有效地组合、连接在一起，便成了物流系统的总功能，便能合理、有效地实现物流系统的总目标。其主要包括运输、储存保管、包装、装卸搬运、流通加工、配送、物流信息等要素。

3.物流系统的支撑要素

（1）法律制度，决定物流系统的结构、组织、领导、管理方式，国家对其控制、指挥以及这个系统的地位、范畴，是物流系统的重要保障。

（2）行政命令（行政手段），是决定物流系统正常运转的重要支持要素。

（3）标准化系统，是保证物流各环节协调运行，保证物流系统与其他系统在技术上实现联结的重要支撑条件。

（4）经营模式，是整个物流系统为了使客户达到满意所提供服务的基本要求，了解经营模式将使物流系统始终围绕客户进行运营，达到企业的目的。

4.物流系统的物质基础要素

（1）基础设施是组织物流系统运行的基础物质条件，包括物流场站、物流中心、仓库、物流线路、建筑、公路、铁路、港口等。

（2）物流装备是保证物流系统开动的条件，包括仓库货架、进出库设备、加工设备、运输设备、装卸机械等。

（3）物流工具是物流系统运行的物质条件，包括包装工具、维修保养工具、办公设备等。

（4）信息技术及网络是掌握和传递物流信息的手段，包括通信设备及线路、传真设备、计算机及网络设备等。

（5）组织及管理是物流系统的"软件"，起着联结、调运、运筹、协调、指挥其他各要素以保障物流系统目标的实现之作用。

5.物流系统的流动要素

从"流"的角度，任何一个具体的物流业务可以分解为五个要素的结合，即流体、载体、流量、流向和流程。流体，即"物"；载体，即承载"物"的设备和这些设备据以运作的设施，如汽车和道路；流量，即物流的数量表现；流向，即"物"转移的方向；流程，即物流路径的数量表现，亦即物流经过的里程。

6.物流系统的资源要素

（1）运输资源是物流的载体，包括运输基础设施（铁路、公路、机场、港口等）和运输设备（以基础设施为运输条件并与之相配套，如港口的集装箱装卸搬运车、汽车、火车、轮船、飞机。管道运输的基础设施和运输设备合二为一）。

运输网络布局是一种重要的物流资源。网络布局的两种方案：单独成网和建设集成的基础设施。

（2）储存资源是为了储存商品而建立的仓库等设施，包括基础设施（仓库、货场、站台、堆场等）和利用这些基础设施进行具体储存运作的设备（货架、托盘、叉车、分拣机、巷道机等）。

（3）包装资源、装卸资源、流通加工资源、物流信息处理资源等。

每一种资源要素都有不同的档次、不同的配套及附属资源的区分——一个完善的物流系统需要的资源要素十分庞大——物流系统资源主要依靠市场来配置。

物流系统资源的用户在现有的各种物流系统资源中进行充分的比较和选择。

7.物流系统的网络要素——点（节点）、线

（1）点：物流过程中供流动的商品储存、停留以便进行相关后续作业的场所，如工厂、商店、仓库、配送中心、车站、码头等。

① 单一功能点：只具有某一功能，或者以某一功能为主。其业务比较单一，比较适合进行专业化经营。如何将许多单一功能的点集成起来，由谁来集成以及如何集成是研究的主要问题。

② 复合功能点：具有两种以上主要物流功能，具备配套的基础设施，一般处于物流过程的中间，如周转型仓库、港口、车站、集装箱堆场等。

③ 枢纽点：物流功能齐全；具备庞大、配套的基础设施以及附属设施；庞大的吞吐能力；对整个物流网络起着决定性和战略性的控制作用；一般处于物流过程的中间。

（2）线：连接物流网络节点的路线。

其特点：方向性、有限性、多样性、连通性、选择性、层次性。

其具体形式：铁路线、公路线、水路线、航空线、管道线。

线间关系：干线、支线。

物流流向：上行线、下行线。

物流系统要素配置见表1-2。

表1-2　　　　　　　　　　　　　物流系统要素配置

物流系统要素	基本配置	较好的配置	完善的配置
功能要素	运输、储存、装卸搬运、物流信息处理	运输、储存、包装、装卸搬运、物流信息处理	运输、储存、包装、装卸搬运、流通加工、物流信息处理、增值服务
网络要素	一对一的运输系统	多对一或者一对多的物流网络	多对多的物流系统
流动要素	流体、载体、流量、流向、流程	流体、载体、流量、流向、流程	流体、载体、流量、流向、流程
资源要素	具有满足功能要素、网络要素及流动要素的资源	具有满足功能要素、网络要素及流动要素的资源	具有满足功能要素、网络要素及流动要素的资源

学习微平台

微课：物流系统的目标是什么？

🔺 小思考1-3

物流系统的目标是什么？

★ 问题引导

一艘军舰在夜航，舰长发现前方航线上出现了灯光。

舰长马上呼叫："对面船只，右转30度！"

对方回答："请对面船只左转30度。"

"我是美国海军上校，右转30度！"

"我是加拿大海军二等兵，请左转30度！"

舰长生气了："听着，我是'莱克里顿'号战列舰舰长，右转30度！"

"我是灯塔管理员，请左转30度！"

思考：谁应该转30度？哪些是物流系统中的组成部分？

引导知识点

二、物流系统的模式

物流系统具有输入、处理（转化）、输出、限制（或制约）和反馈等功能，其具体内容因物流系统的性质不同而有所区别（如图1-7所示）。

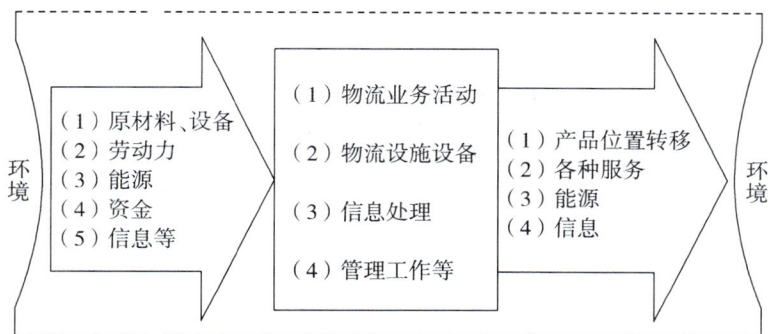

```
环境 ─→ （1）原材料、设备     （1）物流业务活动      （1）产品位置转移 ─→ 环境
        （2）劳动力          （2）物流设施设备      （2）各种服务
        （3）能源                               （3）能源
        （4）资金            （3）信息处理         （4）信息
        （5）信息等                              
                           （4）管理工作等
```

图1-7　物流系统的模式

1.输入

输入包括原材料、设备、劳动力、能源等，就是通过提供资源、能源、设备、劳动力等手段对某一系统发生作用，统称为外部环境对物流系统的输入。

2.处理（转化）

处理（转化）是指物流本身的转化过程。从输入到输出之间所进行的生产、供应、销售、服务等活动中的物流业务活动称为物流系统的处理或转化。其具体内容有：物流设施设备的建设；物流业务活动，如运输、储存、包装、装卸、搬运等；信息处理及管理工作等。

3.输出

物流系统的输出则指物流系统与其本身所具有的各种手段和功能，对环境的输入进行各种处理后所提供的物流服务。其具体内容有：产品位置与场所的转移；各种服务，如合同的履行及其他服务等；能源与信息。

4.限制（或制约）

外部环境对物流系统施加一定的约束称为外部环境对物流系统的限制和干扰。其具体包括：资源条件限制，资金与生产能力的限制；价格影响，需求变化；仓库容量；装卸与运输的能力；政策的变化等。

5.反馈

物流系统在把输入转化为输出的过程中，由于受系统各种因素的限制，不能按原计划实现，需要把输出结果返回给输入，进行调整，即使按原计划实现，也要把信息返回，以对工作做出评价，这称为信息反馈。信息反馈的活动包括：各种物流活动分析报告；各种统计报告数据；典型调查；国内外市场信息与有关动态等。

发展至今，物流系统是典型的现代机械与电子技术相结合的系统。现代物流系统由半自动化、自动化以及具有一定智能的物流设备和物联网管理与控制系统组成。任何一种物流设备都必须接受物流系统的管理控制，接受系统发出的指令，完成其规定的动作，反馈动作执行的情况或当前所处的状况。智能程度较高的物流设备具有一定的自主性，能更好地识别路径和环境，本身带有一定的数据处理功能。现代物流设备是在计算科学和电子技术的基础上，结合传统的机械科学发展起来的机电一体化的设备。

◉ 小案例 1-2

物联亿达创新国内仓储物流系统的新模式

物联亿达科技有限公司是顺丰集团旗下的控股公司，是集规划与咨询、软硬件研发、系统集成、运营服务为一体的服务提供商。以物联云仓、物联传感云为核心平台，通过互联网仓储服务平台+云端应用+线下服务的方式，结合智能物联网应用与人工智能等技术，创新国内仓储物流服务的新模式，致力于打造世界领先的互联网仓储综合服务平台。

2021年7月5日，在"未来大会"现场发布了"2021未来之星"最具价值投资企业TOP20榜单，物联亿达成功入选。截至目前，物联云仓平台在线仓储资源面积突破3.3亿立方米，覆盖全国229个城市中的7 572个园区，并累计向行业发布超过100份专业研究报告。围绕智慧物流与供应链，物联亿达已打造出9套成熟的数字化系统，并且系统已具备端到端、模块化的业务场景覆盖能力。

中国物流信息中心数据显示，2021年1—5月份，全国社会物流总额121.2万亿元，同比增长17.5%；同期，物流业总收入达到4.6万亿元，同比增长31.4%。在行业利好之际，物联亿达希望不断提升自身物流服务能力，与客户企业、行业伙伴一道共沐发展春风，携手共创行业未来。

资料来源　编者根据网络资料整理编写。

思考：从系统的角度分析物联亿达仓储物流系统的新模式。

★ 问题引导

顺丰速运竞争战略研究

顺丰速运拥有覆盖全国的陆运网络、行业领先的货运航空公司和覆盖全球业务的信息网，独特的智慧物流网络。目前，顺丰的庞大物流网络快递服务可以具体划分为同城、内地及港澳台、国际和增值服务。顺丰同城急送是面向所有客户的全场景同城物流配送，3公里平均30分钟送达，5公里平均60分钟送达，专人直拿直送，打造全面覆盖B端的全链路解决方案的同城定制化产品、品牌产品、时效产品、经济产品和C端的帮我送、帮我买、帮我办的全产品体系，聚焦网格化商圈内多品类、多时段、多距离订单合理分布，形成多元健康的业务组合，助力配送效能提升。内地及港澳台业务的主要产品为顺丰即日、顺丰次晨等，可以由客户选择适合的实效，当日寄件，当日送达或次日送达。国际业务主要满足国内物品向国外寄递的需求。

顺丰的冷运服务可以划分为顺丰冷运和医药运输。冷运的主要产品有冷运到家、冷运到店、冷运零担、冷运专车和生鲜速配。顺丰冷运的食品库具有先进的自动化制冷设备、智能温湿度监控系统，是集多温区管理和配送一体化的综合性高标准冷库。顺丰速运拥有冷藏车近300台，可以实时定位、实时控温。

资料来源 高悦. 顺丰控股股份有限公司竞争战略研究［D］. 长春：吉林大学，2020.

思考：试述顺丰速运的成功之处。

引导知识点

小词典

物流系统分析是指在一定的时间和空间里，对其所从事的物流活动和过程作为一个整体来处理，以系统的观点、系统工程的理论和方法进行分析研究，以实现其空间和时间的经济效益。关于其更详细的描述是指从对象系统整体最优出发，在优先系统目标、确定系统准则的基础上，根据物流的目标要求，分析构成系统各级子系统的功能和相互关系，以及系统同环境的相互影响，寻求实现系统目标的最佳途径。

三、物流系统分析

1.物流系统分析的目的

物流系统分析的目的就是要使输入（资源）最少，而输出的物流服务效果最佳。物流系统分析时要运用科学的分析工具和计算方法，对系统的目的、功能、结构、环境、费用和效益等进行充分、细致的调查研究，收集、比较、分析和处理有关数据，拟订若干个方案，比较和评价物流结果，寻求系统整体效益最佳和有限资源配备最佳的方案，为决策者最后抉择提供科学依据。

物流系统分析的作用在于通过分析比较各种拟订方案的功能、费用、效益和可靠性等各项技术、经济指标，向决策者提供可做出正确决策的资料和信息。所以，物流系统分析实际上就是在明确目的的前提下，来分析和确定系统所应具备的功能和相应的环境条件。

根据系统分析的基本含义，物流系统分析的主要内容有系统目标、系统结构、替代方案、费用和效益、系统模型、系统优化、系统的评价基准及评价等。

2.物流系统分析的步骤

一般来说，物流系统分析一般需要回答下面几个问题：

（1）我们为什么要进行这项工作？

（2）进行该项工作能增加什么价值？

（3）为什么要按照现有程序进行该项工作？

（4）为了提高效率，能否改变作业步骤的次序？

（5）为什么要由某一个小组或个人来完成这些工作？

（6）其他人可以完成这项工作吗？

（7）还有更好的系统运行方式吗？

对物流系统的分析、设计可以由企业专职的系统分析设计师完成，但更多的企业乐于借助外部咨询机构的专业力量。

物流系统分析的步骤为：

第一步，划分问题的范围。

首先，要明确问题的性质、划定问题的范围。由于问题通常是在一定的外部环境的作用下和系统内部发展的需要中产生，只有明确了问题的性质和范围，进行系统分析时才有可靠的起点。其次，还要研究问题的要素及其相互关系，如研究要素与环境的关系，进一步划清问题的界限。

第二步，确定目标。

为了解决问题，就要确定具体的目标。指标是衡量目标达到的尺度，物流系统的目标通过一些指标来表达。物流系统分析是针对所提出的目标来展开的，由于实现系统功能的目标是靠多方面因素来保证的，因此系统也会有若干个目标，如物流系统的目标包括物流费用、物流服务水平等，而其总的目标是以低的物流费用获得最好的物流服务水平。

第三步，收集资料，提出方案。

建立系统模型或提出方案，必须有资料作为依据，方案的可靠性论证更需要精确可靠的数据，为系统分析做好准备。收集资料通常较多地借助调查、实验、观察、记录及引用国内外同类型资料等。

第四步，建立模型。

建立模型就是找出说明系统功能的主要因素及其相互关系。由于表达方式和方法不同，模型有图式模型、模拟模型、数学模型等。通过建立模型，可以确认影响系统功能和目标的主要因素及其影响程度，同时确认这些因素的相关程度、总目标和分目标的达成途径及其约束条件。

第五步，系统优化。

系统优化是运用优化的理论和方法，对若干替代方案的模型进行仿真和优化计算，求出几个替代解。

第六步，系统评价。

根据系统优化得到的有关解，在考虑前提条件、假定条件和约束条件后，在总结实践和知识的基础上确定最优解，从而为选择最优的系统方案提供足够的信息。

◉ 小案例1-3

"公转铁"响应国家号召 打造现代物流运输新格局

近年来，国家提出要"调整运输结构，增加铁路运输量，减少公路运输量"，这"一增一减"体现了交通运输业向着更加专业化的目标协同发展，同时，对于实现交通运输业的环保目标、缓解道路交通压力都大有裨益。

思考：请结合以上案例思考如何实现多种运输模式的协同发展，协同发展将带来哪些方面的效应？

资料来源 编者根据中国物流与采购联合会官网资料整理。

★ 问题引导

SGM是一家中美合资的汽车公司，它拥有世界上最先进的弹性生产线，能在一条流水线上同时生产不同型号、不同颜色的车辆，每小时可生产27辆汽车，在国内首创订单生产模式，即根据市场需求控制产量；同时生产供应采用JIT运作模式。为此该公司需实行零库存管理，所有汽车零配件的库存集中在运输途中，不占用大型仓库，仅在生产线旁设立小型配送中心，维持最低安全库存。这就要求公司在采购、包装、海运、港口报关、检疫、陆路运输等一系列操作之间的衔接必须十分密切，不能有丝毫差错。

在实际执行过程中，SGM公司的市场计划周期为一周，而运输周期为4个月。这样一来，市场计划无法指导运输的安排，为了确保生产的连续性，该公司只能扩大其零配件的储备量，造成大量到港的集装箱积压，结果形成以下状态：库存量加大，不得不另外租用集装箱场地；为解决部分新零件的供应问题，在库存饱和状态下，只能采取人工拆箱的办法，工人们24小时拆箱仍跟不上生产计划的进度。由于拆箱次数增多，SGM公司的信息管理系统混乱，无法确认集装箱的实际状态，造成了该公司的物流总成本出现较大幅度上升。

思考：请分析该公司的"瓶颈"所在，你认为该公司如何才能走出困境？

◎ 引导知识点

四、完善物流系统的方法

（1）改善成本与服务，改进物流系统。

（2）提高物流服务水平，取得竞争优势。

（3）采用成本对策，提升服务质量。

（4）降低物流成本。

在完善物流系统时，需要注意的是物流系统中最常见的"效益背反"现象。不仅物流各部门和各功能之间存在"效益背反"，物流服务与物流成本之间也存在"效益背反"。一般来说，成本与服务之间受"收益递减法则"的支配。美国营销学教授科特勒提出"物流管理必须引进投入与产出的系统效率概念，才能取得较好的结果"。决策层虽然可以提出降低物流成本的要求，但这时必须认真考虑物流成本下降与物流服务之间的关系，如以下几种情况：

① 减少库存据点并尽量减少库存，势必使库存补充变得频繁，必然增加运输次数。简化包装，则包装强度降低，在装卸和运输过程中容易出现破损，以致搬运效率下降，破损率增多。

② 将铁路运输改为航空运输，虽然运费增加了，但是运输速度却大幅度提高了，不但减少了各地物流据点的库存，还大量减少了仓储费用。

③ 由于各物流活动之间存在着"效益背反"，因而就必须研究总体效益，使物流系统化。前面已经指出，物流系统是为了达成物流目的的有效机制，物流的各项活动如运输、保管、搬运、包装、流通加工等都各自具有提高自身效率的机制，也就是具有运输系统、保管系统、搬运系统、包装系统、流通加工系统等分系统。因此，我们必须使各个系统相互配合以实现总体最佳效益为目的。

这些系统之间存在着"效益背反"，因而物流系统就是以成本为核心，按最低成本的要求，使整个物流系统化。也就是说，物流系统就是要调整各个分系统之间的矛盾，把它们有机地联系起来使之成为一个整体，使成本变为最小以追求和实现整体的最佳效益。

小资料1-5

昆明船舶设备集团有限公司（简称昆船公司）隶属于中国船舶重工集团公司，是军民结合的高新技术企业集团。经过持续发展，昆船公司已成为我国自动化物流系统及装备、烟草制丝成套设备、打叶复烤成套设备、民用机场装备研发生产的优势企业，是我国国防科技工业和国产重大装备制造业的骨干力量。

小思考1-4

举例说明物流系统中库存量分别与库存成本、物流服务水平、系统优化程度之间的关系。

课堂提问 ☑

连锁超市对外宣传时，往往强调"集中采购、直达运输、货真价实"，请从物流系统的角度分析这样做会为消费者带来哪些便利和实惠。

课堂实训 ☑

以托盘货物为例，到物流实训室做一次完整的供货—收货—入库上架—分拣—流通加工（贴标签）—配送流程，体会系统的物流管理，并分析物流系统中存在着哪些二律背反现象。

案例分组讨论 ☑

海尔JIT物流系统管理

海尔的国际物流中心有三个JIT实现了同步，即JIT采购、JIT配送和JIT分拨物流。目前，通过海尔的BBP采购平台，所有的供应商均可在网上接收订单，并通过网上查询计划和库存，及时补货，实现JIT采购；货物入库后，物流部门可根据次日的生产计划并利用EPR信息系统进行配料，同样根据看板管理4小时送料到位，实现JIT配送；生产部门按照B2B、B2C订单的需求完成订单后，将满足用户个性化需求的定制产品通过海尔全球配送网络送到用户手中。2002年，海尔在全国建立了42个配送中心，每天可将500 000多台定制产品配送到1 550个海尔专卖店和9 000多个营销点，实现JIT分拨物流。目前，海尔在中心城市实现8小时配送到位，区域24小时配送到位，全国4天到位。在企业外部，海尔CRM和BBP电子商务平台的应用架起了与全球用户资源网、全球供应链资源网沟通的桥梁，实现了与用户的零距离沟通。另外，自动化控制物流设备不但降低了人工成本，提高了劳动效率，还直接提升了物流过程的精细化水平，达到了质量零缺陷的目的。

资料来源　佚名. 海尔案例［EB/OL］.［2021-08-25］. https://wenku.so.com/d/a92ce52f6e04b790b1 01b86d4263d8f0.

问题：你认为海尔 JIT 物流系统成功的原因有哪些？该系统给该公司带来的优势有哪些？

项目考核

1.单项选择题

（1）企业为了满足客户的物流需求，开展的一系列物流活动的结果，称为（　　　）。

A.物流质量　　　　B.物流成本　　　　C.物流价值　　　　D.物流服务

（2）物流基础模数尺寸是（　　　）。

A.1 200mm×1 000mm　　　　　　B.1 200mm×800mm

C.1 100mm×1 100mm　　　　　　D.600mm×400mm

（3）与物流基础模数尺寸有配合关系的集装基础模数是以（　　　）为主。

A.1 200mm×1 000mm　　　　　　B.1 200mm×800mm

C.1 100mm×1 100mm　　　　　　D.600mm×400mm

（4）物流系统的输出是（　　　）。

A.物流情报　　　　B.流通加工　　　　C.产品配送　　　　D.物流服务

（5）物流系统在把输入转化为输出的过程中，由于受系统各种因素的限制，不能按原计划实现，需要把输出结果返回给上一输入环节去进行调整，即（　　　）。

A.控　制　　　　B.组　织　　　　C.协　调　　　　D.反　馈

2.多项选择题

（1）物流活动的价值主要体现在（　　　）。

A.时间价值　　　　　　B.使用价值　　　　　　C.剩余价值

D.空间价值　　　　　　E.加工附加价值

（2）下列属于物流系统中存在制约关系的有（　　　）。

A.物流服务和物流成本之间

B.构成物流服务的子系统功能之间

C.构成物流成本的各个环节费用之间

D.各子系统的功能和所耗费用之间

E.仓储费用和运输费用之间

（3）目前国际通用的集装基础模数包括（　　　）。

A.1 200mm×1 000mm　　　B.1 200mm×800mm　　　C.1 100mm× 600mm

D.1 100mm×1 100mm　　　E.600mm×400mm

（4）物流发展过程中人们对物流主体的认识主要有（　　　）。

A.服务中心说　　　　B.利润中心说　　　　C.成本中心说

D.价值中心说　　　　E.物流冰山说

（5）物流常见的学说包括（　　　　）。

A.商物分离　　　　　　B.黑大陆说　　　　　　C.第三利润源

D.效益背反　　　　　　E.物流冰山说

3.判断题

（1）"物流冰山说"的观点体现的是企业所掌握的物流成本只占企业物流成本的一小部分，大部分物流成本并未被管理者所认识。　　　　　　　　　　　　（　　）

（2）商流和物流都是流通的组成部分，二者结合才能有效地实现商品由供方向需方的转移，因此商流与相应的物流必是合二为一、安全一致的。　　　　　　（　　）

（3）服务水平越高，物流成本肯定越高。因此，要提高物流服务水准，将不可能降低物流成本。　　　　　　　　　　　　　　　　　　　　　　　　　　　（　　）

（4）要建立物流标准化体系就必须实现物流系统各环节之间标准化的一致性。（　　）

（5）物流系统的要素可以是三大要素（输入要素、处理要素、输出要素）也可以是二大要素（节点和线路）。　　　　　　　　　　　　　　　　　　　　　　（　　）

4.问答题

（1）物流合理化有哪几种模式？

（2）物流标准的种类有哪些？

项目实训

1.实践训练

试通过以下信息，分析社会物流系统现状，并提出解决方案或思路。

（1）一车包心菜从山东寿光运到武汉，包心菜售价约0.7元/千克，运费达0.2元/千克。

（2）宜昌秭归盛产脐橙。但该地区村级公路大多只有3米宽，坡陡弯急，大部分农副产品只能用3吨的小农卡从村组先运到乡镇，再转大车运输。如遇阴雨天气，车无法进山，只能靠人肩挑背驮。

（3）物流有限公司经常在为"货找车，车找货"犯愁。物流公司每天要从武汉往十堰发3车货，运送汽车零配件及生活用品。由于未与当地物流集散中心实现信息共享，公司货车在十堰只能点对点运输，四五家企业分别送货上门，耗时近1天，车找货回武汉又需要1~2天。

2.课外实训

学生分组调研全国及某省的物流政策和标准，并进行分类梳理和展示。

3.拓展训练

某仓储公司仓库固定资产价值超过8 000万元，而每年的利润不足500万元，资产回报率较低。公司领导认为，提升利润率需要开展物流增值服务，开发更多的利润贡献率高的优质客户。你认为可以通过哪些手段实现该目标？

项目二
物流主要作业活动

学习目标

知识目标:

1. 了解运输的概念;熟悉运输作业活动;掌握合理运输的措施。

2. 了解仓储的概念与地位;熟悉仓储作业活动;掌握合理仓储的方法;掌握仓储业务流程。

能力目标:

1. 能够合理选择运输方式,辨别运输不合理现象。

2. 能够完成简单的入库流程方案。

价值目标:

1. 感受国家工程建设时奋斗者的创新精神、工匠精神。

2. 领悟古人"积谷防饥""兵马未动粮草先行"的智慧。

3. 深入了解仓储与运输的价值。

价值引领案例

匠心精神 | 港珠澳大桥正式开通

学习微平台

拓展阅读 2-1

2018年10月23日,习近平主席郑重宣布:"港珠澳大桥正式开通!"全长55公里的港珠澳大桥集桥梁、隧道和人工岛于一体,建设难度之大,被业界称为桥梁界的"珠穆朗玛峰"。据不完全统计,港珠澳大桥创下了8个"世界之最"。

世界之最与举世瞩目的背后,凝聚着众多设计者、建造者多年的心血与汗水。1983年,港商胡应湘首次倡议;2004年3月,前期工作协调小组办公室成立;2009年12月15日,工程正式开工建设;2018年5月23日,建设完工。从设计到开通,港珠澳大桥前后历时35年!

在港珠澳大桥建设之初,中国团队赴韩国考察学习,想看一看已建成的巨加跨海大桥的设备情况,却被一口回绝,最后只能在远处观看。中国与世界最有经验的荷兰公司洽谈合作,对方要价15亿元,中国3亿元的报价遭到对方嘲笑。走投无路,只剩下一条路可以走:自主攻关!孟凡超作为港珠澳大桥总设计师,带领珠澳大桥设计与建设团队展开科研攻关,掌握了具有自主知识产权的外海沉管安装成套技术。

这个曾经被外国专家断言"中国人无法做到"的工程,只是中国近年来"大国工程"的一个缩影。"大国工程"不仅展示了中国的"软实力",更推动着中国的经济、科技实力再上一层楼。

资料来源 编者根据央视网资料整理编写。

思考: (1)港珠澳大桥的建成对于中国发展有何意义?

(2)港珠澳大桥建设者带给我们哪些启示?

任务一 熟悉运输作业

★任务目标

了解运输的概念，熟悉运输作业活动，掌握合理运输的措施；能够合理选择运输方式，能够辨别运输不合理现象。

★课堂讨论

下列货物可选用哪几种运输方式？哪一种方式最好？在不同的季节选择运输方式有没有区别？

1.把鲜花从广州运到北京。
2.把煤炭从山西运到秦皇岛。
3.把新鲜蔬菜从郑州郊区运到郑州市区。
4.把一批钢材从重庆运到武汉。
5.把两箱急救药从成都运到重庆。

★问题引导

"互联网+物流"货运"五一"迎高峰

在2021年的"五一"假期，全国各地迎来消费高峰。经济发展需要物流先行，在"五一"消费高峰来临之际，物流货运行业先行经历了一场运输高峰。"互联网+物流"平台货拉拉，在"五一"来临前夕斥资5亿元，举办为期12天的"拉货福利月"活动，活动共吸引超过524万人参与，总完单量同比去年同期增长121%，总完单里程2.49亿公里。其中接单司机达到55万人以上，下单用户突破469万人。数据显示，活动期间完单量最高的五座城市依次为广州、深圳、东莞、上海、杭州，广州的总完单量依然独占鳌头。其中，广州、深圳、上海、杭州四座城市在"五一"期间都是全国前10大人气旅游目的地。

从运送物品来看，"五一"节前食品生鲜、小商品、装修建材单量增势明显，其中食品生鲜增幅最大，与上个月同时段环比增长22%以上。装修建材、服装面料、快递物品，则是货运完单量最多的三种货物类型。最远的订单分别是广州的陶先生叫了一辆13米的大货车，把装修建材从广州市白云区运送至黑龙江省漠河市，从南到北几乎跨越整个中国，历时56个小时，行驶了4 481公里，该笔订单堪称拉货福利月的"长跑冠军"。

资料来源 杭州网."互联网+物流"货运"五一"迎高峰［EB/OL］.［2021-05-06］. https：//baiji-ahao.baidu.com/s？id=1699006739079637515&wfr=spider&for=pc.

思考："互联网+物流"还能解决什么问题？

小词典

运输是指利用载运工具、设施设备及人力等运力资源，使货物在较大空间上产生位置移动的活动。

📍 引导知识点

一、运输原理

运输原理是指导运输管理和营运的最基本的原理，是每次运输或配送中如何降低成本、提高经济效益的途径和方法。

1. 规模原理

规模原理是指随着一次装运量的增大，每单位重量的运输成本下降。这是因为与货物运输有关的固定费用按整票货物的重量分摊时，一票货物越重，分摊到单位重量上的成本越低。货物运输的固定费用包括接受运输订单的行政管理费用、定位运输工具装卸的费用、开票以及设备费用等。铁路运输和水路运输的运输工具装载量大，其规模经济相对于运输量小的汽车、飞机等运输工具要好；整车运输由于利用了整个车辆的运输能力，固定费用也低，因而单位重量货物的运输成本也会低于零担运输。

2. 距离原理

距离原理是指随着一次运输距离的增加，运输成本的增加会变得越来越缓慢，或者说单位运输距离的成本减少。运输成本与一次运输的距离有关：第一，在运输距离为零时，运输成本并不为零，这是因为存在一个与货物提取和交付有关的固定费用；第二，运输成本的增加随运输距离的增加而降低，即递减原理，这是因为与货物提取和交付有关的固定费用随着运输距离增加，分摊到单位运输距离上的运输成本降低。

根据距离原理，长途运输的单位运输距离成本低，短途运输的单位运输距离成本高。配送一般属于短途运输，而且受多批次、少批量需求的限制，运量不可能大，运输工具的装载率也较低，因此单位运输距离的成本肯定高于一般运输。配送可以通过优化配货和运输路线，尽可能降低本身的运输成本，更重要的是配送可以降低库存、降低存储费用，以及为用户提供更多的增值服务来降低整个物流系统的成本并提高社会效益。

3. 速度原理

速度原理是指完成特定的运输所需的时间越短，其效用价值越高。首先，运输时间缩短，实际上是单位时间里的运输量增加，与时间有关的固定费用分摊到单位运量上的费用减少，如管理人员的工资、固定资产的使用费、运输工具的租赁费等；其次，由于运输时间短，物品在运输工具中滞留的时间缩短，从而使到货提前期变短，有利于减少库存、降低存储费用。因此，快速运输是提高运输效用价值的有效途径。快速运输不仅指提高运输工具的行驶速度，还包括提高其他辅助作业的速度及加强相互之间的衔接，如分拣、包装、装卸、搬运以及中途换乘等。运输方式当然是影响运输速度的重要因素，但是速度快的运输方式一般运输成本较高，如铁路运输成本高于水路运输，航空运输成本高于铁路运输。因此，通过选择高速度的运输方式来实现快速运输时，应权衡一下运输的速度与成本之间的关系，而在运输方式一定的情况下，应尽可能加快各环节的速度，并使其更好地衔接。

学习微平台

微课：物流速度是越快越好吗？

小思考2-1

物流速度是越快越好吗？

★ 问题引导

（1）铁路运输。铁路运输长期以来一直是煤炭、石油、钢铁等大宗物资的主要运输方式，煤炭、冶炼物资及石油等货物运量在铁路货运总量中的占比已超过60%，其中煤炭运量占比超过35%，铁路承担了中国煤炭外运量的60%以上。可以说，中国第二产业的发展和工业化进程的深入对铁路运输有着很强的需求和依赖。

（2）管道运输。扬子石化是国内最大的环氧乙烷生产商，年产量可达10万多吨，该产品易燃易爆且有毒，是典型的危险化学品；赫克力士（南京）有限公司是一家以环氧乙烷为原料生产羟乙基纤维素的公司。2007年年初，两家公司签订了通过管道供应环氧乙烷的意向书。此举首开中国石化环氧乙烷产品采用管道运输的先河，对改善化工物流、确保运输安全具有重要意义。

（3）水路运输。在我国内河运输业务中，石油及其制品、煤炭、矿石、生产资料是主要货源，与国内沿海运输的货源相似，这充分说明沿海港口的许多物资是通过内河运输提供的。同时，内河运输又把沿海港口的物资大量运输到全国各地，这样就使我国的内河与海洋运输形成了一体化的运输网络。

（4）航空运输。由于在空中较少受到自然地理条件的限制，因而航空线一般取两点间最短距离。这样，航空运输就能够实现两点间的高速、直达运输，尤其在远程直达上更体现了优势。

（5）陆空联运。目前，我国内地长江以南的外运公司办理陆空联运的具体做法多是用火车、卡车或轮船将货物运至中国香港，然后利用中国香港航班多，到欧洲、美国等运价较低的优势，把货物运到目的地或中转地，再通过当地代理用卡车送到目的地。长江以北的公司多采用火车或卡车将货物送至北京、上海等航空口岸出运。

思考：通过阅读以上资料，你认为哪种运输方式更有优势？

◉ 引导知识点

二、运输方式

1.铁路运输

铁路运输是指使用铁路列车运送货物。它主要承担中长距离、大批量的货物运输，是干线运输的主力。其优点是运送速度快、载运量大、不大受自然条件影响；缺点是建设投资大、只能在固定线路上行驶、灵活性差、需要其他运输方式配合与衔接。长距离铁路运输分摊到单位运输成本的费用较低，而短距离铁路运输单位成本相对较高。

2.水路运输

水路运输是指使用船舶经过内河或海洋运送货物。它与铁路运输共同发挥综合交通运输体系中主要运力的作用。其优点是成本低，能进行长距离、大批量的货运；缺点是受自然条件（如水域、港口、水文、气象等）影响较大，以致有时要中断运输，还有就是运输速度慢，同样需要其他运输方式配合与衔接。

小案例2-1

汉宜新航线开通，打通水运货物通道

2021年4月6日，从阳逻港出发，装载玻璃、纸浆、石膏等货物的"长航集运8302号"货轮顺利抵达宜昌白洋港。这标志着"汉—宜"新航线首航圆满成功。据介绍，"汉—宜"新航线从阳逻港至宜昌白洋港，中途挂靠荆州港等港口，全程600公里，从阳逻至宜昌航行4天左右，从宜昌至阳逻需要3天时间。该航线是在武汉—宜昌航线的基础上进行整合的新航线，每周两班常态化运行，定时、定班、定航线，实行班轮化运行模式。该航线将宜昌、荆州等地的肥料、食品、化工品等出口产品运抵阳逻港，通过阳逻港中转出口，同时把粮食、设备、工业原料等通过阳逻港运往宜昌、荆州等地。

资料来源　宜昌发布. 打通水运货物通道，汉宜新航线开通，每周两班运行 https: // www.360kuai.com/pc/91bd4f6cebd7153eb？cota=3&kuai_so=1&tj_url=so_vip&sign=360_57c3bbd1&refer_scene=so_1.

思考：水路运输对社会经济发展有何意义？

3. 公路运输

公路运输是指使用机动车辆在公路上运送货物。它主要承担短距离、小批量货运，成为铁路、水路运输方式不可缺少的接驳工具，以及铁路、水路运输难以到达地区的长距离、大批量货运。其优点是灵活性强、建设投资低、便于因地制宜、实现"门到门"运输，因此近年来在有铁路、水运的地区，较长距离大批量运输也较多采用公路运输；缺点是单位运输成本相对比较高。

4. 航空运输

航空运输是指使用飞机等航空器运送货物，主要承担价值高或赶时间的货运。其优点是速度快；缺点是单位运输成本很高，受自然条件影响大。

小资料2-1

卢森堡货航郑州航线货运量突破80万吨

近日，郑卢"空中丝绸之路"建设再传喜讯。自开航以来，卢森堡货航在郑业务一路稳健挺进，截至2021年8月底，卢森堡货航在郑运营航线累计执飞航班475班，贡献货运量约8.77万吨，同比增长19.8%。自开航至2021年8月底，卢森堡货航在郑航线累计贡献货运量约80.27万吨，成为郑州国际航空货运枢纽建设的主力军。

2014年，河南航投收购卢森堡货航35%股权，开通郑州—卢森堡"空中丝绸之路"。合作以来，卢森堡货航主要业务指标连年居郑州机场首位，双方的合作真正实现了共商、共建、共享。新冠肺炎疫情期间，郑卢"空中丝绸之路"不断航、不停飞，强韧的发展势头得到了多方的肯定。

2020年6月，卢森堡首相格扎维埃·贝泰尔在"空中丝绸之路"座谈会上称赞："双方合作潜力巨大，机遇无限。在疫情期间，这条郑州—卢森堡'空中丝绸之路'，已成为卢森堡及其他欧洲地区的生命线，是一座雪中送炭的空中桥梁，

'空中丝绸之路'已成为连接世界各国的友谊之桥。"同时，卢森堡副首相弗朗索瓦·鲍什在座谈会上表示："回顾2014年至今，我认为这次合作非常成功，实属中国和卢森堡两国的双赢之举。得益于'双枢纽'战略的实施，自2014年起，卢森堡货航已成为连接中国与欧洲乃至世界其他地区的最为重要的货运航空公司。"

资料来源　郭北晨. 喜讯！卢森堡货航郑州航线货运量突破80万吨〔N〕. 河南日报，2021-09-07.

5. 管道运输

管道运输是指使用管道运送气体、液体和粉状固体货物。它是靠压力推动物体在管道内移动实现运送。其优点是封闭运输，可避免货损货差；缺点是管道设备固定，运输货物受限制，灵活性较差。

▶ **小资料2-2**

美国是最早使用管道输送流体的国家。第一条原油管道于1865年在美国出现，它使用管径50毫米的熟铁管，全长9.75公里，每小时输送原油13立方米。20世纪50年代，随着石油开采业的迅速发展，各采油国开始大量兴建油气管道。

各种运输方式的优缺点参见表2-1。

表2-1　　　　　　　　　　各种运输方式的优缺点

运输方式	优点	缺点
铁路运输	1.可以满足大量货物一次性、高效率运输 2.对于运费负担能力一般的货物，单位运费较低，比较经济 3.事故相对较少，安全性高 4.受天气影响小	1.近距离运输费用较高 2.不适合紧急运输的要求 3.长距离运输的情况下，由于需要进行车辆配装，中途停留时间较长
公路运输	1.可以进行"门到门"运输 2.适合近距离运输，比较经济 3.使用灵活，可以满足用户的多种需求	1.运输单位小，不适合大量运输 2.长距离运输运费较高
水路运输	1.适合运费负担能力一般的大宗货物的运输 2.适合宽大、重量大的货物运输	1.运输速度较慢 2.港口的装卸费用较高 3.受天气的影响较大，运输的准时性和安全性较差
航空运输	1.运输速度快 2.适合运费负担能力强的少量货物的长距离运输	1.运费高，不适合低价值货物和大量货物的运输 2.重量受到限制 3.机场所在地以外的城市在利用上受到限制
管道运输	1.运输效率高，适合于自动化管理 2.适合气体、液体和粉状固体货物的运输	运输对象受到限制

★ 问题引导

进入冬季，我国大部分地区都会有下雪、大雾等天气来袭，有时持续的时间比较长，这给交通运输带来了众多不确定因素，公路封路现象时有发生，所以冬季也成为物流经理最头痛的季节。

思考：冬季应选择什么运输方式？

引导知识点

三、运输方式的选择

选择运输方式一般要考虑如下要素：货物的性质、运输时间、交货时间、运输成本、批量、运输的机动性和便利性、运输的安全性和准确性等。对于货主来说，运输的安全性和准确性、运输费用的低廉性以及缩短运输总时间等因素是其关注的重点。从业种看，制造业重视运输费用的低廉性，批发业和零售业重视运输的安全性和准确性以及缩短运输总时间等方面。

第一要考虑运输物品的种类。在运输物品的种类方面，物品的形状、单件重量、容积、危险性、稳定性等都成为选择运输方式的制约因素。

第二要考虑运输量。在运输量方面，一次运输的批量不同，选择的运输方式也会不同。一般来说，原材料等大批量的货物运输适合于铁路运输或水路运输。

第三要考虑运输距离。货物运输距离的长短直接影响运输方式的选择。一般来说，中短距离的运输比较适合采用汽车运输。

第四要考虑运输时间。货物运输时间长短与交货期有关，应该根据交货期来选择适合的运输方式。

第五要考虑运输费用。虽然货物运输费用的高低是选择运输手段时要重点考虑的内容，但在考虑运输费用时，不能仅从运输费用本身出发，而必须从物流总成本的角度联系物流的其他费用综合考虑。物流总成本除包含运输费用外，还包含包装费用、保管费用、库存费用、装卸费用以及保险费用等。因此，考虑最为适宜的运输方式的时候，在成本方面应该保证物流总成本最低。

当然，在具体选择运输方式的时候，往往要受到当时运输环境的制约，而且也没有一个固定的标准。必须根据运输货物的各种条件，通过综合判断来加以确定。

小思考2-2

运输企业的竞争主要表现在哪几个方面？

★问题引导

开放公路运输市场以后，运输量的剧增致使公路货物运输超载超限现象愈演愈烈，造成道路损坏加速、交通事故频发、环境污染，严重影响了运输市场的健康发展，究其原因主要有：

（1）公路运输业负担过重，运输成本过高。

（2）运力失控，运价过低。

（3）大吨位、小标志导致政策性超限等现象已经成为公路运输业发展的一个痼疾，是公路货物运输中一个必须重视的问题。

思考：你能说出现实生活中还有哪些运输问题吗？

⊙ **引导知识点**

四、不合理运输的形式

1. 空驶

空车空载行驶，可以说是不合理运输的最突出表现。造成空驶的不合理运输主要有以下几种原因：①能利用社会化的运输体系而不利用，却依靠自备车送货提货，往往出现单程实车、单程空驶的不合理运输。②由于工作失误或计划不周，造成货源不实，车辆空去空回，形成双程空驶。③由于车辆过分专用，无法搭运回程货，只能单程实车、单程回空周转。

2. 对流运输

对流运输亦称"相向运输"或"交错运输"，指同一种货物在同一线路上或平行线路上作相对方向的运送，而与对方运程的全部或一部分发生重叠交错的运输。

3. 迂回运输

迂回运输是舍近求远的一种运输，是应选取短距离进行运输却选择路程较长路线进行运输的一种不合理形式。

4. 重复运输

本来可以直接将货物运到目的地，但是未达目的地就将货卸下，再重复装运送达目的地，这是重复运输的一种形式；另一种形式是同品种货物在同一地点一面运进，一面又运出。重复运输的最大问题是增加了非必要的中间环节，这就延缓了物流速度，增加了费用和货损。

5. 运力选择不当

它是指未根据各种运输工具的优势，不正确地利用运输工具造成的不合理现象。常见的有以下若干形式：①弃水走陆。它是指在同时可以利用水运及陆运时，不利用成本较低的水运或水陆联运，而选择成本较高的铁路运输或汽车运输，使水运优势不能发挥的做法。②铁路、大型船舶的过近运输。它是指不是铁路及大型船舶的经济运行里程，却利用这些运力进行运输的不合理做法。其主要不合理之处在于火车及大型船舶起运及到达目的地的准备、装卸时间长，且机动灵活性不足，在过近距离中利用，发挥不了运输工具的优势。相反，由于装卸时间长，反而会延长运输时间。另外，和小型运输设备比较，火车及大型船舶装卸难度大，费用也较高。③运输工具承载能力选择不当。它是指不根据承运货物数量及重量选择，而盲目决定运输工具，造成过分超载、损坏车辆或货物不满而浪费运力的现象，尤其是"大马拉小车"现象发生较多。由于装货量小，单位货物运输成本必然增加。

6. 托运方式选择不当

它是指对于货主而言，可以选择最好的托运方式而未选择，造成运力浪费及费用支出增加的一种不合理运输。应当选择整车而未选择，反而采取零担托运，应当直达而选择了中转运输，应当中转运输而选择了直达运输等都属于这一类型的不合理运输。

7. 超限运输

超过规定的长度、宽度、高度和重量，容易引起货损、车辆损坏和公路路面及公路设施的损坏，还会造成严重的安全事故。超限运输是当前表现突出的不合理运输。

⊙ **小案例2-2**

长江航运集团公司与武汉钢铁集团公司、沿江两岸大型火力发电厂等国有企业签订的运输进口铁矿石和煤炭的长期包运运输合同，就是由船方在规定的时间内用若干条船运完合同规定的货物数量，企业按合同向船方结算运费。

零星货源或少量件杂货源由地方航运企业承担航次租船运输业务；价值高的货物一般走集装箱船运输。

★ **问题引导**

2020年下半年以来，受新冠肺炎疫情影响，国际集装箱海运运转不畅，运力紧张、运价上涨成为全球普遍现象。

浙江巨一集团是一家生产鞋类产品的外贸企业，年出口额近1亿美元，产品主要销往欧美国家。正是国际海运不畅，虽然订单不缺，可厂房里积压了200个货柜的鞋品。一方面，仓储空间有限；另一方面，拿不到回款，资金成了问题。同我国大多数出口企业一样，巨一集团与国外客户签署的是FOB条款贸易合同，即由境外买家负责物流、支付运费，理论上不受运价波动的影响。

国际海运，在服务经济社会发展、畅通全球贸易中发挥着不可替代的重要作用。在我国，约95%的国际贸易货物量都是通过海运完成的。然而，2020年以来，新冠肺炎疫情在全球蔓延并让国际海运市场持续承压。受疫情影响，一些国家港口严重拥堵，内陆运输循环受阻，船员供给持续紧张，包括锚地待泊和码头作业时间在内的船舶在港时间大幅延长。

资料来源 刘志强. 增运力 稳市场 保畅通［N］. 人民日报，2021-12-08（18）. 经过节选、改编。

思考：如何使运输更趋合理？

◉ **引导知识点**

◉? **小词典**

运输合理化是指物品从生产地到消费地的运输过程中，从全局利益出发，力求运输距离短、运输能力省、运输费用低、中间转运少、到达速度快、运输质量高，并充分有效地发挥各种运输工具的作用和运输能力，这是运输活动所要实现的目标。

五、运输合理化的影响因素

1. 运输距离

在运输时，运输时间、运输货损、运费、车辆或船舶周转等运输的若干技术经济指标，都与运输距离有一定比例关系，运输距离长短是运输是否合理的一个最基本因素。缩短运输距离从宏观、微观来看都会带来好处。

2.运输环节

每增加一次运输，不但会增加起运的运费和总运费，而且必然会增加运输的附属活动，如装卸、包装等，各项技术经济指标也会因此恶化。所以，减少运输环节尤其是减少同类运输工具的环节，对合理运输有促进作用。

3.运输工具

各种运输工具都有各自的优势领域，对运输工具进行优化选择，按运输工具特点进行装卸运输作业，最大限度地发挥所用运输工具的作用，是运输合理化的重要一环。

4.运输时间

运输是物流过程中需要花费较多时间的环节，尤其是远程运输，在全部物流时间中，运输时间占绝大部分，所以运输时间的缩短对整个流通时间的缩短具有决定性的作用。此外，运输时间短，有利于运输工具的加速周转，充分发挥运力的作用，有利于货主资金的周转，有利于运输线路通过能力的提高，对运输合理化有很大作用。

小思考 2-3

为什么航空运输长距离更有优势？

5.运输费用

运输费用的降低，无论对货主企业来讲还是对物流经营企业来讲，都是运输合理化的一个重要目标。

★问题引导

快递的安全就是快递公司的安全

新冠肺炎疫情期间，快递包裹的安全再度成为大众关注的焦点。对于涉疫地区的包裹能否寄送，需要根据当地疫情防控中心的要求来进行调整。通常情况下，快递公司会在多个环节对包裹进行消杀，如果是特殊包裹会进行提前拦截并向有关部门报备，但同时提醒用户，需自行了解各包裹的运输过程的途经路线。

目前各地区的疾控中心会派相关人员前往当地的快件转运中心进行快递包装的抽样检测。一旦发现包裹检测结果为阳性，就会迅速形成全国性的联动。此外，对于涉疫快件，快递公司在接到上级单位通知后，会对快递在中心进行拦截、消杀并单独存放，向当地管理机构及防疫部门报备，由防疫部门对涉疫快件进行核酸检测。

资料来源　佚名.快递企业谈"包裹安全"：各环节消杀，建议用户主动关注路线［EB/OL］.［2021-12-14］. https：//m.sohu.com/a/508059398_120099883.

思考：安全运输能给企业带来什么好处？

引导知识点

六、运输合理化的有效措施

1.提高运输工具实载率

提高实载率的意义在于：充分利用运输工具的额定能力，减少车船空驶和不满载行驶的时间，减少浪费，从而达到运输的合理化。根据测定，汽车运输的实载率每下降1%，百吨货物公里的油耗上升1%～2%。

当前，国内外开展的"配送"形式，就是社会化的运输体系的发展。优势之一就是将多家需要的货物或者一家需要的多种货物实行配装，以达到容积和载重的充分合理运用，比起以往自家提货或一家送货车辆大部分空驶的状况，是运输合理化的一个进步。在铁路运输中，采用整车运输、合装整车、整车分卸等具体措施，都是提高实载率的有效措施。

2. 采取降低动力投入、提高运输能力的有效措施

这种合理化的要点是少投入、多产出，走高效益之路。运输的投入主要是能耗和基础设施的建设，在设施建设已定型和完成的情况下，尽量减少能源投入是减少投入的核心。做到了这一点就能大大节约运费，降低单位货物的运输成本，达到合理化的目的。国内外在这方面的有效措施有：①在机车能力允许的情况下，加挂车皮。②水运拖排和拖带法。竹、木等物资的运输，利用竹、木本身的浮力，不用运输工具载运，采取拖带法运输，可省去运输工具本身的动力消耗从而实现合理运输；将无动力驳船编成一定队形，一般是"纵列"，用拖轮拖带行驶，可以比船舶载乘运输运量大。③顶推法。它是指将内河驳船编成一定队形，由机动船顶推前进的航行方法。作为我国内河货运采取的一种有效方法，其优点是航行阻力小，顶推量大，速度较快，运输成本很低。④汽车列车。汽车列车的原理和船舶拖带、火车加挂基本相同，都是在充分利用动力能力的基础上，提高运输能力。⑤选择大吨位汽车。在运量比较大的路线上，采用大吨位汽车进行运输，比小吨位汽车进行运输费用更节约。

3. 尽量发展直达运输

直达运输是追求运输合理化的重要形式，其对合理化的追求要点是通过减少中转、过载、换载，从而提高运输速度，省去装卸费用，降低中转货损。直达的优势，在一次运输批量和用户一次需求量达到一整车时表现最为突出。

例如，"四就"直拨运输就是一种运输合理化的表现形式。"四就"直拨，包括就厂直拨、就车站直拨、就仓库直拨和就车船直拨。一般批量到站或到港的货物，首先要进分配部门或批发部门的仓库，然后再按程序分拨或销售给用户，在这种方式下，往往会出现不合理运输。"四就"直拨能够减少中转运输环节，力求以最少的中转次数完成运输。其具体形式见表2-2。

4. 配载运输

配载运输是充分利用运输工具载重量和容积，合理安排装载的货物及载运率的一种有效运输形式。

配载运输往往是轻重商品的混合配载，在以重质货物运输为主的情况下，同时搭载一些轻泡货物，如海运矿石、黄沙等重质货物，在上面捎运木材、毛竹等。铁路运矿石、钢材等重物上面搭运轻泡农副产品等，在基本不增加运力投入、不减少重质货物运输的情况下，解决了轻泡货物的搭运问题，因而效果显著。

5. 发展特殊运输技术和运输工具

依靠科技进步是运输合理化的重要途径。例如，专用散装车及罐车，解决了粉状、液状物运输损耗大及安全性差等问题；集装箱货船比一般船舶能容纳更多的箱体，集装箱货船高速直达，加快了运输速度等，都是通过采用先进的科学技术实现高效率运输。

学习微平台

动画："四就"直拨

表2-2   物流运输"四就"直拨的具体形式

主要形式	含义	具体形式
就厂直拨	物流部门从工厂收购商品，经工厂验收后，不经过中间仓库和不必要的转运环节，直接调拨给销售部门或直接送到车站或码头运往目的地	厂际直拨 厂店直拨 厂批直拨 用工厂专用线、码头直接发运
就车站直拨	物流部门对外地到达车站的货物，在交通运输部门允许占用场站的时间内，经交接验收后，直接分拨或发送到各销售部门	直接运往市内各销售部门 直接运往外埠要货单位
就仓库直拨	在货物发货时越过逐级的层层调拨，省略不必要的中间环节，直接从仓库拨给销售部门	对需要储存保管的货物就仓库直拨 对需要更换仓库的货物就仓库直拨 对常年生产、常年销售货物就仓库直拨 对季节性生产、常年销售货物就仓库直拨
就车船直拨	对外地用车、船运的货物，经交接验收后，不在车站或码头停放，不入库保管，随即通过其他运输工具换装，直接运至销售部门	就火车直装汽车 就船直装火车或汽车 就大船过驳小船

小案例2-3

　　某运输船在船长及一名船工的驾驶下，装载约45吨电石由吴淞口水域驶往上海某氧气厂，在遭遇5～6级大风的情况下依然冒险航行，强劲的大风将本不严实的货舱油布掀开，导致电石暴露，遇水后发生强烈反应起火爆炸，船长当场死亡。
　　试分析事故的原因。

6. 通过流通加工，使运输合理化

　　有不少产品由于其本身形态及特性问题，很难实现运输的合理化，如果进行适当加工，就能够有效解决合理运输问题。例如，将造纸材料在产地预先加工成干纸浆，然后压缩体积运输，就能解决造纸材料运输不满载的问题；轻泡产品预先捆紧包装成规定尺寸，装车就容易提高装载量；水产品及肉类预先冷冻，就可提高车辆装载率并降低运输损耗。

课堂提问 ✓

　　某公司在纽约州的罗切斯特建有一个主仓库，为美国东部的一些日用品商店提供服务。该仓库货源来自对上千家供应商的小批量采购。为减少运输成本，该公司在主要供货商所在地建立了合并运输的集运站，通知供货商将该公司采购的货物运往集运站。当货物累积到一整车时，该公司自己的卡车就会将商品由集运站运到主仓库。请问：该公司这样做有何好处？

课堂实训 ✔

有一家运输公司，车型有5吨、10吨两种。所有的货物都是当天收货当天晚上发运，第二天晚上能到达目的地；顾客发货的要求是三天内到达。运输公司近三天的发货量见表2-3。

发运方案如下：

第一天：发石家庄5吨的车一辆、发北京5吨的车一辆、发徐州5吨的车一辆、发上海10吨的车一辆、发武汉5吨的车一辆、发西安10吨的车一辆。

第二天：发石家庄5吨的车一辆、发北京10吨的车一辆、发徐州10吨的车一辆、发上海10吨的车一辆、发武汉5吨和10吨的车各一辆、发西安10吨的车一辆。

表2-3 运输公司近三天的发货量

天数＼地点	石家庄	北京	徐州	上海	武汉	西安
第一天	4吨	3吨	2吨	9吨	5吨	6吨
第二天	2吨	6吨	8吨	7吨	12吨	8吨
第三天	3吨	1吨	5吨	3吨	7吨	5吨

第三天：发石家庄5吨的车一辆、发北京5吨的车一辆、发徐州5吨的车一辆、发上海5吨的车一辆、发武汉10吨的车一辆、发西安5吨的车一辆。

试分析：近三天的运输哪些是不合理的，请给出你的方案。

案例分组讨论 ✔

A企业在加拿大购买5 000吨小麦，价值116万美元，委托"宏远"轮承运。该轮2月12日在温哥华港口装载A企业购买的小麦，分别装在第一、三舱。开船前，船长收到一份远航建议书，提及在"宏远"轮预定的航线附近很有可能遇到恶劣天气。2月12日至3月8日，该轮在预定航线上遇到了大风浪，风力7至11级，3月9日驶出风浪区，3月11日驶抵中国天津港。船检和商检有关部门对"宏远"轮的货舱和货物进行检验，经检验证实："宏远"轮货舱舱盖严重腐蚀并有裂缝，舱盖板水密胶垫老化、损坏、脱开、变质，通风筒下的货物水湿、发霉、发热、变质。因而，A企业对"宏远"轮提起货损诉讼，诉至天津海事法院，要求"宏远"轮赔偿小麦价款损失、利息损失及其他损失共计200余万美元。

"宏远"轮辩称：承运人在开航前和开航时已恪尽职责，装货前，对船舱舱盖板进行了水密测试，所有货舱及舱盖板的橡胶衬垫均处于柔软水密状态。只是由于"宏远"轮在航程中连续遇到大风暴，海水入舱造成货损，所以不承担因海上灾难而引起的一切责任。

法院根据船检和商检部门的检验报告，认定是由于"宏远"轮的船舶不适航而引起货损，"宏远"轮应负赔偿责任，最后判决，"宏远"轮赔偿A企业的货物损失100余万美元。

问题：试分析如何避免案例中的货物损失。

任务二　熟悉仓储作业

★任务目标

了解仓储的概念与地位，熟悉仓储作业活动；掌握合理仓储的方法，能够掌握仓储业务流程。

小词典

仓储是利用仓库及相关设施设备进行物品的入库、储存、出库的活动。

储存是指贮藏、保护、管理物品。

保管是指对物品进行储存，并对其进行保护和管理的活动。

仓储管理是对仓储及相关作业进行的计划、组织、协调与控制。

★课堂讨论

某连锁企业的进货情况如下：牛奶、果汁等商品每周进一次货，有时因需求量很大，周五就开始缺货，但采购部认为其保质期较短不能多进。有些冷门商品需求量小，周转慢，平均两到三周进一次货，这些存货占用了很大的空间，很多时候由于货品存放时间太长而过了保质期，只好扔掉。

请问：该企业进货存在什么问题？你将如何解决？

★问题引导

有这样一道数学题：有一个水池，当你打开进水管时，每小时进水12立方米；打开出水管，每小时出水10立方米，水池能装水100立方米。如果进出水管同时打开，问多长时间能把水池灌满？

思考：过去我们把仓库比喻为蓄水池，现在我们还要不要把"水池"灌满？如何控制"水龙头"？

引导知识点

一、仓储的功能

（1）仓储是社会生产顺利进行的必要过程。现代社会生产的一个重要的特征是专业化和规模化。一方面，企业生产的绝大多数产品不能被立即消费，需要使用仓储的手段进行储存；另一方面，仓储能够提供合理的原材料储备，保证及时供应，避免生产过程因缺原材料而中断，保证生产过程持续进行。

（2）调节生产和消费的时间差，维持市场稳定。人们的需求与产品的集中供给之间存在时间差矛盾。集中生产的产品若立即推向市场，则短期内必然造成产品供大于求，使产品价格大幅度下跌；反之，市场供应不足势必导致产品价格上涨。通过将产品储存起来，均衡地向市场供给，可起到稳定价格、稳定市场的作用。

（3）保持产品的使用价值。企业生产出来的产品在消费之前必须保持其使用价值，通过仓储对产品进行保护、养护、管理，可以防止其损坏而丧失使用价值，甚至可对其进行处理、加工，提高产品的附加值，促进产品的销售，增加收益。

（4）衔接流通过程。产品从生产到消费，经过分散—集中—分散的过程，需要通过仓储进行集货、候车、配载、包装、分散等，也需要在仓储过程中进行整合、分类配送等处理。

（5）仓储是市场信息的传感器。任何产品的生产者都需要把握市场的动向，而仓储的变化是了解市场信息变动的重要途径。

（6）仓储是开展物流管理的重要环节。仓储是物流的重要环节，仓储的成本是物流成本重要的组成部分。开展物流管理必须特别重视对仓储的管理。

（7）提供信用保证。存货人把商品存放在仓库，购买人可以到仓库查验商品，双方可以在仓库进行转让交割。另外，仓单是有价的实物交易凭证，作为金融工具，可使用仓单进行质押。

★ 问题引导

有一个深潭，养了很多鱼，品种繁多，生机勃勃。可有一天气温骤降，潭里的水渐渐开始结冰。冰越结越厚，水却越来越少。虽然，从化学成分上来说潭里的"水量"还是那么丰富，可鱼类却已无法生存。

思考：如果你是养鱼人，你将怎么办？

引导知识点

二、仓储的逆作用

在物流系统中，仓储是一种必要的活动，但其本身也存在冲减物流系统效益、恶化物流系统运行的情况。因为仓储的代价太高，所以有人认为，仓储中的"库存"是企业的"癌症"。

（1）固定费用支出。仓储作业活动会引发仓库建设、仓库管理、招聘仓库工作人员等一系列连锁反应，必然产生相应的固定费用支出。

（2）利息损失和机会成本。仓储物资会占用大量的资金，这部分资金如果用于其他项目可能会产生更高的收益，所以利息损失和机会成本都是很大的。

（3）陈旧损坏与跌价损失。物品在储存期间可能因物理、化学、生物等方面的破坏而遭受损失，严重者会失去全部价值及使用价值。随仓储时间的增加，存货无时无刻不在发生陈旧变质等损失；一旦错过有利的销售期，又不可避免地出现跌价损失。

（4）保险费支出。为分担风险，企业会对仓储物资投保，保险费用支出在有些国家和地区已达到相当高的比例。随着仓库的大型化和企业风险防范意识的增强，保险费用支出的比例将呈现上升的趋势。

（5）进货、验收、保管、发货、搬运等可变作业费支出。

★ 问题引导

上海菱华物流中心由日本三菱公司投资兴建，专门为索尼公司上海索广电子有限公司所生产的索尼品牌的 DVD、电视、摄像机等产品提供配送服务，分为上海菱华仓储服务有限公司、上海浦菱储运有限公司。上海浦菱储运有限公司负责上海索广电子有限公司产品在长三角、珠三角地区的配送业务。上海菱华仓储服务有限公司占地约30亩，建筑面积1万平方米。上海菱华仓储服务有限公司的库房为混凝土两层建筑，层高6米，中部是滚动式货梯；库区全部采用条码识别系统，机械化作业，采取先进先出原则；库区与上货区、下货区彻底隔离，库区内严禁人员进入。

思考：库区内严禁人员进入，货物是如何进出库区的？这种方式是否适合所有的仓库？

引导知识点

三、仓储作业环节

仓储作业过程可以分为物流和信息流。物流是物品从库外流向库内，并经过合理停留后流向库外的过程。就其作业内容和作业顺序看，主要包括接运、验收、入库、保管、保养、出库、发运（配送）等环节。

信息流是指保管物品的信息流动，它是借助于一系列信息文件来实现的。这些文件包括各种物资单据、凭证、台账、报表、资料等。它们在仓库作业各阶段的传递过程中逐渐形成了信息流。信息流一方面伴随着物流而产生，另一方面它又保证和调节着物流的数量、方向、速度和目标，使之按一定的目标和规则运动。因此，仓储作业过程是以物流为主，物流与信息流并行的过程。随着现代通信技术的进步，信息流在仓储系统中的作用越来越重要，正在改变着传统仓库作业和作业管理模式。

仓储的基本作业过程可以分为三个阶段，即货物入库阶段、货物保管阶段和货物出库阶段（如图2-1所示）。下面简要介绍一下入库阶段和出库阶段。

1. 入库阶段

（1）货物接运。货物接运的主要任务是与托运者或承运者办理业务交接手续，保质、保量、及时地将货物安全地接运回库。

①到车站、码头等提货。这是由外地托运单位委托铁路、水运、民航等运输部门或邮局代运或邮递货物到达本埠车站、码头、民航站、邮局后，仓库依据到货通知单派车提运货物的作业活动。这种到货提运形式大多适用于零担托运、到货批量较小的货物。在汽车运输与其他运输方式联合运输的过程中会出现这种方式的作业活动。此外，在接受货主的委托，代理完成提货、末端送货活动的情况下也会发生到车站、码头等提货的作业活动。

②到货主单位提取货物。这是仓库受托运单位的委托，直接到供货单位提货的一种形式。这种提货形式的作业内容和程序主要是：当货栈接到托运通知单后，做好一切提货准备，并将提货与物资的初步验收工作结合在一起进行。因此，接运人员要按照验收注意事项提货，必要时可由验收人员参与提货。在供货人员在场的情况下，当场进行验收。

③托运单位送货到库接货。这种接货方式通常是托运单位与仓库在同一城市或附近地区，不需要长途运输时所采取的一种形式。这种接货方式的作业内容和程序是：当托运方送货到货栈后，根据托运单（需要现场办理托运手续的先办理托运手续）当场办理接货验收手续，检查外包装，清点数量，做好验收记录。如有质量和数量问题，托运方应在验收记录上注明。

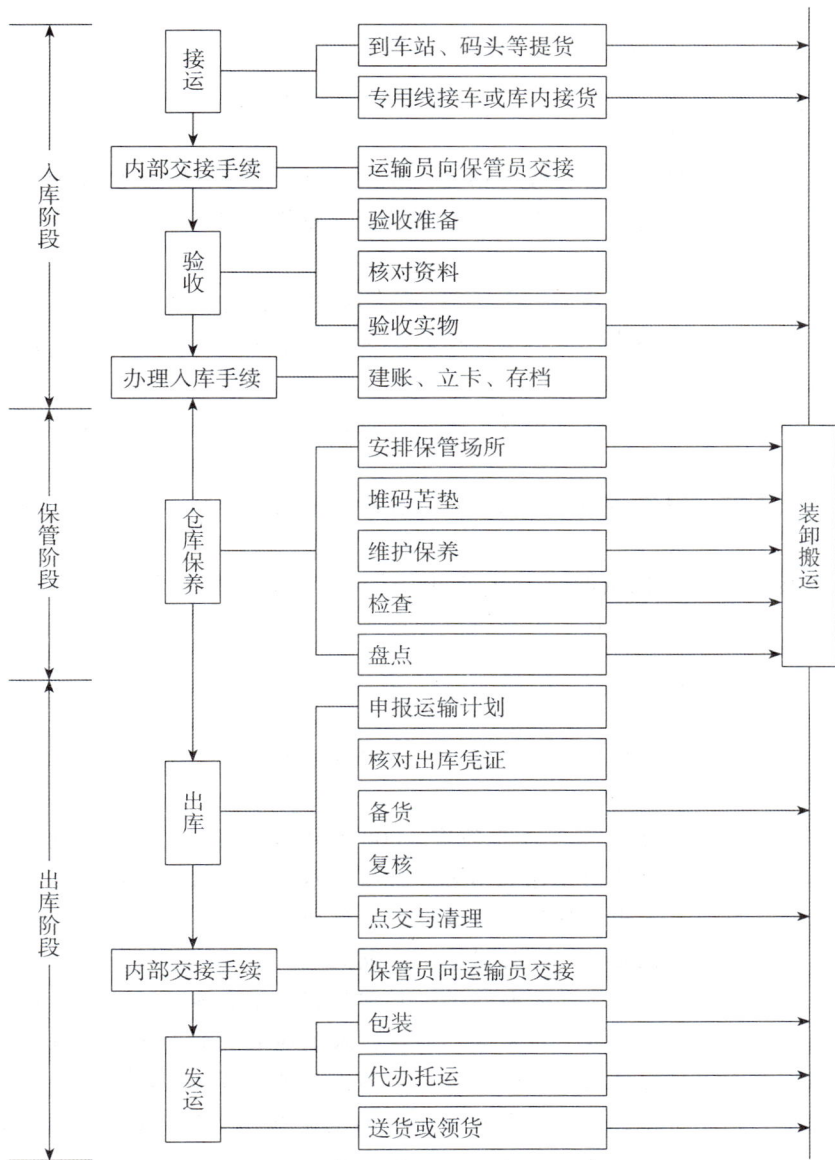

图2-1　仓储基本作业流程图

④铁路专用线到货接货。这是指仓库备有铁路专用线，大批整车或零担到货接运的形式。它是公（路）铁（路）联合运输的一种形式。在这种运输形式下，铁路承担主干线长距离的货物运输，汽车承担支线部分的直接面向收货方的短距离的运输。

（2）货物验收。货物验收是保证入库物品数量和质量准确无误的关键作业环节，物品的验收不仅要做好验收本身的工作，而且要为下一步的保管和出库阶段服务。货物验收应遵循认真、准确、及时的原则。

货物验收作业程序一般包括验收准备、核对凭证、数量验收、质量验收、填写验

学习微平台

微课：为什么要进行商品检验？

收报告、处理验收问题等。

小思考2-4

为什么要进行商品检验？

（3）货物入库。货物经过验收合格或发现问题处理完毕后，即应办理货物入库手续。货物入库作业的主要内容是登账、立卡及建立货物档案。

2. 出库阶段

货物出库是仓储业务的最后一个阶段。它是指根据运输调度的指示，经过货物出库前准备、凭证核对、备货、复核、点交、清理到发运为止的整个作业过程。出库方式有以下几种：

（1）自提方式。货主凭提货单经过一定手续，到货栈仓库提货，仓库依据出库凭证发货。

（2）送货方式。根据运输合同的规定，在指定的时间内将运抵到货栈的货物分别送达到货主手中。

（3）中转发运。小批量的货物在经过一定时间聚集成大批量后，将进行干线运输。根据运输调度的指示，运输员凭调度单办理出库手续。

小思考2-5

商品在出库时，容易出现什么问题？如何解决这些问题？

★ 问题引导

农业农村部资料显示，我国每年约有8 000万吨水果腐烂，损失总价值近800亿元。造成水果腐烂的主要原因是包装不当。目前，水果外包装主要有筐、木箱、瓦楞纸箱、泡沫塑料箱等，其中瓦楞纸箱以重量轻、缓冲性能好、造型结构可塑性强、无废弃公害、符合环保等优点被广泛使用于水果包装。

随着人们对水果包装要求的不断提高，瓦楞纸箱除了具备传统的包装功能外，还具备一定的特殊功能，如保鲜、防水等。因此，人们越来越倾向于将目前先进的技术应用到瓦楞纸箱中以提升纸箱的功能优势。例如，将纳米技术和纳米材料应用于瓦楞纸箱，如已问世的纳米纸，其强度超过铸铁。测试显示，这种纳米纸具有214兆帕的抗张强度，比铸铁（130兆帕）还强韧，几乎跟建筑所用钢铁（250兆帕）的强度一样。这种纳米纸的韧性很强，用于瓦楞纸箱可以大大提升纸箱的性能，它是制造高性能水果包装箱的最新技术。再如远红外瓦楞纸水果包装箱，它是在用100%的天然纸浆制造的纸板上涂抹一层可以释放远红外线的陶瓷，用该种瓦楞纸箱盛装新鲜水果，保鲜期比用普通瓦楞纸水果包装箱长1倍。

思考：如何进行仓储管理才能使商品保证质量？

引导知识点

四、仓储的基本原则

（1）面向通道进行保管的原则。为便于物品上架存放和取出，提高保管效率，物

品的码放、货架的朝向应该面向通道，这也是库内设计的原则。

（2）高层堆码的原则。尽可能地向高处码放，提高保管效率，有效利用库内容积。为防止破损，保证安全，应当尽可能使用货架等保管设备。

（3）先进先出原则。对于易变质、易破损、易腐败的物品以及机能易退化、老化的物品，应尽可能按先进先出的原则，加快周转。由于商品的多样化、个性化、使用寿命普遍缩短，因此贯彻这一原则显得十分重要。

（4）周转对应保管原则。根据出库频率选定位置。出货和进货频率高的物品应放在靠近出入口、易于作业的地方；流动性差的物品放在距离出入口稍远的地方；季节性物品则依其季节特性来选定放置的场所。

（5）同一性原则。为提高作业效率和保管效率，同一物品或相同品种物品应放在同一地方保管。

（6）类似性原则。将类似的物品放在邻近的地方保管。

（7）重量特性原则。根据物品重量安排保管的位置。安排放置场所时，要把重的物品放在货架的下边，把轻的物品放在货架的上边；需要人工搬运的大型物品码放在腰部以下的位置，轻型物品码放在腰部以上的位置。

（8）形状特性原则。这是依据形状安排保管的方法，如标准形状商品应放在托盘或货架上来保管，特殊形状的商品采用相应的器具保管。

（9）位置标志原则。货物存放的场所要有明确的标志，以便于货物的查找，提高上货和取货的速度，减少差错的发生。标志的位置要便于作业人员的视觉识别。

（10）关联商品保管原则。以货物出库方式为前提，将相关联的物品（按照预计的出库货物构成确定的关联物品）码放在相近的场所，以便提高出库作业效率。

小思考 2-6

茶叶在仓库中如何保管保养？

★ 问题引导

国美电器的物流管理规定如下：

（1）各配送中心在送货时要严格把关，对外包装破损和重心、重量有异常情况的商品要及时查明情况，不得转调门店或其他的配送中心。

（2）配送中心和各门店在从厂家进货时要严格检验，对于外包装破损和重心、重量有异常情况的商品应开箱检验，并做好确认记录。

（3）进货时如发现商品有残次，收货方可拒收或记录注明。

（4）在装卸过程及商品码放过程中严格控制。如商品装卸时，配送中心或门店必须有一名负责人在场，杜绝野蛮装卸。

（5）商品码放要符合仓库码放的管理规定，严禁超高、倒置或倾斜。

（6）门店一旦发现有残次品，须如实填写有关情况，配送中心严格核对。

资料来源　佚名. 国美的采购策略及物流配送管理体系［EB/OL］.［2019-03-14］. http://www.docin.com/p-148397139.html.

思考：国美电器的这些规定合理吗？这些规定有什么作用？你有什么要补充的？

引导知识点

五、储存合理化的实施

1. 将静态储存变为动态储存

这包括以下几方面：①加快储存的周转速度。周转速度一快，会带来一系列的合理化好处：资金周转快、资本效益高、货损降低、仓库吞吐能力增加、成本下降等。在网络经济时代，信息技术和现代管理技术、现代科技手段可以有效地支持库存周转的加快。例如，通过快速、及时的信息传递，掌握资源和需求，做到有效的衔接，而不完全通过库存数量提供保证。另外，许多物流技术可以缩短操作时间，加快周转，诸如采用单元集装存储、建立快速分拣系统等。②视野从仓库储存放大到整个物流系统。在整个物流系统的运行过程中，许多物品动态地存在于运输车辆、搬运装卸的过程之中，也可以把它看成是一种动态的储存。只要有有效的信息管理技术的支持，这些动态的储存完全可以起到一般储存的作用，取代静态的库存。③对静态的仓库实行动态的技术改造。

2. 实施重点管理

储存是一种相当繁杂的经济活动。对于工业企业而言，总是要处理上万种供应品和销售品的物流问题，这么庞杂的体系，其对于企业供应、企业经营和企业销售的影响是不同的，对于企业经济效益的贡献也是不同的。任何一个企业，即使采取最先进的信息技术和计算机管理手段，受管理成本的约束，管理的力量也是有限的。所以，采取重点管理的方法是使复杂物流系统实现合理化的手段之一。

实施重点管理，一般通过 ABC 分类管理来实现。ABC 分类管理就是将库存物品按品种和占用资金的多少分为特别重要的库存（A 类）、一般重要的库存（B 类）和不重要的库存（C 类）三个等级，然后针对不同等级分别进行管理与控制。

ABC 分类管理（见表 2-4）是通过对库存进行统计、综合、排列、分类，找出主要矛盾、抓住重点进行管理的一种科学有效的管理方法。把品种少、占用资金多、采购较难的重要物品归为 A 类；把品种多、占用资金少、采购较容易的次要物品归为 C 类；把处于中间状态的归为 B 类。A 类物品在订货批量、进货时间和库存储备方面采用最经济的方法，实行重点管理、定量供应，严格控制库存；C 类物品可采用简便方法管理，如固定时间订货；B 类物品实行一般控制，如采取定期订货、批量供应等办法。

ABC 分类管理的应用，在库存管理中比较容易取得以下成效：一是压缩了总库存量；二是释放了被占用的资金；三是使库存结构合理化；四是节约了管理力量。

3. 采用有效的"先进先出"方式

就物流系统而言，即使整个系统形成了有效的动态运转，也经常会出现一部分物品的储存期过长的现象。为了保证每个被储存物品的储存期不致过长，"先进先出"的管理措施是一种有效的方式，也是储存管理的准则之一。

表2-4　　　　　　　　　　　　　　ABC分类管理

分类结果	管理重点	订货方式
A类	为了压缩库存，投入较大力量精心管理，将库存压到最低水平	计算每种物品的订货量，采用定量订货方式
B类	按经营方针来调节库存水平，例如，要降低库存水平时，就减少订货量和库存	采用经济批量订货方式
C类	集中大量的订货，不费太多力量，增加库存储备	双仓法储存，采用固定时间进行订货

有效的"先进先出"方式主要有：①采用计算机存取系统。采用计算机管理，根据入库时的时间记录，可以自动排列出出货的顺序，从而实现"先进先出"。这种计算机存取系统还能将先进先出和快进快出结合起来，即在保证先进先出的前提下，将周转快的物品随机存放在便于存储之处，以加快周转，减少劳动消耗。②在仓库中采用技术流程的办法可保证"先进先出"。最有效的方法是采用重力式货架系统，利用货架的每层倾斜形成自然下滑的通道，从一端存入物品，从另一端取出物品，物品在通道中自行按先后顺序排队，不会出现越位等现象。重力式货架系统可以从技术手段上解决"先进先出"问题，提高仓库的利用率，又能使仓库管理实现机械化、自动化，是现代仓库的重要技术措施。③"双仓法"储存。给每种被储物都准备两个仓位或货位，轮换进行存取，再配以必须在一个货位中取尽才可补充的规定，则可以保证实现"先进先出"。这种方法在管理上比较简单，设备的投入、管理的投入都比较低，但是库存水平一般比较高，适合于资金占用量不大、经常使用又无须进行重点管理的物资采用。

4.提高储存密度，提高仓容利用率

这样做的主要目的是减少储存设施的投资，提高单位存储面积的利用率，以降低成本、减少土地占用。具体有三类方法：①采取高垛的方法，增加储存的高度。例如采用高层货架仓库、采用集装箱等，都可比一般堆存方法大大增加储存高度。②缩小库内通道宽度以增加有效储存面积。例如，采用窄巷道式货架，配以轨道装卸车辆，以减少车辆运行宽度要求；采用侧叉车、推拉式叉车，以减少叉车转弯所需的宽度。③减少库内通道数量以增加有效储存面积。例如，采用密集型货架、可进车的可卸式货架、各种贯通式货架，采用不依靠通道的桥式吊车装卸技术等，如密集式仓库（如图2-2所示）。

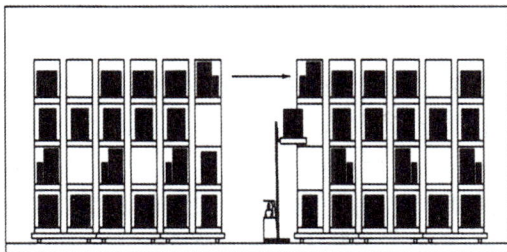

图2-2　密集式仓库

5.采用有效的储存定位系统

储存定位是指被储物位置的确定。如果定位系统有效，就能大大节约寻找、存放、取出的时间，节约不少物化劳动及活劳动，而且能防止出现差错，减少空位的准备量，提高储存系统的利用率。

对于存储品种多、数量大的大型仓库而言，采取计算机储存定位系统已经成为必不可少的手段。计算机定位系统是利用计算机储存容量大、检索迅速的优势，在入库时将存放货位输入计算机，出库时向计算机发出指令，并按计算机的指示人工或自动寻址，找到存放货位，再用人工方法或自动方法拣选取货。一般采取自由货位方式，计算机指示入库货物存放在就近易于存取之处，或根据入库货物的存放时间和特点，指示合适的货位，取货时也可就近就便。这种方式可以充分利用每一个货位，而不需专位待货，有利于提高仓库的储存能力，当吞吐量相同时，可比一般仓库减少建筑面积。

6.采用有效的监测清点方式

监测储存物品的数量和质量，对于掌握其基本情况和科学控制库存是非常必要的。实际工作出现差错，就会使账实不符，所以必须及时且准确地掌握实际储存情况，经常与账卡核对，无论是人工管理还是计算机管理这都是必不可少的。此外，经常的监测也是掌握被储存物品质量状况的重要工作。

监测清点的有效方式主要有：①"五五化"堆码。它是我国手工管理中采用的一种科学方法。储存物堆垛时，以"五"为基本计数单位，堆成总量为"五"的倍数的垛形，有经验者可过目成数，大大加快了人工点数的速度，且少出差错。即使在网络经济时代，也不可避免会有一些临时性的存储需求可以使用"五五化"堆码进行管理，例如，建筑工地的临时仓库、开发前期的用料准备仓库和出于各种原因暂时无法建立计算机管理系统的仓库等。②光电识别系统。在货位上设置光电识别装置，该装置对被储存物品扫描，并将准确数目自动显示出来。这种方式不需人工清点就能准确掌握库存的实有数量。③电子计算机监控系统。用电子计算机指示存取，可以避免人工存取容易导致的差错。如在被储存物品上采用条形码认寻技术，使识别计数和计算机联结，每存取一件物品时，识别装置自动将条形码识别并将其输入计算机，计算机会自动进行存取记录。

7.采用现代储存保养技术

现代储存保养技术是防止储存损失、实现储存合理化的重要措施。

（1）气幕隔潮。"气幕"就是在库门上方安装鼓风设备，使之在门口处形成一道气流。由于这道气流有较高压力和流速，在门口便形成一道气墙，可有效阻止库内外空气交换，防止湿气侵入。气幕还可以起到保持室内温度的隔热作用。

（2）气调储存。它是通过调节和改变环境空气成分，抑制被储存物品的化学变化和生物变化，抑制害虫生存及微生物活动，达到保持被储存物品质量的目的。

其具体方法有：在密封环境中更换配好的气体；充入某种成分的气体；抽去或降低某种成分气体等。气调储存对于有新陈代谢作用的水果、蔬菜、粮食等物品的长期保质、保鲜储存很有效。例如，粮食可长期储存，苹果可储存三个月。气调储存对于防止生产资料在储存期的有害化学反应也有一定作用。

（3）塑料薄膜封闭。塑料薄膜虽不能完全隔绝气体，但是能隔水、防潮。用塑料薄膜封垛、封袋、封箱，可有效地造成封闭小环境，阻隔内外空气交换，完全隔绝水分。在封闭环境内如果再加入杀虫剂、缓蚀剂或某种抑制微生物生存的气体，则内部可以长期保持这种物质的浓度，形成一个长期稳定的小环境。

8. 采用集装箱、集装袋、托盘等运储装备一体化的方式

这种方式通过物流活动的系统管理，使储存、运输、包装、装卸实现了一体化，不但能够使储存实现合理化，更重要的是促使整个物流系统的合理化。

9. 采用虚拟仓库和虚拟库存

采用虚拟库存方式，可以防止实际库存带来的一切弊端，同时，可以有效实现储存的功能，实现储存对于社会生产、社会流通的保证作用。在网络经济时代，这是将信息技术、网络技术、市场经济条件下买方市场环境等结合起来的一个创新，对于解决储存问题和优化整个物流系统都有重大意义。

课堂提问 ✓

（1）商品在出入库时容易出现什么问题？如何解决这些问题？

（2）储存的合理化表现在哪些方面？

课堂实训 ✓

（1）食品、生物药品等对温度有特殊要求的货物需要采用冷藏库储存；原油或成品油等液体则需要使用油品库储存。请同学们分组讨论自己家中冰箱里的物品（如蔬菜和水果）是如何储存的？如何储存最科学？

（2）将学生每3人分为一组，构造饮料商品供应链。1人做零售商，1人做经销商，1人做生产商。零售商从经销商进货、经销商从生产商进货、生产商自行启动生产；所有的进货（生产）时间为2天，老师可作为顾客，预计平均每天到零售商购买饮料10罐；开始时每个商人库存饮料30罐。其他条件见表2-5。

表2-5　　　　　　　　　　　　　　实验资料　　　　　　　　　　　单位：元/罐

渠道商	买入价	卖出价	每天单位库存成本	每次订货成本	延迟销售成本
零售商	2.0	3.0	0.1	2.0	0.1
经销商	1.5	2.0	0.02	3.0	0.1
制造商	1.1	1.5	0.01	3.0	0.1

老师可根据课堂时间控制操作天数，最后剩余的商品要按进价的50%清算。操作结束后，学生计算自己的利润。

案例分组讨论 ✓

上海大众发展（集团）股份有限公司下属公司有大众物流有限公司、大众便捷货运有限公司、大众国际货运代理有限公司、大众集装箱货运有限公司、大众快递公

司、大众电子商务股份有限公司。大众物流有限公司年总收入约7亿元，业务包括货运、客运、巴士、出租，拥有载重量为0.6~0.9吨的货运车1 000辆，每年纯利润约450万元。大众物流有限公司主要业务包括货物运输、仓储理货、货运代理，下设有搬场、储运、货代、配载中心库几个分公司。大众便捷货运有限公司主要业务集中于华东地区，拥有各类运输车辆1 000余辆，配备有最先进的GPS卫星定位系统，在行业中处于领先地位。

问题： 上海大众发展（集团）股份有限公司有哪些经验值得我们借鉴学习？

●●● 项目考核

1.单项选择题

（1）以下（　　）是不合理的。

A.直达运输　　　　　B.配载运输　　　　　C.拖挂运输　　　　　D.超载运输

（2）各种运输方式之所以均有其生存和发展空间，是因为（　　）。

A.各种运输方式的市场对象完全不一样

B.各种运输方式的成本不一样

C.各种运输方式的速度不一样

D.各种运输方式均拥有自己固有的技术经济特征和优势，以及运输市场的多样性需求

（3）关于运输具有的短期储存功能，下面说法中错误的是（　　）。

A.如果转移中的产品需要储存，而短时间内产品又将重新转移的话，卸货和装货的成本也许会超过储存在运输工具中的费用，此时将运输工具作为暂时的储存工具是可行的

B.在仓库空间有限的情况下，利用运输工具储存也不失为一种可行的选择

C.采用运输工具作为储存工具，需要综合考虑系统的总成本

D.将运输工具作为储存工具，其成本比传统意义上的储存要低

（4）仓储是物资流通中不可缺少的环节，这是因为（　　）。

A.仓储是物流中的支柱环节

B.仓储是物资流通必然产生的形式

C.仓储是解决社会分工中产品的生产与消费之间时间差异的途径

D.仓储具有蓄水池的功能

（5）能够明确哪些货物合格、哪些货物不合格时，库存企业可以（　　）。

A.全部拒收　　　　B.部分拒收　　　　C.修缮入库　　　　D.以上全不对

2.多项选择题

（1）（　　）不属于配送运输方式。

A.汽车整车运输　　　　　　　　　　B.火车整车运输

C.汽车零担运输　　　　　　　　　　D.快运

（2）交通运输发达的地区和不发达地区对合理库存量影响的区别关键在于（　　）。

A.在途时间不同   B.经济条件不同   C.生产能力不同   D.社会需求不同

（3）影响合理库存量的因素有（   ）。

A.商品再生产时间   B.交通运输条件

C.管理水平   D.设备条件

（4）影响合理库存时间的因素包括（   ）。

A.仓库的库存容量   B.仓库服务水平

C.商品销售时间   D.商品的性能

（5）在某一时期和一定的组织技术条件下，仓储的吞吐能力主要取决于（   ）。

A.机械设备的作业能力   B.作业有效率

C.操作人员的操作熟练程度   D.以上三个都不是

3. 判断题

（1）商品储存管理主要就是保证商品的安全。   （   ）

（2）国际物流距离长，使大批量货物运输受到了限制，因为国际物流距离往往超出了汽车等运输工具的经济里程，所以大批量货物只能选择航空运输。   （   ）

（3）烟、香皂和茶叶可以存放在同一个库房。   （   ）

（4）先进先出的原则适用于对于易变质、易破损、易腐败的物品以及机能易退化、老化的物品，例如感光纸、软片、食品等。   （   ）

（5）ABC分类管理法中，C类商品占用货币量最高，品种可能只占库存总数的15%，但用于它们的库存成本却占到总数的70%~80%。   （   ）

4. 问答题

（1）如何进行储存的合理化？

（2）铁路运输、水路运输、公路运输、航空运输各有什么特点？

● ● 项目实训

1. 实践训练

某物流公司运输部接到以下货运任务，见表2-6。针对每一项运输任务公司应该选用哪种运输方式及货运车辆（船）设备？

表2-6   货运任务明细

任务	货物名称	货物数量	发货地	收货地
1	机器设备（30米长）	125T	河北省唐山市	福建省厦门市
2	石油焦	500T	河南省濮阳油田	安徽省合肥市
3	玉米	10T	山东省淄博市	山东省菏泽市
4	集装箱	20TEU	青岛前湾港	河南省郑州市
5	冷冻水产品散货	8T	青岛黄岛保税区	山东省济南市
6	袋装货物	100T	北京市	河南省洛阳市
7	新鲜荔枝	200kg	广东省中山市	北京市

2. 课外实训

通过网络调研或实地走访收集仓储企业数据，掌握企业库存商品的数量、品种和价值，了解该企业目前采取的库存控制方法和取得的成效，利用 ABC 分类方法分析货物的分类和管理方法。

3. 拓展训练

作为中国冷链物流行业第一个强制性标准，2021 年 3 月 11 日开始执行的《食品安全国家标准　食品冷链物流卫生规范》提到要"一冷到底"，明确冷冻食品的温度环境不应高于 $-18\,℃$。冷链物流公司在运输速冻食品时，一直坚持按照国家标准的要求保持运输 $-12\,℃$ 以下。新标准提出后，冷链物流公司为了应对"温度环境不应高于 $-18\,℃$"新要求做出了很多调整。

冷链物流公司为了应对"温度环境不应高于 $-18\,℃$"新要求需要从哪些方面进行改进？

项目三
物流辅助作业活动

学习目标

知识目标：

1.了解包装的功能。

2.了解装卸搬运的特点。

3.明确流通加工的作用、类型，知晓流通加工合理化的内容。

4.了解物流信息的特征、作用和种类。

能力目标：

1.能够辨别包装不合理现象。

2.能够合理选择装卸搬运方式。

3.能够掌握流通加工的方式。

4.能够运用物流信息进行物流决策。

价值目标：

1.培养物流人严谨细致的职业素养。

2.培养物流人吃苦耐劳的职业精神。

3.注意新型包装材料应用，培养创新意识。

4.树立可持续发展意识。

价值引领案例

科技助力乡村振兴｜48小时保鲜常温包装技术

荔枝好吃，可因"若离本枝，一日而色变，二日而香变，三日而味变"的特性，保鲜成为物流行业的难题。为破解这一难题，惠州城市职业学院现代物流管理专业副教授梁乃锋课题组牵头，联合电商、食品、设计等相关专业，研发出荔枝常温运输系列包装和装箱工艺，能够有效解决48小时内荔枝运输的保鲜问题。

团队研发的荔枝常温运输系列包装和装箱工艺能够有效解决48小时内荔枝运输的保鲜问题。该项技术在多个荔枝主产地进行实验性应用，取得较好的预期效果，具有较高的经济价值和社会效益，课题组申报了20多项该领域专利，形成了较为系统的知识产权体系。

2021年"世界标准日"前夕，由该团队牵头完成的《荔枝常温运输技术规范》在全国团体标准信息平台上正式发布实施，填补了该领域的空白，这也是惠州城市职业学院作为第一单位牵头完成的首个全国性团体标准。

从项目到专利，从应用到标准，以科技推动荔枝产业健康发展，荔枝常温运输保鲜包装开发是职业教育以科技成果助力乡村振兴的重要体现。

资料来源 范文燕.惠州城市职业学院：破解常温运输荔枝保鲜难题［EB/OL］.［2022-01-02］. http://hz.wenming.cn/xcsng/202111/t20211101_7394500.htm.

学习微平台

拓展阅读3-1

思考：（1）48小时常温包装箱的技术突破对于果农销售荔枝有何意义？
　　　（2）物流人的工匠精神体现在哪些方面？

任务一　了解包装作业

★任务目标

了解包装的功能；能够辨别包装不合理现象。

小词典

包装是为在流通过程中保护产品、方便储运、促进销售，按一定技术方法而采用的容器、材料及辅助物等的总体名称。注：也指为了达到上述目的而采用容器、材料和辅助物的过程中施加一定技术方法等的操作活动。

★课堂讨论

市场上销售的饼干其保质期各不相同，保质期最长的2年，最短的2个月。为什么？它们的包装有何区别？

★问题引导

在品种丰富的果品市场上，人们常常可以看到苹果、梨等水果外面有一层裹纸或泡沫塑料网，其目的是减轻苹果、梨等水果在仓储配送过程中的碰撞和损伤，以确保水果质量。分析证明，裹纸防潮性差，易吸湿，而泡沫塑料网则不能保持水果水分，从而易引起腐烂、发霉或发蔫萎缩。为提高商品的养护水平，人们研制出了新型涂蜡纸，将其裹于水果外表，既能保持水果自身的水分，又能起到防潮和防震的作用。它相当于把水果分隔储存，即使个别水果变质腐烂，也不会影响整体水果质量，从而提高了仓储质量，降低了水果在储运环节的损耗。

思考：苹果、梨的裹纸在商品养护中发挥了什么作用？

引导知识点

一、包装的功能

1.保护商品

这是包装的首要功能，是确定包装方式和包装形态时必须抓住的主要矛盾。只有有效的保护，才能使商品不受损失地完成流通过程，实现商品实体的转移。

包装的保护作用体现在下述几方面：①防止商品破损变形。这就要求包装能承受在装卸、运输、保管过程中各种力的作用，如冲击、振动、颠簸、压缩等，发挥防止外力破坏的保护作用。②防止商品发生化学变化，即防止商品吸潮发霉、变质、生锈，这就要求包装能在一定程度上起到阻隔水分、溶液、潮气、光线、空气中的酸性气体的作用，削弱环境、气象等不利因素的影响。③防止腐朽霉变、鼠咬虫食，这就要求包装有阻隔真菌、虫、鼠侵入的作用，对货物形成防护。

此外，包装还有防止异物混入、污物污染，防止丢失、散失、盗失等作用。

小思考3-1

货物在流通过程中须经过装车、运输、卸车、配送等环节，对于货物的包装要求较高，特别是易碎品的包装要求格外高，那么该如何包装易碎品？要注意什么呢？

2.单元化

包装有将商品以某种单位集中的功能，这就叫单元化。包装成多大的单位为好，不能一概而论，要视商品生产、消费的情况以及商品种类、特征而定，同时要考虑物流方式和条件。一般来讲，包装的单元化主要应达到两个目的：方便物流和方便商业交易。

从物流方面来考虑，包装单位的大小要与装卸、保管、运输等条件相适应。在此基础上应当尽量做到便于集中输送以获得最佳的经济效果，同时又要求能分割及重新组合以适应多种装运条件及分货要求。从商业批发角度来考虑，包装单位大小应适于进行批量交易；在零售商品方面，包装单位应适于消费者的一次购买。

3.便利性

商品的包装还有方便流通及方便消费的作用，这就要求包装大小、包装形态、包装材料、包装重量、包装标志等各个要素都为运输、保管、验收、装卸等各项作业创造方便条件，也要求容易区分不同商品并进行计量。进行包装及拆装作业，应当简便、快速，拆装后的包装材料应当容易处理。

4.促销性

与商流有关的包装功能是促进销售。在商业交易中促进销售的手段有很多，包装在其中占有重要地位。恰当的包装能够唤起人们的购买欲望；包装外部的形态、装潢和广告说明一样，是很好的宣传品，对顾客的购买起着说服的作用。这样看来，适当的包装可以推动商品销售，有很大的经济意义。对于包装的这个功能有许多描述，比如说"包装是不会讲话的推销员""精美的包装胜过1 000个推销员"等都形象地说明了这个功能。

小思考3-2

包装箱体印刷为什么不能磨损？

★ 问题引导

包装质量的好坏，往往取决于包装材料的性能。因此，包装材料是整个包装行业中最为活跃的研究方向。目前，对于新型包装材料的研发正在紧锣密鼓地进行，部分新产品已开始投入使用。

（1）以发泡聚苯乙烯（EPS）快餐盒为代表的塑料包装将被新型的纸质类包装所取代。

（2）塑料袋类包装材料正朝水溶性无污染方向发展。

（3）木质包装正在寻求替代包装材料。由于美国等西方国家以中国出口产品的木质包装中发现"天牛"为借口，限制中国产品出口，凡是木质包装的产品必须进行复杂的特殊处理或用其他材料来代替。因此目前中国正在进行攻关，拟用蜂窝瓦楞纸包装代替木质包装，但必须解决托盘的装卸和承重问题。

思考：试分析包装材料对包装质量的影响。

引导知识点

二、包装的分类

1.按在物流过程中的作用不同进行分类

（1）商业包装（又称销售包装、小包装或内包装）。它是以促进销售为主要目的的包装。这种包装的特点是外形美观，有必要的装潢，适合于顾客的购买量以及商店陈设的要求。在流通过程中，商品越接近顾客，越要求包装能起促进销售的作用。

（2）运输包装（又称大包装或外包装）。它是以强化输送、保护产品为目的的包装。运输包装的特点是在满足物流要求的基础上使包装费用越低越好，并应在包装费用和物流损失两者之间寻找最佳的结合点。

2.按包装的大小不同进行分类

（1）单件运输包装。它是指在物流过程中作为一个计件单位的包装，常见的有：箱，如纸箱、木箱、条板箱、周转箱、金属箱；桶，如木桶、铁桶、塑料桶、纸桶；袋，如纸袋、草袋、麻袋、布袋、纤维编织袋；包，如帆布包、植物纤维包、合成树脂纤维编织包。此外，还有篓、筐、罐、玻璃瓶、陶缸、瓷坛等。

（2）集合运输包装。它是指将若干单件运输包装组成一件大包装，常见的有：①集装袋或集装包。集装袋是指用塑料材料编织成的圆形大口袋。集装包也是用同样材料编织成的抽口式方形包。②托盘，是指用木材、金属或塑料（纤维板）制成的托板。托盘的底部有插口，供铲车起卸用。③集装箱，是指具有一定强度、刚度和规格，专供周转使用的大型装货容器，具有坚固、密封、容量大、可反复使用的特点。

3.按在国际贸易中有无特殊要求进行分类

（1）一般包装。一般包装也就是普通包装，货主对包装无任何特殊的要求。

（2）中性包装和定牌包装。中性包装是指在商品内外包装上不注明生产国别、产地、厂名、商标和牌号。定牌包装是指在商品的内外包装上不注明生产国别、产地、厂名，但要注明买方指定的商标和牌号。

4.按对包装的保护技术不同进行分类

（1）防潮包装。

（2）防锈包装。

（3）防虫包装。

（4）防腐包装。

（5）防震包装。

（6）危险品包装。

5.按包装使用的次数进行分类

（1）一次性包装，包装随商品的销售而消耗、损坏。

（2）重复使用包装，包装材料比较坚固，可以回收并反复使用。

学习微平台

微课：包装的分类

学习微平台

动画：运输包装有哪些？

6.按包装的耐压程度进行分类

（1）硬质包装，包装材料的质地坚硬，能承受较大程度的挤压，如木箱、铁箱。

（2）半硬质包装，包装材料能承受一定的挤压，如纸箱等。

（3）软质包装，包装材料是软质的，受压后会变形，如麻袋、布袋等。

7.按包装的材料进行分类

（1）纸制品包装，经过特殊处理，具有韧性、抗压性、弹性和防潮性等特点。

（2）纺织品包装，常用于存放小颗粒、粉状的货物。

（3）木制品包装，具有较强的抗挤压和冲击的能力，使用较广。

（4）金属制品包装，包装强度大，密闭性好，适合于盛装液体货物或较贵重的货物。

★ 问题引导

现代包装的技术有五大类：（1）包装固化技术；（2）包装切割成型技术；（3）包装与加工结合技术；（4）包装功能借用技术；（5）包装功能保护技术。

其中最有前途的是包装与加工结合技术。它解决了很多处理工艺问题，实现包装加工一体化，实现了包装过程的增值。

思考：你知道哪些包装技术？请举例说明。

引导知识点

三、包装技术

1.防震保护技术

防震包装又称缓冲包装，在各种包装方法中占有重要的地位。产品从生产出来到开始使用要经过一系列的运输、保管、堆码和装卸过程，置于一定的环境之中。在此过程中，任何外力作用在产品之上都可能使产品发生机械性损坏。为了防止产品遭受损坏，就要设法减少外力的影响。所谓防震包装，就是指为减缓内装物受到冲击和震动，保护其免受损坏所采取的一定防护措施的包装。防震包装主要有以下三种方法：

（1）全面防震包装方法。全面防震包装方法是指内装物和外包装之间全部用防震材料填满进行防震的包装方法。

（2）部分防震包装方法。对于整体性好的产品和有内包装容器的产品，仅在产品或内包装的拐角或局部地方使用防震材料进行衬垫，这种方法即为部分防震包装方法。可以使用的包装材料包括泡沫塑料防震垫、充气型塑料薄膜防震垫和橡胶弹簧等。

（3）悬浮式防震包装方法。对于某些贵重易损的物品，为了有效地保证其在流通过程中不被损坏，在确保外包装容器比较坚固的前提下，用绳、带、弹簧等将被包装物悬吊在包装容器内。这种方法即为悬浮式防震包装方法。

2.破损保护技术

缓冲包装有较强的防破损能力，因而是防破损包装技术中有效的一类。此外，还可以采取以下几种破损保护技术：

（1）捆扎及裹紧技术。捆扎及裹紧技术的作用是使杂货、散货形成一个牢固整体，以增加整体性，减少破损。

（2）集装技术。利用集装，减少与货体的接触，从而防止破损。

（3）选择高强度保护材料。通过外包装材料的高强度来防止内装物受外力作用而破损。

3. 防锈包装技术

（1）防锈油。大气锈蚀是空气中的氧、水蒸气及其他气体作用于金属表面引起化学反应的结果。如果使金属表面与引起大气锈蚀的各种因素隔绝（即将金属表面保护起来），就可以达到防止锈蚀的目的。用防锈油封装金属制品，要求油层有一定厚度，油层的连续性好，涂层完整。不同类型的防锈油要采用不同的方法进行涂敷。

（2）气相防锈。气相防锈，就是用气相缓蚀剂（挥发性缓蚀剂）在密封包装容器中对金属制品进行防锈处理的技术。气相缓蚀剂是一种能减缓或完全停止金属在侵蚀性介质中被破坏过程的物质，它在常温下具有挥发性。在很短的时间内，挥发或升华出的缓蚀气体就能充满整个包装容器内的每个角落和缝隙，同时吸附在金属制品的表面上，从而起到抑制大气对金属锈蚀的作用。

4. 防霉腐包装技术

在运输包装内装运食品或其他有机碳水化合物货物时，货物表面可能生长真菌，在流通过程中如遇潮湿环境，真菌生长繁殖极快，甚至伸延至货物内部，使其腐烂、发霉、变质，因此要采取特别防护措施，通常可采用冷冻包装法、真空包装法或高温灭菌法。

冷冻包装法的原理是减缓细菌活动和化学变化的过程，以延长储存期，但不能完全消除食品的变质。

真空包装法也称减压包装法或排气包装法。这种包装可阻挡外界的水汽进入包装容器内，也可防止在密闭着的防潮包装内部存有潮湿空气，在气温下降时结露。采用真空包装法，要注意避免过高的真空度，以防损伤包装材料。

高温灭菌法可消灭引起食品腐烂的微生物，可在包装过程中用高温处理防霉。有些经干燥处理的食品包装，应防止水汽浸入以防霉腐，可选择防水汽和气密性好的包装材料，采取真空和充气包装。

防止运输包装内货物发霉，还可使用防霉剂。防霉剂的种类很多，用于食品的必须选用无毒防霉剂。机电产品的大型封闭箱，可酌情采用开设通风孔或通风窗等相应的防霉措施。

5. 防虫包装技术

防虫包装技术，常用的是驱虫剂，即在包装中放入有一定毒性和臭味的药物，利用药物在包装中产生的挥发性气体杀灭和驱除各种害虫。常用驱虫剂有对位二氯化苯、樟脑精等。也可采用真空包装、充气包装、脱氧包装等技术，使害虫无法生存，从而防止虫害。

6. 危险品包装技术

危险品种类繁多，按其危险性质和交通运输及公安消防部门的规定可分为10类，即爆炸性物品、氧化剂、压缩气体和液化气体、自燃物品、遇水燃烧物品、易燃液体、易燃固体、毒害品、腐蚀性物品、放射性物品等。有些物品同时具有两种以上危险特性。

对有毒商品的包装要明显地标明有毒的标志。防毒的主要措施是包装严密不漏、不透气。如用塑料袋或沥青纸袋包装的，外面应再用麻袋或布袋包装，使其与外界隔绝。

对有腐蚀性的商品，要注意防止商品和包装容器的材质发生化学反应。金属类的包装容器，要在容器壁涂上涂料，防止腐蚀性商品对容器的腐蚀。

对易自燃商品的包装，宜将其装入壁厚不低于1毫米的铁桶中，桶内壁需涂耐酸保护层，桶内盛水，并使水面浸没商品，桶口严密封闭。对遇水容易引起燃烧的物品应用坚固的铁桶包装，桶内充入氮气，如果桶内不充氮气，则应装置放气活塞。

对于易燃、易爆商品（例如，有强烈氧化性的、遇有微量不纯物或受热即急剧分解引起爆炸的产品），防爆炸包装的有效方法是采用塑料桶包装，然后将塑料桶装入铁桶或木箱中，并附有自动放气的安全阀，当桶内气体达到一定压力时，能自动放气减压。

7.特种包装技术

（1）充气包装。充气包装是采用二氧化碳气体或氮气等不活泼气体置换包装容器中空气的一种包装技术方法，因此也称为气体置换包装。这种包装方法是根据好氧性微生物需氧代谢的特性，在密封的包装容器中改变气体的组成成分，降低氧气的浓度，抑制微生物的生理活动、酶的活性和鲜活商品的呼吸强度，达到防霉、防腐和保鲜的目的。

（2）真空包装。真空包装是将物品装入气密性容器后，在容器封口之前抽成真空，使密封后的容器内基本没有空气的一种包装方法。

一般的肉类商品、谷物加工商品以及某些容易氧化变质的商品都可以采用真空包装。真空包装不但可以避免或减少脂肪氧化，还可以抑制某些细菌的生长。同时，在对其进行加热杀菌时，由于容器内部气体已排除，因此加速了热量的传导，提高了高温杀菌效率，也避免了加热杀菌时由于气体的膨胀而使包装容器破裂的风险。

（3）收缩包装。收缩包装就是用收缩薄膜裹包物品（或内包装件），然后对薄膜进行适当加热处理，使薄膜收缩而紧贴于物品（或内包装件）的包装技术方法。

收缩薄膜是一种经过特殊拉伸和冷却处理的聚乙烯薄膜，由于薄膜在定向拉伸时产生残余收缩应力，这种应力在受热后便会消除，从而使其横向和纵向均发生急剧收缩，同时使薄膜的厚度增加。收缩率通常为30%~70%，收缩力在冷却阶段达到最大值，并能长期保持。

（4）拉伸包装。拉伸包装是20世纪70年代开始采用的一种新包装技术，是由收缩包装发展而来的。

拉伸包装是依靠机械装置在常温下将弹性薄膜围绕被包装件拉伸、紧裹，并在其末端进行封合的一种包装方法。由于拉伸包装无须进行加热，所以消耗的能源只有收缩包装的1/20左右。拉伸包装可以捆包单件物品，也可用于托盘包装之类的集合包装。

（5）脱氧包装。脱氧包装是继真空包装和充气包装之后出现的一种新型除氧包装方法。脱氧包装是在密封的包装容器中使用能与氧气起化学反应的脱氧剂，从而除去包装容器中的氧气，以达到保护内装物的目的。脱氧包装方法适用于某些对氧气特别敏感的物品，适用于那些即使有微量氧气也会导致品质变坏的食品包装。

★ 问题引导

包装有效地保护了商品，方便了储运，在一定程度上增加了产品的价值，但也不可避免地要增加产品的体积和重量，使产品的成本上升。合理的包装总是尽量利用包装的优点，减少包装的缺点，使其更加有利于物流。

思考：你能说出生活中见到的商品包装有哪些缺点吗？

引导知识点

四、包装的合理化

包装合理化一方面包括包装总体的合理化，这种合理化往往用整体物流效益与微观包装效益统一来衡量；另一方面也包括包装材料、包装技术、包装方式的合理组合及运用。

（1）包装应妥善保护内装商品，使其不受损伤。这就要制定相应的包装标准，使包装物的强度恰到好处地保护商品免受损伤。除了要在运输装卸时经得住冲击、震动之外，包装还要具有防潮、防水、防霉、防锈等功能。

（2）包装材料和包装容器应当安全无害。包装材料要避免有聚氯联苯之类的有害物质，包装容器的造型要避免对人产生伤害。

（3）包装容量要适当，便于装卸。不同的装卸方式决定着包装的容量。例如，在采用人工操作的装卸方式下，包装的重量必须限制在手工装卸所允许的范围内，包装的外形及尺寸也应适合于人工操作。为减轻人的体力消耗，包装的重量一般应控制在不高于人体重的40%。

（4）包装容器的内装物要有明确的标志或说明。商品包装物上关于商品质量、规格的标志或说明，要能贴切地表明内装物的情况，尽可能采用条形码，便于出入库管理、保管期间盘点及销售统计。

（5）包装内商品外围空闲容积不应过大。为了保护内装商品，难免会使内装商品的外围产生某种程度的空闲容积，但合理包装要求空闲容积减少到最低限度，防止过大包装。一般情况下，空闲容积最好降低到20%以下。

（6）包装费用要与内装商品相适应。包装费用应包括包装本身的费用和包装作业的费用。包装费用必须与内装商品相适应，由于不同商品对包装要求不同，所以包装费用占商品价格的比率是不同的。一般来说，对于普通商品，包装费用应低于商品售价的15%，这只是一个平均比率。

（7）包装要便于回收利用或废弃物的处置。包装应设法减少其废弃物数量。在制造和销售商品时，应注意包装容器的回收利用或成为废弃物后的处置工作。近年来广泛采用一次性使用的包装和轻型塑料包装材料，从方便生活和节约人力角度来看，是现代包装的发展方向，但同时产生了大量难以处理的垃圾，带来了环境污染及资源浪费等社会问题。循环包装的运用有利于减少环境污染及浪费。

课堂提问 ✓

（1）包装合理化的发展趋势是什么？
（2）请列举当前我国商品包装存在的主要问题及解决对策。

课堂实训 ✓

下列货物：500包方便面、600瓶饮料、20架钢琴、4台大型设备、8吨面粉、10吨大米、100吨煤炭。如果分别用汽车、火车、轮船运输，请为各商品选择包装方式。

案例分组讨论 ✓

Fruit Tree公司是一家生产各类果汁及一些水果制品的企业，随着零售点数量和类型的增加，果汁市场迅速地成长起来。Fruit Tree公司所关注的最主要的一个问题是果汁生产时的鲜度，因此有些产品是通过冰冻或浓缩制造的。对于Fruit Tree公司的大部分生产来讲，气候在决定公司能否生产出某一产品中起到一个很重要的作用。

10年前，Fruit Tree公司的产品线是瓶装果汁和罐装水果的独立包装产品，所有的标签都是相同的，并且只有两种标准容器：瓶和罐。如果你需要苹果汁、梨罐头等，Fruit Tree公司将会给你提供独立包装的产品。

然而，在过去10年中发生了许多变化，对果汁产品的要求也越来越多元化，这些多元化要求包括：

（1）世界各地的顾客需要不同的品牌。
（2）顾客不完全是英语语种的消费者，因此需要有新的品牌和标签。
（3）顾客的消费习惯要求容器大小能有一个可变的空间。
（4）产品的包装需要从独立的包装变为不同包装。
（5）顾客对个性化品牌包装需求呈上升趋势。
（6）大量商品不再接受标准的托盘式装卸，而要求被重新托盘化。

在这种趋势下，公司的库存和销售出现了一些问题。单一的包装形式很难适应多元化的市场需要，从而出现了有些产品库存过多，而同类的其他产品却缺货的情况，因此公司需要寻求另一种方法来解决问题。

于是，Fruit Tree公司认识到，传统的生产、装箱、包装、打包、聚集及运输入库的方法需要改进，为此需要重新明确仓库的责任。这一策略将生产环节设计成为生产产品并将之放于未包装的罐或瓶上，这种产品被称为"裸装产品"。这种"裸装产品"与相关的各种瓶和罐一起被送入仓库；仓库成为一个托盘化"裸装产品"、瓶和罐的半成品储存地。当顾客向Fruit Tree公司提交每月的购买意向后，直到货物装车前两天，公司才会确认订单，并立即将订单安排到仓库4条包装线中的一条上，完成最后的包装和发运工作。为了保证包装生产线的利用率，当生产线有闲余时，将生产需求量最大的产品，并将其入库以备后用。

Fruit Tree公司通过将包装业务放到仓储过程中完成，有效地解决了库存不均匀和生产预测的复杂问题。该公司仓库改建包装流水线的总投资约700万美元，另外增加了6个包装操作员来充实包装线及安排已完工的托盘，但是库存的减少和运输成本的减少带来了26%的额外税后利润率。更重要的是，顾客服务的改进和对市场需求反应能力的提高，使曾认为无法实现的要求现在已能顺利完成。

问题：改进包装对于为顾客服务和市场需求反应能力的提高意味着什么？

任务二   了解装卸搬运作业

★任务目标

了解装卸搬运的特点；能够合理选择装卸搬运方式。

小词典

装卸是指物品在指定地点以人力或机械装入运输设备或卸下。

搬运是指在同一场所内，对物品进行以水平移动为主的物流作业。

★课堂讨论

如果学生宿舍进行调整，从一个宿舍搬到另一个宿舍，这两个宿舍在同一栋楼内，应如何操作？如果这两个宿舍不在同一栋楼内，而且两栋楼相距1千米，又该如何操作？

★问题引导

在物流过程中，装卸活动是不断出现和反复进行的，它出现的频率高于其他各项物流活动，每次装卸活动都要花费一定时间，所以往往成为决定物流速度的重要方面。装卸活动所消耗的人力很多，所以装卸费用在物流成本中所占的比重也较高。以我国为例，铁路运输的始发和到达的装卸作业费占运费的20%左右，船运占40%左右。

此外，进行装卸操作时往往需要接触货物，因此装卸是物流过程中造成货物破损、散失、损耗、混合等损失的主要环节。

思考：装卸搬运的数量和次数能否减少？有什么方法？

引导知识点

一、装卸搬运的功能和特点

1.装卸搬运是附属性、伴生性的活动

装卸搬运是每一个物流过程开始及结束时必然发生的活动，因而时常被人忽视，有时也被看成其他操作不可缺少的组成部分。例如，通常所说的"汽车运输"，实际上就包含了相伴随的装卸搬运；仓库中泛指的保管活动，也含有装卸搬运活动。

2.装卸搬运是支持性、保障性的活动

装卸搬运的附属性不能理解成被动的，实际上，装卸搬运对其他物流活动有一定决定性，会影响其他物流活动的质量和速度。例如，装车不当，会引起运输过程中的损失；卸放不当，会引起货物转至下一环节的困难。许多物流活动在有效的装卸搬运支持下，才能高水平展开。

3.装卸搬运是衔接性的活动

在各物流活动之间互相过渡时，都是以装卸搬运来衔接的，因而，装卸搬运往往成为整个物流的"瓶颈"，是物流各功能之间能否形成有机联系和紧密衔接的关键。

4.装卸搬运是增加物流成本的活动

尤其对于传统物流而言，物流过程中多次的装卸搬运活动不仅延长了物流时间，而且要投入大量的活劳动和物化劳动，这些劳动不能给物流对象带来附加价值，只是增大了物流的成本。装卸搬运的次数越多，所产生的附加成本越高。

> **小资料3-1**

"卡车航班"的出现大大节省了航空货运装卸时间

2021年12月11日，在郑州机场国际西货站，一辆特殊的"卡车航班"正在作业：两扇对开后门完全打开，与机场整板交接平台无缝对接，只见一板航空货物通过厢体地板导轨上的滚轮，很顺利就装进了这辆货车。

"卡车航班"从底盘、厢体到顶部均可升降，10分钟内能完成20吨货物的装载，一次性装卸4个航空高板货物，且能上高速行驶。2021年10月出台的《交通运输标准化"十四五"发展规划》中，"航空集装器运输车"已纳入多式联运装备标准推进工程，将在行业广泛推广应用。卡车航班已获得5项专利证书，制定发布了1个团体标准、1个企业标准。

资料来源　宋敏，孙美艳，祁思元，等. 探访多式联运最前沿［N］. 河南日报，2021-12-14.

★ 问题引导

在工业尚不发达的年代，货物装卸主要依靠人力来完成，装卸现场的劳动强度大、劳动环境艰苦。在发展中国家，即便到了今天，仍有相当部分的装卸活动依然是依靠人背肩扛来完成的。改善装卸作业的环境，提高装卸作业效率是物流现代化的重要课题。从某种意义上讲，装卸发展的历史实际上就是用机械代替人力，不断提高装卸的机械化程度，将人从繁重的装卸作业中解放出来的历史。装卸的机械化不仅可以减轻人的作业压力，改善劳动环境，而且可以大大提高装卸效率，缩短物流时间。

思考：我国物流业应该如何改善装卸作业的环境？请举例说明。

◎ 引导知识点

学习微平台

微课：常见搬运设备

二、装卸搬运的分类

1.按装卸搬运使用的物流设施、设备对象分类

（1）仓库装卸。仓库装卸配合出库、入库、维护保养等活动进行，并且以堆垛、上架、取货等操作为主。

（2）铁路装卸。铁路装卸是对火车车皮的装进及卸出，特点是一次作业就需实现一车皮的装进或卸出，很少有像仓库装卸时出现的整装零卸或零装整卸的情况。

（3）港口装卸。港口装卸包括码头前沿的装船，也包括后方的支持性装卸搬运；有的港口装卸还采用小船在码头与大船之间"过驳"的办法，因而其装卸的流程较为复杂，往往经过几次的装卸及搬运作业才能最后实现船与陆地之间货物过渡的目的。

（4）汽车装卸。由于汽车的灵活性，可以减少搬运活动，直接、单纯利用装卸作业达到车与物流设施之间货物移动的目的。

2.按装卸搬运的作业方式分类

（1）吊上吊下方式。采用各种起重机械从货物上部起吊，依靠起吊装置的垂直移动实现装卸，并在吊车运行的范围内或回转的范围内实现搬运或依靠搬运车辆实现搬运。由于吊起及放下属于垂直运动，故这种装卸方式属于垂直装卸。

（2）叉上叉下方式。采用叉车从货物底部托起货物，并依靠叉车的运动进行货物位移，搬运完全靠叉车本身，货物可不经中途落地直接放置到位。这种方式垂直运动幅度不大，主要是水平运动，属于水平装卸方式。

（3）滚上滚下方式（滚装方式）。它主要是指在港口装卸作业中使用的一种水平装卸方式。利用牵引车、平车（或汽车）承载货物，连同车辆一起开上船，到达目的地后再从船上开下，故称"滚上滚下"方式。利用叉车的滚上滚下方式，在船上卸货后，叉车必须离船；利用平车（或汽车）方式，用拖车将平车拖拉至船上后，拖车开下离船，而载货车辆连同货物一起运到目的地，再原车开下或拖车上船拖拉平车开下。滚上滚下方式需要有专门的船舶，对码头也有不同要求，这种专门的船舶称为"滚装船"。

滚装方式在铁路运输领域也常采用，是货运汽车或集装箱车直接开上火车车皮，进行运输，到达目的地再从车皮上开下的方式，又称为驮背运输。

（4）移上移下方式。它是在两车之间（如火车及汽车）进行靠接，然后利用各种方式，不使货物垂直运动，而靠水平移动将货物从一个车辆上推移到另一车辆上的装卸搬运方式。移上移下方式需要使两种车辆水平靠接，因此，对站台或车辆货台需进行改造，并配合移动工具实现这种装卸。

（5）散装散卸方式。它主要用于散装货物的装卸，一般从装点直到卸点，中间不再落地，这是集装卸与搬运于一体的装卸方式。

3.按被装物的主要运动形式分类

（1）垂直装卸。垂直装卸是指采取提升和降落的方式进行装卸，这种装卸需要消耗较多的能量。垂直装卸是采用比较多的一种装卸形式，所用的机具通用性较强，应用领域较广，如吊车、叉车等。

（2）水平装卸。水平装卸是指对装卸物采取平移的方式实现装卸的目的。这种装卸方式不改变被装物的势能，因此比较节能，但是需要有专门的设施，例如和汽车水平接靠的高站台、汽车与火车车皮之间的平移工具等。

4.按装卸搬运对象分类

按对象不同，装卸搬运可分成散装货物装卸、单件货物装卸、集装货物装卸等。

5.按装卸搬运的作业特点分类

（1）连续装卸。连续装卸主要是指同种大批量散装或小件杂货通过连续输送机械，连续不断地进行作业，中间无停顿，货间无间隔或少间隔。在装卸量较大、装卸对象固定、货物对象不易形成大包装的情况下适合采取这一方式。

（2）间歇装卸。间歇装卸具有较强的机动性，装卸地点可在较大范围内变动，主要适用于货流不固定的各种货物，尤其适用于大包装货物、大件货物。

◉ 小案例3-1

直击青岛港无人码头　工业互联网重新定义港口形态

2017年5月11日，全球领先、亚洲首个真正意义上的全自动化码头——山东港口青岛港全自动化集装箱码头一期工程投入商业运营。山东港口青岛港全自动化码头（二期）于2019年11月28日投产运营。山东港口青岛港全自动化码头（二期）项目推出了山东港口自主研发、集成创新的氢动力自动化轨道吊、运用5G+自动化技术等6项全球首创科技成果，领军当今世界最先进的全自动化码头科技水平，再次以中国"智"造、中国创造向全球港航业奉献了"中国方案"。该码头岸线长660米，拥有2个泊位，设计吞吐能力170万标准箱/年。

2020年以来，位于山东自贸区青岛片区内的山东港口青岛港全自动化码头，坚持疫情防控和生产经营"两手抓"。通过进一步优化生产流程，改进生产系统，港口生产效率不断提高，单机平均作业效率达到44.6自然箱/小时的世界纪录，超过全球50%同类码头，作业效率全面超越传统人工码头。

资料来源　徐圆，梁湘，于千千. 直击青岛港无人码头 工业互联网重新定义港口形态［EB/OL］.［2021-08-19］. http://qingdao.dzwww.com/qingdaonews/202008/t20200818_6436693.htm.

★ 问题引导

日本"六不改善法"的物流原则如下：

（1）不让等：通过合理的安排使得作业人员和作业机械闲置的时间为零，实现连续的工作，发挥最大的效用。

（2）不让碰：通过机械化、自动化设备的利用，使得作业人员在进行各项物流作业的时候，不直接接触商品，减轻人员的劳动强度。

（3）不让动：通过优化仓库内的物品摆放位置和对自动化工具的应用，减少物品和作业人员移动的距离和次数。

（4）不让想：通过对作业的分解和分析，实现作业的简单化、专业化和标准化，从而使得作业过程更为简化，减少作业人员的思考时间，提高作业效率。

（5）不让找：通过详细的规划，把作业现场的工具和物品摆放在最明显的地方，使作业人员在需要使用的时候不必费力去寻找。

（6）不让写：通过信息技术以及条形码技术的广泛应用，真正实现无纸化办公，降低作业的成本，提高作业的效率。

资料来源　汝宜红. 现代物流［M］. 北京：清华大学出版社，2005.

思考：你还能提出更多的改善方法吗？

引导知识点

三、装卸搬运的合理化

1.减少装卸搬运作业次数

虽然装卸搬运是物流过程中不可避免的作业，但是应该将装卸搬运的次数控制在最小的范围内，通过合理安排作业流程、采用合理的作业方式、仓库内合理布局以及仓库的合理设计实现物品装卸搬运次数最少，减少无效装卸。无效装卸具体表现在以下几个方面：

（1）过多的装卸次数。在物流过程中，货损发生的主要环节就是装卸环节，而在整个物流过程中，装卸作业又是反复进行的，从发生的频率来讲，超过任何其他活动，所以过多的装卸次数必然导致损失的增加。从发生的费用来看，一次装卸的费用相当于几十公里的运输费用，因此每增加一次装卸，费用就会有较大比例的增加。此外，装卸又会大大阻碍整个物流的速度，装卸是影响物流速度的重要因素。

在物流过程中，对每一件货物都进行单件处理，也是形成多次反复装卸搬运的主要原因。采用集装方式，进行多式联运，能够有效地避免对单件货物的反复装卸搬运处理，是减少无效装卸的有效方法。

（2）过大过重的包装装卸。包装过大过重，在装卸时实际上反复在包装上消耗较多的劳动，这一消耗不是必需的，因而形成无效劳动。

（3）无效装卸。进入物流过程的货物，有时混杂着没有使用价值或对用户来讲使用价值不对路的各种掺杂物，如煤炭中的矸石、矿石中的水分、石灰中的未烧熟石灰及过烧石灰等，在反复装卸时，实际上对这些掺杂物反复消耗了劳动，因而形成无效装卸。

由此可见，装卸搬运如能防止上述无效装卸，则大大节约了装卸劳动，使装卸合理化。

2.移动距离（时间）最短

搬运距离的长短、搬运作业量的大小与作业效率紧密相关。在货位布局、车辆停放位置、入出库作业程序等设计上应该充分考虑物品移动距离的长短，以物品移动距离最短为设计原则。搬运作业时可以将物品集中成一个单位进行搬运，即单元化。单元化是实现装卸搬运合理化的重要手段。在物流作业中应广泛使用托盘，通过叉车与托盘的结合提高装卸搬运的效率。单元化不仅可以提高作业效率，还可以防止物品损坏和丢失，数量的确认也变得更加容易。

3.提高装卸搬运的灵活性

物品所处的状态会直接影响到装卸搬运的效率，在整个物流过程中物品要经过多次装卸搬运，前道的卸货作业与后道的装载或搬运作业关系密切。如果卸下来的物品零散地码放在地上，在搬运时就要一个一个搬运或重新码放在托盘上，因此增加了装卸次数，降低了搬运效率。如果卸货时直接将物品堆码在托盘上，或者运输过程中就是以托盘为一个包装单位，就可以直接利用叉车进行装卸或搬运作业，实现装卸搬运作业的省力化和效率化。同样，在进出库作业中，利用传送带和货物装载机装卸货物也可以达到省力化和效率化的目的。因此，在组织装卸搬运作业时，应该灵活运用各种装卸搬运工具和设备，前道作业要为后道作业着想，从物流起点包装开始，应以装卸搬运的活性指数最大化为目标。

为了对活性有所区别，并能有计划地提出活性要求，使每一步装卸搬运都能按一定活性要求进行操作，对于不同放置状态的货物作了不同的活性规定，"活性指数"就是确定活性标准的一种方法。

装卸搬运活性是指从物的静止状态转变为装卸搬运运动状态的难易程度。如果很容易转变为下一步的装卸搬运而不需过多做装卸搬运前的准备工作，活性就高；如果难于转变为下一步的装卸搬运，活性就低。

装卸搬运活性指数见表3-1。

表3-1　　　　　　　　　　　装卸搬运活性指数

编号	物品码放的状态	活性指数
1	零散地放在地面	0
2	放入箱内	1
3	码放到托盘、送货小车上	2
4	装载到台车上	3
5	码放到传送带上	4

由于装卸搬运是在物流过程中反复进行的活动，因而其速度可能决定整个物流速度，如果每次装卸搬运的时间都能缩短，多次装卸搬运的累计效果则十分可观。因此，提高装卸搬运活性对装卸搬运的合理化是很重要的因素。

4. 装卸搬运机械化

机械化是指在装卸搬运作业中用机械作业替代人工作业。实现作业的机械化是实现省力化和效率化的重要途径，通过机械化改善物流作业环境，可将人从繁重的体力劳动中解放出来。当然，机械化的程度除了与技术因素有关外，还与物流费用的承担能力等经济因素有关。机械化的同时也包含了将人与机械合理地组合到一起，发挥各自的长处。在许多场合，人与简单机械的配合同样可以达到省力化和提高效率的目的。片面强调全自动化会造成物流费用的膨胀，在经济上难以承受。

规模效益观念早已被大家所接受。在装卸时也存在规模效益问题，主要表现在一次装卸量或连续装卸量要达到充分发挥机械最优效率的水准。为了更多地降低单位装卸工作量的成本，对装卸机械来讲，也有"规模"问题。装卸机械的能力达到一定规模，才会有最优效果。追求规模效益的方法，主要是通过各种集装实现间断装卸时一次操作的最合理装卸量，从而使单位装卸成本降低，也可以通过散装实现连续装卸的规模效益。

5. 充分利用重力和消除重力影响，进行少消耗的装卸

在装卸时考虑重力因素，利用货物本身的重量，进行有一定落差的装卸，以减少或根本不消耗装卸的动力，这是合理化装卸的重要方式。例如，从卡车、铁路货车卸

物时，利用卡车与地面或小搬运车之间的高度差，使用溜槽、溜板之类的简单工具，可以依靠货物本身重量，从高处自动滑到低处，这就无须消耗动力。

在装卸时尽量消除或减弱重力的影响，也会求得减轻体力劳动及其他劳动消耗的合理性。使货物平移，如从甲工具转移到乙工具上，就能有效消除重力影响，实现合理化。

在人力装卸时，负重行走，要持续抵抗重力的影响，同时还要行进，因而体力消耗很大，是易出现疲劳的环节。所以，人力装卸时如果能配合简单机具，做到"持物不步行"，则可以大大减轻劳动量，做到合理化。

6. 系统化

所谓系统化，是指将各个装卸搬运活动作为一个有机的整体实施系统化管理。也就是说，运用综合系统化的观点，提高装卸搬运活动之间的协调性，增强装卸搬运系统的柔性，以适应多样化、集成化物流需求，提高装卸搬运效率。

▶ 小资料 3-2

智能制造是基于新一代信息通信技术与先进制造技术深度融合，贯穿于设计、生产、管理、服务等制造活动的各个环节，具有自感知、自学习、自决策、自执行、自适应等功能的新型生产方式。加快发展智能制造，是培育我国经济增长新动能的必由之路，是抢占未来经济和科技发展制高点的战略选择，对于推动我国制造业供给侧结构性改革，打造我国制造业竞争新优势，实现制造强国具有重要战略意义。

《智能制造发展规划（2016—2020年）》确立的发展目标如下：

2025年前，推进智能制造发展实施"两步走"战略：第一步，到2020年，智能制造发展基础和支撑能力明显增强，传统制造业重点领域基本实现数字化制造，有条件、有基础的重点产业智能转型取得明显进展；第二步，到2025年，智能制造支撑体系基本建立，重点产业初步实现智能转型。

2020年的具体目标：

——智能制造技术与装备实现突破。研发一批智能制造关键技术装备，具备较强的竞争力，国内市场满足率超过50%。突破一批智能制造关键共性技术。核心支撑软件国内市场满足率超过30%。

——发展基础明显增强。智能制造标准体系基本完善，制定智能制造标准200项以上，面向制造业的工业互联网及信息安全保障系统初步建立。

——智能制造生态体系初步形成。培育40个以上主营业务收入超过10亿元、具有较强竞争力的系统解决方案供应商，智能制造人才队伍基本建立。

——重点领域发展成效显著。制造业重点领域企业数字化研发设计工具普及率超过70%，关键工序数控化率超过50%，数字化车间/智能工厂普及率超过20%，运营成本、产品研制周期和产品不良品率大幅度降低。

资料来源　工业和信息化部，财政部. 工业和信息化部、财政部关于印发智能制造发展规划（2016—2020年）的通知［EB/OL］.［2019-10-08］. http://www.miit.gov.cn/n1146285/n1146352/n3054355/n3057585/n3057597/c5405937/content.html.

课堂提问 ✓

装卸搬运管理应注意什么问题？

课堂实训 ✓

针对集装箱货物、托盘货物、瓦楞纸箱货物、散堆货物分别找出装卸搬运方式（尽量多地选择，然后对每种选择进行分析）。

案例分组讨论 ✓

当前产品生命周期的缩短和 JIT 订购向仓库管理者提出了挑战，德州仪器公司基于 TIRIS 无线电无线射频识别技术（RFIT）开发了一个名为 "Smart Pallet" 的全新系统，利用自动化技术消除了重复分拣，并缩短了配送时间。

联合利华公司是全球第一个使用 Smart Pallet 系统的企业，现在它的订货处理时间缩短了 20%，员工数量减少了 1/3。目前联合利华公司生产洗发水、牙膏、洗洁精、化妆品、地板蜡和其他各种生活消费品。在安装 RFIT 系统之前，联合利华的 Elida-Gibbs 工厂每天需要 3 个工人处理 200 个托盘，现在 1 个仓库管理员 1 天就可以发送 350 个托盘，这样就可以减少托盘的堆垛和再装载工序。

德州仪器公司和一家计算机工程公司 Sinformat SRI 联合开发联合利华公司的物流系统，此系统于 1995 年安装在位于米兰附近的 Gaggiano 工厂。Sinformat SRI 设计了基于视窗操作的计算机软件 Easy Send，德州仪器公司开发了低频的 RFIT 系统来控制生产过程，记录产品位置，对产品称重并进行标签操作。配有无线电频率信息阅读器的叉车在仓库装载活动中大显身手，这些阅读器将每个托盘的状态及时传送给仓库门口的无线电发射应答器，然后再传送到仓库的计算机控制中心，管理人员就可以随时知道任何一笔订单所处的位置。融合半导体技术、微电子包装、计算机系统设计的 TIRIS 系统由三个部分组成：无线电发射应答器、计算机系统信息阅读器和天线。无线电发射应答器被固定在托盘出入的仓库门口，计算机系统信息阅读器和天线被装在叉车上。

在联合利华公司的高科技仓库中，每一个托盘都有一个条码，通过扫描仪将信息输入仓库的程序逻辑控制器。除此以外，计算机还存有该托盘的详细数据：可装货箱的数量、订单装运地点、运送的商品种类。一个托盘装载了货物后，经过第一道门时，用薄膜包装、称重，经过最后一道门时再次称重，以确保准确度。托盘按先进先出法处理，排列顺序依次输入计算机中。当托盘被放在装载底板上时，叉车上的 TIRIS 信息阅读器就开始检查、传送由门口的无线电发射应答器发出的无线射频信号，精确定位托盘。当托盘到达装货地点时，另一个无线电发射应答器就会警示计算机托盘准备装进拖车中，随后货车的测量工具自动根据计算机记载的资料比较总负荷与单个托盘的重量，如出现任何偏差便在系统内标注记号。联合利华公司通过对托盘的先进管理，节约了时间，减少了差错，同时也降低了物流成本。

问题：联合利华公司的托盘管理先进之处在哪里？它给联合利华带来了哪些益处？

任务三　了解流通加工作业

★任务目标

明确流通加工的作用、类型，知晓流通加工合理化的内容；能够掌握流通加工的方式。

小词典

流通加工是指根据顾客的需要，在流通过程中对产品实施的简单加工作业活动的总称。注：简单加工业活动包括包装、分割、计量、分拣、刷标志、拴标签、组装、组配等。

★课堂讨论

在大型超市经常会有面包、糕点加工场所，大型超市的租金远远高于在外面设置厂房的费用，为什么还要在超市进行面包、糕点加工？中小型超市为什么没有面包、糕点加工场所？

★问题引导

阿迪达斯（Adidas）以其创办人阿道夫·阿迪·达斯勒（Adolf Adi Dassler）的名字命名，于20世纪20年代初在纽伦堡的赫佐格奥拉赫开始生产鞋类产品。阿迪达斯的服装及运动鞋上通常都可见到3条平行线，在其标志上亦可见，3条线是阿迪达斯的特色。三叶草从1972年开始成为阿迪达斯的标志。三叶草的形状如同地球立体三维的平面展开，很像一张世界地图，它象征着三叶草延伸至全世界。阿迪达斯的主要竞争对手是彪马（Puma）及耐克（Nike）。2005年8月，阿迪达斯宣布以38亿美元收购美国锐步（Reebok），收购有助于增加其在北美洲市场的占有率。目前阿迪达斯在运动用品的市场占有率上紧随耐克之后排名第二。阿迪达斯的一句广告语便是：没有不可能（Impossible is nothing）。阿迪达斯在美国有一家超级市场，设立了组合式鞋店，摆的不是做好了的鞋，而是做鞋用的半成品，款式花色多样，有6种鞋跟、8种鞋底，均为塑料制造的，鞋面的颜色以黑、白为主，鞋带的颜色约有80种，款式有百余种，顾客进来可任意挑选自己所喜欢的各个部位，交给职员当场进行组合。只要10分钟，一双崭新的鞋便制作完成了。这家鞋店昼夜营业，职员技术熟练，鞋子的售价与成批制造的价格差不多，有的还稍便宜些，所以顾客络绎不绝，销售金额比邻近的鞋店多10倍。

思考：阿迪达斯为何采用这种销售方式？阿迪达斯的流通加工环节有什么特点？

引导知识点

一、流通加工的作用

流通加工是流通中的一种特殊形式。总的来讲，流通加工在流通中，仍然和流通总体一样起桥梁和纽带作用，但是它不是通过"保护"流通对象的原有形态而实现这一作用的，它是和生产一样，通过改变或完善流通对象的形态来实现桥梁和纽带作用的。

所以，流通加工的主要作用在于优化物流系统，具体表现在三个方面：

（1）通过流通加工，物流系统的服务功能大大增强。从工业化时代进入新经济时代，一个重要标志是出现"服务型社会"，增强服务功能是所有社会经济系统必须要做的事情。在物流领域，流通加工在这方面有很大的贡献。

（2）使物流系统成为"利润中心"。通过流通加工，提高了物流对象的附加价值，这就使物流系统可能成为新的"利润中心"。

（3）使物流系统成本降低。通过流通加工，可以使物流过程减少损失、加快速度、降低操作的成本，因而降低整个物流系统的成本。

★问题引导

20世纪90年代前，自行车的运输都是运输零部件，到销售地后再进行组装。这样做使运输效率大大提高。

思考：这样的物流加工方式有什么问题？现在的自行车物流过程又是如何进行的？

引导知识点

二、流通加工的主要类型

1.为弥补生产领域加工不足而进行的流通加工

由于存在许多限制性因素，有许多产品在生产领域只能达到一定程度的粗加工，而不能完全实现终极加工，为此需要弥补生产领域的加工不足。

2.为适应多样化需求的流通加工

为了满足客户的需求，保证社会高效率的大生产，将生产出来的单调产品进行多样化的改制加工。

3.为保护产品所进行的流通加工

其目的是保证产品的使用价值能够顺利实现，防止产品在运输、储存、装卸、搬运等过程中遭受损失，主要采取稳固、改装、冷冻、保鲜、涂油等方式。

4.为提高物流效率、方便物流的流通加工

有很多产品，由于本身的特殊形状，对其难以进行物流操作，效率较低，而通过适当的流通加工可以弥补这些产品的物流缺陷，使物流各环节易于操作。

5.为促进销售的流通加工

这种加工不改变"物"的主体，只进行简单的改装加工，起到促进销售的作用。

6.为提高原材料利用率和加工效率的流通加工

流通加工以集中加工形式为主，既能解决单个企业加工效率不高的弊病，使单个企业简化生产环节，提高生产水平，又能利用其综合性强、用户多的特点，采用合理规划、集中下料的办法，提高原材料的利用率。

7.为便于运输，使物流合理化的流通加工

在干线运输及支线运输的节点设置流通加工环节，可以有效地解决对接生产的大批量、低成本、长距离的干线运输与对接消费的多品种、少批量、多批次的支线运输之间的衔接问题。

8.生产-流通一体化的流通加工

依靠生产企业与流通企业的联合，或者生产企业向流通领域延伸，或者流通企业向生产领域延伸，形成合理分工、合理规划、合理组织、统筹进行的生产与流通加工结合的统一安排。

★ 问题引导

有一家饮料厂，最初在上海、广州建厂生产饮料。随着市场需求的不断扩大，生产能力已经不足。目前有两种选择：（1）在原有的工厂增加生产线，投资少、见效快；（2）在不同的省市建新厂，投资大、建设期长。

思考：你会选择哪个方案？为什么？

引导知识点

三、流通加工合理化

流通加工合理化是指实现流通加工的最优配置，不仅要做到避免各种不合理现象，使流通加工有存在的价值，而且要做到综合考虑加工与配送、合理运输、合理商流等的有机结合。为避免各种不合理现象，对是否设置流通加工环节、在什么地点设置、选择什么类型的加工、采用什么样的技术装备等，需要做出正确抉择。实现流通加工合理化主要考虑以下几方面：

1.加工和配送结合

这是指将流通加工设置在配送点中，一方面按配送的需要进行加工，另一方面加工又是配送业务流程中的一环，加工后的产品直接投入配货作业。这样就不必单独设置一个加工的中间环节，使流通加工有别于独立的生产，能够使流通加工与中转流通巧妙地结合在一起。同时，由于配送之前有加工，可使配送服务水平大大提高，这是当前对流通加工作合理选择的重要形式。

这里所涉及的流通加工地点设置问题是流通加工合理化的重要因素。既然考虑与配送的结合，那么流通加工地点应设置在需求地区，在运输线路的交接点、交通枢纽等处选址。如果地址选择不当，就会大大增加物流费用。

2.加工和配套结合

"配套"是指对使用上有联系的用品集合成套地供应给用户使用。例如，方便食品的配套，包括食品生产企业的产品——各种即食或速熟食品，还有餐具生产企业的产品——各种一次性餐具。当然，配套的主体来自各个生产企业，如上所说的方便食品中的"方便面"，就由其生产企业配套生产。但是，有的配套不能由某个生产企业全部完成，则在物流企业经过流通加工，有效地促成配套，从而大大提高流通作为供需桥梁与纽带的作用。

3.加工和合理运输结合

流通加工能有效衔接干线运输与支线运输，促进两种运输形式的合理化。利用流通加工，在支线运输转干线运输或干线运输转支线运输本来就必须停顿的环节，不进行一般的支转干或干转支，而是按干线或支线运输的合理要求进行适当加工，从而大大提高运输转载水平。

4.加工和合理商流相结合

通过流通加工可以有效促进销售，使商流合理化，这也是流通加工合理化的考虑方向之一。通过加工，提高了配送水平，强化了销售，是加工与合理商流相结合的一个成功的例证。

此外，通过简单地加工改变包装，以方便购买，通过组装加工解决用户使用前进行组装、调试的难处，都是有效促进商流的例子。

5.加工和节约相结合

节约能源、节约设备投入、节约人力、节约耗费是流通加工合理化需考虑的重要因素，也是目前我国物流业设置流通加工环节并考虑其合理化的较普遍形式。

流通加工不是对生产加工的替代，而是一种补充和完善。因此，如果工艺复杂、技术装备要求高，可以由生产过程延续或轻易解决的，都不宜再设置流通加工环节。

对于流通加工合理化的最终判断，要看其是否能实现社会和企业的效益，是否取得了最优效益。与一般生产企业不同，流通加工企业更应树立社会效益第一的观念，只有在以补充完善为己任的前提下才有生存的价值。如果只是追求企业的微观效益，不适当地进行加工，甚至与生产企业争利，就有违流通加工的初衷，或者说其本身已不属于流通加工范畴。

课堂提问

生活中有许多产品是在流通中加工的，但是流通加工的工具和质量通常既不如生产企业的好，又不如生产企业的规模效益好，为什么还要在流通中加工呢？

课堂实训

食品的流通加工的类型很多。只要我们留意超市里的货柜就可以发现，那里摆放的各类洗净切好的蔬菜、水果、肉末、鸡翅、香肠、咸菜等都是流通加工的结果。这些商品的分类、清洗、分割、贴商标和条形码、包装等都是在摆进货柜之前完成的，而不是在产地进行的，已经脱离了生产领域，进入了流通领域。

食品流通加工的具体项目主要有哪些？其作用体现在哪些方面？

案例分组讨论

随着我国人民生活水平的不断提高，人们对食品的要求也上了一个新台阶。不但要求产品新鲜，还要求生产无污染；不但要求种类多样，还要求配送及时迅速。

食品配送过程中浪费现象严重，有些食品的售价中甚至有七成是用来补贴物流损耗支出的，这是一个触目惊心的数字。我国食品业从业人员对食品物流理论研究及供应链管理认识不足，是造成某些食品零售价格居高不下的主要原因。

我国农副产品流通量很大，其中80%以上的生鲜食品采取常温保存、流通和初加工手段。据统计，常温流通中果蔬损失20%~30%、粮油损失约15%、蛋损失约15%、肉干损耗约3%，加上食品的等级划分要求、运输及加工损耗，每年造成经济损失上千亿元。要发展冷冻食品和生鲜食品流通业，主要是建立食品冷藏供应链，使易腐、生鲜食品从产地收购、加工、储藏、运输、销售，直到消费的各个环节都处于适当的低温环境之中，以保证食品的质量，减少食品的损耗，防止食品的变质和污染。

为此，食品行业可通过流通加工来保持并提高食品保存机能，使其在提供给消费者时保持新鲜。食品的流通加工主要包括冷冻食品、分选农副产品、分装食品、精制食品。提高食品配送效率和效益的有效途径是实施配送–流通加工一体化的策略，即在实施食品集约化共同配送的同时，引入先进技术和设备，对食品进行在途加工和配送中心加工。如生鲜食品属于低温保鲜食品范畴，对质量、鲜度、营养均有很高要求，因此在物流上可采取"当天加工，当天配送"的配送方法：设置一条从进货、分割、加工、包装、配送运输直至零售店销售的供应链，使流通加工与配送一体化。这种组织形式无论是对流通加工的有效运转，还是对配送活动的完善与发展，都有积极的推动作用。

基于我国食品物流面临的新环境，要解决与食品物流密切相关的食品消费快捷化、食品安全卫生控制、食品企业规模扩大等问题，需要从源头抓起，建立统一的物流战略框架。

问题：　（1）食品行业为什么需要采用流通加工策略？
　　　　（2）举例说明各种食品需要什么样的流通加工。

任务四　了解物流信息处理作业

★任务目标

了解物流信息的特征、作用和种类；能够运用物流信息进行物流决策。

Q?小词典

物流信息是指反映物流各种活动内容的知识、资料、图像、数据的总称。

★课堂讨论

很久以前，有一个国王，他惩罚犯人时有个古怪的习惯：把犯人送进竞技场，在竞技场的一端有两扇一模一样的门，门后分别关着一只凶猛的老虎和一位美女。国王惩罚犯人的方式就是让犯人自己挑一扇门，如果他选中老虎，那么后果可想而知；如果选中美女，他不但可以马上获释，还可以抱得美人归。

一天，国王发现有位英俊潇洒的臣子与公主私通，一怒之下，就把这个臣子送到了竞技场，处以传统的惩罚。事前，公主已经知道门背后藏的是什么，于是她很苦恼，不知该把爱人送入虎口，还是送入另一个女人的怀抱。

命运攸关的这一天如期来临，在别无选择的情况下，站在竞技场上的这位臣子望了公主一眼，公主示意他选择右边那扇门，他打开门……

公主给这位大臣的信息有用吗？如何甄别信息？

★ 问题引导

苏宁物流信息化发展

苏宁物流28年的发展实现了从仓储到干线运输再到末端配送的"仓运配"全流程无人化闭环。

苏宁物流从第一代物流基地到如今的建筑面积达1 200万平方米、汇聚全球智慧物流技术的行业标杆苏宁云仓，再到去年"双11"期间在上海上线的国内最大AGV机器人无人仓，苏宁仅用十几年的时间就将智慧仓储做到新的高度。

目前，苏宁物流拥有仓储面积合计达735万平方米、13个全国物流中心、47个区域物流中心、465个城市配送中心、23 416个末端快递点，同时依托全国门店的8 000多个售后服务网点，服务可直达100%县镇用户。

在干线运输方面，2018年5月，苏宁物流启动无人驾驶重卡测试。这辆名为"行龙一号"的苏宁物流无人重卡主要解决苏宁物流园区到物流园区的干线运输和园区内的自动驾驶问题，而苏宁也是国内首个在物流园区和高速场景测试无人驾驶重卡的电商企业。至此，苏宁物流在干线无人领域实现了零的突破。

在配送方面，苏宁物流针对城市"最后一公里"打造的无人车"卧龙一号"，可以实现恶劣天气以及夜晚的24小时配送，真正做到了全天候的服务。目前，无人车已在北京实现常态化运营，苏宁也由此成为国内首家拥有常态化运营无人车的企业。

针对乡村"最后一公里"的配送，苏宁物流利用无人机物流做了多种尝试，仅仅2017年苏宁物流的无人机就成功完成了两次实景派送。无论是在浙江安吉创造的15.06公里飞行纪录的首飞，还是在安徽的3条航线同一天多次实景派送，苏宁物流的无人机都做到了精准、迅速、安全。

资料来源　编者根据相关网络资料整理编写。

思考：信息化服务为苏宁物流带来了什么好处？

引导知识点

一、物流信息的特征

1.信息量大

物流信息随着物流活动以及商品交易活动的展开而大量产生，多品种少批量生产和多频度小批量配送使库存、运输等物流活动的信息大量增加。零售商广泛应用POS系统读取销售时点的商品价格、品种、数量等即时销售信息，并对这些销售信息加工整理，通过EDI向相关企业传送。同时，为了使库存补充作业合理化，许多企业采用EOS系统。随着企业间合作的加强和信息技术的发展，物流方面的信息量今后将会越来越大。

2.更新快

多品种少量生产、多频度小批量配送、利用POS系统的及时销售等使得各种作业活动频繁发生，从而要求物流信息不断更新，而且更新的速度越来越快。

3.来源多样化

物流信息不仅包括企业内部的物流信息，如生产信息、库存信息等，而且包括企

学习微平台

动画：认识
追溯系统

业间的物流信息和与物流活动有关的基础设施的信息。企业竞争优势的获得需要供应链各参与企业之间相互协调合作，协调合作的手段之一就是信息及时交换和共享。现在，越来越多的企业力图使物流信息标准化和格式化，利用 EDI 在相关企业间进行传送，实现信息共享。

引导知识点

二、物流信息的作用

物流信息是物流系统的功能要素之一。物流信息的功能，如同人们对一般的信息功能的认识一样，可以从不同的角度进行描述。物流信息在物流系统整体效用上的功能，体现在以下两个方面：

一是物流信息是物流系统的中枢神经。物流系统是一个有着自身运动规律的有机整体。物流信息经收集、加工、处理后，成为系统决策的依据，对整个物流活动起着运筹、指挥和协调的作用。如果信息失误，则运筹、指挥活动便会失误；如果信息系统发生故障，则整个物流活动将陷入瘫痪。

二是物流信息是物流系统变革的决定性因素。人类已进入信息时代，信息化将改变现有社会经济的消费系统和生产系统，从而改变人类生存的秩序。物流是国民经济的服务性系统，社会经济秩序的变革必将要求现有的物流系统结构、秩序随之变革。物流信息化既是这种变革的动力，也是这种变革的实质内容。

物流信息系统是把各种物流活动与某个一体化过程连接在一起的通道。一体化过程建立在四个层次上：交易系统、管理控制、决策分析及战略计划制订。物流信息对交易系统、管理控制、决策分析及战略计划制订起到强大的支持作用。下面仅就物流信息对交易系统、管理控制、决策分析所发挥的作用介绍如下：

（1）支持交易系统。交易系统是用于启动和记录个别的物流活动的最基本的层次。交易活动包括记录订货内容、安排存货任务、作业程序选择、装船、定价、开发票，以及消费者咨询等。例如，当收到消费者订单进入信息系统时，就开始了第一笔信息交易。按订单安排存货，记录订货内容意味着开始了第二笔信息交易，随后产生的一笔信息交易是打印和传送付款发票。在整个过程中，当消费者需要而且必须获得订货状况信息时，通过一系列信息交易，就完成了消费者订货功能的循环。交易系统的特征是格式规则化、通信交互化、交易批量化、作业逐日化。结构上的各种过程和大批量的交易相结合主要强调了信息系统的效率。

（2）支持管理控制。管理控制要求把主要精力集中在功能衡量和普通衡量上。功能衡量对于提供有关服务的水平和资源利用情况等管理反馈来说是必要的。因此，管理控制以可估价的、策略上的、中期的焦点问题为特征，它涉及评价过去的功能和鉴别各种可选方案。普通衡量包括每吨的运输和仓储成本（成本衡量）、存货周转（资产衡量）、供应比率（顾客服务衡量）、每工时生产量（生产率衡量）及顾客的感觉（质量衡量）等。

当物流信息系统有必要报告过去的物流系统功能时，物流系统是否能够在其被处理的过程中鉴别出异常情况也是很重要的。管理控制的例外信息对于鉴别潜在的顾客或订货问题是有用的。例如，有超前能力的物流系统可以根据预测的需求和预期的入库数来预测未来的存货短缺情况。基本的管理控制衡量方法，如成本管理，有非常明确的定义，而另一些衡量方法，如顾客服务，则缺乏明确的定义。例如，顾客服务可以从内部（企业的角度）或外部（顾客的角度）来衡量。内部衡量相对比较容易跟踪，而外部衡量却难以获得，因为它要求对每一位顾客的相关信息进行收集与整理。

（3）支持决策分析。决策分析主要是集中精力在决策应用上，协助管理者鉴别、评估和判断物流战略和策略的可选方案。

▶ 小资料3-3

截至2021年年底，我国高速公路总里程已达16.91万公里，工程建设已达到较高水平。目前高速ETC系统基本实现全国联网，覆盖29个省、自治区、直辖市，自2020年1月1日起，除国务院另有规定外，各类通行费减免等优惠政策均依托ETC系统来实现。ETC全国联网的规模效应日益突出，带来的经济效益日渐明显，随之而来的是对规范化运行的需求越来越高，ETC信用建设势在必行。

2016年以来，交通运输部路网中心通过六项措施，逐步建立起科学、系统、完备的ETC信用体系。

一是明确职责划分。明确交通运输部路网中心和各省、自治区、直辖市ETC管理机构以及参与方、合作方、行业企业的职能定位及职责要求。

二是形成管理制度。积极探索建立ETC全国联网信用评价管理办法，明确ETC全国联网信用评价机制和工作流程，努力形成一套切合行业发展实际的制度体系。

三是建立信用模型。结合各参与方、合作方以及行业企业的特点，围绕ETC信用体系的独特性，制定行之有效的信用规则并建立相应的信用模型。

四是建立诚信名单。全面建立ETC用户、参与方、合作方、行业企业的黑、灰名单，形成相关的管理机制，完善信用信息的记录、整合，形成失信惩戒的基础。

五是规划数据体系。规划信用评价数据体系，建立欺诈数据库，完善数据库的使用。同时，提出信用评价信息化的方向性建议，为下一步进行信用体系信息化建设提供支持。

六是推广相关应用。分析、评估ETC信用评价体系与国家、行业、社会其他信用体系的关系，提出、推广ETC信用评价体系的应用方向，将ETC信用评价指标广泛应用于交通运输行业以及社会其他层面。

资料来源　编者根据"中国交通新闻网"新闻改编。

★ 问题引导

顺丰已形成天网+地网+信息网三网合一

2021年9月4日，顺丰航空正式启用B767-300型全货机开通"深圳—新加坡"国际货运航线，随着新航线的开通，顺丰航空国际通航城市增长至13个。

顺丰航空维修副总裁梁曦表示：直飞金奈、新加坡等国际航线的密集开通，顺丰航空响应了市场需求。顺丰现在已经形成天网+地网+信息网三网合一，且拥有覆盖国内外的综合物流服务网络，而顺丰航空又是支撑顺丰天网的主力军。现在，天网不仅要服务国内企业，还要向外拓展，走向国际市场，这也将成为顺丰国际化重要的一步。

在竞争日益激烈的航空物流板块，自马云提出智能物流骨干网后，圆通、申通等纷纷布局海外物流枢纽站，由点连线到结网也都将是各家企业今后的重点之一，对于早已是快递老大哥的顺丰来说，当然不会被落下。

资料来源　佚名. 顺丰航空开通"深圳—新加坡"国际航运线［EB/OL］.［2021-12-20］. https: //www.sohu.com/a/510144916_120099894.

思考：信息化对顺丰企业发展的作用表现在哪些方面？

引导知识点

三、物流信息的种类

1. 按信息沟通联络方式划分

（1）口头信息。它是通过面对面交谈进行交流的信息。它可以迅速、直接传播，但也容易失真，与其他传播方式相比速度较慢。物流活动的各种现场调查和研究，是获得口头信息最简单的方法。

（2）书面信息。它是保证物流信息内容不变，并可以重复说明和进行检查的一种重要信息。在物流各环节中，数据报表、文字说明、技术资料等都属于这类信息。

2. 按信息的来源划分

（1）外部信息。它是在物流活动以外发生但提供给物流活动使用的信息，包括供货人信息、客户信息、订货合同信息、交通运输信息、市场信息、政策信息，还有来自企业内生产、财务等部门的与物流有关的信息。来自系统以外的信息，通常有一定的相对性。对物流子系统而言，来自另一个子系统的信息也可称为外部信息。例如，物资储存系统从运输系统中获得的运输信息，也可称为外部信息。

（2）内部信息。它是来自物流系统内部的各种信息的总称，包括物流流转层信息、物流作业层信息、物流控制层信息和物流管理层信息。这些信息通常是协调系统内部人、财、物活动的重要依据，也具有一定的相对性。

3. 按照物流信息的变动度划分

（1）固定信息。这种信息通常具备相对稳定的特点，有如下三种形式：一是物流生产标准信息。这是以指标定额为主体的信息，如各种物流活动的劳动定额、物资消耗定额、固定资产折旧等。二是物流计划信息。它是指物流活动中在计划期内已定任务所反映的各项指标，如物资年计划吞吐量、计划运输量等。三是物流查询信息。它是指在一个较长的时期内很少发生变更的信息。如国家和各主要部门颁布的技术标准，物流企业内的职工人事制度、工资制度、财务制度等。

（2）流动信息。与固定信息相反，流动信息是物流系统中经常发生变动的信息。这种信息以物流各作业统计信息为基础，如某一时刻物流任务的实际进度、计划完成情况、各项指标的对比关系等。

★ 问题引导

两个孩子得到了一个橙子，但是在如何分配的问题上意见不一。经过协商，他们达成了一致意见：由一个孩子负责切橙子，而另一个孩子选橙子。最后，这两个孩子按照商定的办法各自取得了一半橙子，高高兴兴地拿回家去了。

其中一个孩子回到家，把半个橙子的皮剥掉扔进了垃圾桶，把果肉放到榨汁机里榨果汁喝。另一个孩子回到家，却把半个橙子的果肉挖掉扔进了垃圾桶，把橙子皮留下来磨碎了，混在面粉里做蛋糕吃。

思考：这两个孩子分橙子的决策对吗？问题出在哪里？

引导知识点

四、物流信息与物流决策的关系

对信息的需要是由人的本能决定的，只有不断获得信息，人类才能正常生存下去。对于物流活动本身来讲，物流信息同样也是物流正常进行的条件。

（1）物流信息为物流决策提供依据。任何决策在没有信息的情况下都会成为无源之水、无本之木。对于物流这一涉及面极为广泛、结构复杂、影响较多的系统来说，物流信息就显得更为重要。只有做到信息灵、情况清，才能做到方向明、决策准。

（2）正确的决策关键在于正确的判断。信息为决策提供了依据，但信息本身不能决定决策，决策最终取决于决策者的判断。面对同样的信息，不同的决策者会产生不同的判断，有时甚至会产生截然不同的判断。即便是同样的信息、相同的处理方法和类似的分析手段也会得出几种不同的方案。只有对这些方案再进行技术经济分析，才能获得最佳方案。

（3）决策的执行结果是对信息和决策方法的检验。决策一旦被肯定，就会变为现实的行为，即决策的执行。决策执行的结果有两种可能：其一是符合决策目标；其二是偏离决策目标。应当说明的是，符合也是相对而言的，不可理解为决策的目标与执行结果完全一致。与执行结果偏差过远的决策，有可能是信息不准确的结果，但更可能是决策方法的失误。

显然，信息与决策的关系表现为信息经分析、处理形成决策，决策执行的结果又成为新的信息，如此往复循环。

通过收集与物流活动相关的信息，使物流活动能有效、顺利地进行。随着计算机和网络技术的发展，物流信息出现一体化、系统化的发展趋势。目前，订货、在库管理、配送、备货等几个要素的业务流已实现了一体化。信息包括与商品数量、质量、作业管理等相关的物流信息，以及与订发货和货款支付等相关的商流信息。目前，我国大型零售店、24小时便利店为了削减流通成本，扩大销售，大多已采用了POS和EDI系统，从而使物流信息技术的应用达到了较高水平。

课堂提问 ✓

你知道GPS车辆定位系统吗？GPS车辆定位系统有什么作用？

课堂实训 ✓

由10人组成一个小组，进行传话游戏，通过结果分析信息传递过程会产生的问题。

案例分组讨论 ✓

2020年11月3日上午，上海海事局联合上港集团开发的上海港海运集装箱重量验证（Verified Gross Mass，VGM）智能监管系统正式启用，实现出口集装箱重量的自动比对和核查风控。船公司、码头与海事监管部门之间通过VGM信息数据的实时共享共通，切实履行法规要求的海运集装箱重量验证的安全监管职责，保证船舶、货物的通关安全和效率。

后续，该系统将逐步纳入上海海事"一网统管"平台，在上海港全域推行，实现在法定范围内对上海港船舶载运集装箱货物的全方位监管和全过程监控，保障船舶运输安全，提升港口运营效率。

资料来源　张晓鸣，杨鑫，韩帅. 上海港智能 VGM 系统上线［EB/OL］.［2020-11-14］. https://www.whb.cn/zhuzhan/cs/20201103/377956.html.

思考：VGM 智能监管系统为物流发展带来了什么好处？

● 项目考核

1.单项选择题

（1）在现代物流技术中，以联结货物的保管与运输活动这两个重要环节为主的技术是指（　　）。

A.仓储技术　　　　B.包装技术　　　　C.物流信息技术　　D.装卸搬运

（2）物品在指定地点以人力或机械装入运输设备或卸下，称为（　　）。

A.搬运　　　　　　B.装卸　　　　　　C.装卸搬运　　　　D.运输

（3）置于一般容器的物品，其活性指数是（　　）。

A.0　　　　　　　B.1　　　　　　　C.2　　　　　　　D.3

（4）在装卸量较大、装卸对象固定、货物对象不易形成大包装的情况下适用（　　）。

A.间歇装卸　　　　B.垂直装卸　　　　C.水平装卸　　　　D.连续装卸

（5）装卸子系统的作用主要是（　　）。

A.确定交货品质、数量和包装等条件是否符合合同规定

B.提供短距离的货品搬移储存并作为运输作业的纽带和桥梁

C.采集、处理和传递国际物流的信息情报

D.克服物品在时间上的差异，创造时间效益

2.多项选择题

（1）按照进行装卸搬运所处地点的物流设施或所使用的物流设备对象分类，装卸搬运包括（　　）。

A.港口装卸　　　　　　　B.铁路装卸　　　　　　C.仓库装卸

D.飞机装卸　　　　　　　E.汽车装卸

（2）要实现流通加工的最优配置就应该从（　　　）方面加以考虑。

A.加工和配送结合　　　B.加工和配套结合　　　C.加工和节约结合

D.加工和合理运输结合　　E.加工和合理商流结合

（3）装卸搬运作业的特点包括（　　　）。

A.装卸搬运作业量大　　　B.装卸搬运对象复杂　　C.装卸搬运作业不均衡

D.装卸搬运对安全性要求高　　　　　　　　E.装卸搬运费用高

（4）装卸搬运合理化的目标是（　　　）。

A.距离要短　　　　　　　B.时间要少　　　　　　C.质量要高

D.费用要省　　　　　　　E.环节要多

（5）防止和消除无效作业的途径是（　　　）。

A.尽量减少装卸次数　　　　　　　B.提高被装卸物品的纯度

C.包装要适宜　　　　　　　　　　D.减少装卸作业的距离

E.提高装卸效率

3.判断题

（1）流通加工大多是简单加工，而不是复杂加工，是对生产加工的一种辅助或补充，而不是生产加工的替代形式。　　　　　　　　　　　　　　　　　　（　　　）

（2）集装箱是现代运输业的一项重要技术变革，具有装卸效率高、车船周转快、货损货差小、包装费用省、货运手续简化、货运成本低、劳动强度低等优点。（　　　）

（3）装卸搬运活性指数越高，说明该存放状态下的物品越不容易进行装卸搬运作业。　　　　　　　　　　　　　　　　　　　　　　　　　　　　　　　（　　　）

（4）现代物流的一个重要特点是根据自己的优势从事一定的补充性加工活动，这种加工活动带有完善、补充、增加的性质，会形成劳动对象的附加价值。　　（　　　）

（5）物流信息化的目的是利用网络化、信息化的优势，通过对整个物流系统的优化整合，为企业物流提供共享交互的载体，为企业提供高质量、高水平的增值服务，提高资源的利用率，实现物流系统的优化运作。　　　　　　　　　　　　（　　　）

4.问答题

（1）如何实现包装的合理化？

（2）如何实现流通加工的合理化？

● 项目实训

1.实践训练

一辆重型卡车从A地运到B地，运输时间平均需要2小时，但是车辆在装满一车或卸车时均需要2个小时。装卸问题已成为物流的瓶颈，如何解决，请提出你的方案。

2.课外实训

调查一个企业，了解其信息化程度，写一份调查报告。

3.拓展训练

快递进行包装时需要考虑运输、分拣、分发过程，要具有抗颠簸、压力、冷热的能力，这就容易导致过度包装、包装浪费等问题。相关数据显示，中国快递业务量已连续多年位居世界第一，快递业每年产生纸质废弃物900余万吨，塑料废弃物约180万吨，并呈快速增长趋势。

请为解决快递包装问题出谋划策。

项目四
配送中心作业活动

学习目标

知识目标：

1.掌握配送的作用、模式和类型。

2.了解配送中心的功能，掌握配送中心的运作流程。

能力目标：

1.能够说出配送的价值。

2.能够进行现代物流配送中心的设计。

3.能够运用物流配送合理化的基本方法实现合理化配送。

价值目标：

1.培养学生资源共享意识、低碳环保意识。

2.鼓励学生学习专业前沿知识，提高专业认同感。

价值引领案例

物流黑科技 | 不一样的配送员

随着新冠肺炎疫情暴发，无人配送车出现在大众眼前，履行特殊时期物资配送、室内消毒、餐饮服务等职责，在助力防疫方面发挥了重要作用。习近平总书记在统筹推进新冠肺炎疫情防控和经济社会发展工作部署会议上提出："疫情对产业发展既是挑战也是机遇。一些传统行业受冲击较大，而智能制造、无人配送、在线消费、医疗健康等新兴产业展现出强大成长潜力。要以此为契机，改造提升传统产业，培育壮大新兴产业。"

学习微平台

拓展阅读 4-1

2020年2月19日，一批特殊的"外卖员"——无人配送车出现在北京市顺义区多个社区，为居民配送新鲜的果蔬食品。美团无人配送在当地隔离酒店部署消毒机器人完成疫情期间楼道喷洒消毒的工作。机器人的加入把原本每天需要6名工作人员的工作量降为只需1人配合机器人即可，降低了工作人员长时间工作导致的交叉感染风险，同时降低了医用防护物资消耗。

资料来源　赵鹏．送菜送餐消毒，无人车配送率先在京落地［EB/OL］．［2021-02-14］. https：//baijiahao.baidu.com/s？id=1658870364872913111&wfr=spider&for=pc.

思考：　（1）配送机器人还有哪些应用？

　　　　（2）疫情下物流业的积极转变带给你什么样的启示？

任务一　认识配送

★任务目标

掌握配送的作用、模式和类型。

小词典

配送是指根据客户要求，对物品进行分类、拣选、集货、包装、组配等作业，并按时送达指定地点的物流活动。

★课堂讨论

很多连锁超市都有两种业态：一种是大型超市；另一种是小型社区便利店。对于连锁超市的配送中心而言，对这两种业态的门店该如何组织配送呢？

★问题引导

《国务院关于积极推进"互联网+"行动的指导意见》（国发〔2015〕40号）中提出"互联网+"高效物流。加快建设跨行业、跨区域的物流信息服务平台，提高物流供需信息对接和使用效率。鼓励大数据、云计算在物流领域的应用，建设智能仓储体系，优化物流运作流程，提升物流仓储的自动化、智能化水平和运转效率，降低物流成本。

1.构建物流信息共享互通体系。发挥互联网信息集聚优势，聚合各类物流信息资源，鼓励骨干物流企业和第三方机构搭建面向社会的物流信息服务平台，整合仓储、运输和配送信息，开展物流全程监测、预警，提高物流安全、环保和诚信水平，统筹优化社会物流资源配置。构建互通省际、下达市县、兼顾乡村的物流信息互联网络，建立各类可开放数据的对接机制，加快完善物流信息交换开放标准体系，在更广范围内促进物流信息充分共享与互联互通。

2.建设深度感知智能仓储系统。在各级仓储单元积极推广应用二维码、无线射频识别等物联网感知技术和大数据技术，实现仓储设施与货物的实时跟踪、网络化管理以及库存信息的高度共享，提高货物调度效率。鼓励应用智能化物流装备提升仓储、运输、分拣、包装等作业效率，提高各类复杂订单的出货处理能力，缓解货物囤积停滞瓶颈制约，提升仓储运管水平和效率。

3.完善智能物流配送调配体系。加快推进货运车联网与物流园区、仓储设施、配送网点等信息互联，促进人员、货源、车源等信息高效匹配，有效降低货车空驶率，提高配送效率。鼓励发展社区自提柜、冷链储藏柜、代收服务点等新型社区化配送模式，结合构建物流信息互联网络，加快推进县到村的物流配送网络和村级配送网点建设，解决物流配送"最后一公里"问题。

思考：为何我国要大力发展"互联网+"高效物流？

学习微平台

微课：配送

引导知识点

一、现代配送的作用

（1）现代配送可降低整个社会物资的库存水平。发展配送，实施集中库存，可发挥规模经济优势，降低库存成本。生产和流通企业可以依靠配送中心的准时配送或即时配送，压缩库存，甚至实现零库存，节约储备资金，降低储备成本。

（2）完善了运输系统，提高了末端物流的效益。采用配送方式，批量进货，集中发货，以及将多个小批量集中在一起大批量发货，可有效节省运力，实现合理、经济运输，降低物流成本。

（3）现代配送可成为流通社会化、物流产业化的战略选择，有利于物流运动实现合理化。

（4）现代配送为电子商务的发展提供了基础和支持。网上购物无论如何方便快捷，如何减少流通环节，唯一不能减少的就是商品配送，配送服务如不能相匹配，那么网上购物就不能发挥其方便快捷的优势。

小思考 4-1

现代配送与传统配送的区别是什么？

小资料 4-1

德邦快递致力于发掘智慧物流体系

在 2021 年"双 11"期间，德邦通过 5G、大数据、云计算等科技赋能大幅度提升物流效率。在上海青浦区的一家德邦快递网点，过去靠快递员手动输入的录件方式，一个包裹就要花 2 分钟，如今引入蓝牙电子称重系统后，大幅度提升了开单速度和人工分拣速度。"自从引入蓝牙电子称重和 AI 量方之后，我们的开单时间缩短到了 30～40 秒，整体开单效率提高了一倍。"快递网点负责人如此评价。

德邦快递结合大数据、云计算、物联网、人工智能、5G 等现代化技术，研发并投入使用循环中转袋、循环快递箱，通过置入芯片、建立跟踪系统，实现循环包装物有效共享，充分发挥每个快递包装物的价值。凭借该系统，德邦快递能对中转袋、快递箱的申领、流转、调拨、维修及丢失进行管理，从而把一次性的耗材转化为循环再利用的资产，提高资源再利用率。

资料来源　佚名. 黑科技赋能，快递实现"极速达"不再难——德邦快递打造智慧物流新生态 [EB/OL]. [2021-12-15]. https://hope.huanqiu.com/article/45zxgfe5ean.

★ 问题引导

从 2016 年 10 月 20 日起，高铁快运已成功地在全国 505 个城市试运行，并逐渐拓展至中小城市，基本实现直辖市、省会城市、中东部地区地级市和经济发达县域全覆盖。在高铁快运盛行的大浪潮下，各个铁路局借助"双 11"春风，准备打响"双 11"快运第一枪。各个铁路局根据管辖区域的特点，发挥地域和资源优势，挖掘快运潜能，找准合作发展契机，打造电商黄金周运输服务品牌。

2016年11月11—20日，高铁快运安排170列高铁全面助力"双11"电商物流服务，其中146列高铁提供"当日达"服务、24列动卧提供"次晨达"服务。此外，还有45列普通货运班列参与此次"双11"电商黄金周物流服务。此次中铁快运首次推出电商黄金周物流服务，主要是借鉴铁路旅客运输黄金周组织模式，依托高铁运输优势展开。与平常的高铁快运服务不同，参与此次电商黄金周服务的170列高铁或动卧主要集中在东部沿海地区，这些列车将各腾出一节客运车厢服务电商货运，承运货物主要为高附加值物品。2016年"双11"电商黄金周的货运服务，高铁快运只承担站到站的干线运输服务，两端的配送业务仍由合作的快递企业进行。目前，中铁快运已经和中通、圆通、申通、韵达、顺丰、宅急送等快递企业达成合作。此外，作为开创新市场的试水之举，2016年"双11"电商黄金周期间，中铁快运推出了每千克3元的体验价，同时也将放开对最低承运量的限制。此次电商黄金周服务一旦试水成功，中铁快运或将在未来启动高铁的货运班列服务。

资料来源　编者根据"中国交通新闻网""黄河新闻网"等网络资料编写。

思考：高铁快运能不能解决"双11"爆仓问题？

引导知识点

二、配送模式

配送按配送机构的经营权限和服务范围不同可以分为配销模式和物流模式两种，其运作特点如图4-1所示。

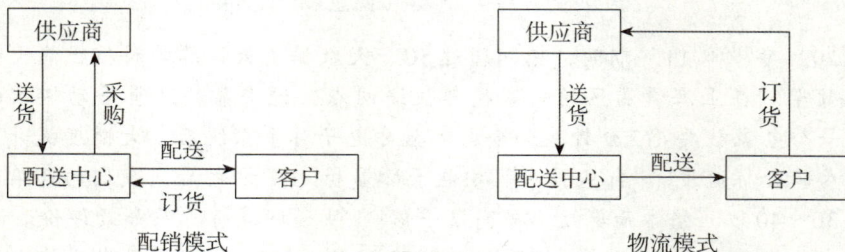

图4-1　配送模式

1.配销模式

配销模式又称为商流、物流一体化的配送模式，其含义是指配送的组织者既从事商品的进货、储存、分拣、送货等物流活动，又负责商品的采购与销售等商流活动。

这类配送模式的组织者通常是商业企业，也有些是生产企业附属的物流机构。这些经营实体不仅独立地从事商品流通的物流过程，而且将配送活动作为一种"营销手段"和"营销策略"，既参与商品交易、实现商品所有权的让渡与转移，又在此基础上向客户提供高效优质的物流服务。在我国的物流实践中，连锁商业企业或其他企业自营的配送中心、许多汽车配件中心所开展的配送业务等都属于这种模式。

配销模式的特点在于：对于流通组织者来说，由于其直接负责货源组织和商品销售，因而能形成储备资源优势，有利于扩大营销网络和经营业务范围，同时也便于满足客户的不同需求。但这种模式由于其组织者既要参与商品交易，又要组织物流活动，因此不但投入的资金、人力、物力比较多，需要一定的经济实力，而且也需要较强的组织和经营能力。

2.物流模式

物流模式是指商流、物流相分离的模式，是指配送组织者不直接参与商品的交易活动，不经销商品，只负责专门为客户提供验收入库、保管、加工、分拣、送货等物流服务。其业务实质上是属于"物流代理"。从组织形式上看，其商流和物流活动是分离的，分别由不同的主体承担。在我国的物流实践中，这类模式多存在于在传统储运企业基础上发展起来的物流企业中，其业务是在传统的仓储与运输业务基础上强化配送服务功能，以更快的速度、更高的服务水平为社会提供全面的物流服务。在国外，这种配送模式也普遍存在于运输业配送中心、仓储业配送中心。

物流模式的主要特点在于其业务活动仅限于物流代理，业务比较单一，有利于提高专业化的物流服务水平；占用流动资金少，其收益主要来自服务费，经营风险较小。由于配送企业不直接掌握货源，所以其调度和调节能力比较差。

▶ 小资料4-2

数据显示，2021年我国生鲜电商市场交易规模达到4 658.1亿元，同比增长27.92%，生鲜电商行业渗透率达7.91%。在中国生鲜电商市场逐步回暖的时刻，生鲜蔬菜配送再次热了起来。

蔬菜配送B to B市场从配送客户分类来说主要分为中小餐厅食材配送，企事业机关单位食堂和酒店高端餐厅食材配送，垂直行业食材配送（如大中专院校食材配送、幼儿园食材配送、西餐店食材配送），垂直品类的食材配送（冻货、调料、海鲜、肉类），生鲜超市食材配送。

中小餐厅蔬菜配送的典型代表主要是美菜，这家通过"互联网+资本"的方式重构中小餐厅配送的企业，在短短的3年内从零起步，做到了全国日配额数千万元，从数百家同类型企业中脱颖而出，目前在一线城市发展尚可，二线城市尚无明显起色。随着该垂直细分领域的逐渐成熟，区域性市场逐渐冒出了一批不错的配送公司，北京的蔬菜侠、天津的金仓吉、长沙的尚融生鲜。这些配送公司的特征一般是人数规模在30人左右，日配送额在10万~20万元之间，创始人年龄在30~45岁之间，年利润在100万~200万元之间。在前期投入不到50万元的情况下，从零开始，不到2年的时间做到这样的规模，基本上每个城市都有好几家这种"互联网+"型的蔬菜配送公司，专供中小餐厅。从效果来看，二线城市的配送商利润相对要高一些，一是餐厅的稳定性强些（没有一线城市餐厅倒闭率那么高），二是人力成本相对要低很多，但是菜价有些甚至比一线城市要高。

企事业单位食堂和高端餐厅及酒店食材配送的典型代表有北京的分分钟（主攻高端连锁餐厅配送，最新A轮融资1.1亿元），北京的绿盛发（新发地20年的配送公司，主攻企业食堂、部队食堂配送），浙江的明辉股份（新三板上市公司，估值5亿元），重庆的捷翠（年营业额接近2亿元，主攻机关单位食堂配送），武汉的汇农（武钢10多万人的食材配送），广东的望家欢，四川的康源配送等。企事业单位食堂和高端餐厅及酒店食材配送在国内的市场空间也是相当大的，同时对于行业经验的要求较高。与行业壁垒相对较高成正比的是利润也更加丰厚，不过由于押账周期长，资金周转会存在一定的问题，没有资金实力的创业者进入该领域需要谨慎。基本上每个二三线城市都会盘踞三五个年配送额上亿元的大鳄，这些配送商一般是早期凭借着资源绑定1~2家大客户，通过长时间的积累达到这个规模，但是因为账期原因及资金周转压力，再往上走也比较难，一般年营业额2亿元左右已是极限。

垂直行业食材配送的龙头企业是千喜鹤（从陆军指挥学院起步，目前覆盖3/4的军事院校、3/5的武警院校的食材配送业务，是当之无愧的聚焦行业客户的龙头企业，年营业额已经突破了100亿元）。除了千喜鹤这种行业大鳄，该领域还有其他做得不错的配送公司，如浙江的浙农茂阳，聚焦诸暨、绍兴等4个市县的中小学食堂的配送，在这4个市县市场占有率达到90%以上，年营业额2亿元以上。垂直行业食材配送的客户主要是大中专院校食材配送，中小学幼儿园食材配送，西餐店食材配送等。垂直行业食材配送的好处是客户群体高度集中，利润率也会相对丰厚，客户越早进入某个区域性的细分行业，获得的行业优势越明显。

生鲜超市蔬菜配送的典型代表有阿里的盒马鲜生，京东推出的直营生鲜便利店等。生鲜电商企业纷纷开始在线下开店。各地的传统连锁超市和便利店都在进行着"生鲜+"的改造。前端开店搞加盟，后端自营供应链在各地蓬勃发展。以长沙为例，田园香300多家生鲜便利店自营和加盟混合在不到2年内完成，隆禹80来家生鲜便利店自营也是在这两年内崛起，后端供应链除了服务自身门店的同时，开放自身的供应链能力给少量机关单位食堂也是不错的选择。生鲜超市蔬菜配送，除了自营生鲜超市服务客户端外，同时可以进行企业端的配送，这种整合C to C和B to B的模式，有着很大的空间。

◉ 小案例4-1

物流企业各显神通，再创"双11"配送传奇

为了应对"双11"，各大电商与配送企业竭尽全力、各显神通，提升配送速度，再创配送传奇。

苏宁启用火箭哥和物流机器人再次刷新送货速度。2018年11月11日零点13分47秒，全国第一单已经配送完成。家住上海市奉贤区肖塘镇乐活青年公寓的蒋女士，收到苏宁火箭哥用共享快递盒送来的iPhone X商品。"双11"期间，苏宁共享快递盒已在北上广深等全国13个城市投放，5万个共享快递盒每天可节约40棵10年树龄的大树，有效减少电商物流大量纸箱的使用及过度包装等问题。同时"双11"期间，苏宁还首次上线物流机器人"小biu"派送。11月11日00：33，"小biu"成功抵达南京徐庄紫金东郡用户张先生家中，送上其凌晨购买的青岛啤酒。从用户00：30下单，到"小biu"从小区内苏宁小店出发送货上门，整个过程仅用时3分钟。

　　京东采用"无人"黑科技，成为"双11"网购新元素。"双11"期间，京东的"无人"黑科技包括无人机、无人车等，VR/AR技术也投入使用。11月11日下午京东无人机在北京的首次飞行，表明京东无人机配送的安全性、技术成熟性、模式稳定性、飞行调度能力已进入实操阶段。无人机从应寺村起飞，10分钟后飞到胡家村上空，在1米高位置悬停、抛货，推广员接货后迅速打开包裹，然后将商品送到村民的家中，整个过程可节省大量人力成本，效率也提升了不少。同时在"双11"期间，京东设在北京、青岛、上海、广州、武汉等城市的13个"亚洲一号"智能无人仓全面启用，24小时无休的机器人作业有效缓解了"双11"期间强大的物流压力。此外在运输方面，京东依靠大数据分析技术，开辟更多线路，24小时不间断地滚动发车，实现快递包裹快速流转。

　　菜鸟网络开启"物流天眼"计划，提高快递中转和网点配送效率。9月26日，阿里巴巴旗下的菜鸟网络宣布联合德邦、中通、圆通、申通、百世、韵达等6家快递企业共同加入"物流天眼"计划，通过升级全国各类物流场站内的百万个摄像头实现智能感知，从而提高快递中转和网点配送效率。据悉，德邦物流采用该系统后，包裹流转效率提高了近15%。

　　苏宁借着大数据分析和智能仓储系统实现精准配送。近年来，除了"卧龙一号"无人快递车、AGV机器人等智能硬件外，苏宁凭借着大数据分析和智能仓储系统，将不同类商品在全国区域、时间等维度进行精确销售预测和分拣，成了"双11"购物热潮的有力后援保障。据悉，配送开启后，仅用时9分48秒，苏宁的"双11"配送首单便已宣告送达。

　　顺丰开通了"高铁+飞机"的模式全力投入"双11"大战。宁波第一批开通的高铁快递流向是北京、天津、武汉、长沙、徐州、济南、厦门这7个城市。"双11"期间，顺丰新增116条高铁线路，累计增加近250吨运能。除高铁外，正式投入使用的波音747全货机亦将加入"双11"运力储备军，航空运力预计还将提升112.7吨。

资料来源　编者根据互联网资料整理。

思考：电商物流大战拼的是什么？

★问题引导

菜鸟、京东、中国邮政拿下海南仓储用地

　　菜鸟、京东、中国邮政三大具有世界500强资质的物流企业，分别拿下海口江东临空经济区的159.3亩、65.79亩、56.4亩仓储用地。海口江东临空经济区主要聚焦"三大两新"（大物流、大航服、大保障、新消费、新商展）核心功能，构建国际化产业集群，实现"港产城景"融合发展，打造临空经济区新增长极。物流枢纽是集中实现货物集散、存储、分拨、转运等多种功能的物流设施群和物流活动组织中心。国家物流枢纽是物流体系的核心基础设施，是辐射区域更广、集聚效应更强、服务功能更优、运行效率更高的综合性物流枢纽，在全国物流网络中发挥关键节点、重要平台和

骨干枢纽的作用。

资料来源　佚名. 海南自贸港打造国际物流中心！邮政、京东、菜鸟三大 500 强物流巨头同时布局海南 [EB/OL]. [2021-12-17]. https://new.qq.com/omn/20211217/20211217A038B600.html.

思考：菜鸟、京东、中国邮政在海南的仓储布局对其物流业务有什么贡献？

引导知识点

三、现代配送的类型

1.按照经营形式不同进行分类

（1）销售配送。

销售配送是指配送企业是销售企业或配送企业将其作为销售战略的一环所进行的促销型配送，或者是和电子商务网站配套的销售型配送。这种配送的配送对象往往是不固定的，用户也往往是不固定的，配送对象和用户依据对市场的占有情况而定，配送的经营状况也取决于市场状况，配送随机性较强而计划性较差。各种类型的商店配送、电子商务网站配送一般都属于销售配送。销售配送的经营模式有以下几种：

①批发分销型销售配送。

批发分销型销售配送的应用领域主要是大型商业批发企业、大型工农业企业的国际贸易业务或全国性、大范围的批发分销活动。

②零售型销售配送。

零售型销售配送是面向广大消费者的配送，主要是"门到人"和"门到门"方式的配送。零售型销售配送可以采用电子商务的交易方式，也可以采用电话订货、传真订货以及现在广泛采用的商店购货等方式进行交易活动，然后采用"商物分离"的方式，由配送中心或者商店进行配送。利用配送方式将网上销售的商品送达用户手中，是网络经济运行过程中重要的一环。销售配送作为电子商务重要的支撑力量，是不可或缺的，因而也是"新经济"形态下的一种经济活动方式。

（2）供应配送。

供应配送往往是针对特定的用户，用配送方式满足该特定用户的供应需求的配送方式。

这种配送方式配送的对象是确定的，用户的需求是确定的，用户的服务要求也是确定的，所以这种配送可以形成较强的计划性、较为稳定的渠道，有利于提高配送的科学性并强化管理。有了这个前提条件，才可以建立"供应链管理"方式。供应配送可以由本企业自行组织或者交由第三方物流公司进行。

（3）供应、销售一体化配送。

这是指生产企业或者销售企业以自己生产和经营的产品供应给用户的配送形式。第三方物流只是受用户之委托，以自己的专业特长和配送渠道代理用户进行供应，而不是货物的所有者。货物所有者在实现销售的同时对用户完成了供应，这是在有连锁关系的企业之间、子公司和母公司之间经常采用的方式。这种方式对销售者来讲，能获得稳定的用户和销售渠道，有利于本身的稳定和持续发展，有利于强化与用户的关系并取得销售效益。对于用户来讲，能获得稳定的供应，可大大节约自身组织供应所耗用的人力、物力、财力，可以大大提高供应保证程度。

供应、销售一体化配送是配送经营中的重要形式。这种形式有利于形成稳定的供需关系，有利于保持流通渠道的畅通稳定。

（4）代理配送。

这种配送在实施时不发生商品所有权的转移，配送企业受生产者委托代送商品，对配送商品不拥有所有权，配送企业不能取得商品销售的经营性收益，只能按销售额的一定比例获得佣金。这种配送组织管理方式是企业将配送业务完全交由社会物流服务商承担，依靠社会物流服务商的专业配送服务，往往可以取得更好的供应保障和更低的配送成本。

2.按配送时间和数量的多少进行分类

（1）定时配送。这种配送是按规定的时间间隔进行配送，每次配送的品种、数量可按计划执行，也可以在配送之前以商定的联络方式通知需要配送货物的时间和数量。定时配送一般可以分为日配和准时−看板方式配送两种形式。

🔰 **小思考4-2**

什么是准时−看板方式配送？

（2）定量配送。它是指按规定的数量（批量）在一个指定的时间段内进行配送。这种方式配送数量固定，备货工作较为简单，可以按托盘、集装箱及车辆的装载能力确定配送数量，能有效利用托盘、集装箱等集装方式，也可整车配送，配送效率和运力利用率大大提高。

（3）定时定量配送。这种方式是按照规定的配送时间和配送数量进行配送，兼具定时配送和定量配送的特点，需要具有较高的配送管理水平。

（4）定时定路线配送。它是在规定的运行路线上制定到达时间表，按运行时间表进行配送，用户可按规定路线和规定时间接货，或提出其他配送要求。

（5）即时配送。它是完全按用户提出的配送时间和数量即时进行配送的方式，是一种灵活性很强的应急配送方式。采用这种方式，用户可以实现保险储备为零的零库存，即以即时配送代替保险储备。

🔰 **小思考4-3**

"最后一公里"配送难题如何解？

每年中秋前，月饼和礼品都会掀起新一轮网购高潮，快递业务也会迎来高峰。这时多会发生快件延误、包裹没有送上门等问题。其中既有快递员不负责任放在物业部门或收发室一走了之，也有客户收件时的"再等等"，令快递效率大打折扣。快递"最后一公里"到底由谁来跑，已成为行业面临的普遍问题。你有好的办法吗？

课堂提问 ✔

有一家销售企业，主要对自己的销售点和大客户进行配送，配送方法为销售点和大客户有需求就立即组织装车送货，结果经常造成送货车辆空载率过高，同时出现所有车都派出去而其他用户需求满足不了的情况。销售经理一直要求增加送货车辆，由于资金原因一直没有购车。

请回答：

（1）如果你是公司决策人，你会买车来解决送货效率低的问题吗？为什么？

（2）请用配送的含义分析该案例，并提出解决办法。

课堂实训 ✔

去实训室模拟电商配送流程。具体角色可分为电商销售文员、销售经理、仓管员、取件快递员、取件快递营业部经理、派件快递员、派件快递营业部经理、客户（多设几名）。流程自设，考虑得越详尽越好。

案例分组讨论 ✔

世界上最大的网上书店 Amazon 的成功与其物流服务流程密切相关。当顾客在 Amazon 的网站上选定所要的物品时，设在西雅图的 Amazon 公司总部会在电脑上确认订单，并将信息传送给设在美国各地的多个分发中心中最便利的一个。当分发中心接到订货的信息时，被订购的物品所在货架上的红色指示灯就会亮起来，工人们在成排的货架间穿梭往来，从货架上取货品，关掉指示灯。总控电脑决定工人的取货方向和路线。装货箱传送到终点时，工作人员核实订单，将顾客所订货品通过一个斜槽装到一个纸箱里，并在纸箱上打上一个新的编码。接着，工人们将货品包装成礼品式样，所有客户的货品都是手工包装的，每一个工人包装一个货包（礼包）的时间是两分钟。货包称重后在库房装车，货车将货包送往附近的邮递公司，大件物品和超重物品需要特别邮寄。一周到三周内，顾客所订购的物品就送到了。

资料来源　田源. 物流管理概论［M］. 北京：机械工业出版社，2006.

问题：Amazon 物流配送的流程中为何要在纸箱上打一个新编码？

任务二　了解配送中心作业

★任务目标

了解配送中心的功能，掌握配送中心的运作流程；能够进行现代物流配送中心的设计。

❓小词典

配送中心是指具有完善的配送基础设施和信息网络，可便捷地连接对外交通运输网络，并向末端客户提供短距离、小批量、多批次配送服务的专业化配送场所。

它应基本符合下列条件：①主要为特定用户服务；②配送功能健全；③有完善的信息网络；④辐射范围小；⑤多品种、小批量；⑥以配送为主，储存为辅。

★ 课堂讨论

我们去超市买菜时，发现很多蔬菜都是整理好的，贴着打印好的价格标签，这些工作是在哪里完成的？一车新鲜蔬菜从田间地头到摆放在超市货架上，经过了哪些流程？

★ 问题引导

武汉中百物流配送中心是中百集团下属的子公司，位于武汉市东西湖区吴家山台商投资开发区。该物流配送中心占地面积130亩，总建筑面积3.5万平方米，拥有近100个装卸货口，除满足中百自身200余家超市门店日常配送外，还可面向社会满足6 000～8 000个品种的配销。该物流配送中心以副食品、饮料、生活日用品及家电系列四大类商品为主，兼营其他商品的批发和零售，其目标是建成一个集工业品批发、商品配送、仓储超市为一体的大型现代化物流中心。

思考：

（1）中百物流配送中心属于哪一行业？

（2）中百物流配送中心应该具备哪些功能？

引导知识点

一、配送中心的功能

配送中心是一种多功能、集约化的物流据点。作为现代物流方式和优化销售体制手段的配送中心，它把收货验货、储存保管、装卸搬运、拣选、分拣、流通加工、结算和信息处理，甚至包括订货等作业有机地结合起来，形成多功能、集约化和全方位服务的供货枢纽。通过发挥配送中心的各项功能，可以大大压缩整个企业的库存费用，降低整个系统的物流成本，提高企业的服务水平。图4-2是配送中心的功能示意图。

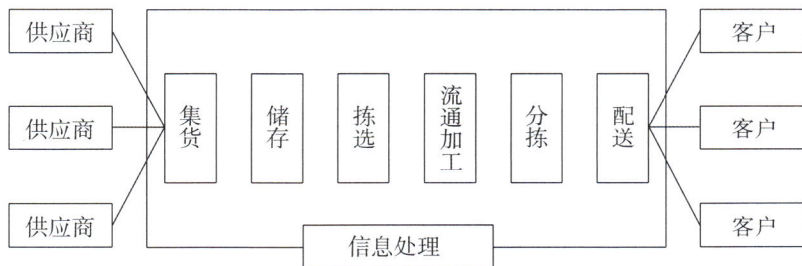

图4-2 配送中心的功能示意图

作为一个专业化、集约化的配送中心，通常应具备以下功能：

1.集货功能

为了满足门店"多品种、小批量"的订货要求和消费者在任何时间都能买到所需商品的要求，配送中心必须从众多的供应商那里按需要的品种较大批量地进货，以备齐所需商品，此项工作被称为集货。

2.储存功能

利用配送中心的储存功能，可有效地组织货源，调节商品的生产与消费、进货与销售之间的时间差。虽然配送中心不是以储存商品为目的，但是为了满足市场的需求，保证配货、流通加工等环节的正常运转，也必须保持一定的库存。这种集中储存，较之商场"前店后库"的分散储存，可大大降低库存总量，增强促销调控能力。这就是为什么配送中心一定要在达到相当规模后才能获得良好效益的缘故。由于配送中心按照客户或网点反馈的需求信息及时组织货源，始终保持最经济的库存量，从而既保证了客户及门店的订货要求，将缺货率降到最低点，又减少了流动资金的占用和利息的支付。

3.拣选功能

在品种繁多的库存商品中，根据各客户的订货单，将所需品种、规格的商品按订货量挑选出来并集中在一起，这种作业被称为拣选。储存商品的拣选工作在现代物流中占有重要地位。这是因为现代化配送中心要求迅速、及时、准确无误地把订货商品送到客户及门店。实践中有两种情况：规模较大的配送中心所辐射的门店数和储存商品的种类数都十分可观，如百货批发商的配送中心，商品品种可达十几万种，客户遍及全国甚至世界各地；零售客户订货的批量小（有的甚至要开箱拆零），要货时间十分紧迫，必须限期送到，但配送总量又很大。在这种情况下，货物的拣选已成为一项复杂而繁重的作业活动，商品的拣选技术也成为现代物流技术发展的一个专门领域。

4.流通加工功能

它是物品在从生产领域向消费领域转移的过程中，为了促进销售、维护产品质量和提高物流效率，而对物品进行的加工。例如，以往所有商品均由批发商、制造商向零售商店直接送货，导致店内的验货工作极其繁重，操作人员要花大量时间来验货、交接。有了配送中心，可以把验货工作集中转移给配送中心承担。又如，配送中心可根据各商店的不同需求，按照销售批量大小，直接进行集配分货，也可拆包分装、开箱拆零。再如，以食品为主的连锁超市配送中心，还可增加食品加工的功能，设有肉、鱼等生鲜食品的切分、洗净、分装等小包装生产流水线，并在流通过程的储存、运输等环节进行温度管理，建设冷藏链和冷冻链供货系统，获取直接经济效益。

5.分拣功能

所谓分拣，是指将一批相同或不同的货物，按照不同的要求（如配送给不同的门店）分拣再集中在一起进行配送。例如，邮政部门把信件、邮包按送达目的地（邮政编码）分开，是典型的分拣作业。

在配送中心里，按照门店（或客户）的订货单，把库存商品拣选后分别集中再配送，就是连锁超市配送中心分拣作业的任务。在商品批次很多、批量极小、客户要货时间很紧而物流量又很大的情况下，分拣任务十分繁重。

随着市场经济的发展，商品趋于小批量、多品种和即时制（just in time），配送中心的商品分拣任务十分艰巨，分拣系统的自动化已成为一项重要的物流技术。

6.配送功能

与运输相比，配送通常是在商品集结地——物流中心内，完全按照客户对商品种类、规格、品种搭配、数量、时间、送货地点等各项要求，进行分拣、配货、集装、合装整车、车辆调度、路线安排的优化等一系列工作，再运送给客户的一种特殊的送货形式。配送不单是送货，在活动内容中还有"分货""配货""配车"等项工作，体现了较高的经营管理水平。配送是分货、配货、进货等活动的有机结合体，同时还和订货系统紧密相连，这就必须依赖现代信息技术，使配送系统得以健全和完善。配送功能完善了运输、送货及整个物流系统，有力地保障了物流作用的发挥和经济效益的实现；通过配送中心的集中库存使连锁商场实现了低库存或零库存，有利于降低商品缺货率。

小思考4-4

配送与送货有何区别？

7.信息处理功能

配送中心建立了相当完善的信息处理系统，能有效地为整个流通过程的控制、决策和运转提供依据。无论在集货、储存、拣选、加工、分拣、配送等一系列物流环节的控制方面，还是在物流管理和费用、成本、结算方面，均可实现信息共享，而且配送中心与零售商店直接进行信息交流，可及时得到商店的销售信息，有利于合理组织货源，控制最佳库存。同时，配送中心还可将销售和库存信息迅速、及时地反馈给制造商，以指导商品生产计划的安排。因此，配送中心成了整个流通过程的信息中枢。

8.商品采购功能

需要说明的是，由于配送中心的性质、类型不同，其功能也有侧重，只有商流、物流合一（如连锁企业）的配送中心才具备商品采购功能，单纯的仓储运输型配送中心不具备这种功能。商物合一的配送中心，商品采购是第一个环节。配送中心需根据各连锁店提出的要货计划，及时进行整理、汇总，并结合市场情况（季节变化等）制订合理的采购计划，统一向生产商或经销商采购商品。在采购商品时除参照各连锁店确定的品种目录外，还要经常进行分析，并根据季节变化，找出那些处于衰退期的商品品种予以淘汰，同时选择适销对路的商品进行更新换代。

★问题引导

神户生活协同组合（以下简称神户生协）是日本消费者合作社里最大的连锁超市公司，在世界同行业中销售额排名第一。神户生协拥有超市连锁店171个，每天购货达35万人次，对于那些因会员少、尚不具备设店条件的地区，建立无店铺销售网，设送货点2万多个，服务对象近30万户家庭。它拥有会员约123万户，年销售总额3 840亿日元（折合人民币300亿元），销售商品以食品为主（占72%）。面对供应面广、品种多、数量大的供配货需求，神户生协建造了鸣尾滨配送中心，承担全部销售商品的配送任务。

鸣尾滨配送中心的作业情况如下：

（1）收货。供货商将商品送至配送中心二楼收货站台，人工卸车和包装均用一系列统一规格的纸箱。A类整批商品由人工堆码，利用托盘、叉车搬运；B类商品由人工卸至锟道输送机进行验收，经合流后进入三条主输送带。

（2）储存、搬运。大部分商品储存在二楼，A类整批商品以托盘为储存单元，由叉车送入普通货架；需要开箱拆零的单元，从储存货架上取出，搬入轻型重力式货架，再由人工拣选。普通货架和轻型重力式货架相对平行布置，货架分上下两层，每层3格，高4.5米。货架的走道中间设置以胶带输送机为主体的传送搬运系统，总长5 200米。进销频繁的商品则以托盘为单元，存放在底层站台的货场。配送中心全部储存容量为17万箱。

（3）拣选。鸣尾滨配送中心在建设过程中反复研究总结了日本不少配送中心成功与失败的经验与教训，结合超市销售量大、利薄的特点，认为对于批量零星而进出频繁的商品，不宜采用立体仓库、巷道拣选机，故配送中心决定采用普通货架、人工拣选的方式，以适应多种销售形式。

对于整箱销售的商品，以托盘为单元，采用货架存放。发货时由工人按单发货，从货架搬入两侧的输送带传送系统。B类属中转的商品，收货后暂存辊道输送机上，经人工粘贴发货条形码后，直接送主输送带，进入分拣系统。对于开箱拆零商品，以纸箱为单元，存放在轻型重力式货架上。发货时由人工开箱拆零拣货，另行组配拼箱，进入传送系统。拼箱用的空纸箱则利用回收的旧纸箱，由悬吊式链条输送机（置于胶带输送机的上方）传送。对于特别零星的商品，则采用计算机控制的数字显示拣选系统。

在进行分拣作业时，全部发运商品的纸箱上均粘贴印有条形码的发运标签（内容包括销售店名称、商品名称、数量等），该标签由计算机打印。这些商品从各条拣选渠道汇集到3条主输送带，从二楼传入底层，最后合流至分拣系统。分拣系统由激光扫描器读取纸箱上的条形码信息，进行自动分拣。分拣机采用高速胶带传动斜轮分拣机，分拣作业线总长160米，分拣道41条，道口间距3米，传送速度100米/分钟，分拣能力为6 000箱/小时。分拣的纸箱允许的最大长度为0.9米，最大重量为25千克；超重时，分拣机自动停止运转。

（4）配送。整个配送的流程大致如下：从分拣道口的斜滑道滑下的商品，由人工装入笼车等集装单元化运载工具，并送至发货站台待运。然后，商品按编排的配送路线分别装入各辆厢式送货车，配送到各超市连锁店。笼车回空时可折叠起来，节省空间。由于采用了笼车，大大减少了中间的装卸环节，有效地改善了从配送中心的储存货架起一直到商场里的商品陈列货架为止的整个物流过程的装卸搬运作业，加快了运输车辆的周转。配送中心的货车只需一名司机兼装卸工，便可完成全部装卸搬运作业，非常经济实用。

思考：简述鸣尾滨配送中心的物流流程。

引导知识点

二、配送中心的物流流程

1.综合配送中心的物流流程

流程化管理是现代企业管理的最佳方式，也是现代物流管理的显著特征。配送中心的基本作业流程如图4-3所示。

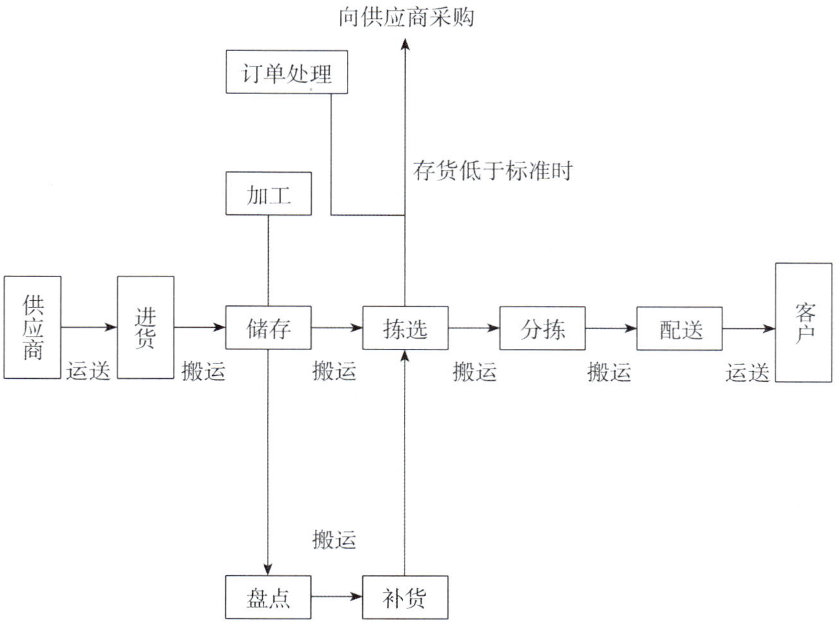

图4-3　配送中心的基本作业流程图

从供应货车到仓库，确认货品"进货"作业的开始，便依序将货品"储存"入库。为了管理好在库商品，应定期或不定期地进行"盘点"检查。当收到用户订单后，首先将订单按其性质进行"订单处理"，之后根据处理后的订单信息，进行从仓库中取出用户所需货品的"拣选"作业。拣选完成后，一旦发现拣选区剩余的存货量过低，则必须由储存区进行"补货"作业。如果储存区的存货量低于规定标准，便应向供应商采购订货。从仓库拣选出的货品经过整理之后即可准备"发货"，等到一切发货准备就绪，司机便可将货品装在配送车上，向各客户进行"配送"交货作业。

综合上述作业过程，可将配送中心的基本作业归纳为以下九项：进货作业、搬运作业、储存作业、盘点作业、订单处理作业、拣选作业、补货作业、分拣作业与配送作业。

2.几种不同的配送中心物流流程

配送中心的功能不同，其物流流程也不同。并且，配送商品的种类、数量、价值、进出库频率等不同，使用库房、堆放位置、养护方法及出入库时间不同，其物流流程也不同。

从商品的分类管理来看，商品ABC分类不同，其物流流程也不同。

（1）使用频率（进出库频率）较高的零售商品（属A类商品），在流通过程中，整批进货和储存，然后，按客户的订货单配货，送到零售店。由于这类商品进货批量大，故以较低的价格购入，再以零售价出售给消费者，既减少了流通环节，又使企业加倍获利。其物流流程如图4-4所示。

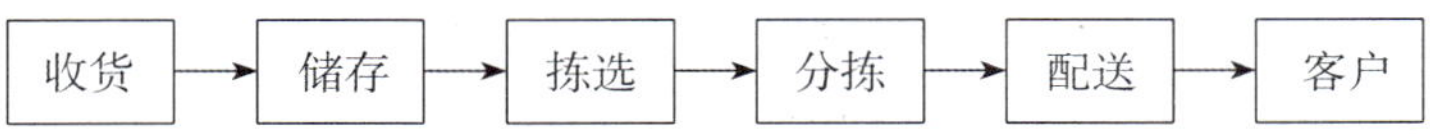

图4-4　综合配送中心的物流流程

（2）通过联机系统和商品信息管理系统订购的商品（属 B 类商品），配送中心按照客户的订单汇总后统一向工厂整箱订货，收到货后，无须储存，直接进行分拣，再送到客户手中。这样可以节约储存费用，加速流通。其物流流程如图 4-5 所示。

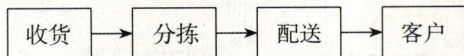

$$收货 \rightarrow 分拣 \rightarrow 配送 \rightarrow 客户$$

图4-5　中转型配送中心的物流流程

（3）直送商品，即不经过配送中心的储存，直接从工厂送往客户处。如牛奶、面包、豆腐等商品的配送有一定的保鲜要求，通常不经过配送中心，直接从生产厂配送到零售店；或根据客户运送要求，不经过配送中心节点，直接从生产厂配送到客户手中。这样的配送更加快捷，费用也更加节省。其物流流程如图 4-6 所示。

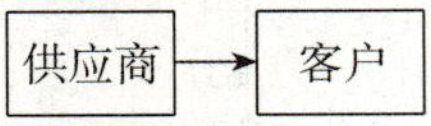

$$供应商 \rightarrow 客户$$

图4-6　直送型配送中心的物流流程

实践证明，这几类物流流程是设计最成功、最经济、最高效的配送中心物流流程。

★ **问题引导**

（1）以讲台为进货作业现场，以粉笔、书、圆珠笔、水性笔、笔记本等作为进货货物。

（2）分组，每组 4 人，选 1 人为组长。

（3）组长设计进货流程、每人的岗位和职责，并将设计方案告知全班同学。

（4）组员开始模拟练习。

思考：以进货作业持续时间长短、仓位设置合理性、组员配合情况作为考核标准，评出优胜组。

📍 **引导知识点**

三、配送中心作业流程

1.进货作业的定义和作业流程

所谓进货作业，是指从货车上把货物卸下、开箱，检查其数量、质量，并将有关收货信息书面化等。进货作业过程具有经济双重性，既是物流活动，又涉及商品所有权的转移（由生产转向流通），商品一旦收下，配送中心将承担商品完好的全部责任。因此，进货作业的质量至关重要。图 4-7 为进货作业流程图。

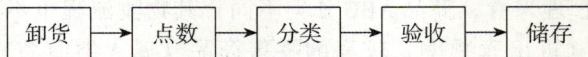

$$卸货 \rightarrow 点数 \rightarrow 分类 \rightarrow 验收 \rightarrow 储存$$

图4-7　进货作业流程图

（1）卸货作业。

配送中心卸货一般在收货站台上进行。送货方到指定地点卸货，并将抽样商品、送货单、增值税发票等交给收货人员验收。卸货方式通常有人工卸货、输送机卸货等。在托盘作业的情形下，应将货物直接卸到托盘上。将商品码到托盘时应注意：商品标志必须朝上，商品摆放不超过托盘宽度，商品每板高度不得超过规定的高度，商品重量不得超过托盘规定的载重量。托盘上的商品应堆放平稳，便于向高堆放。每盘商品件数必须标明，上端用行李松紧带捆扎牢固，防止跌落。

（2）收货验收。

收货验收是物流作业的一个重要环节。验收的目的是保证商品能及时、准确、安全地发运到目的地。供应商送来的商品来自各工厂和仓库，在送货过程中相互有个交接关系，验收的目的之一在于与送货单位分清责任。另外，在商品运输过程中，出于种种原因，可能造成商品溢缺（包括大件溢缺）、损坏，需要供需双方当面查点交接，分清责任。

①核对验收单证。核对的验收单证包括：商品入库通知单，订货合同，供货单位提供的质量证明书或合格证，装箱单或码磅单，检验单及发货明细账，运输单位提供的运单及普通或商务记录，保管员与提运员、接运员或送货员的交接记录等。核对凭证就是对上述证件、资料进行对照核实、整理分类，然后以单核货，逐项核对、件件过目。特别是对品种繁多的小商品要以单对货，核对所有项目，即品名、规格、颜色、等级、标准等，才能保证单货相符、准确无误。

②商品条形码验收。在商品条形码验收作业时要抓住两个关键，即该商品是否为送货预报商品、其商品条形码与商品数据库内已登录的资料是否相符。

③数量验收。一般采取先卸后验的办法，即收货人员根据随车同行单据，查阅核对实送数量与预报数量是否相符，见表4-1。

表4-1　　　　　　　　　　　　商品数量验收方法

商品	验收方法	验收步骤
大件、大批量商品	标记计件法	对每批一定件数的商品做标记，待全部清点完毕后，再按标记计算总数
包装规则、批量不大	分批清点	将商品按每行、列、层堆码，每行、列、层堆码件数相同，清点完毕后统一计算
包装规则、批量大	定额装载	用托盘、平板车和其他装载工具实行定额装载，最后计算入库数量

④质量验收。质量验收有感官检验和仪器检验等方法。仪器检验是指利用试剂、仪器和设备对商品规格、成分、技术标准等进行物理和生化分析，其检验效果科学，但是过程复杂。由于交接时间和现场码盘等条件的限制，在收货点验时，通常采用"看""闻""听""摇""拍""摸"等感官检验方法。这种方法比较灵活，但是准确性受操作人员的经验、作业环境和生理状态等因素的影响。

⑤包装验收。包装验收的目的是保证商品在运输途中的安全。物流包装一般在正常的保管、装卸和运送中，要经得起颠簸、挤压、摩擦、叠压、污染等影响，在包装验收时，应具体检查：纸板的厚度和卡具、索具的牢固程度，纸箱的钉距、内衬底的严密性；纸箱封条是否破裂、箱盖（底）是否牢固、纸箱内包装或商品是否外露；纸箱是否有受潮、变形、油污、发霉、虫害等情况。

小思考4-5

怎样验收玻璃、流质、易挥发物品等特殊货物？

（3）货物编号。

为保证物流配送中心的物流作业准确而迅速地进行，在进货作业中必须对货物进行清晰有效的编号，这是极为重要的。编号的重要意义在于对货物按分类内容进行有序编排，并用简明文字、符号或数字来代替货物的"名称""类别"，货物编号后可通过计算机进行高效率和标准化的管理。

货物编号的方法主要有流水码编号法、条形码编号法和商品分类编号法等。

2.订单处理

订单处理就是从接到客户订货开始一直到拣选货物为止的作业阶段，其中还包括有关用户和订单的资料确认、存货查询和单据处理等内容。

3.拣货

拣货作业（又称配货拣选），是指配送中心根据客户订单所确定的商品品名、数量，将商品从货垛或货架上取出，搬运到理货场所，以备配货送货。

（1）拣选作业的方法。

商品拣选作业一般有两种方法，即摘果法和播种法。

①摘果法，就是让拣货搬运员巡回于储存场所，按要货单位的订单挑选出每一种商品，巡回完毕也就完成了一次配货作业，将配齐的商品放置到发货场所指定的货位，然后进行下一个要货单位的配货。

摘果法的优点：作业方法简单；订单处理前置时间短；导入容易且弹性大；作业人员责任明确；派工容易、公平；拣货后不必再进行分拣作业。

摘果法的缺点：商品品种数多时，拣货行走路线过长，拣取效率降低；拣取区域大时，搬运系统设计困难；少批量、多批次拣取时，会造成拣货路径重复费时，效率低。

摘果法的适用范围：小批量、少品种订单拣选；用户不稳定，波动较大；用户之间共同需求是少数的，需求差异很大；用户配送时间要求不一；新建配送中心的初期，可作为一种过渡性的办法；直接面向消费者进行配送的电子商务。

②播种法，即将每批订货单上的同种商品分别累加起来，从储存货位上取出，集中搬运到理货场所，然后将每一客户所需的商品按数量取出，分放到该客户商品暂存待运货位处，直至配货完毕。

播种法的优点：可以缩短拣取时的行走搬运距离，增加单位时间的拣取量。

播种法的缺点：对订单的到来无法做及时的反应，必须等订单达到一定数量时才做一次处理，因此会有停滞时间。

播种法的适用范围：用户稳定且用户数量较多，可以建立稳定的分货线；用户的需求共性强、差异性小；用户需求的种类有限；用户对配送时间的要求不强。例如，商业连锁、服务业连锁、巨型企业内部供应配送等。

为了提高拣选效率、降低成本，应充分研究上述两种方法的优缺点，甚至可根据两种方法各自的适用范围将两者混用。有时候还要考虑拣选方法和分拣策略的组合。例如，当储存区面积较大时，拣选作业中往返行走所费时间占很大比重，此时一人一单拣选到底的方法就不宜采用。如果适当分工，按商品的储区划分，每一拣选人员分别拣选订货单中的一部分，如一层库房、一个仓间或几行货架，既能减少拣选人员的往返次数，又能驾轻就熟、事半功倍，几个拣选人员所费工时之和往往低于一个人拣选的总工时。

课堂提问 ✓

新建的配送中心，客户需求还不稳定，请问用摘果法拣选还是用播种法拣选？

（2）拣选作业与设施。

由于受多品种、少批量物流的影响，配送中心经营的商品种类连年增加，零星要货占商品订货单的70%，而这部分商品的销售额不超过30%；特别是拆零的工作量增幅很大，像食品行业，拣选的作业量要占整个工作量的80%。因此，配送中心大多实现了拣选作业机械化。目前，拣选设备大多采用自动化分拣系统、货架叉车拣选系统、重力式货架拣选系统（特别是计算机控制自动显示的重力式货架拣选系统）和电子标签拣选系统等。

学习微平台

微课：电子
标签拣选系统

📡 **小思考 4-6**

如何判断电子标签拣选系统用的是哪种分拣方式？

▶ **小资料 4-3**

新型物流配送中心的特点如下：

（1）物流配送反应速度快。

新型物流配送服务提供者对上游、下游的物流配送需求的反应速度越来越快，前置时间越来越短，物流配送速度越来越快，商品周转次数越来越多。

（2）物流配送功能集成化。

新型物流配送侧重于将物流与供应链的其他环节进行集成，包括物流渠道与商流渠道的集成、物流渠道之间的集成、物流功能的集成、物流环节与制造环节的集成等。

（3）物流配送服务系列化。

新型物流配送强调物流配送服务功能的恰当定位与完善化、系列化，在内涵上提高了以上服务对决策的支持作用。除了传统的储存、运输、包装、流通加工等服务外，还在外延上扩展至市场调查与预测、采购及订单处理，向下延伸至物流配送咨询、物流配送方案的选择与规划、库存控制策略建议、货款回收与结算、教育培训等增值服务。

（4）物流配送作业规范化。

新型物流配送强调功能作业流程、运作的标准化和程序化，使复杂的作业变成简单的易于推广与考核的运作。

（5）物流配送目标系统化。

新型物流配送从系统角度统筹规划一个公司整体的物流配送活动，处理好物流配送活动与商流活动及公司目标之间、物流配送活动与物流配送活动之间的关系，不求单个活动的最优化，但求整体活动的最优化。

（6）物流配送手段现代化。

新型物流配送使用先进的技术、设备和管理为销售提供服务，生产、流通和销售规模越大、范围越广，物流配送技术、设备和管理越现代化。

（7）物流配送组织网络化。

为了保证对产品销售提供快速、全方位的物流支持，新型物流配送要有完善、健全的网络体系，网络上点与点之间的物流配送活动要保持系统性和一致性，这样可以保证整个物流配送网络有最优的库存总水平及库存分布，运输与配送快捷、机动，既能铺开又能收拢。分散的物流配送单体只有形成网络，才能满足现代生产与流通的需要。

（8）物流配送经营市场化。

新型物流配送的具体经营采用市场机制，无论是企业自己组织物流配送，还是委托社会化物流配送企业承担物流配送任务，都以实现服务成本与服务目的的最佳配合为目标。

（9）物流配送流程自动化。

物流配送流程自动化是指运送规格、仓储货位、货箱排列、装卸、搬运等按照自动化标准作业，商品按照最佳配送路线运行等。

（10）物流配送管理制度化。

宏观上，新型物流配送企业要有健全的制度和规则；微观上，新型物流配送企业要依法办事，按章行事。

（11）物流配送的电子化和数字化。

新型的物流配送中心将全球定位系统、地理信息系统、电子数据交换技术、自动跟踪技术等电子化和数字化技术应用到配送活动中。

资料来源　崔介何. 物流学概论［M］. 北京：北京大学出版社，2015.

4.补货作业

补货作业是指以托盘为单位，从货物保管区将货物移到另一个作为按订单拣取用的动管拣货区或配货区，然后将此移库作业作库存信息处理。补货作业的目的是保证拣货区有货可拣，确保配货区有货可配。补货作业与分拣作业息息相关。一旦发现拣货区剩余的存货量过低，则必须由储存保管区向拣货区进行补货。当配送中心的规模太大或需配送的货物品种多、批量小时，为了加强分工、提高配货效率，往往还需建立动管拣货区进行补货。如果配送中心的规模小或需配送的货物品种少、批量大，则无须补货，直接进行拣选、配货。

通常，在配送中心内主要采用下列两种补货方式：

（1）由储存货架区与流动式货架组成存货、拣货、补货系统。

（2）将货架的上层作为储存区，下层作为拣货区，组成商品由上层货架向下层货架补货的系统。

补货作业发生与否，主要看动管拣货区的货物存量是否符合需求，因此究竟何时补货要看动管拣货区的存量，以避免在拣货中途才发现动管拣货区货量不足需要补货，而影响整个拣货作业。通常，可采用批次补货、定时补货和随机补货三种方式。

（1）批次补货。在每天或每次拣取前，经由电脑计算所需货品的总拣取量，再查看动管拣货区的货品量，在拣取前一特定时点补足货品。此为"一次补足"的补货原则，比较适合一日内作业量变化不大、紧急插单不多，或是每批次拣取量大需事先掌握的情况。

（2）定时补货。将每天划分为数个时点，补货人员在时段内检视动管拣货区货品存量，若不足即马上将货架补满。此为"定时补足"的补货原则，比较适合分批拣货时间固定，且处理紧急事项的时间也固定的情况。

（3）随机补货。它是指定专门的补货人员，随时巡视动管拣货区的货品存量，不足时随时补货。此为"不定时补足"的补货原则，较适合每批次拣取量不大、紧急插单多以至于一日内作业量不易事前掌握的情况。

5.出货作业

将拣选出来的货品按客户订单分拣集中在一起，装入妥当的容器，做好标记，根据车辆调度安排的趟次等，将物品搬运到出货待运区，最后装车配送。这一连串的物流活动就是出货作业的内容，包括商品分拣、流通加工和运输配送活动。

（1）分拣作业。

拣货作业完成后，再将物品按照不同的客户或不同的配送路线进行分类的工作，被称为"分货"，又称为"分拣"。分拣作业一般在理货场地进行，它的任务是将发给同一客户（如商场）的各种物品汇集在一处，以待发运。

分拣的操作方式大致上可分为人工分拣和自动化分拣两种。

（2）流通加工作业。

流通加工作业在整个配送作业系统中处于一种具有可选择性的附带作业地位。它是一项可提高服务水平、增加附加值的作业，较常见的有进口商品贴中文标签、礼品包装、热缩包装及贴价格标签等。

学习微平台

微课：食品流通加工的具体项目

小思考4-7

食品流通加工的具体项目主要有哪些？

课堂提问 ✓

试述人工分拣和自动化分拣的适用范围。

课堂实训 ✓

如果把配送中心的食品进行分类，你会如何划分？可以分小组进行讨论。

案例分组讨论 ✓

华为、京东、苏宁物流基地建设

目前长沙智能终端产业基地华为 HUB 仓、京东湖南"亚洲一号"两大项目在望城开工建设。华为 HUB 仓项目规划用地 170 亩，总投资 7.5 亿元，主要建设智能终端、泛网络、无线等电子产品集散分拨中心、立体自动化仓库等。项目一期 5.9 万立方米 HUB 仓计划于 2019 年 9 月 30 日前交付，2020 年 4 月投入运营；二期 5.9 万立方米争取在 2022 年 12 月前投入运营。京东湖南"亚洲一号"项目用地 665 亩，总投资 25 亿元，主要建设以京东电商智能仓配中心为主的京东大数据云计算中心、区域结算中心、快递快运配送分拨中心、京东金融及湖南省区域总部。项目建设周期 18 个月，预计 2020 年 10 月投入运营，投产后可实现社会消费品零售总额 100 亿元，纳税 1 亿元以上。

目前苏宁华南电商产业园项目已开工，项目面积 611 亩，位于广州市从化经济开发区，紧靠京港澳环线高速、大广高速、从莞深高速，交通便利。规划建成集绿色冷链、电子商务、采购结算、开放平台等功能为一体的华南智慧物流总部基地，引入苏宁物流智慧物流运营系统、全流程智能化设备、标准化服务体系等，助力广州打造国家物流枢纽城市建设，打造华南地区完善的智慧物流生态。

资料来源　编者根据网络资料整理编写。

思考：华为、京东、苏宁智能物流基地建设对于其配送有何影响？

任务三　掌握配送合理化的方法

★任务目标

能够运用物流配送合理化的基本方法，进行合理化配送。

❓小词典

配送是根据客户要求，对物品进行分类、拣选、集货、包装、组配等作业，并按时送达指定地点的物流活动。

★课堂讨论

（1）刚入学，你拎着大包小包行李到学校，一路累得不轻。三年学业完成，你找到外地城市一份不错的物流方面的工作，还会将多个包裹随身携带吗？你将选择什么方式将行李运至目的地城市？

（2）国家目前正在一些城市推广甩挂运输，即拖车与挂车 A 连接，到目的地后，解开挂车 A，将拖车与挂车 B 连接，再去下一个目的地，如此反复，这样运输比现有运输形式更合理吗？为什么？

★问题引导

前置仓是指更靠近消费者的小型仓储单位，一般设置在消费者集中的社区附近。

其运营模式为：提前将产品配送至前置仓存储待售，客户下单后，由前置仓经营者组织完成包裹生产和"最后一公里"的上门配送。无论是订单响应速度还是配送成本，前置仓模式相比直接配送都具有很大优势。"分段运输，主干优先，分级集结，降维扩散"是所有商品种类在城际物流、同城快运、终端配送过程中实现总体成本最小化的发展趋势，只有这样才能最大程度上保证运输效率，降低成本；在成本持续降低的压力下，配送行业必然会从原来集中直配向纵向分段运输演变。

思考：从配送合理化角度分析前置仓的建设。

引导知识点

一、不合理配送的表现形式

对于配送合理与否，不能简单判定，也很难有一个绝对的标准。例如，企业效益是配送的重要衡量标志，但是，在决策时常常需要考虑各种因素，有时要做赔本买卖。所以，配送的决策是全面、综合的决策，在决策时要避免由于配送不合理而造成损失，但有时某些不合理现象是伴生的，要追求大的合理，就可能派生小的不合理，所以，虽然这里单独论述不合理配送的表现形式，但也要防止绝对化。

1.资源筹措不合理

配送是利用较大批量筹措资源，通过筹措资源达到规模效益来降低资源筹措成本，使配送资源筹措成本低于用户自己筹措资源成本，从而取得优势。如果不是集中多个用户需要进行批量资源筹措，而仅仅是为某一两个用户代购代筹，对用户来讲，不仅不能降低资源筹措费用，相反还要多支付一笔代筹代办费给配送企业，因而是不合理的。资源筹措不合理还有其他表现形式，如配送量计划不准，资源筹措过多或过少，在资源筹措时不考虑建立与资源供应者之间长期稳定的供需关系等。

2.库存决策不合理

配送应充分利用集中库存总量低于各用户分散库存总量，从而大大节约社会财富，同时降低用户实际平均分摊库存负担。因此，配送企业必须依靠科学管理来实现一个低总量的库存，否则就会出现仅仅是库存转移，而未取得库存总量降低的效果。配送企业库存决策不合理还表现为储存量不足，不能保证随机需求，失去了应有的市场。

3.价格不合理

总的来讲，配送的价格应低于不实行配送时用户自己进货的产品购买价格加上自己提货、运输、进货之成本总和，这样才会使用户有利可图。有时候，由于配送服务水平较高，价格稍高，用户也是可以接受的，但这不是普遍的原则。如果配送价格普遍高于用户自己的进货价格，损害了用户利益，就是一种不合理的表现。价格过低，配送企业在无利或亏损状态下运行，也是不合理的。

4.配送决策不合理

通常情况下，配送增加了环节，但是这个环节的增加可降低用户平均库存水平，因此不但抵消了增加环节的支出，而且能取得剩余效益。但是，如果用户订货批量大，可以直接通过社会物流系统均衡批量进货，较之通过配送中转送货可能更节约费用，所以，在这种情况下，不直接进货而通过配送就属于不合理决策。

5.送货中的不合理运输

配送与用户自提比较，尤其对于多个小用户来讲，可以集中配装，一车送几家，这比一家一户自提可大大节省运力和运费。如果不能利用这一优势，仍然是一户一送，而车辆达不到满载（即时配送过多、过频时会出现这种情况），就属于不合理现象。此外，不合理运输在配送中随时都可能出现，使配送变得不合理。

6.经营观念不合理

在配送实施中，经营观念不合理也会使配送优势无从发挥，还损害了配送企业的形象。例如，配送企业利用配送手段，向用户转嫁成本：在库存过大时，强迫用户接货，以缓解自己的库存压力；在资金紧张时，长期占用用户资金；在资源紧张时，将用户委托资源挪作他用等。

★ 问题引导

美的仓储管理遇到的瓶颈

美的集团是一家以家电业为主，涉足房地产、物流等领域的大型综合性现代化企业集团。目前美的仓储资源布局遇到的主要问题是旺季仓储资源严重缺乏和物流设备资源配置不足。备货性均衡生产决定了战略物资、瓶颈物料、部分机型的紧缺物资在旺季期间需要大量储备，而现有的仓储资源过于分散，仓库空间利用率低，仓储资源整合利用难度大。旺季物流设备资源配置不足，表现为搬运设备、输送设备不足：电瓶托盘叉车偏少影响了配送速度及搬运量；电梯输送能力不足造成人和物料排队等待的情况；没有配置堆高机，使得本可堆码的储物方式不能实现。

资料来源　佚名.美的仓储案例分析［EB/OL］.［2020-07-25］.https://www.renrendoc.com/paper/90341567.html.

思考：

（1）面对这种情况，你会选择增加仓库还是引入配送管理？为什么？

（2）为你的选择设计相应的方案。

📍 引导知识点

二、配送合理化

国内外推行配送合理化，有一些可供借鉴的办法：

1.推行一定综合程度的专业化配送

通过采用专业设备、设施及操作程序，取得较好的配送效果并降低配送的复杂程度及难度，从而追求配送合理化。

2.推行加工配送

通过加工和配送相结合，充分利用本来应有的中转，而不增加新的中转求得配送合理化。同时，加工借助于配送，可以使加工目的更明确，和用户的联系更紧密，避免了盲目性。这两者有机结合，投入增加不多，却可以获得两个优势、两个效益，是配送合理化的重要经验。

3.推行共同配送

通过共同配送可以以最短的路程、最低的配送成本完成配送，从而追求合理化。

4.实行送取结合

配送企业与用户建立稳定、密切的协作关系，配送企业不仅成了用户的供应代理人，而且起到作为用户储存据点的作用，甚至成为产品代销人。在配送时，配送企业将用户所需的物资送达，再将该用户生产的产品用同一车辆运回，这种产品也成为配送中心的配送物品之一。配送企业作为代存代储方，免去了生产企业的库存包袱。这种送取结合的方式使运力得到充分利用，也使配送企业功能有更大的发挥余地，从而实现合理化。

学习微平台

微课：认识
共同配送

5.推行准时配送系统

准时配送是配送合理化的重要内容。配送只有做到准时，用户才能放心地实施低库存或零库存，才能有效地安排接货的人力、物力，以追求最高的工作效率。另外，供应能力的保证也取决于准时供应。从国外的经验来看，准时供应配送系统是现在许多配送企业追求配送合理化的重要手段。

6.推行即时配送

作为计划配送的应急手段，即时配送是免除用户企业断供之忧、大幅度提高供应保证能力的重要手段。即时配送是配送企业快速反应能力的具体化，是配送企业能力的体现。

即时配送成本较高，但它是配送合理化的重要保证手段。此外，用户实行零库存，即时配送也是重要的保证手段。

课堂提问 ✔

某配送企业与一客户签署了长期合作协议，该客户每年的配送量占配送企业总配送量的33%。有一次，客户有一小批货物需要紧急配送到位，该批货物装不满一辆车，当时又没有其他同线路货物可以配载，该配送企业还是应客户要求，及时送货上门，但该单货物配送并未盈利。

请问这是不合理配送吗？为什么？

课堂实训 ✔

请为下述企业选择配送模式，并说明理由：

（1）城市连锁便利店。

（2）大型超市。

（3）品牌服装专卖店。

（4）专业电器卖场。

（5）专业手机卖场。

案例分组讨论 ✔

生鲜商品保质期很短，客户对其色鲜度等要求很高，所以在物流过程中需要快速流转。生鲜商品按物流类型可分为储存型、中转型、加工型和直送型。以下以储存型商品为例，说明联华生鲜配送中心是如何做到"快"和"准确"的。

（1）订单管理。

生鲜配送中心接收到门店的要货数据后，立即到系统中生成门店要货订单，按不同的商品物流类型进行不同的处理。对于储存型商品，系统计算当前的有效库存，比对门店的要货需求以及日均配货量和相应的供应商送货周期，自动生成储存型商品的建议补货订单，采购人员根据此订单再结合实际情况作一些修改即可形成正式的供应商订单。

（2）物流计划。

在得到门店的订单并汇总后，物流计划部根据第二天的收货、配送和生产任务制订物流计划，包括线路计划、批次计划、生产计划、配货计划。

（3）储存型物流运作。

商品进货时先要接受订单的品种和数量的预检，预检通过方可验货，验货时需进行不同要求的品质检验，终端系统检验商品条码和记录数量。在商品进货数量上，定量商品的进货数量不允许大于订单的数量，不定量的商品要提供一个超值范围。拣货采用播种方式，被取商品从仓库仓间运到待发区。在待发区，配货分配人员根据各路线各门店配货数量对各门店进行播种配货，并检查总量是否正确，如不正确则向上校核。如果商品的数量不足或由其他原因造成门店的实配量小于应配量，配货人员通过手持终端调整实发数量，配货检验无误后使用手持终端确认配货数据。在配货时，冷藏和常温商品被分别放置在不同的待发区。

（4）配送运作。

商品分拣完成后，都堆放在待发库区，晚上配送到门店，门店早上上架。在装车时按计划依路线顺序进行，同时抽样检查准确性。在货物装车的同时，系统能够自动算出各门店包装物（笼车、周转箱）的使用清单，装货人员也据此来核对差异。在发车之前，系统根据各车的配载情况出示各运输车辆的随车商品清单、各门店的交接签收单和发货单。

商品到门店后，由于数量的高度准确性，在门店验货时只要清点总的包装数量，退回上次配送带来的包装物，完成交接手续即可，一般一个门店的配送商品交接只需要5分钟。

问题：

（1）联华生鲜配送中心是怎样进行储存型物流运作的？

（2）结合实际生活，讨论现代配送的作用。

● ● 项目考核

1.单项选择题

（1）下列对配送作业的描述正确的是（　　　　）。

A.配送作业是有规律性的作业方式，波动性非常小

B.配送作业具有反复无常的特点，经常受作业环境的影响

C.配送作业的对象是不变的

D.只要使用配送，就一定能降低成本，增加效益

（2）配送中心在运转过程中，要对其流程进行优化管理，在降低自身流程成本的同时也应降低（　　）。

A.供应商成本　　　　B.配送中心成本　　　C.客户成本　　　　D.供应链总成本

（3）配货时，大多是按照入库日期的（　　）原则进行的。

A.先进先出　　　　　B.先进后出　　　　　C.后进先出　　　　D.任其自然

（4）（　　）又称为商流、物流一体化的配送模式，配送中心的功能齐全，规模较大，通常配送的组织者既从事商品的进货、储存、分拣、送货等物流活动，又负责商品的采购与销售等商流活动。

A.配销模式　　　　　B.物流模式　　　　　C.分销配送模式　　D.共同配送模式

（5）按照经营形式不同进行分类的配送形式中，（　　）是配送经营中的重要形式，有利于形成稳定的供需关系，有利于保持流通渠道的畅通稳定。

A.销售配送　　　　　B.供应配送　　　　　C.供销一体化配送　D.共同配送模式

2.多项选择题

（1）配送按配送机构的经营权限和服务范围不同可以分为（　　）。

A.配销模式　　　　　　　　B.物流模式　　　　　　　　C.分销配送模式

D.共同配送模式　　　　　　E.即时配送模式

（2）通常客户对配送服务的要求体现在（　　）。

A.时效性　　　　　　　　　B.可靠性　　　　　　　　　C.服务态度

D.低成本　　　　　　　　　E.便利性

（3）配送合理化的方式包括（　　）。

A.专业配送　　　　　　　　B.配送与流通加工相结合　　C.送取结合

D.共同配送　　　　　　　　E.即时配送

（4）按配送时间和数量的多少进行分类，配送方式包括（　　）。

A.定时配送　　　　　　　　B.定量配送　　　　　　　　C.定时定量配送

D.定时定路线配送　　　　　E.即时配送

（5）配送的核心活动包括（　　）。

A.仓储　　　　　　　　　　B.运输　　　　　　　　　　C.分拣

D.送货　　　　　　　　　　E.流通加工

（6）摘果式分拣适用的情况有（　　）。

A.小批量、少品种订单拣选　　　　　B.用户之间共同需求较少

C.用户之间共同需求较多　　　　　　D.一次处理一个订单

E.一次处理一批订单

3.判断题

（1）配送是拣选、包装、加工、组配、配货、送货等各种物流活动的有机组合，是属于一般性的企业之间的供货和向用户的送货活动。　　　　　　　　　（　　）

（2）配送不是单纯的运输或输送，而是运输与其他活动共同构成的组合体。（　　）

（3）播种法适用于大批量、少品种、订单较少的拣选作业。　　　　　　（　　）

（4）共同配送是免除用户企业断供之忧、大幅度提高供应保证能力的重要手段。即时配送是配送企业快速反应能力的具体化，是配送企业能力的体现。（　　）

（5）定时定量的配送是优点最多同时最常见的配送方式。（　　）

4.问答题

（1）配送中心的功能有哪些？

（2）配送的作用是什么？

（3）拣货作业有哪几种方法？各有什么特点？

●　●项目实训

1.实践训练

某第三方物流公司，租赁了一个 3 200 平方米的仓库，仓库平面规格为：库长80 米，库宽 40 米，库高 7.5 米，库内无立柱。计划用于满足某服装企业的配送仓库，用于对线下门店和电商客户的发货和配送服务，服装产品的 SKU 较多，并且季节性原因服装产品周转率一般较高。请利用所学专业知识结合所给定的信息对该配送仓库开展布局，并选择合适的物流配送设施设备。

2.课外实训

到本地一家物流配送中心实地观察，列出配送中心主要作业，并画出配送中心各项作业流程图。

3.拓展实训

最近在公司的季度工作总结会上仓储部和市场服务部的两个经理发生争执，原因起于市场部经理抱怨说仓储部工作不到位，老是缺货使得市场服务部在执行订单的时候工作难度大，公司的库存水平不能适应公司高的销售物流服务水平的需要。请问公司应怎样应对缺货现象？

项目五
第三方物流

学习微平台

拓展阅读 5-1

学习目标

知识目标：

1. 掌握第三方物流的基本理论及第三方物流的应用原理。
2. 掌握第三方物流选择的程序。
3. 掌握第三方物流管理的内容。

能力目标：

1. 能够分辨第三方物流的利弊。
2. 能够合理选择第三方物流。
3. 能够对第三方物流进行适当管理。

价值目标：

1. 培养物流人资源共享意识、节约意识。
2. 感受疫情下第三方物流企业的出色表现，提高专业认同感。

价值引领案例

家国情怀 | 10家物流企业开通"绿色通道"

2020年1月25日，针对武汉等地新冠肺炎疫情，中国邮政、顺丰速运、京东物流、中通快递、圆通速递、申通快递、韵达速递、百世快递、德邦快递和苏宁物流宣布，将开通全国各地驰援武汉救援物资的特别通道，全力保障疫情防控相关物资运输。

在疫情面前，邮政业肩负起使命责任，积极抢运医疗物资，为打好防疫战做出应有的贡献。中国邮政充分彰显"国家队"担当，优先处理发运武汉的防疫物资，保障防疫物资第一时间寄达武汉。顺丰则派出两架"专机"空运医疗物资，第一架已于25日12时05分抵达武汉天河机场。京东今日宣布向武汉市分批捐赠100万只医用口罩及6万件医疗物资，以缓解当地医疗物资短缺的局面。

国家邮政局建议，公众如在春节期间有寄往武汉邮件快件需求，优先选用中国邮政、顺丰、京东三家企业的快递服务。

资料来源　齐慧.优先安排疫情防控物资运输［N］.经济日报，2020-01-25（2）.

思考：　（1）第三方物流企业存在的价值和意义是什么？

　　　　（2）第三方物流专业化发展成功的关键是什么？

任务一 分析第三方物流的利弊

★任务目标

掌握第三方物流的基本理论及第三方物流的应用原理；能够分辨第三方物流的利弊。

小词典

第三方物流（third party logistics，TPL）是指由独立于物流服务供需双方之外且以物流服务为主营业务的组织提供物流服务的模式。

★课堂讨论

比较我国两个典型的第三方物流企业（见表5-1），给你的启示是什么？

表5-1   两个典型的第三方物流企业对比表

对比项	宅急送	宝供物流
创办人	陈平	刘武
战略	转基因	进化型
市场定位	快速	准时
物流服务	网络化	一体化
发展方向	快递	供应链
企业性质	股份制	独资
创新	自主	外向合作

★问题引导

冠生园集团作为拥有3 000多家网点并经营市外运输的大型生产企业，物流管理工作是十分重要的一环。冠生园通过使用第三方物流，克服了自己搞运输配送带来的弊端，加快了产品流通速度，提高了企业的效益，使冠生园的产品更多、更快地进入千家万户。

冠生园与虹鑫物流签约后，通过集约化配送，极大地提高了物流效率。每天一早，虹鑫物流在电脑上输入冠生园相关的配送数据，制定出货最佳搭配装车作业图，安排准时、合理的车流路线，车辆不走回头路。据统计，冠生园集团原来发货到北京需要7天，现在只需2～3天，而且提供的是门对门的配送服务。由于第三方物流配送及时周到、保质保量，商品的流通速度加快，集团的销售额有了较快增长。此外，更重要的是，企业的领导可以从非生产性的后道工序中解放出来，集中精力抓生产，更好地开发新品、提高质量、改进包装。

思考：根据案例，说出第三方物流的特点。

学习微平台

微课：第三方
物流的特征

引导知识点

一、第三方物流的特点

（1）合同承包。这是第三方物流最显著的特征。首先，第三方物流通过合同的形式来规范物流经营者与物流消费者之间的关系。第三方物流完全根据双方共同签订的承包合同来承担指定的物流业务，并用合同来管理所提供的物流服务活动及其过程。其次，第三方物流发展联盟也是通过合同形式来界定物流联盟参与者之间的关系。

（2）功能集成化、专业化。第三方物流供应商提供的是整套有助于满足企业某类物流需求的服务组合。它是将运输、仓储、配送、信息处理等要素有机结合起来，借助现代物流设施、技术和信息通信技术，满足客户以较低成本快速、安全地交付货物的需求，同时能为客户提供物流计划、管理、咨询等延伸服务，达到帮助客户物流要素趋向完备、物流趋于系统化的目的。

（3）个性化服务。第三方物流都是面向一个个具体企业承包物流业务，不同的企业要求提供不同的物流服务。第三方物流根据不同企业的要求，提供针对性强的个性化服务和增值服务。

（4）信息化、科技化。网络技术、信息技术的高度发展实现了信息资源实时共享，在提高物流服务效率的同时也加剧了市场竞争。第三方物流企业只有建立适应综合物流发展的信息技术平台，及时地与客户交流和协作，实现资金流、物流、信息流的有机结合，才能够赢得客户、赢得市场，才能生存和发展。

（5）管理系统化。第三方物流需要建立现代管理系统才能满足运行和发展的基本要求，需要有系统的物流功能才能满足用户的个性化和快速变化的需求。

★ 问题引导

顺丰从单一的快递业务积极拓展 B to B 市场，向供应链上游延伸，并且拓展服务的广度与深度，契合了顺丰打造一套完整的生态化供应链服务体系的目标。

在供应链服务深度方面，顺丰速运依托成熟的物流体系，提供优质的标准化产品组合，并结合外部资源补充能力版图，综合各项资源为企业提供个性化的物流服务。其中，顺丰深耕医药冷链，从原先隶属于供应链事业部的医药物流事业部，到 2016年年初顺丰成立"冷运事业部"，分离医药冷链和生鲜冷链资源，医药冷链受到顺丰的格外重视，其业务直接向总部汇报。

在供应链服务的广度方面，在已有的综合物流服务的基础上，顺丰还能为客户提供配套的金融及信息化服务。在供应链金融服务方面，顺丰通过整合供应链的各个环节，形成集物流、采购、分销于一体的一站式供应链管理服务，在提供物流配送服务的同时还提供采购、收款及相关结算服务。

资料来源　编者根据中国物流与采购联合会官网资料整理。

思考：第三方物流有何作用？

📍 引导知识点

二、第三方物流的作用

第三方物流的提出可以说是物流业的一次革命，在世界范围内引起广泛关注，其根本原因在于其独特的作用。它能够帮助客户获得价格、成本、利润、服务、供货速度、准确及时的信息及新技术的采用等诸多潜在的优势，具体体现在以下几个方面：

（1）有利于企业集中核心业务，培育核心竞争力。对于绝大部分的企业而言，其核心竞争力并不是物流。在专业化分工越来越细的市场环境中，企业的生产环境越来越复杂，这就要求企业将有限的人力、物力、财力集中到核心业务上，重点研究核心技术，不断创新，从而提高企业的竞争力，参与市场竞争。而解决这一问题的最佳途径就是第三方物流。

（2）具有专业化水平和相应的物流网络。通过专业化的发展，第三方物流公司已经开发了信息网络，并且积累了针对不同客户的物流知识及关键信息，对第三方物流公司来说，这些信息更为全面、更有经济价值。

（3）规模经济效益。第三方物流的规模优势来自于它采用的是多个客户的共同物流，以此获得更为优惠的运输报价，然后集中配载多个客户的货物，提高物流设备和设施的利用率，大幅度地降低了单位成本，获得规模效应，从而有效地实施供应链等先进的物流系统，进一步提高物流水平。

（4）有助于提升企业形象和拓展市场。企业与第三方物流通过建立良好的业务关系形成一种战略伙伴联盟，充分利用第三方物流完备的设施、训练有素的员工和先进的运输网络，帮助自己改进服务、宣传品牌、扩大影响。

（5）减少企业库存。第三方物流提供者借助精心策划的物流计划和适时运送手段，最大限度地减少库存，改善了企业的现金流量，实现成本优势。

★ 问题引导

中国物资储运集团有限公司是具有40多年历史的专业物流企业，拥有国内最大的仓储面积、先进的物流设施、完善的服务功能和各类物流专业人才，是中国物资储运协会的会长单位。中国物资储运集团有限公司是资产规模达217亿元、净资产达106亿元、年均利润10亿元以上的大型仓储物流商。其仓储网络覆盖亚洲、欧洲、美洲等世界主要经济区域，在国内20多个省、自治区和直辖市投资运营了物流园区，形成了立足中国、服务全球的仓储物流服务能力，能够为中外企业的全球化经营提供物流支持。中国物资储运集团有限公司旗下物流园区、物流中心总占地面积约1 000万平方米，其中露天堆场约300万平方米，库房约300万平方米，铁路专用线57条，具备公铁、公水联运功能。公司根据市场需求，持续完善、升级基础设施，能够提供各类物资商品仓储、运输、线上与线下交易、信息发布以及市场监管、税务、餐饮住宿等服务。

中国远洋物流有限公司以"做最强的物流服务商，做最好的船务代理人"为奋斗目标，致力于为国内外广大客户提供现代物流、国际船舶代理、国际多式联运、公共货运代理、空运代理、集装箱场站管理、仓储和拼箱、铁路和公路以及驳船运输、项目开发与管理以及租船经纪等服务。

资料来源　编者根据网络资料整理编写。

思考：从物流企业的类型上来看，中国物资储运集团有限公司和中国远洋物流有限公司的区别在哪里？

引导知识点

三、第三方物流的类型

专业化、社会化的第三方物流的承担者是物流企业。按照不同的分类标准，我们可以把第三方物流分为多种。本教材按照国家《物流企业分类与评价指标》的规定并基于物流服务某项主要功能以及向物流服务其他功能延伸的不同状况，将物流企业划分为运输型、仓储型、货运代理型和综合服务型四类。

1. 运输型物流企业

运输型物流企业是指以从事货物运输服务为主，包含其他物流服务活动，具备一定规模的实体企业。企业的主要业务活动是为客户提供门到门运输、门到站运输、站到门运输、站到站运输等一体化运输服务，以货物运输为主，根据客户需求，可以提供物流功能一体化服务。按照业务要求，企业应具备必要的运输设备，具备网络化信息服务功能，对所运货物可通过信息系统进行状态查询、监控。

小资料 5-1

第三方物流按装车货物区分，可以分为快递物流（30千克以下）、零担物流（30千克到吨位级）、整车物流（货物可以装满一车）。整车物流是指将同一类货物运往同一目的地的运送模式，零担物流和快递物流则是将不同类货物运往不同地点的运送模式。

2. 仓储型物流企业

仓储型物流企业是指以从事区域性仓储服务为主，包含其他物流服务活动，具备一定规模的实体企业。企业应以为客户提供货物存储、保管、中转等仓储服务，以及配送服务为主，还可以为客户提供其他仓储增值服务，如商品经销、流通加工等。企业应具备一定规模的仓储设施、设备，具备网络化信息管理功能，应用信息系统可对货物信息进行状态查询、监控等各项信息处理。

3. 货运代理型物流企业

货运代理（以下简称货代）经营的货物运输有国内运输和国际运输，也就是国内贸易和对外贸易。当今非常多的货代从事跨境运输，所以大家习惯上称其为"国际货运代理"。货运代理企业在国际货运市场上处于货主与承运人之间，接受货主委托，代办租船、订舱、配载、缮制有关证件、报关、报验、保险、集装箱运输、拆装箱、签发提单、结算运杂费，乃至交单议付和结汇等业务。这些工作联系面广、环节多，货代把国际贸易货运业务相当繁杂的工作相对集中地办理，负责协调、统筹、理顺货主与承运人之间的关系，体现了其专业性、技术性。

4.综合服务型物流企业

综合服务型物流企业是指从事多种物流服务活动，并可以根据客户的需求提供物流一体化服务，具备一定规模的实体企业。企业经营范围广泛，可以为客户提供运输、货运代理、仓储、配送等多种物流服务，并能够为客户提供一类或几类产品契约性一体化物流服务，能够为客户制订整合物流资源的解决方案，提供物流咨询服务。按照业务要求，综合服务型物流企业应具备或租用必要的运输设备以及仓储设施及设备，拥有跨区域性货物分拨网络，具备网络化信息服务功能，应用信息系统对物流服务整个过程的信息进行状态查询和有效监控等。

除了以上对物流企业的划分类型外，目前国内还有其他一些划分方法：按照企业性质分主要有国有物流企业、民营物流企业及外资物流企业；按照经营方式分主要有企业独立经营型物流企业、大企业联营型物流企业、代理型物流企业。

随着社会生产的不断进步和信息技术的发展，第三方物流出现了很多衍生服务，如电商直配、逆向物流服务和第三方物流技术支持和服务等。

★ 问题引导

最近几年，我国第三方物流发展迅速，但与发达国家相比，我国的第三方物流还存在很多不足。2018年，我国的社会物流总费用13.3万亿元，占GDP比重为14.8%，与美、日等发达国家相比差距较大。企业自备卡车的利用率和装载率大约为50%和70%，而且空车率约为25%。地方性的物流企业比较多，相互间的协作分工程度并不高，物流服务网络很少能覆盖全国，覆盖全球就更少了，各自比较封闭，自成体系，社会化程度低。此外，物流企业的信息化、自动化程度也比较低。虽然物流企业蓬勃发展的一个重要因素是电子商务的迅猛发展，但相反的是，物流企业自身通过互联网开展业务的却很少。我国第三方物流的发展还处于起步阶段，企业自货自运比例大，物流市场需求相对不足。目前，我国绝大部分的企业都拥有自己的物流设施，从原材料采购到产品销售过程中的一系列物流活动主要靠企业内部组织的自我服务完成，这样势必会导致物流资源的浪费。从有关调查报告中我们可以发现，生产企业中73%的企业拥有汽车车队，73%的企业拥有仓库，33%的企业拥有机械化设施，3%的企业拥有铁路专用线。在商业企业中，36%的企业拥有汽车车队，36%的企业拥有仓库，7%的企业拥有机械化的装卸设备。这种"大而全，小而全"的现象，大大阻碍了物流特别是第三方物流的发展，存在总量不足和利用率低下并存等问题。

资料来源 编者根据网络资料整理编写。

思考： 我国第三方物流企业发展中的不足有哪些？

⚲ 引导知识点

四、第三方物流的不足

1.企业对国内第三方物流缺乏信心

物流的通畅对企业的正常生产经营活动具有重大影响。高效的第三方物流可以降低生产运营成本，帮助企业提升价值，优化企业业务流程；而低劣的第三方物流不仅不能降低成本，还可能对企业的经营造成障碍。虽然我国有10万多家从事第三方物流的企业，但在一定程度上存在服务水平低、信誉差、成本高等问题。目前我国第三方物流企业规模小、功能不健全，大多只能提供单项、一般水平的服务，很少能为客户提供全套规划设计和完整的物流解决方案，企业在考虑物流外包时很难找到合适的物流供应商，在风险和收益两相权衡后，一些企业更倾向于自建物流体系。企业的这种顾虑正是第三方物流商开发客户过程中遇到的首要问题，也是目前第三方物流的严重不足之处。

2. 担心商业机密外泄

任何一个企业都有其经营的独到之处，这是企业的商业机密，是企业制胜的法宝，也是企业的核心竞争力。如果将物流业务外包，其基本运营情况将不可避免地向第三方物流商公开，这对企业来说是个非常困难的决定。在日益激烈的市场竞争情况下，企业的核心竞争力是其生存与发展的重要保障，但与第三方物流的合作势必造成其核心运营要素的泄露。最令人担心的是，在某一行业专业程度高、占有较高市场份额的第三方物流商会拥有该行业的诸多客户，而它们正是企业的竞争对手，企业担心其运营情况可能会通过第三方物流商泄露给竞争对手。

3. 担心业务流程失控

客户企业在将物流业务外包后，其生产运营便在一定程度上依赖于第三方物流企业的绩效。企业的物流顺畅与否关系到整个运营是否顺畅。第三方物流在深度介入一个企业的运营之后，会在某种程度上掌握了企业的部分运营权，因此企业对物流业务的外包程度均保持一定的底线。对于大多数企业来说，物流虽不是核心业务，但完全将物流业务外包则意味着企业对物流业务控制权的削弱，而这将导致第三方物流企业具有了与企业讨价还价的能力。随着第三方物流介入程度的深入，这种能力越强，对企业构成的潜在威胁就越大。

▶ **小资料 5-2**

2021年11月26日，国家市场监督管理总局、国家标准化管理委员会批准发布《第三方物流服务质量及测评》（GB/T 24359—2021），本标准代替GB/T 24359—2009第三方物流服务质量要求，并于2022年6月1日正式实施。

《第三方物流服务质量及测评》（GB/T 24359—2021）规定了第三方物流服务的基本要求、服务要求、风险与应急管理、投诉处理、主要服务质量指标、服务质量测评及持续改进。

《第三方物流服务质量及测评》（GB/T 24359—2021）适用于第三方物流服务的管理与评价。

★ **问题引导**

据统计，美国最大的物流使用者集中在以下行业：电子高科技产业使用第三方物流比重达到85%；化工原料行业使用第三方物流比重达到79%；消费品行业使用第三方物流比重达到79%；医药及医药产品行业使用第三方物流比重达到64%；汽车行业使用第三方物流比重达到85%。

思考：美国公司使用第三方物流及服务的比例反映了第三方物流具有哪些优势？

引导知识点

五、第三方物流的优势

1.增强核心能力

第三方物流企业在物流运作方面具备较强的优势，也就是物流核心能力。这正是一般物流企业所缺乏的物流能力。而一般企业通常也有自己的核心能力，这种核心能力在企业的经营运作过程中同样依赖于较强的物流运作。因此，借助于专业的第三方物流的运作，客户企业可以增强自己的核心能力。美国田纳西大学的一份研究报告称，大多数企业使用第三方服务可以使核心业务集中56%。

小思考5-1

如何提升物流核心竞争力？

2.降低经营成本

如果企业自己做物流，就需要进行物流设施设备、物流人才、物流管理等多方面的投资，而且这些投资仅供自己使用的话很难做到充分利用，因此物流成本很高。而如果采用第三方物流，仅需要以支付服务费用的方式获得服务，从而降低物流运作成本和经营成本。美国田纳西大学的一份研究报告称，大多数企业使用第三方服务可以使作业成本降低62%、雇员减少50%。

3.改进客户服务

第三方物流企业通常具有强大的物流网络、较强的货物配载能力，在信息技术方面也有大量投入，有专业的物流管理人员和技术人员，有专业化的物流设备。借助这些可以为物流需求企业提供更快速、更及时的服务，从而改进客户服务水平，提高客户的满意度。美国田纳西大学的一份研究报告称，大多数企业使用第三方服务可以使服务水平提高62%。

课堂提问 ✓

第三方物流服务与传统的运输、仓储服务有什么不同？

课堂实训 ✓

在有创业机会的前提下，你想拥有一个什么样的物流企业？设计你自己的物流企业，并选择你的客户群。

案例分组讨论 ✓

疫情对第三方物流的影响

2020年突发的新冠肺炎疫情对第三方物流企业造成了巨大的影响，主要体现在需求的波动、运力资源的短缺、运输网络的阻隔、运营安全的挑战等方面。疫

学习微平台

微课：如何提升合作企业核心竞争力

情管制带来的场地、操作人员、司机等方面的限制，导致供应链效率降低。货主纷纷表示不满，"找不到车，找到车又贼贵，差不多就要搁置合同了"。疫情将第三方物流原来的成熟体系打碎，行业迫切需要构建一个新的体系来满足社会的需求。

第三方物流企业需要具备什么样的能力？首先是基于货主需求定制解决方案的能力，这就要求第三方物流企业具有非常强的行业技术诀窍和客户需求管理的能力；其次要有丰富、可控的运力池，可以满足货主全公斤段、个性化履约的要求；最后是线下业务线上化的能力，具备从需求到交付全链路的数字化履约能力，这一点非常重要。线上线下协同一体，会成为未来第三方物流企业发展的基本能力。

资料来源　佚名. 当下一次黑天鹅事件发生时，第三方物流是否可以做得更好？［EB/OL］.［2020-03-03］. https://baijiahao.baidu.com/s? id=1660142809306730592&wfr=spider&for=pc.

问题：结合案例分析，疫情背景下第三方物流企业应如何发展？

任务二　掌握第三方物流的选择方法

★任务目标
掌握第三方物流选择的程序；能够合理选择第三方物流。

★课堂讨论
假如你是服装生产厂商，所生产的服装销往全国几十个省市，你将如何选择第三方物流企业？

★问题引导
菜鸟网络通过线上线下"一盘货"的智慧供应链解决方案，让更多商家通过更少的库存实现了更多的销售、更高的时效。菜鸟的智能分仓网络通过提前预测，让用户在下单之前就把商品放在了最近的仓库；通过"物流介入工厂"，完成供应链的深度优化。同时，菜鸟联盟已经为全国1 000多个区县提供当日达和次日达服务，让中国物流进入当日达、次日达时代。

菜鸟网络不仅仅是物流，更通过融合商流、资金流形成了自身最重要的商业数据。当前，商家、物流公司、消费者开始依赖于这张网络，数亿包裹的仓储、运输、配送都在这张网络中进行，它们所贡献的海量数据能够让这张网络更高效、更低成本地运行下去，菜鸟以及阿里让那些原来没有能力整合资源的中小企业享受到智能供应链解决方案的威力和能力。

思考：如何选择第三方物流服务？

📍引导知识点

一、第三方物流选择的影响因素
（1）企业自身物流需求的特点。影响企业自身物流需求的因素包括：①产品自身的物流特点。因为不同的产品表现出的特性也不同，因此要选用不同的物流方式。②物流对企业成功的重要程度和企业对物流的管理能力。物流对企业成功的重要程度较高，企业处理物流的能力相对较低，应采用第三方物流；物流对企业成功的重要程度较低，同时企业处理物流的能力也低，则外购物流服务；物流对企业成功的重要程度很高，且企业处理物流的能力也高，则自营物流。③企业对物流控制的能力、企业的规模和实力、物流系统总成本、第三方物流的客户服务能力等。

小思考5-2

针对产品的特点，应如何选择物流方式？

（2）第三方物流提供者的核心竞争力。在供应链中，至少拥有一个关键环节并且展示出其强大的核心能力，将成为第三方物流公司生存的一个必要条件。它表明这家公司超越其他公司为客户提供增值服务的能力。例如，美国联邦快递和联合包裹公司最擅长的业务是包裹的限时速递；中储运的核心竞争力在于其有大型仓库。

（3）第三方物流提供者是自拥资产提供者还是非自拥资产提供者。自拥资产提供者是指有自己的运输工具和仓库，从事实实在在的物流操作的专业物流公司。它们有较大的规模、丰富的人力资源、雄厚的客户基础、先进的系统，专业化程度较高。但是其灵活性受到一定限制，它们倾向于自己做决定，存在官僚作风，需要较长的决策周期。非自拥资产提供者是指不拥有硬件设施或只租赁运输工具等少量资产，主要从事物流系统设计、库存管理和物流信息管理等职能，将货物运输和仓储保管等具体作业活动分配给别的物流企业承担，但对系统运营承担责任的物流管理公司。这类公司运作灵活，对于企业所提出的服务内容可以自由组合，调配供应商。但是因为其资源有限，物流服务价格会偏高。企业应根据自己的要求对这两种模式加以选择和利用。

（4）第三方物流提供者的客户服务能力。第三方物流为企业及企业顾客提供服务的能力是选择第三方物流服务的重要因素。企业应把第三方物流满足企业对原材料即时需求的能力和可靠性、对企业的销售商和最终顾客不断变化的需求的反应能力等作为重要的因素来考虑。

（5）第三方物流服务的地理范围。第三方物流提供者按照其服务的地理范围可分为全球性、国际性、地区性和地方性四种。选择第三方物流时要与本企业的业务范围一致，以减少转移成本。

不同的第三方物流提供者有着各自的优势与劣势，并设立了不同的目标和方向，见表5-2。

表5-2　　　　　　　　　不同的第三方物流服务商的比较

类型／区别	传统的运输与仓储企业	新兴的物流公司	生产与流通企业内部物流部门	国外物流公司
优势	规模较大，经营时间长，运输与仓储设备齐全，物流网络密集	私有或合资企业，业务范围、服务和客户相对集中；效率相对较高，增长极快	主要为内部客户服务，具有专长；资产有限，但网络覆盖性良好	有很强的海外网络、丰富的行业知识和实际运营经验；有来自总部的强有力的财务支持
劣势	资源利用不充分，服务意识淡薄，服务方式单一，服务灵活性差	只拥有有限的固定资产，对市场扩张缺乏有力的财务支持；内部管理和体系是高速增长的主要阻碍	难以吸引更多的外部客户；战略和未来定位受到母公司的极大影响	在中国缺少网络系统，中国的业务量还很有限，且相对成本较高
目标	通过重组或转型，以适应现代物流业的需要，提高服务水平	依靠引入战略合作伙伴或投资者保持高增长率	加强或剥离物流部门	通过收购或合作，巩固在中国市场中的地位

★ 问题引导

现实中第三方物流合作成功的例子并不少见，诸如宝供与宝洁的合作、麦当劳与夏晖的合作、中外运与摩托罗拉的合作等。然而，也有不少公司为找不到合适的物流合作伙伴而犯愁，不少公司在与物流合作伙伴的合作过程中问题不断，头疼不已。

思考：针对以上情况，考虑企业在选择第三方物流服务商时应遵循的原则。

引导知识点

二、第三方物流选择的原则

目前，第三方物流发展迅速，成为我国现代物流发展的重要内容之一。如何选择第三方物流是许多企业在物流战略调整过程中需考虑的主要问题。美国物流管理杂志指出如下选择第三方物流的原则，可以供企业在进行第三方物流决策时参考。

（1）明确战略目标。物流外包是一种主要的经营策略，在选择第三方物流公司的过程中，企业的整体经营战略是外包的决定性因素，指导着选择过程的每个步骤。比如Huber工程材料公司（该公司是合成无机物的主要供应商），公司战略是在保证不增加职工人数和成本的前提下提高运输和物流效率，选择第三方物流公司的决策就要立足于能够最大限度地满足企业的这种战略需要。

（2）实现集中控制。可以肯定的是，通过利用第三方物流公司可以实现对分散在不同地点的厂房与分支机构的集中控制。第三方物流公司必须具备先进的技术和操作手段来管理该网络。如果这种集中方式是一种全新的商业经营模式，第三方物流公司就应该能够充当"模式调整执行者"的角色，通过第三方物流公司的参与使企业适应新的商业模式，实现企业物流过程的高效稳定运行。

（3）评价业务经验。大多数企业选择第三方物流公司服务的核心目的是要获得高水平的运营能力。在选择第三方物流公司的过程中，第三方物流公司不但要显示出满足企业所有运作需要的经验，更重要的是这些经验如何能够帮助企业达到更高的经营水平。

（4）权衡技术水平。注意第三方物流公司要拥有与企业发展相适应的不断进步的技术。科技在今天已经成为企业发展最重要的动力之一，确保第三方物流公司的技术能力及时为我所用，就好像该公司是企业的一部分一样。然而，许多企业还是相信需要拥有一些基本的技术工具来保持企业的独立性和灵活性，这样即使更换了第三方物流公司，企业本身仍然可以保存基本的数据、信息和知识。

（5）确保兼容性。虽然第三方物流公司宣称自己能够服务任何客户，但每一个物流企业都有自己的核心竞争能力。企业可以参考第三方物流公司的客户名单，考察客户名单中是否有与你的企业物流需求相似的。如Huber公司由于需要加强自身运输管理能力，所以它选择了主要提供大宗货物运输服务的第三方物流公司为其服务。

（6）调查企业的真实能力。除了考察第三方物流公司的销售和市场表现外，更要考察企业的真正实力。该公司到底有多强大？该公司有多大份额的资源用于技术开发？有多少人从事核心业务？

（7）建立信任关系。首先，良好的业务关系是建立在相互信任的基础上的，随着时间的推移，保持良好的信任关系被证明是非常值得的。只要能够降低风险，决策者经常依据第三方物流公司先前存在的良好关系做出决策而不考虑公平还是不公平。其次，与第三方物流公司不信任的关系也会给竞争对手带来机会。

（8）确保企业文化相似。既然一个企业要与接受自己企业文化的第三方物流公司合作，就应在选择过程的最后阶段对文化是否相似的问题进行考虑。例如，成本管理是Huber公司的核心理念，所以它需要与一个认同这种理念并能够把这种理念应用到运输服务中去的物流公司进行合作。

（9）寻找业务不断改善的支持者。在当今时代，企业要想在全球范围内保持竞争力，就必须遵循六西格玛管理原则和ISO 9000质量体系认证的规定。如果强调质量是企业主要的经营信条，那么就选择一个认同这种观念的第三方物流公司为企业提供物流服务，该第三方物流公司至少能够提供标准的考核指标来提醒企业改善业务。

（10）不要过分强调成本最低。毫无疑问，第三方物流公司提供物流服务的成本是必须考虑的，但这绝不能成为首要考虑因素。选择第三方物流公司的最终目的是要实现公司重要的战略目标，而不是寻找最便宜的第三方物流公司。

★ 问题引导

某国际著名电脑公司欲在北京建立总部，开发中国北方的市场。其主要产品为成套整机服务器，同时还有如内存条、硬盘等配件。现急需与第三方物流企业合作共建销售分拨中心和售后服务中心。

思考：根据以上情况，思考其选择第三方物流企业的程序和重点。

⦿ 引导知识点

三、第三方物流选择的程序

由于我国第三方物流兴起时间不长，多数第三方物流提供者素质不够高，筛选第三方物流提供者的决策过程就显得尤为重要。根据国外第三方物流决策的成功经验，第三方物流的选择一般包括以下几个步骤：

（1）组成跨职能团队。这个团队包括物流、营销、财务、人力资源等部门的负责人以及企业高层领导。

（2）明确外包物流的具体目的是进行市场扩展、全球采购、分销，以满足顾客业务不断增加的期望，还是实现企业成本降低计划或管理决策上的变动等。

（3）确定所需的物流功能，如仓储、运输、附加服务等。美国马里兰大学供应链管理中心早期进行的物流外包调查表明，物流业务外包在美国已相当普遍，并有继续扩大的趋势。最有效的物流外包功能主要有构建竞争优势、改进客户服务、降低物流总成本，具体包括承运人选择和费率谈判、装运计划（重点是满足内部和外部需求的灵活性）、订单处理和执行、车队管理（重点是缩短对外部客户的交货时间和提高交货准确性）、存储和操作（重点是固定资产合理化，并通过降低费率来降低交易成本）。

（4）制定评选标准，根据企业外包的目的与阶段计划，制定评选标准，如信誉、准时交付、缺货损失、顾客服务以及价格等。

（5）通过合理的筛选程序，经过调查、发函、评审等程序筛选出价格低、服务质量好、公司信誉高、有从业经验的第三方物流提供者。

课堂提问 ✓

物流需求企业确定第三方物流的评选标准通常有哪些？

课堂实训 ✓

试为以下几家企业选择合适的第三方物流合作伙伴，说明理由，并比较其差异。
（1）某全国性手机连锁超市。
（2）社区连锁超市。
（3）某知名网购商城。
（4）某知名电器生产商。

案例分组讨论 ✓

中国区麦当劳第三方物流案例分析

对于麦当劳的物流来说，质量永远是权重最大、被考虑最多的因素。谈到麦当劳的物流，不能不说到夏晖公司，麦当劳之所以选择夏晖，在于后者为其提供了优质的服务。

麦当劳对物流服务的要求是比较严格的。在食品供应中，除了基本的食品运输之外，麦当劳要求物流服务商提供其他服务，比如信息处理、存货控制、贴标签、生产和质量控制等诸多方面，这些"额外"的服务虽然成本比较高，但它使麦当劳在竞争中获得了优势。

麦当劳利用夏晖设立的物流中心，为其各个餐厅完成订货、储存、运输及分发等一系列工作，使得整个麦当劳系统得以正常运作，让每一个供应商与每一家餐厅达到畅通与和谐，为麦当劳餐厅的食品供应提供最佳的保证。

资料来源　佚名. 麦当劳第三方物流案例分析［EB/OL］.［2020-08-20］. https://wenku.baidu.com/view/b6655f6883c758f5f61fb7360b4c2e3f56272563.html.

问题：结合案例思考麦当劳在第三方物流选择方面成功的原因。

任务三　第三方物流的管理和评价

★任务目标

掌握第三方物流管理的内容；能够对第三方物流进行适当管理。

★课堂讨论

我们常说："好的开始是成功的一半。"物流合作也是如此，好的选择固然重要，但选择了之后，在长期的物流合作过程中，如何实现另一半的成功，达到长期合作、友好合作呢？

★问题引导

"菜鸟网络科技有限公司"（简称菜鸟网络）是由阿里巴巴集团、银泰集团联合复星集团、富春集团、顺丰集团、三通一达（申通、圆通、中通、韵达）以及相关金融机构在2013年共同组建的。"菜鸟"小名字大志向，其目标是通过5~8年的努力打造一个开放的社会化物流大平台，在全国任意一个地区都可以做到24小时送达。

2015年6月10日，菜鸟网络宣布，百世汇通和圆通将先期加入菜鸟驿站，向社会开放其末端代办点为公共自提点，为网购用户提供包裹代收服务，力求解决快递业"最后一公里"问题。

2018年9月26日，菜鸟网络宣布与快递合作伙伴一道正式上线视频云监控系统，德邦、中通、圆通、申通、百世、韵达等快递公司当天与菜鸟网络签约，正式接入这个基于物流IoT（Internet of Things，物联网）的智能系统。这意味着全国各类物流场站内的百万个摄像头，将从简单的监控回溯设施，升级为智能感知设备，开启"物流天眼"，实现对场站的智能管理。菜鸟网络的这套"物流天眼"解决方案，依托原有摄像头和原有带宽，但叠加了菜鸟算法，将普通摄像头变为了智能的IoT设备，实现了场站数字化、管理的智能化。其结果就是既不会显著增加设备成本，又能明显提高效率、降低运营成本。

资料来源　编者根据网络资料整理编写。

思考：菜鸟网络与快递公司合作后，淘宝用户会得到什么便利？这种合作对淘宝和快递公司各有什么好处？

引导知识点

一、第三方物流的应用原理

1. 双赢原理的应用

双赢即合作双方的共赢（win-win），意味着合作双方相互信任、相互依赖、共享信息、共御风险，从而使双方都能获得更多的利益，具有更强的竞争力。使用第三方物流，实际上是借用其他企业的各种物流管理资源来实现本企业的内部物流管理。换句话说，企业为了实现自身物流管理，采取了与外界企业合作的方式，这种合作方式不仅对企业自身有益，可以分担风险、降低成本、提高服务质量等，同时，对第三方物流企业也有利，因为外购物流管理的企业，实际上是第三方物流企业的客户，外购业务越多，第三方物流企业的业务越兴旺，也就意味着订单越多，第三方物流企业的发展也就越快。这正是20世纪80年代以来第三方物流行业迅速发展的原因。第三方物流企业不仅在规模上、数量上发展壮大了，而且在管理内容上也扩展了，功能由仅仅承接单一物流管理变为承接多种物流管理，为客户提供全方位的物流服务。在物流管理时间上也变长了，由原来的短期物流管理合同变为长期物流管理合同。显然，企业与第三方物流的这种合作是建立在双方均有利的基础之上的，也就是双赢。

合作中双赢目标的树立与实践可以避免或克服一些物流合作陷阱。当合作中由于市场环境变化或其他因素引起某一方的合理利益受损，合作双方应秉承公平与灵活的原则进行适当变更，确保合作双赢目标的实现。例如，协议中根据物流服务购买方的产品数量确定了一定费率，但市场环境变幻莫测，物流服务购买方的产品数量发生了很大变化，远低于费率对应的数量基础，如果双方能够按照双赢原理，根据实际情况对协议进行适当变更，仍能在市场风险中获得合理的利润；若物流服务购买方没有考虑合作方的利益，坚持按协议费率履行，物流服务提供者的合理利润就难以实现，甚至会出现亏损，在这种情形下，提供者很可能以降低服务质量来确保自身利润的实现，导致双方合作的长远利益受损。

2. 战略联盟原理

战略联盟是两个或多个经济实体为了实现特定的战略目标而采取的任何股权或非股权形式的共担风险、共享利益的联合行动。战略联盟不同于一般的其他形式的企业或组织间的联盟，战略联盟必须是联盟双方站在公司整体战略的高度，审视公司及伙伴现在及未来的发展，而达成的具有战略意义的联盟。其目的是降低成本，更好地开拓市场，以"竞争中的合作"来获取双赢或多赢的结果，并最终为市场提供更好的产品。

（1）企业应用战略联盟的必要性。

随着经济的全球化，我国物流市场的巨大潜力吸引着世界上许多国家的第三方物流企业，它们将占领中国市场的部分份额并取得丰厚回报，这将给我国的第三方物流企业带来很大的冲击。而且，我国已加入WTO并承诺进一步开放市场，这就意味着国外的物流公司也可以从事原先对外资禁入的物流业务，它们在产品品牌、管理理念、资金实力等方面的优势势必对我国第三方物流企业造成巨大的竞争压力。我国第三方物流企业今后面临的将是严峻的竞争考验，而且它们将不能或很少得到政府的关税或非关税壁垒的保护，唯有依靠自己的实力才能生存下去。因此，我国第三方物流企业应着眼于今后的严峻形势，采取兼并、收购，特别是战略联盟的方式壮大自身实力，合理配置资源并健全经营网络，才能立足于未来激烈竞争的市场环境中。实施战略联盟应该成为当前及今后一段时期的紧迫任务，政府应在政策环境上予以支持。

（2）战略联盟的组建步骤。

美国学者戴维·雷等人考察了一些企业的战略联盟，结果发现有效的战略联盟在建立过程中非常注意以下三个阶段：

① 挑选合适的联盟伙伴阶段。企业在联合与合作之前，首先要树立明确的战略目标，并据此来寻找或接受能帮助实现战略意图、弥补战略缺口的合作伙伴。

② 联盟的设计和谈判阶段。成功的联盟不仅是以交叉许可安排、联合开发、合资经营、股权共享等联盟方式为基础的初始合作协议，还包括厂址选择、成本分摊、市场份额获得等常规的细节以及对知识创新、技术协同等方法进行设计。

③ 联盟的实施和控制阶段。战略联盟的最终目的是通过联盟提高企业自身的竞争能力。联盟内的企业应该把通过联盟向对方学习作为一项战略任务，最大限度地尽快将联盟的成果转化为自己的竞争优势。

（3）战略联盟的组建方式。

① 与其他第三方物流企业或相关企业形成战略联盟。物流联盟就是以第三方物流机构为核心，众多第三方物流企业或相关企业共同签订契约，形成相互信任、共担风险、共享收益的集约化物流伙伴关系。对于物流企业来说，想要包容一切是很难的。全球供应链需要众多领域的一系列专门技术，没有哪家公司是全才，即使勉强为之，也可能会得不偿失。但是，现在的顾客越来越倾向于选择一个第三方物流企业，这意味着与顾客相连的是一个计算机接口、一个业务点、一份合约、一份单据等。因此，面对现实，第三方物流企业将与其他第三方物流公司、一些不直接从事物流运作的咨询企业、物流设备设施出租企业或其他相关企业结成战略伙伴关系，通过伙伴关系，物流联盟能够打造一个完整的供应链，提供一站式服务，全方位、快捷地满足顾客的需要。其中的一个第三方物流企业作为供应链的"总集成商"，和顾客单线联系，并监控协调其他参与企业的活动。这些企业同处物流行业，水平一体化物流管理可使多个第三方物流企业合作，使分散物流获得规模经济和物流效率。从第三方物流企业的经济效益上看，物流战略联盟使众多企业实现集约化运作，因此降低了物流服务总成本，获得了规模经济效益。

② 与用户结成战略伙伴关系。第三方物流企业为用户企业提供的不仅仅是一次性的运输或配送服务，还是一种具有长期契约性质的综合物流服务，最终职能是保证用户企业物流体系的高效运作并不断优化供应链管理。从这个角度来看，第三方物流企业与其说是一个专业物流公司，不如说是用户企业的一个专职物流部门，只是这个"物流部门"更具有专业优势和管理经验。从长远来看，第三方物流的服务领域还将进一步扩展，甚至会成为用户企业销售体系的一部分。它的生存与发展必将同用户企业的命运紧密地联系在一起。这就在客观上要求第三方物流企业通过确立合理的运行机制，以合同的方式建立长期有效的委托代理关系，与用户企业建立战略伙伴关系，

实现优势互补、利益共享、风险共担。从用户企业的角度来看，由于与第三方物流结盟，统筹规划，统一实施，减少了社会物流过程的重复劳动，消除了供应链中的迂回、浪费和重复，提高了整个物流过程的效率。当然，不同商品的物流过程不仅在空间上是矛盾的，可能在时间上也是有差异的。用户企业可以通过第三方物流企业的集约化处理来解决这些矛盾和差异。战略联盟使用户企业降低了物流经营成本，提高了服务质量，有了稳定的物流支持保障系统。联盟成员共担风险，降低了风险与不确定性。此外，用户企业还可以从第三方物流企业得到过剩的物流能力与较强的物流管理能力。从第三方物流企业的角度来看，战略联盟使其获得合作前必要却不可得的资源，借助用户企业培养起自己的竞争优势，有了可靠的货源保证，降低了经营风险。长期、密切的合作业务关系还可以使第三方物流企业更深入地了解用户企业的需求，设计针对用户企业更为合理的物流系统，更好地为用户企业提供个性化、一站式服务，提高物流作业效率。这种合作模式使双方在市场中的地位与作用更加巩固，为双方提供更多的机会，通过共生促进双赢。

③ 集团化。我国现在的第三方物流企业，无论是仓储企业、运输企业还是货代企业，都缺少规模较大的龙头企业，企业规模普遍偏小，技术装备也较为落后。在这样的情况下，企业缺乏规模优势，缺乏技术优势、人才优势，因此必须打破业务范围、行业、地域、所有制等方面的限制，树立全国一盘棋的思想，整合物流企业，鼓励强强联合，组建跨区域的大型集团。比如，通过仓储企业联合，组建数个大中型仓储企业集团；通过运输企业联合，组建数个大中型运输企业集团；通过货代企业联合，组建数个大中型货代企业集团。然后将这些企业集团按照核心业务能力侧重点的不同组建数个物流企业集团。通过成立企业集团，整合现有资源，提高技术装备的现代化水平，避免恶性竞争，摆脱弱小的现状，走向强大，参与国际竞争。

▶ 小资料 5-3

中铁快运与京东合作，推出"高铁生鲜递"

中铁快运与京东物流合作，推出"高铁生鲜递"，在深度开发高铁网络运力资源的同时可以有效破解生鲜产品长久以来的运输难题。这次中铁快运与京东物流合作，可以将"高铁生鲜递"的朋友圈逐步扩大至鲜花、水果、大闸蟹、小龙虾等更多品类。双方也将把"高铁生鲜递"作为产业扶贫的抓手，承担起更多的社会责任。

中铁京东将依托铁路快运体系和京东物流资源，积极构建多元立体、无缝对接的高时效物流网络，为广大客户提供更加优质的服务体验。根据发展规划，中铁京东将聚焦铁路快运、电商物流、物流装备设施、信息服务等领域。当电商遇见高铁，当中铁快运携手京东物流，打破传统、推陈出新、不断融合，可以使消费者享受到更加优质的服务。两家优秀的企业各自发挥自身优势，实现互利双赢，令我们看到大企业的担当和格局。

资料来源　姜虹. 中铁快运与京东强强联合　推动物流高质量发展［N］. 中华工商时报，2021-03-12（8）.

3.虚拟经营原理

随着信息技术的发展，全球化和网络化的实现使原本属于互相依赖、近邻关系，具有稳定空间和组织界限的企业结构开始改变，相距遥远、不同时间、业务分散的组织共同工作的虚拟环境开始出现。在这种环境下，第三方物流企业不一定需要具备许多大型装载设备、大容量的仓库，以及齐全的运输工具。为了最大限度地发挥自身的优势，弥补自身的不足，第三方物流企业之间以及第三方物流企业与其他企业之间可以建立虚拟经营关系。所谓虚拟经营，是指企业在组织上突破有形的界限，仅保留企业中最关键的功能，而将其他功能虚拟化——通过各种方式借助外力进行整合弥补的经营模式。其精髓是将有限的资源集中在附加值高的功能上，而将附加值低的功能虚拟化。

虚拟经营作为一种新型企业经营形式，具有很高的要求，要求合作者之间建立互相信任的关系，有先进的信息技术手段，各生产经营环节都能高效率地运行。其基本运行平台有四个：信息网络、知识网络、物流网络和契约网络。信息网络主要是指国际互联网。知识网络是指通过信息网络连接起来的具有核心能力的企业集合而成的核心能力网。物流网络是由物流节点和物流线路所形成的物流实体运作网络。契约网络则是指在信息网络、知识网络和物流网络的支撑下所形成的合作网络。虚拟经营大致包括以下五种方式：

（1）外包加工的"虚拟生产"。企业自己不投资建设生产场地，不装备生产线，而把生产外包给其他生产厂家。例如，上海恒源祥集团过去仅仅是一个毛线商店，后来运用品牌优势，与其他生产企业进行联合，打造了自己的品牌产品。

> **小资料5-4**
>
> #### 森马采取"长板做长，短板外包"的虚拟经营模式
>
> 森马创立初期与其他温州服装企业一样，遇到了设备、场地、技术、资金短缺等诸多问题，但森马掌门人邱光和果断放弃了"大而全"的传统建厂模式，采取了"长板做长，短板外包"的虚拟经营模式。在谈到当初选择这种模式的风险时，邱光和说："风险不等同于危险，很多情况下风险和机会是成正比的。"
>
> 一个企业的成功首先在于选择与众不同且正确的商务模式，然后是熟练而持久地驾驭这种模式。森马的成功之处在于13年来在虚拟经营这种模式中始终扮演好"三个角色"：资源的整合者、品牌的管理者、渠道的规划者。资源的整合者是专业的人做专业的事，整合一切可以整合的资源，是虚拟经营的精华，也让森马成为中国服装企业资源整合的典范企业。
>
> 资料来源　佚名.森马与阿依莲经营模式有何不同［EB/OL］.［2020-09-04］. https：//wenku. baidu.com/view/b23bcaee02d8ce2f0066f5335a8102d277a261cf.html.

（2）共生。企业本身并不擅长某一方面的工作，但基于成本或保密的考虑，又不愿将业务外包，于是，几个企业可以共同组成一个作业中心，共同负责这项工作。如银行业的资讯管理，往往由几家银行成立专门处理电脑资讯业务的单位，达到既可以保守商业秘密，又可以节省成本的目的。

（3）虚拟销售网络。企业借助产权关系，与目标市场拥有独立法人资格的销售企业或其他组织建立销售网络。在我国，以"意丹奴"为代表的特许经营加盟方式，就可算作一种销售网络的虚拟经营。总部与下面的销售点自主经营，独立核算，总部每月向销售点提供货品，销售点按照总部的规定统一着装，统一布置门面，退货或剩余货品可以原封不动地向总部退回。

（4）行政部门虚拟化。我国目前的物流企业管理水平普遍较低，许多企业在引进国外先进技术和管理经验的同时，也可以考虑把一些具有管理职能的部门分包出去，由国内外有经验的专业公司进行管理。在这方面，我国的天年高科技国际实业有限公司（以下简称"天年"）做得很成功。天年在珠海总部的电脑推广部、储运部和市场企划部三大部门已对外发包，由境外三家专业化公司承担业务，其负责人又是天年虚拟部门的负责人，为天年统筹兼顾、"参政议政"。

（5）物流外包。非物流企业将其物流业务交由专门的第三方物流企业去进行部分或整体运作的模式都称为物流外包。从第三方物流企业的客户角度而言，其物流均属于物流外包的形式。根据美国的统计，当一个国家或地区第三方物流的比重达到50%以上时，才能说这个国家或地区实现了物流社会化。因此，物流外包是专业化分工、社会化分工的必然产物。

虚拟经营往往更注重短期利益，一旦目标实现，随即解散虚拟组织，为了新的目标，又重新组成虚拟组织。因此，虚拟经营具有高弹性特点，可以为我国的第三方物流企业的战略转型提供新的思路。可以运用虚拟经营的功能模块化思想，保留并引入具有竞争能力的功能模块，剥离那些非核心的功能模块，实现企业的精简高效，从而提高第三方物流企业的竞争能力和生存能力。

★问题引导

某校物流管理专业毕业生小王去A物流公司应聘，其中面试的一道题目是公司如何管理才能赢得客户并与其长期合作。小王结合所学知识侃侃而谈，深受主考人员赞赏，从而获得了较好的工作机会。

思考：假设你是小王，你认为第三方物流企业应从哪些方面进行规划、安全管理？

引导知识点

二、对第三方物流企业的管理

第三方物流企业管理的主要内容有合同管理、供应商管理、客户关系管理、能力管理、信息管理、安全管理。

1. 合同管理

工商企业与第三方物流企业建立合作关系的动机包括：资产利用、资金问题、长期业务增长、市场全球化及其他与第三方物流企业分享的有关利益。有时，当企业利用外部资源组织和实施物流时，就会要求第三方物流企业购买资产、雇用长期劳动力、承担设备租赁等工作。第三方物流企业做出服务承诺，常常要付出很高的代价，可能对财务平衡产生很大的影响，因此，第三方物流企业应坚持要求签订长期合同，以规避风险。相反，工商企业在第三方物流企业不能达到所期望的标准时，可能会终止合同，以便选择别的第三方物流服务提供者。

2. 供应商管理

第三方物流的供应商一般指能为其提供相关资源（如可控车辆、可控仓库甚至物流信息等）的企业。供应商在第三方物流的业务中起着非常重要的作用。因此，对供应商的控制和管理水平是第三方物流获得成功的关键因素之一。在我国现阶段，基于战略联盟的供应商管理对于提高物流的服务质量、提高物流企业的协同能力和最终走向紧密结合具有重要意义。

（1）联盟型供应商的选择。

为了保证联盟型供应商的服务质量，在建立合作伙伴关系前，一般要经过严格的程序。具体的选拔过程包含以下几个阶段：

① 意向探求。对目标供应商进行初步考察，并探求其合作意向。

② 资质调查。对有明确合作意向的供应商进行资质调查，审核其包括营业执照在内的资质文件，并对通过资质审查的供应商的资金实力、设备能力等进行调查。

③ 服务质量和管理水平的调查。对实力达到要求的供应商进行服务质量和管理水平的调查。

④ 试运作。对符合条件的供应商进行为期6个月的试运作。

⑤ 签订正式的联盟合作协议。如果在试运作中，双方对合作比较满意，则签订正式的联盟合作协议。

（2）联盟型供应商的管理。

为了保证联盟运作的效率，必须对联盟进行有效的管理，具体措施如下：

① 联盟协议及合同。联盟单位必须签订联盟协议，以规定各自的权利和义务，尤其是对合作中的利益分配等敏感问题要详细说明。

② 互派质量监督及业务指导员制度。如果有必要，可以向联盟方派驻质量监督及业务指导员，在新项目运作初期互派质量监督及业务指导员，能保证协作的顺利实施。

③ 联盟考核制度。联盟内企业要定期考核，对考核不合格者要进行警示，对严重违反联盟协议的单位，将取消合作。

④ 定期培训。联盟组织定期培训，培训内容包括针对高层的企业管理和经营战略培训、针对职能部门的业务和技能培训等。

⑤ "五个统一"。在合作比较好的基础上，联盟可以向一体化的方向发展，具体体现为"五个统一"行动方案，即统一经营理念、统一技术平台、统一服务标准、统一单证格式、统一业务流程，以大大提高物流联盟的协同能力。

3. 客户关系管理

第三方物流从一开始就是作为客户企业的战略伙伴出现的，因此，第三方物流同客户企业必须体现为一种互惠双赢、长期发展的战略性合作伙伴关系。在这一合作过程中体现为两种客户关系：一是第三方物流同客户企业之间的关系；二是第三方物流同客户企业的客户之间的关系。我们在这里重点介绍前者，即第三方物流与直接客户的关系管理，因为直接客户关系的好坏直接影响到双方合作的效率和持久性。具体措施如下：

（1）每一个客户都是重要的。第三方物流合作的双方体现的是一种战略性合作关系，每一个客户都是战略合作伙伴，每一个客户都是重点客户。这个观点很简单，但在实际中很难做到，尤其是从传统"类物流"业务转型而来的物流企业，对此很难接受，它们认为客户天生就是不一样的，平等对待是不可能的。需要注意的是，第三方物流的合作关系只有一种，那就是战略性合作伙伴关系。这里需要强调的是，"每一个客户都是重点客户"这一观点是针对第三方物流业务而言的，对一般的物流企业而言，可能其客户群体中很多客户并不是建立在战略层面上的合作伙伴方，客户对物流企业的依赖度也不高，这种业务严格来讲还不是现代意义上的第三方物流业务，在这种情况下，确实存在对客户区分对待的问题。

（2）100%的服务。很多从运输公司转型为物流企业的公司，在面对物流客户时，还习惯用原来的方式来处理物流业务，如在运输能力不足时，拒绝客户的运输申请，这是非常错误的做法，说明它们还不了解第三方物流服务的内涵。首先，在第三方物流的合作中，客户企业对第三方物流企业具有高度的依赖性，客户企业使用的第三方物流企业一般不多，有时甚至是唯一的，因此，如果第三方物流企业拒绝客户申请，将给客户企业带来很大的麻烦。其次，第三方物流是通过整合社会资源完成物流服务的。一般来讲，利用自有资源从事物流服务可能会存在能力不足的问题，但通过整合社会资源提供物流服务，一般不会存在能力不足的问题。所以，对于第三方物流企业而言，客户的每个服务申请都必须100%地完成，这同传统的物流服务是有本质区别的。

（3）投诉处理。在第三方物流的服务过程中，差错或意外是不可避免的，对这些差错和意外的管理水平，有时比正常的服务更能显示一个公司的能力和素质。为了处理物流服务中的意外，一般物流公司都设有专门的客户服务部门对意外情况进行处理。客户服务部门一般负责的工作有：记录、处理、跟踪一般性客户投诉，并提出改进服务的建议；客户满意度调查；组织召开客户服务协调会；建立并完善客户服务体系。

4. 能力管理

一般来说，第三方物流公司能提供仓库管理、运输管理、订单处理、产品回收、搬运装卸、物流信息系统、产品安装装配、运送、报送、运输谈判等近30种物流服务。第三方物流必须对自身物流资源进行全面的规划和衡量，以便能了解自身有多大的能力，可以承接多大的项目，完成多少订单。这个能力包括运输能力、保管能力、配送能力、装卸能力及设备能力等。例如，保管能力是指第三方物流企业的全部仓容中可能接受的保管物品的数量。运输能力是指第三方物流企业的运输工具及运输工作人员所能承担的运力的吨公里数等。对于第三方物流企业来说，这些都必须做到心中有数，才能最大限度地发挥物流管理的作用，达到最佳的物流资源配置，以便取得最佳的经济效益。

5. 信息管理

在第三方物流企业的日常管理中，信息管理是重点，它贯穿于合同管理、供应商管理、客户关系管理、能力管理过程之中。第三方物流企业一般都拥有独立的物流信息系统，这个信息系统可以利用新的信息技术来建立，如条形码技术、电子数据交换技术、全球定位技术等。物流信息系统的成功运作对增加销售收入、提高产品在市场上的占有率有很大的帮助。物流信息系统在供应商、分销商、零售商以及消费者这条供应链中起着重要的纽带作用，它直接影响到客户的满意度以及新产品从研制到投放市场的时间和效率，从而影响整个物流系统的灵活性、速度和可靠性。

6. 安全管理

第三方物流企业在开展物流活动时会承担一定的风险，需要采取必要的安全管理措施。首先是防止货物被盗而造成的损失；其次是防止发生意外灾害而造成的损失。

★ 问题引导

浅谈家乐福中国区的配送

目前，家乐福中国区的商品配送分为不同情况，大部分是通过第三方物流实现的，费用由供应商承担。以北京地区为例，给家乐福做配送的主要有上海成协、大荣物流等公司。

家乐福并不满足于现状，将原来的"中国区总部—7大区域—门店"的三级管理架构，调整为"中国区总部—4个大区—15个区域—门店"的四级管理架构后，其中间层收权的形势已愈发明朗。区域统一采购、统一分拨模式的出台也顺理成章。当门店数量有限时，有时总仓的设置会让货物多走一段路，增加供应商的物流费用。

经常能见到家乐福的门店后排列着大中小型面包车、厢式货车，形状各异、大小不一。司机操着不同口音聊着天，谈论着收货制度的严格和同验货人员的关系。最常听到的话是："咱们厂三四天的量拉来都不见得有一个整车，太浪费了！"很明显，这个市场需要整合者。

资料来源　采购与供应链. 家乐福配送急转身？［EB/OL］.［2021-04-19］. https：//baijiahao.baidu.com/s？id=1697452879024375785&wfr=spider&for=pc.

思考：结合家乐福对配送商的评价指标，思考如何对第三方物流进行评价。

◎ 引导知识点

三、对第三方物流企业的评价

1. 第三方物流企业绩效评价体系建立的原则

在建立第三方物流企业绩效评价体系时，一般应遵循以下原则：

（1）系统性原则。第三方物流企业须针对内外各种情况设立相应的指标，系统科学地反映第三方物流企业的全貌，达到对企业整体的科学评价。

（2）层次性原则。指标应分出评价层次，在每一层次的指标选取中应突出重点，要对关键的绩效指标进行重点分析。

（3）可比性原则。评价指标体系所涉及的经济内容、时空范围、计算口径和方法都应具有可比性，所以在建立体系的时候要参照国际和国内同行的物流管理基准。

（4）通用性原则。评价体系在第三方物流企业中应该普遍适用，同时应在理论和实践的发展变化中具有相对的稳定性。

（5）经济性原则。评价体系应当考虑到操作时的成本收益，选择具有较强代表性且能综合反映第三方物流企业整体水平的指标，以期既减少工作量、减少误差，又能降低成本、提高效率。

（6）定量与定性结合的原则。由于第三方物流企业的绩效涉及的客户满意度等方面很难进行量化，所以评价指标体系的建立除了要对物流管理的绩效进行量化外，还应当使用一些定性的指标对定量指标进行修正。

（7）动态长期原则。由于选择第三方物流企业后，货主方与物流供应商之间是战略伙伴关系，所以对第三方物流企业的评价不应该只局限在目前的企业状况，而应考虑第三方物流企业的长远发展潜力和对企业是否有长期利益，要与企业的发展目标和战略规划相一致。

2. 第三方物流企业绩效评价体系的建立

根据以上的七条原则，本教材建立的绩效评价体系分为三个大类，经过细化的底层指标都可以直接量化或者容易给出定性评价。

（1）功能指标：功能指标反映第三方物流企业各个增值环节的功能实现情况。

① 客户服务水平：缺货频率、送货出错率、顾客满意度、平均交货期、订单处理时间、准时送货率、交货柔性、订单完成稳定性、顾客保持率、每个顾客服务成本、信息沟通水平、事后顾客满意率。

② 配送功能：配送安全性、配送可控性、产品可得性、检货准确率。

③ 运输功能：运输能力、正点运输率、运输经济性、运输车辆满载率、运力利用率、在途时间、运输准确率、商品损坏率。

④ 库存功能：库存能力、库存周转率、收发货物能力、库存结构合理性、库存准确率、预测准确率。

⑤ 采购功能：交付期、付款条件、订单处理、与供应商的关系。

⑥ 流通加工功能：工艺合理性、技术先进性、流通加工程度、对消费的促进作用。

（2）经营指标：经营指标反映第三方物流企业当前的经营状况。

① 企业实力：财务投资能力、信息技术能力、设备先进水平、同行业影响力及业务范围、市场占有率、市场增长率、新用户开发成功率。

② 信息化水平：硬件配备水平、软件先进程度、信息活动主体的水平、信息共享率、信息利用价值率、实时信息传输量、信息化投资情况、客户变动提前期、客户变动完成率、网络覆盖率、平均传输延迟情况、传输错误率。

③ 管理水平：产品的残损率、物流系统纠错处理时间、供应计划实现率、设备利用率、业务流程规范化程度、管理人员比重。

④ 成本水平：单位产品的物流成本、物流成本占制造成本的比重、物流成本控制水平、每个顾客服务成本、订单反应成本、库存单位成本。

（3）稳定性指标：稳定性指标反映第三方物流企业的发展潜力，关乎第三方物流企业的长期经营，并且影响与企业长期合作的可能性。

① 技术实力：技术人员比重、技术开发经费比重、开发创新能力、技术改造资产比重、专利拥有比例、设备技术领先程度、硬件设施稳定性。

② 盈利能力：净资产利润率、总资产利润率、资金周转率。

③ 应变力：信息化系统水平、预测能力、集成度、外部沟通、流程再造与延迟

物流。

④ 企业聚合力：领导层的团结进取力、职工的凝聚力、员工满意度。

⑤ 经验指标：行业服务时间、提供服务种类、成本节约比例、人才培养与培训情况、客户稳定性、供应商稳定性、历史合作情况、利益与风险共享性、核心能力、战略观念兼容性。

⑥ 企业形象：员工素质、经营理念、市场信誉、社会责任。

四、第三方物流新的发展趋势

1. 构建信息化平台，整合物流资源

构建信息化平台，能够及时进行信息的反馈和更新，为相关人员更好地运用信息打好基础，推动其资源的全面整合，提升资源的利用效率。比如物流运输车辆调度，可以随时对车辆的信息进行统一和定位，并根据具体的客户需求合理进行运输路线的设定，这不仅能够减少重复运输，而且可以节约成本，推动服务质量的全面提升，增强第三方物流企业的竞争力。同时，第三方物流借助互联网实现掌上配货。这是因为互联网促使物流行业实现变革性的发展，而供应链则是向扁平化的方向发展，让线上信息和线下信息进行有效的对接。同时，通过物流信息平台的运用可以让物流运费更加透明化，这样可以更好地揽货，方便线上线下信息沟通，掌上配货已成为第三方物流的增值服务。

2. 第三方物流向智能化发展

随着云计算以及物联网等多种技术被应用到物流行业中，产生了多种类型的数据信息，对物流运营效率起到明显的提升作用。借助大数据智能分析与处理能力，第三方物流向智能化方向发展，物流服务更加专业化、人性化。比如第三方物流企业仓库管理的智能化程度提高，使货物盘点、出库、入库等业务速度提高。智能化仓库管理在提升仓储质量的同时，可降低其管理的成本。物联网技术的运用，使得仓库管理更加透明，仓库的可视化程度增强，能够及时对货物进行跟踪，降低其损失率，并且提升作业的效率，同时还能够及时进行信息的共享，从而节省较多的管理时间，推动管理成本不断降低。

3. 物流发展更加具有个性化

随着客户需求的差异化，要求第三方物流能进行业务创新，在传统业务的基础上开发新的物流业务。个性化可以给物流发展提供更好的专业支撑，满足不同群体提出的物流服务需求。

课堂提问 ☑

第三方物流的相关理论与我们个人成长有何联系？

课堂实训 ☑

试分析以下企业对其第三方物流合作伙伴管理的重点是什么：

（1）IT电脑行业。

（2）果蔬行业。

（3）冷冻食品行业。

（4）服装批发行业。

案例分组讨论 ✓

开启"互联网+物流"新时代　助力物流行业加速跑

"互联网+物流"形成的首要因素在于改变物流行业的运作模式，全面推进信息化，实现智慧物流。"互联网+"形势下的信息化，不是单纯地建网站、搭平台、开发App，而是利用移动互联网优势，在管理监控、运营作业、金融支付等方面实现信息共享，用互联网思维、信息化技术来改造物流产业，在新的领域创造一种新的物流生态。物流科技综合服务商一直在探索如何利用互联网运营快货运业务，为物流行业按下加速键。

1.利用互联网对物流进行价值重构

互联网最有价值的不是自己产生很多新东西，而是对已有行业的潜力进行再次挖掘，用互联网的思维去提升传统行业。互联网影响传统行业基本有两个方面：第一，打破信息的不对称性格局，竭尽所能公开一切信息；第二，对传统行业中的资源进行整合利用，使资源利用最大化。

快货运以互联网为切入点，利用云计算、大数据、物联网等最新科技，重塑人、货、场之间的关系，促进物流业转型升级。

目前，快货运旗下有cTMS、nTMS、3TMS三套物流SaaS系统，分别服务同城、零担、整车运输场景，帮助用户提升效率、降低成本。通过这三套SaaS系统，可以链接发货人、收货人和不同承运企业，构建全国运力信息化、智能化流通网络，实现运力端的互联互通。

国内知名汽配供应链服务商康众汽配是快货运的用户之一，目前它们使用的是cTMS专业城配管理系统。通过cTMS智能调度与司机操作在线化，可以让配送服务变得可控。而这一优势刚好能满足门店多、业务量大的康众汽配日常物流管理需求，通过智能、高效的城配系统来提升供应链管理效率。这一点也正符合康众汽配创始人商宝国在接受媒体采访时表示的"汽配零部件供应链的核心在于效率"的观点。除了效率，还有体验、服务、成本等各方面，互联网都对其进行了价值的重构。快货运正借助技术改造物流行业的痛点和问题，优化用户体验，助力行业变革。

2."互联网+"，为传统物流业按下加速键

传统行业的"互联网+"，本质上就是运营互联网对传统行业产业链的解构和重构。要彻底解决传统行业存在的问题，产业链的重构就一定要彻底，然后通过互联网让供需双方做到精准的匹配，从而降低行业成本，提升行业效率。

目前，快货运正通过旗下的三套SaaS智能化系统，实现物流全链条的智能化管理，支撑复杂网络、庞大库存和海量订单的高效管理，助力行业更快地发展。

除此之外，快货运还基于大数据与信息化实现商流、物流、信息流、资金流的融合与监控，构建严格的风控体系，为物流企业赋能，向产业链上下游商贸企业或商户提供"新金融"和"新零售"附加值服务。

3.新零售趋势下中国物流的发展趋势

未来的商业是"虚拟商业+实体商业"的结合体系，"流量+场景体验+交易+物流+供应链+支付+金融+大数据……"融为一体的新商业模式。新零售拉近了用户与产品研发的距离，供应链发生全面的变革，当然，物流服务需求也发生了全面的革新。新零售驱动下的物流变革包括以下几个方面：

（1）品牌方（甲方）对物流的需求

新零售、线上线下全渠道时代，品牌方需要快速响应物流——多批次、少批量的物流。大部分将采用"干线+末端云仓（门店）集散配送+最后一公里"物流模式。

（2）干线物流的需求

干线物流不再是渠道压货模式，而是渠道有效用户订单驱动的直发模式，部分快消品是末端库存补货模式。新零售业态下的干线物流，是工厂直发消费者目的地城市物流，未来快速专线物流有不错的市场机会。货源的模式以零担、大包裹为主，干线将不是第三方物流的整车模式，也不是集约化的小包裹快递模式。

（3）快递和城市配送物流的变革

快递企业应该高度重视城市配送市场，否则就像前面解析的，城市配送企业与干线的集散结合过后，快递业务会大量地缩水。城市配送企业的业务分为两类：①集散中心to B（社区店、商圈门店、专门店）；②集散中心to C（类似传统快递和宅配业务）。

（4）"最后一公里"物流的商业价值

新零售时代的"最后一公里"，已经把物流和社区商业有机地整合了，表现为整合和升级。整合是末端物流配送的整合；升级是物流服务衍生出来的社区商业服务，包括"微电商+微店商"的整合。

（5）公路港未来的趋势

新零售时代的公路港，更多体现的是越库和集约整合，体现的是枢纽的价值。以消费者集散地为核心的公路港、空港是一个不错的发展方向，同时，二三线城市的集散应该重点布局。

（6）供应链金融、物流大数据服务的变革

金融和数据永远是孪生兄弟，没有数据金融就没有价值，没有金融和商业，数据就只是一堆数字。新零售时代的智慧物流，一些数据会上传云端，各大物流企业拼的不是物流资产，而是数据资产，因为物流资产可以众包、可以融资租赁，而物流大数据的价值、金融的价值，将是新零售时代的核心竞争力。

（7）新零售环境下，如何评估一家物流企业的价值

未来的新零售商业时代，物流企业的核心价值究竟是什么？

a.谁距离用户越近，谁越有商业价值，新零售时代最具价值的是末端物流最后一公里，因为这里聚合了重要的用户商业价值。

b.谁沉淀的物流运营数据越多，谁就具有更大的商业价值，比如物流卡车司机运营数据，未来就具有更大的价值。

c.谁提供供应链运营的增值服务越多，上游对你的依赖程度越高，谁就将控制未来的产业链格局。

未来一家物流企业的价值，不在于资产越多越好，而在于运营能力越强越好，资产是不是你的不重要，重要的是谁能把资产的效能发挥到最大。

资料来源　刘胜春，李严锋. 第三方物流［M］. 4版. 大连：东北财经大学出版社，2019.

问题：

（1）第三方物流可以为客户带来哪些价值？互联网对物流行业的价值重构体现在哪里？

（2）互联网时代的第三方物流服务与传统第三方物流服务的价值创造有何不同？

（3）新零售时代第三方物流服务商如何进行价值再创造？

项目考核

1. 单项选择题

（1）下列关于第三方物流的说法错误的是（　　　）。

A. 从某种意义上看，第三方物流就是合同物流

B. 第三方物流的优势是提供专业的物流服务

C. 第三方物流不如自营物流

D. 外包是第三方物流产生的重要原因

（2）关于物流服务，下列说法正确的是（　　　）。

A. 随着产业结构的变化，物流服务的需求由质量型需求向数量型需求转化

B. 物流行业的增值服务主要是货物拆拼箱、贴标签、包装、产品退货管理等

C. 物流服务既能创造商品的形质效用，又能产生空间效用与时间效用

D. 第三方物流提供的流通加工服务主要为货主商品进行改包装、贴标签、组装处理等，并不产生增值效益

（3）（　　　）第三方物流企业的主要业务活动是为客户提供门到门运输、门到站运输、站到门运输、站到站运输等一体化运输服务，以货物运输为主，根据客户需求，可以提供物流功能一体化服务。

A. 运输型　　　　　　B. 仓储型　　　　　　C. 货运代理型　　　　D. 综合服务型

（4）（　　　）第三方物流企业应以为客户提供货物存储、保管、中转等仓储服务，以及配送服务为主，还可以为客户提供其他仓储增值服务。

A. 运输型　　　　　　B. 仓储型　　　　　　C. 货运代理型　　　　D. 综合服务型

（5）客户在进行第三方物流选择时最先要考虑的因素是（　　　）。

A. 企业自身物流需求的特点　　　　B. 第三方物流提供者的核心竞争力

C. 第三方物流提供者的服务范围　　　D. 第三方物流提供者的客户服务能力

2. 多项选择题

（1）与自营物流相比，第三方物流的优势在于（　　　）。

A. 能够提供专业化的物流服务　　　　B. 具有规模经济效应

C. 信息技术优势　　　　　　　　　　D. 有利于企业培育核心竞争力

（2）按照国家《物流企业分类与评价指标》的规定，物流企业主要类型包

括（　　）。

A. 运输型　　　　　　　　B. 仓储型　　　　　　　　C. 货运代理型

D. 综合服务型　　　　　　E. 供应链企业

（3）第三方物流企业绩效评价体系中通常包括（　　）。

A. 功能指标　　　　　　　B. 经营指标　　　　　　　C. 稳定性指标

D. 人员工资　　　　　　　E. 服务周期

（4）第三方物流企业绩效评价体系的功能指标包括（　　）。

A. 客户服务水平　　　　　B. 配送功能　　　　　　　C. 仓储功能

D. 运输功能　　　　　　　E. 管理水平

（5）第三方物流企业绩效评价体系的稳定性指标包括（　　）。

A. 客户服务水平　　　　　B. 技术实力　　　　　　　C. 盈利能力

D. 企业聚合力　　　　　　E. 企业形象

3. 判断题

（1）第三方物流的合作注重的是长期合作和双方共赢。（　　）

（2）第三方物流企业在合作中更注重新客户的挖掘和开发。（　　）

（3）第三方物流企业绩效评价体系中，经营性指标反映第三方物流企业各个增值环节的功能实现情况。（　　）

（4）第三方物流企业绩效评价体系中，功能指标反映第三方物流企业的发展潜力，关乎第三方物流企业的长期经营，并且影响与企业长期合作的可能性。（　　）

（5）第三方物流的供应商一般指能为其提供相关资源（如可控车辆、可控仓库甚至物流信息等）的企业。（　　）

4. 问答题

（1）第三方物流的优势是什么？

（2）何谓战略联盟？其组建方式有哪些？

（3）影响第三方物流选择的因素有哪些？

（4）第三方物流的增值服务体现在哪些方面？

项目实训

1. 实践训练

某公司首次承揽到三个集装箱运输业务，时间较紧，从上海到大连铁路 1 200 公里，公路 1 500 公里，水路 1 000 公里。该公司自有 10 辆 10 吨普通卡车和一个自动化立体仓库，经联系附近一家联运公司虽无集装箱卡车，却有专业人才和货代经验，只是要价比较高，至于零星集装箱安排落实车皮和船舱，实在心中无底，根据情景分析，有以下几种方案：（1）自己购买若干辆集装箱卡车然后组织运输。（2）可以与铁路部门联系，安排运输但心中无底。（3）水路最短路程，请航运公司来解决运输。（4）第三方物流联运公司，虽无集装箱卡车，但其可租车完成此项运输。（5）没有合适运输工具，放弃该项业务。

你认为采取哪种方案比较妥当？为什么？

2. 课外实训

对某区域第三方物流发展进行调研，并撰写市场调研报告。

3. 拓展实训

实训情景：刘总是国内一家机械设备制造公司的老总，最近在物流服务商（TPL）的选择上感到很烦恼，一直拿不定主意。

以前合作的大型物流服务商虽有强大的网络，但是其服务质量、赔偿效率都很难令人满意，并且该服务商在价格发生对其不利变动时，经常拒绝按照合同价格提供服务。目前有一些中小型服务商，虽然服务稍好，但配送网络不够完善。

实训内容：（1）请为刘总最终选择第三方物流的类型，并说明原因。

（2）谈一谈第三方物流企业应如何发展。

（3）请你结合刘总企业的情况为其设计合理的第三方物流评价指标体系。

项目六
物流服务与管理

学习目标

知识目标：

1. 了解物流服务的内容和物流服务的特点。
2. 熟悉物流服务管理的原则。
3. 掌握物流金融服务的功能。

能力目标：

1. 能够认识到物流服务的本质。
2. 具有管理中小型物流企业服务的能力。
3. 能够结合实际进行企业物流服务的具体分析。

价值目标：

1. 培养物流人服务意识、顾客意识。
2. 增强社会责任感、诚信服务意识。

价值引领案例

顾客第一，服务为本｜多家快递公司宣布"春节不打烊"

学习微平台

拓展阅读 6-1

  快递行业里的外地人很多，往年春节前许多"快递小哥"要返乡。然而，今年很多快递员积极响应"就地过年"的号召，打算留在太原过年。1月31日，我省多个承诺"春节不打烊"的品牌快递企业表示，他们会采取安排年夜饭、发红包、给奖励、送慰问等方式，让"快递小哥"就地过好年，并满足市民节日里的寄递需求。

  山西顺丰速运有限公司副总经理徐凯介绍，为了最大限度减少和降低风险隐患，今年山西顺丰向快递小哥发出了"非必要不返乡，就地过年"的倡议。"快递小哥"的反响很积极，此前的返乡问卷调查显示，今年超九成的快递员计划留在太原过年。对就地过年的"快递小哥"，公司会提前安排值班计划表，为市民提供春节"不打烊"服务，而值班人员可获得鼓励红包。对其余不返乡的"快递小哥"，会发放食品"大礼包"，让他们身在异乡也能过好年。

  同样，其他快递企业也纷纷采取措施确保留在太原的快递员过好年。中通快递集团山西管理中心总经理赵晓龙介绍，今年提前给快递员发出了"就地过年"的倡议，许多原本打算返乡的都改变了主意，春节留守快递员至少比往年增加三成。公司已经为他们做好了就地过年的保障计划，比如为"快递小哥"提供可口饭菜，在网点给大家安排团圆的饺子、丰盛的年夜饭以及发放各种拜年红包，让他们过一个年味儿满满的春节。此外，春节值守人员还有值班费、过节费、补贴激励等。

资料来源 郭燕杰，杨惠斌，王晋晶. 全省快递企业多举措助力快递员就地过年［EB/OL］.
［2022-01-05］. https://baijiahao.baidu.com/s？id=1690554679506168159&wfr=spider&for=pc.

思考： （1）对物流服务中"以客户为中心"价值观如何理解？

（2）物流企业"春节不打烊"体现了什么？

任务一　了解物流服务

★任务目标

认识物流服务、物流服务产品的特征，熟悉物流服务的本质和影响要素。

❓小词典

物流服务是指为满足客户物流需求所实施的一系列物流活动过程及其产生的结果。

一体化物流服务是指根据客户物流需求所提供的全过程、多功能的物流服务。

★课堂讨论

（1）如果你从淘宝网上购买了一款商品，你倾向于选择哪家快递为你送货？为什么？

（2）你是否曾经通过邮局或某个物流企业运输包裹及其他物品？说说其服务怎么样，你希望得到什么样的服务？

★问题引导

苏宁物流通过升级冷链仓、准时达等给用户极致的物流体验。2018年上线的"苏宁秒达"主要为3公里社区生活提供最快30分钟的物流配送服务，用户也可以使用"苏宁秒达"预约送货时间。目前以苏宁小店为主要生力军，苏鲜生、苏宁广场、红孩子等苏宁零售平台均能通过"苏宁秒达"完成极速商品配送。通过"苏宁秒达"，"场景互联网+智能供应链"深入到社区，苏宁的智慧零售也以秒达的速度快速推进。

资料来源　编者根据网络资料整理编写。

思考：物流服务如何提升企业实力？

📍引导知识点

一、物流服务的内容

物流服务作为物流产品的表现形式，是为满足客户物流需求所实施的一系列物流活动过程及其产生的结果。

物流服务的内容是满足客户的物流需求，保障供给，无论在服务的量上还是质上，都要使客户满意。现代物流对于服务的要求可以用5R（5个"合适"）来表示，即将合适的产品以合适的数量和合适的价格在合适的时间送到合适的地点。

从不同的角度和经营实体看，物流服务有不同的内容。

1.物流客户服务

客户服务是指为支持企业的核心产品（或服务）而提供的服务。制造企业和流通企业的物流服务，就是用来支持其产品营销活动而向客户提供的一种服务，是客户对商品利用可能性的物流保障，这种物流服务也可称为物流客户服务。

从现代营销观点来看，客户在购买商品的时候，不仅仅是购买商品实体本身，而是购买由有形产品、服务、信息和其他要素所组成的"服务产品组合"，物流服务是这个"服务产品组合"的重要组成部分。在当今的竞争中，有形产品并不一定能保证企业取得良好的经济效益和在市场上长久地生存下去，因此使企业更具竞争力的是企业能够为客户提供比竞争者更好的服务。

不论企业采取自营物流的方式还是外包、社会化方式来完成一系列提供物流客户服务所必需的物流业务活动，物流客户服务主要都是围绕客户所期望的商品、所期望的订货周期，以及所期望的质量展开的，其表现形式也是多种多样的。

① 物流客户服务体现为一种具体活动，它是企业物流系统的输出，而企业物流系统的功能是由一系列物流功能活动实现的。例如，订单处理、拣选、分类理货、流通加工、运输、配送等活动。

② 物流客户服务表现为一种执行的标准或绩效水平。例如，企业向客户许诺的供货周期、商品存货保障率、商品完好率等。供货周期的长短和存货保障率以及商品完好率是衡量企业物流服务水平高低的重要尺度，客户也是通过这些指标来观察和体验企业的物流服务的。企业往往根据客户的要求以及营销战略制定一个适宜的物流服务执行标准，保持这个标准的物流服务，成为企业物流服务质量控制的目标。

③ 物流客户服务表现为一种经营理念，即通过物流服务标准与成本的平衡，找到企业经营效益与客户需求的最佳结合点。物流服务成为以客户为导向的企业营销理念。

小思考6-1

为什么说客户关系管理的重点在于留住老客户？

2. 物流企业服务

物流企业服务的基本内容包括运输、储存、包装、装卸、流通加工、配送、物流信息、物流系统设计以及其他的增值服务，如市场调查与预测、库存控制决策建议、订货指导、业务运作过程诊断、各种代办业务和物流全过程追踪等。

物流企业的服务要满足货主企业向其客户提供物流服务的需要，无论是在服务能力上，还是在服务质量上，都要以货主及其客户满意为目标。能力上的满足主要表现在适量性、多批次、广泛性（场所分散）等方面；质量上的满足主要表现在安全、准确、迅速、经济等方面。物流企业的服务市场来自于货主企业的物流需求。

制造企业或流通企业在向客户（包括内部客户）提供物流服务的过程中，可能将物流业务活动的全部或部分委托给专业物流企业（如运输企业、仓储企业、第三方物流企业等）承担。从物流活动委托方的角度来看，物流企业提供的是一种服务，这种服务同时也构成了制造企业或流通企业物流服务的一部分。例如，当某个运输企业受制造企业的委托，将工厂成品库的产品运送到零售商店的时候，运输企业就代替制造

企业完成了对零售商店这个客户的产品送达服务，运输企业的运输服务因此也就成为制造企业物流服务的一部分。从这个意义上讲，运输企业的运输服务也就具有了物流服务的性质。

物流企业受货主企业的委托完成物流服务，物流企业的服务对象既是货主企业，又是货主企业视为上帝的顾客。物流企业必须把握货主企业物流需求的特点，将物流服务融入货主企业的物流系统中去，根据需求分析开发新的服务产品，做好物流服务产品的营销和服务工作。

学习微平台

动画：如何理解物流服务？

二、物流服务的特点

1. 无形性

无形性是物流服务的最主要特征。由于服务及组成服务的要素大多具有无形的性质，因此物流服务本身也具有无形性。此外，不仅服务是无形的，客户享受服务而获得的感受和利益也可能很难觉察到，或仅能抽象地表达。对客户来说，这种服务不易识别，较难考核和控制，难以实现评估。一旦发生投诉或纠纷，由于没有一个具体的实物展现，因此很难处理。物流服务的无形性使这类产品的营销和管理增加了难度。物流企业应注重把无形转变为有形，这样便于考核和衡量。例如，通过强大的运输设备和高效的配送来打消物流服务的无形性带给消费者的风险感受；建立可以衡量的指标进行绩效评价，并将其作为改进物流服务的方向。

2. 不可储存性

物流服务不能如实体产品那样储存。物流服务是在生产中被消费的，而其购买者从中得到的好处不能为将来的消费"储存起来"。很多服务的使用价值，如不及时加以利用，就会不可弥补地失去。不可储存性使得物流服务在供求的时间上、空间上的矛盾较难协调，从而影响了服务的质量和效用。

3. 复杂性

物流服务不是实物本身，而是服务供方通过一系列的活动，如物料管理、拣选、运输、配送、运费支付、直拨、JIT交货、订单处理、运费评估、货物组配、库存管理、回收物流等将服务提供给服务的买方。由于物流服务涉及范围广，因此其质量往往难以统一衡量，质量水平经常变化，很难统一界定。物流服务的复杂性，往往使客户对服务产品很难形成一个统一的认识，每次获得的物流服务感受都不相同，从而降低了客户的总体满意度。如果客户对服务的感知水平符合或高于其预期水平，则客户可获得较高的满意度，从而认为企业具有较高的服务质量；反之，则会认为企业的服务质量较差。因此，物流企业应着力保持服务应有的品质，力求始终如一，维持高水准。

4. 不可分离性

物流服务的生产和消费具有不可分离的特性，也就是说，服务的生产和消费是并行的。物流服务人员在向客户提供服务的同时，也是客户消费服务的过程，两者在时空上具有不可分割性。物流服务的直接作用对象虽然是物品，但最终的服务对象还是客户，客户只有加入到服务的生产过程中，才能使物流服务更好地按客户的要求得以实现。特别是高端的增值物流服务，更需要客户的积极介入，才能真正实现量身定做的服务。物流服务的不可分离性，使物流企业在业务运作中受客户的影响较大，使企业的可控性降低。

5.增值性

传统物流服务的主体功能是运输和仓储,服务目标和核心是保值。现代物流企业可以通过独特的活动,对物流的功能进行整合,为客户提供一体化的增值服务,使物流服务的供需双方能够通过共同努力提高效率和效益。物流企业增值服务的起点就是各种物流服务的基本功能,特别是运输、仓储、信息集成、存货管理、订单处理、物料采购等核心功能,最可能成为增值服务延伸的起点。可见,增值服务就是在基本功能的基础上,对货主的服务细分再细分、对服务品种创新再创新的过程。

★ 问题引导

2018年"双11"大促开始2分05秒后,交易额破百亿元。随着交易额的不断刷新,快递单量也快速攀升。随着物流运力的不断升级和"新零售+物流"模式的兴起,物流企业通过科技驱动提升物流效率,将"双11"物流时效由以周为单位逐渐缩短到以天为单位,近年来更是实现了从小时级向分钟级的跨越。欧莱雅等知名美妆品牌在10分钟内完成了首单配送,速度之快令人咋舌。

资料来源 编者根据网络资料整理编写。

思考:电商"双11"配送为何要求快且准?

📍 引导知识点

三、影响物流服务的因素

1.缺货水平

缺货水平是指对企业产品可供性的衡量尺度。对每一次缺货情况要根据具体产品和客户做完备记录,以便发现潜在的问题。当缺货发生时,企业要为客户提供合适的替代产品,或尽可能地从其他地方调运,或向客户承诺一旦有货立即安排运送,目的在于尽可能保持客户的忠诚度,留住客户。

2.订货信息

企业要向客户快速准确地提供所购商品的库存信息、预计的运送日期。对客户的订单,企业有时难以一次完全满足,这种订单需要通过延期订货、分批运送来完成。延期订货发生的次数及相应的订货周期是评估物流系统运作优劣的重要指标。延期订货处理不当容易造成失销,对此,企业要给予高度重视。

3.信息的准确性

顾客不仅希望快速获得全面的物流信息,同时也要求这些关于订货和库存的信息是准确无误的。企业对不准确的数据应当注明并尽快更正,对经常发生的信息失真要特别关注并努力改进。

4.订货周期的稳定性

订货周期是从顾客下订单到收货为止所跨越的时间。订货周期包括下订单,订单汇总与处理,货物拣选、包装与配送的时间。顾客往往更关心订货周期的稳定性,而非绝对的天数。当然,随着对时间竞争的日益关注,企业也越来越重视缩短整个订货周期。

5. 其他因素

如特殊货运、订货的便利性、替代产品等。

小思考6-2

2016年"双11"当天，网易考拉海购首单42分钟送达，打破了其此前创造的行业纪录。家住宁波市北仑区新碶镇的黄姓用户零点下单，零点42分就收到了包裹，全程耗时仅42分钟。

如何才能实现快速送达？

★问题引导

2018年"双11"各大平台首单配送时间

"双11"天猫首单：花落青岛，用时8分钟。零点8分，青岛一名消费者收到了天猫直送快递员送上门的天猫超市包裹——一箱矿泉水。

苏宁易购首单：用时9分48秒。零点9分48秒，苏宁易购"双11"第一单已送达，海口市美兰区罗牛山产业园的保安杨师傅收到了火箭哥派送的共享快递盒，里面装着他抢购的新手机。此外，南京、广州第一单的数据分别是：12分11秒、15分04秒。

网易考拉的跨境首单：用时26分钟。零点刚过，家住浙江省金华市金义都市新区的傅女士就在网易考拉上下单购买了2包纸尿裤。短短26分钟，下单的纸尿裤就完成了清关、打单、分拣、打包、出库、配送等多个步骤，送到了傅女士的家门口。相比2017年"双11"由网易考拉创造的跨境商品32分钟送达的行业纪录，2018年网易考拉的跨境首单时间又缩短了6分钟。

饿了么首单：用时9分02秒。开场仅9分02秒，饿了么"专星送"的骑手就将2018年"双11"的第一杯星巴克咖啡送到了一位上海消费者手中。

唯品会首单：用时12分25秒。开售12分25秒，唯品会品骏快递骑士已经完成物流第一单。

资料来源　编者根据网络资料整理编写。

思考：如何才能实现快速送达？

引导知识点

四、物流服务质量的指标

通过对大型第三方物流企业和客户的深入调查，美国田纳西大学的研究人员总结出从客户角度出发衡量物流服务质量的九个指标：

（1）人员沟通质量。人员沟通质量是指负责沟通的物流企业服务人员是否能通过与客户的良好接触提供个性化的服务。一般来说，服务人员相关知识丰富与否、是否体谅客户处境、是否帮助客户解决问题等都会影响客户对物流服务质量的评价，这种评价形成于服务过程之中。因此，加强服务人员与客户的沟通是提升物流服务质量的重要方面。

（2）订单释放数量。订单释放数量与货物可用性概念相关。一般情况下，物流企业会按实际情况释放（减少）部分订单的订量（出于供货、存货或其他原因）。对于这一点，尽管很多客户都有一定的心理准备，但是，不能按时完成客户要求的订量会对客户的满意度造成影响。

（3）信息质量。信息质量即物流企业从客户角度出发提供产品相关信息的多少。这些信息包括产品目录、产品特征等。如果有足够的可用信息，客户就容易做出比较有效的决策，从而减少决策风险。

（4）订购过程。订购过程即物流企业接受客户订单、处理订购过程的效率和成功率。调查表明，客户认为订购过程中的有效性和程序及手续的简便性非常重要。

（5）货品精确率。货品精确率即实际配送的商品和订单描述的商品一致的程度，包括货品种类、型号、规格准确及相应的数量正确。

（6）货品完好程度。货品完好程度即货品在配送过程中受损的程度。如果货品有损坏，那么物流企业应及时寻找原因并进行补救。

（7）货品质量。货品质量即货品的使用质量，包括产品功能与消费者需求相吻合的程度。货品精确率与运输程序（如货品数量、种类）有关，货品质量则与产品生产过程有关。

（8）误差处理。误差处理即订单执行出现错误后的处理。如果客户收到错误的货品，或货品的质量有问题，都会向物流供应商追索更正。物流企业对这类错误的处理方式会直接影响客户对物流服务质量的评价。

（9）时间性。时间性即货品是否如期到达指定地点，它与从客户下单到订单完成的时间长度有关，并受运输时间、误差处理时间及重置订单时间等因素的影响。

课堂提问 ☑

物流服务对于企业竞争力的重要性体现在哪些方面？

课堂实训 ☑

从11月11日零时至11月12日零时，2018年天猫"双11"购物狂欢节正式落下帷幕，天猫宣布24小时总成交额为2 135亿元，已经打破了2017年创下的1 682亿元纪录，其中线上占比为82%。国家邮政局网站的数据显示，11月11日，主要电商企业全天共产生快递物流订单13.52亿件，同比增长25.12%；全天各邮政、快递企业共处理4.16亿件包裹，同比增长25.68%，再创历史新高。如何应对由此产生的物流环节的巨大压力，不仅是物流行业面临的难题，更会影响消费者的购物体验。面对"双11"的物流难题，物流承运商采取了哪些措施来破解？它们又要做哪些准备？今年送包裹的效率能提高多少？请你选择某个物流公司或快递企业，为其设计应对策略。

案例分组讨论 ☑

随着汽车市场竞争越来越激烈，很多汽车厂商必然要采取价格竞争的方式来应战。在这个背景下，汽车制造厂商不得不降低成本。很多厂家都是从物流这个被视为"第三大利润的源泉"入手来降低成本的。而且，有资料显示，我国汽车工业企业一般物流的成本占整个生产成本的20%以上，差的企业基本为30%~40%。国际上物流做得比较好的汽车生产企业的物流成本都控制在15%以内。

上汽通用汽车有限公司在物流方面的思路如下：用现代的物流观念，在现代信息技术平台的支撑下，做到缩短交货期、柔性化和敏捷化。通过几年的生产实践，上汽通用汽车有限公司应该说做得是相当成功的。每年都有一个，甚至不止一个新产品下线上市，这是敏捷化的一个反映。物流最根本的思想就是怎样通过缩短供货周期来实现低成本、高效率。

问题：试分析上汽通用汽车有限公司是如何降低物流成本取得竞争优势的。

任务二　认识物流服务管理

★任务目标

掌握确定企业物流服务水平的要素，能够熟练应用物流服务的功能，具有管理中小型物流企业服务的能力，并能在实践中加以运用。

★课堂讨论

小李去一家快递收件点邮寄东西，刚踏进店门口就看到一群工作人员将包裹扫描之后随手抛到了不远处的墙边。一件件快递在墙壁上重重一撞，然后掉在地上。接下来的几天，小李都在担心自己的快件在运输过程中是否会被弄坏。王先生在一家淘宝网店为女友购买了一件价值658元的羽绒服。快递员送货上门后，王先生正要打开包裹验货时，快递人员以不满意可以退货为由阻止了他。王先生觉得有道理，于是没有当面验货就付了款。王先生回到家后打开包裹，发现里面只有一团报纸和四瓶凉茶……

（1）你认为目前快递业的物流服务做得怎样？

（2）试讨论如何规范快递服务。

★问题引导

美国通用汽车公司大约有400个供应商分布在美国的14个州中，负责把各自的产品送到30个装配工厂进行组装，由于卡车满载率很低，因此库存和配送成本急剧上升。为了降低成本，改进内部物流管理，提高信息处理能力，公司委托Penske专业物流公司为其提供第三方物流服务。

调查了半成品的配送路线之后，Penske公司建议通用汽车公司在克利夫兰设立一家有战略意义的配送中心，负责接受、处理、组配半成品，由Penske公司派员工管理，同时Penske公司提供60辆卡车和72辆拖车，通过EOI系统帮助通用汽车公司调度供应商的运输车辆以便实现JIT送货。为此，Penske公司设计了一套最优送货路线，以增加供应商的送货频率，降低库存水平，改进外部物流活动，并运用全球卫星定位技术，使供应商可以随时了解行驶中的送货车辆的方位。与此同时，Penske公司通过在配送中心组配半成品，对装配工厂实施共同配送的方式，既降低了卡车的空载率，又减少了通用汽车公司的运输车辆，只保留了一些对Penske公司所提供的车队有必要补充作用的车辆，这样也减少了通用汽车公司的运输单据处理费用。

另外，通用汽车公司选择了目前国际上最大的第三方物流公司Ryder负责其土星和凯迪拉克两个事业部的全部物流业务，选择Allied Holdings负责北美陆上车辆运输业务，选择APL公司、WWL公司负责产品的洲际运输业务。

思考：Penske公司为何能为通用汽车公司做好物流服务？

引导知识点

一、物流服务管理的原则

物流服务管理是以适当的成本实现高质量的客户服务。服务质量与成本是一种同涨同退的关系，物流服务质量提高，物流成本就会上升。由于物流服务与物流成本之间存在"效益背反"的关系，因此高水平的物流服务必然导致较高的成本。合理的物流服务水平，应使物流服务与物流成本保持平衡，并实现物流服务的整体最优。

要达到在降低成本的同时实现较高的物流服务水平的理想状态，必须在加强成本管理的同时，明确相应的服务水平，把握物流服务管理的基本准则，强化物流服务管理，从而保持成本与服务之间的均衡关系。

1.转变服务观念

（1）从产品导向向市场导向转变。物流服务水平的确定不能从供给方的角度出发，而应该充分考虑需求方的要求，即从产品导向向市场导向转变。产品导向型的物流服务由于是由供给方决定的，因此一方面难以真正满足客户的需求，容易出现服务水平设定失误；另一方面无法根据市场环境的变化和竞争格局及时加以调整。市场导向型的物流服务正好相反，它是根据经营部门的信息和竞争企业的服务水平制定的，因此更加接近客户的需求，既避免了过剩服务的出现，又能及时进行控制。在市场导向型物流服务中，通过与客户面谈、客户需求调查、第三方调查等方式寻求客户最强烈的需求愿望，是提高物流服务水平的基本方法。

（2）转向一般消费者群。在确定物流服务要素和服务水准的过程中，需要注意服务的对象应该向一般消费者群转化。例如，厂商只安排面向批发商的物流服务显然是不充分的，在流通渠道逐渐多样化、零售力量逐渐增强的过程中，还应该确立面向零售业，特别是大型零售业、连锁店等的服务系统和服务设施，开展符合零售要求的输送、库存服务（如多频度配送等）。

2.制定多物流服务组合

随着顾客需求和业态多样化的发展，客户的需求不会千篇一律，因此，制定多种物流服务组合十分必要。如今，给客户提供统一物流服务的企业很多，这不利于物流服务的效率化。对于企业来讲，要考虑有限经营资源的合理配置。也就是说，在确定物流服务时，企业应根据客户的不同类型采取相应的物流服务。

物流服务的确定除了要考虑客户类型外，还应与所经营的商品类型相关，即一般商品与战略商品的物流服务应当有差异，可以根据市场营销中的产品组合矩阵来确定物流服务的形式。

3.开发差别化物流服务

企业在确定物流服务要素和服务水平的同时，应当保证服务的差别化，即与其他企业的物流服务相比有鲜明的特色，这是保证高服务质量的基础，也是物流服务战略的重要特征。要实现这一点，就必须具有对比性的物流服务观念，即重视了解和收集竞争对手的物流服务信息。

4.注重物流服务的发展性

客户服务的变化往往会产生新的物流服务需求，所以在物流服务管理中，应当充分重视研究物流服务的发展方向和趋势。例如，虽然以前就已经开始实施在库、再订货、商品到达时间、断货信息、在途信息、货物追踪等管理活动，但是，随着交易对象如零售业业务的简单化、效率化革新，EDI的导入、账单格式统一、商品订货统计表的制定等信息提供服务就成为物流服务的重要因素。

5.重视物流服务与社会系统的吻合

物流服务不完全是一种企业独自的经营行为，它必须与整个社会系统相吻合。物流服务除了要考虑调达物流、企业内物流、销售物流外，还要认真研究旨在保护环境、节省能源的废弃物回收物流。所以，物流服务的内容十分广泛，这是企业社会市场营销发展的必然结果，即企业行为的各个方面都必须符合伦理和环境的要求；否则，经济发展的持续性就难以实现。除此之外，为了缓解交通拥堵、道路建设不足等问题，如何实施有效的物流服务也是物流在与社会系统相结合的过程中必须考虑的重要问题。

6.建立合适的服务管理体制

要建立能把握市场环境变化的物流服务管理体制。物流服务水平是根据市场形势、竞争企业的状况、商品特性以及季节的变化而变化的。所以，在物流部门建立能把握市场环境变化的物流服务管理体制十分必要。在欧美，由于顾客服务中包含了物流服务，因此相应的管理责任也是由顾客服务部门承担的。对我国来讲，在企业中收集物流服务的相关信息，提供顾客满意的物流服务，不断发展管理组织与责任体制等，就显得尤为迫切。当然，根据发达国家的实践经验，物流服务的管理仅由物流部门单独进行，往往失败的可能性较大，有效的体制应该是一种包括生产、销售、物流的综合管理体制。

7.建立与完善物流中心

物流中心作为物流服务的基础设施，它的建立和完善对于保障高质量的物流服务是必不可少的。物流中心的功能表现为通过集中管理订货频率较高的商品，实现物流系统化、效率化。除此之外，物流中心在拥有多品种、小单位商品储存功能的同时，还具有备货、包装等流通加工功能，从而能够实施适当的流通，以及在库管理和有效的配送等物流活动，这些都是高质量物流服务的具体表现。

8.建立物流信息系统

为了谋求物流服务的高效率与高质量，必须建立一个能够迅速传递和处理物流信息的信息系统，这是物流服务的中枢神经和支持保障。利用电子化、网络化手段，可以完成物流全过程的协调、控制，实现从网络前端到终端客户的所有中间过程服务。这个信息系统除了接受订货、收集信息外，还具备信息的存储功能，为管理者提供决策支持。

9. 借助外部资源，提高企业的物流服务水平

20世纪80年代以来，外包已成为商业领域中的一大趋势。企业越来越重视将自己的主要资源集中于主业，而把辅助性功能外包给其他企业。发达国家的许多企业已逐步将物流业务委托给第三方物流公司。有些公司虽然还保留着物流业务，但更多是由外部合同服务来补充。物流外包方式对于企业物流服务的质量和效率的提高，以及物流成本的降低产生了积极作用。

首先，外包能够降低企业的物流成本。物流成本通常被认为是企业经营中较高的成本之一。企业将物流业务外包给专业物流公司，由专业物流管理人员和技术人员充分利用专业化的物流设备、设施和先进的信息系统，发挥专业化物流运作经验，有利于取得整体最佳的效果。企业可以不再保有仓库、车辆等物流设施和设备，对物流信息系统的投资也可转嫁给专业物流企业来承担，从而可以减少投资和降低物流运营成本。

其次，外包能够使企业获得良好的服务。专业物流企业在帮助企业提高自身的顾客服务水平方面有其独到之处。专业物流企业利用信息网络，加快订单处理速度，缩短从订货到交货的时间，进行门对门运输，实现了货物的快速交付，提高了客户满意度。同时，专业物流企业通过先进的信息和通信技术，加强对在途货物的监控，及时发现、处理配送过程中的意外事件，保证了货物及时、安全送达目的地。另外，产品的售后服务、退货处理、废弃物回收等工作也可由专业物流企业来承担。

小思考6-3

为什么说物流外包可以降低企业成本？

★问题引导

大荣货运（以下简称"大荣"）是目前中国台湾地区最大的物流公司。在中国台湾地区物流业中，大荣的研发能力无疑是出类拔萃的，堪称业内表率。首先，在低温仓储技术的研发方面，大荣主要代理美国开利的冷冻产品，相比其他物流企业，大荣背后拥有强大的低温仓储研发技术。大荣从事低温配送服务已有10多年的经验，目前中国台湾地区便利商店的低温产品多数由大荣负责配送。其次，在开发低温冷柜方面，大荣目前正与其他机构合作开发一种专门用于货运的低温冷柜，一旦开发成功，只要将这种冷柜放进宅配车内，即便是常温，宅配车也能有效运送低温产品，并保持极高的机动性。最后，在无线通信技术的开发方面，大荣的宅配车安装了特哥大（一种无线电设施），能够方便货运站的作业人员联络司机，以便清楚掌握货物的配送状况。大荣正在与中国台湾逢甲大学地理资讯中心合作开发无线电通信技术，未来将结合全球定位系统（GPS）和地理信息系统（GIS）来提高配送效率。

此外，大荣正在建设电子化国际物流管理系统，功能涵盖订单系统租用、即时的

多营业点及多仓库存货交易资料查询，支持条码识读、无线传输、电子数据交换、仓储作业自动计费系统等智能仓储管理系统，这将使大荣的物流作业进入电子化管理的新阶段。

思考：物流服务的分类有哪些？

引导知识点

二、增值性物流服务

物流服务的基本内容包括运输服务、储存服务、装卸搬运服务、包装服务、流通加工服务、物流信息处理服务等。但除了传统的物流服务外，还需要增值性物流服务。增值性物流服务包括以下内容：

1.增加便利性的服务

一切能够简化手续、简化操作的服务都是增值性服务。在提供电子商务的物流服务时，实行一条龙的门到门服务，提供完备的操作或作业提示，免培训、免维护、省力化设计或安装、代办业务，一张面孔接待客户，24小时营业，自动订货，传递信息和转账（利用EOS、EDI、EFT），物流全过程追踪等都是对电子商务销售有用的增值性服务。

2.加快反应速度的服务

快速反应已经成为物流服务发展的动力之一。传统观点和做法将加快反应速度变成单纯对快速运输的一种要求，但在需求方对速度的要求越来越高的情况下，它也变成了一种约束，这样就必须想其他办法来提高速度。具有重大推广价值的增值性物流服务方案应该是优化电子商务系统的配送中心、物流中心网络，重新设计适合电子商务的流通渠道，以此来减少物流环节，简化物流过程，提高物流系统的快速反应能力。

3.降低成本的服务

电子商务发展的前期，物流成本居高不下，有些企业可能会因为承受不了这种高成本而退出电子商务领域，或者选择性地将电子商务的物流服务外包出去，这是很自然的事情。因此，发展电子商务，一开始就应该寻找能够降低物流成本的物流方案。企业可以考虑的方案包括：采取物流共同化计划，同时，具有一定的商务规模，比如亚马逊之类具有一定销售量的电子商务企业，可以通过采用比较适用但投资比较少的物流技术和设施设备，或推行物流管理技术，如运筹学中的管理技术、单品管理技术、条形码技术和信息技术等，提高物流服务的效率，降低物流成本。

4.提供延伸服务

延伸服务向上可以延伸到市场调查与预测、采购及订单处理等；向下可以延伸到配送、物流咨询、物流方案的选择与规划、库存控制决策建议、货款回收与结算、教育与培训、物流系统设计与规划方案的制订等。关于结算功能，物流的结算不仅仅是物流费用的结算，在从事代理、配送的情况下，物流服务商还要替货主与收货人结算货款等。关于需求预测功能，物流服务商应该根据物流中心的商品进货、出货信息来预测未来一段时间内的商品进出库量，进而预测市场对商品的需求，从而指导订货。关于物流系统的设计咨询功能，第三方物流服务商要充当电子商务经营者的物流专家，因而必须为电子商务经营者设计物流系统，代替其选择和评价运输商、仓储商及其他物流服务供应商，国内有些专业物流公司正在进行这项尝试。关于物流教育与培训功能，物流系统的运作需要电子商务经营者的支持与理解，通过向电子商务经营者提供培训服务，可以培养其对物流中心经营管理者的认同感，可以提高电子商务经营者的物流管理水平，将物流中心经营管理者的要求传达给电子商务经营者，也便于确立物流作业标准。

以上这些延伸服务具有很强的增值性，提供此类服务的难度也很大，能否提供此类增值服务已成为衡量一个物流企业是否真正具有竞争力的标准。

▶ 小资料6-1

无人化末端配送保障物资无接触配送

2021年4月底，美团推出了新一代无人配送车"魔袋20"，在物资配送方面积极地配合各地政府的防疫工作。

美团无人机为深圳市南山区抗疫建立城市物资运送"空中通道"，给隔离区居民配送生活物资。美团无人机配送流程如下：用户在美团App下单，骑手接到订单之后前往商家取货并送至起飞点，将货物装载到无人机的货箱后，无人机会按照规划好的路线将货品送至降落点，即目的地外卖柜，用户可通过手机扫码打开外卖柜取货。

除了美团外，无人配送自动驾驶公司白犀牛也推出了新一代无人配送车，从2020年下半年开始，以生鲜超市为中心，为附近3~5公里的社区提供末端配送服务。

有人预测，在未来3~5年内，无人配送会有更广阔的发展前景，尤其是在新冠肺炎疫情下末端"最后一公里"如何进行安全配送这个问题上，无人配送的表现很值得我们期待。

资料来源　佚名. 疫情下，民众日常物资如何及时保障？无人化末端配送或将解决 [EB/OL].
[2021-12-30]. https://baijiahao.baidu.com/s? id=1720563255526461923&wfr=spider&for=pc.

★ 问题引导

阿里巴巴的菜鸟小G机器人服务

一台身高1米左右的机器人小G，装着10~20个包裹，在小区或者办公大楼之间来回穿梭。快递工作人员并不需要到送货现场，只要通过手机向小G发出服务需求指令。在快递开始配送前，用户可事先向小G预约配送的时间、地点与物品，小G会协同工作，自动进行包裹的分配和运行路径的规划。通过内置的导航系统，它能在无人干预的情况下实现自主定位导航。此外，小G还具备多种智能功能，例如，它能自动乘坐电梯，识别行人车辆等动态障碍物，预判它们的运行轨迹并进行动态避障。

思考：阿里巴巴的菜鸟为何要引入小G机器人服务？

引导知识点

三、衡量物流服务水平的步骤

物流服务水平不是一成不变的，应随着市场与企业经营状况的变化做出相应的调整。因此，物流服务水平的确定是一个动态的变化过程，它主要包括以下几个步骤（如图6-1所示）：

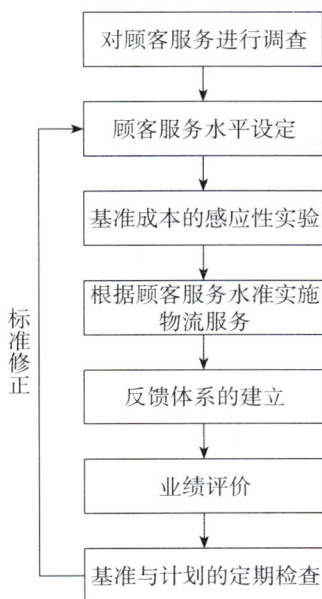

图6-1　物流服务水平确定的步骤

（1）对顾客服务进行调查。通过问卷、专访和座谈，收集物流服务的信息。了解顾客提出的服务要素是否重要，他们是否满意，与竞争对手相比是否具有优势。

（2）顾客服务水平设定。根据对顾客服务调查所得出的结论，对顾客服务各环节的水平进行界定，初步设立服务水平标准。

（3）基准成本的感应性实验。基准成本的感应性是指顾客水平变化时成本的变化程度。

（4）根据顾客服务水平实施物流服务。

（5）反馈体系的建立。顾客评定是对物流服务质量的基本测量，而顾客一般不愿意主动提供自己对服务质量的评定，因此必须建立服务质量的反馈体系，及时了解顾客对物流服务的反应，这可以为改进物流服务质量提供帮助。

（6）业绩评价。在物流服务水平试行一段时间后，企业的有关部门应对实施效果进行评估，检查有没有索赔、迟配、事故、破损等，通过顾客意见了解服务水平是否达到标准、成本的合理化达到何种程度、企业的利润是否增加、市场是否扩大等。

（7）基准与计划的定期检查。物流服务水平不是一个静态标准，而是一种动态过程，也就是说，顾客物流服务水平并不是一成不变的，而是要定期核查、变更，以保证物流服务效率。

（8）标准修正。对物流服务标准的执行情况和效果进行分析，如果存在问题，需要对标准做出适当修正。

课堂提问 ✔

生活中人们对物流企业服务质量如何评价？试分析国内物流业服务现状。

课堂实训 ✔

汽车制造工业对物流供应的要求相当高，其中最难的地方在于有效提供生产所需的千万种零件。居世界汽车业领先地位的德国宝马公司，针对顾客个别需求生产多样车型，因而让难度已经颇高的汽车制造物流更增添了复杂性。其3个在德国境内负责3、5、7系列车型的工厂，每天装配所需的零件高达4万个运输容器，供货商达上千家。请说明可以从哪些方面来设计德国宝马公司的供应链服务系统。

案例分组讨论 ✔

国家邮政局最新发布的关于邮政业消费者申诉情况显示，5月份，国家邮政局和各省份邮政管理局通过"12305"邮政行业消费者申诉电话和申诉网站共处理消费者申诉45 238件。申诉中涉及邮政服务问题的2 263件，占总申诉量的5.0%；涉及快递服务问题的42 975件，占总申诉量的95.0%。

邮政业消费者对快递服务问题申诉42 975件，环比下降17.0%，同比下降21.1%。邮政业消费者对快递服务问题有效申诉1 568件，环比下降34.0%，同比下降76.7%。邮政业消费者对快递服务有效申诉的主要问题是投递服务、快件丢失短少和快件延误，分别占有效申诉总量的36.2%、23.9%和16.1%。快递服务问题有效申诉量环比和同比均呈下降趋势。

邮政业消费者对全国快递企业有效申诉处理满意率平均为98.3%，高于全国平均数的快递企业有15家，低于全国平均数的快递企业有8家；全国快递服务申诉率平均为8.21%，低于全国平均数的快递企业有12家，高于全国平均数的快递企业有11家；全国快递服务有效申诉率平均为0.30%，低于全国平均数的快递企业有9家，高于全国平均数的快递企业有14家。

问题：快递业该如何提升服务质量、降低申诉率？

任务三 了解物流金融服务

★任务目标

熟悉物流金融的功能，能够结合企业实际选择适当的物流金融模式。

★ 课堂讨论

A物流企业与B、C、D企业签订了运输合同，为这些企业提供为期一年的代理运输服务，约定每逢双月20日结算。3月底，A物流企业由于开发新市场资金链吃紧，便去商业银行以未到期的应收账款办理了融资。那么，商业银行在提供信用贷款前，需要考察该企业哪方面的情况？

小词典

物流金融（logistics finance）是指在面向物流业的运营过程中，通过应用和开发各种金融产品，有效地组织和调剂物流领域中货币资金的运动。

这些资金运动包括发生在物流过程中的各种存款、贷款、投资、信托、租赁、抵押、贴现、保险、有价证券的发行与交易，以及金融机构办理的各类涉及物流业的中间业务等。

★ 问题引导

UPS是全球知名的速递公司，要想知道其是如何成长起来的，就要先了解它的服务项目。UPS在其开展的物流金融服务中，扮演物流供应商和银行双重角色。1998年，UPS在美国收购了一家银行，成立了UPS资本公司，为客户提供代理收取货款、抵押贷款、设备租赁、国际贸易融资等服务。托收是UPS金融服务的核心。UPS在收货的同时直接向出口商提供预付货款，以货物抵押。这样，小型出口商们得到及时的现金流；UPS再通过UPS银行实现与进口商的结算，货物在UPS手中，不必担心进口商赖账。对于出口企业来说，借用UPS的资金流，货物发出之后立刻就能变现，如果把这笔现金再拿去做其他的流动用途，便能提高资金的周转率。

例如，一家纽约的时装公司向我国香港的服装供应商订购货物，UPS收到香港供应商交运的货物后，可以即时向其支付高达80%的货款。货物送交到纽约的收货人手中后，由UPS收取货款，再将余额交付香港供应商。UPS开展这项服务时，同样有一个资金流动的时间差，即这部分资金在交付前有一个沉淀期。在资金沉淀期内，UPS等于获得了一笔无息贷款。UPS可用这笔资金从事贷款，而贷款对象仍为UPS的客户或者限于与快递业务相关的主体。

资料来源　编者根据相关资料整理。

思考：UPS主要提供哪些金融服务？这些服务对哪些企业有好处？

引导知识点

一、物流金融的功能

物流金融是物流企业在提供物流服务的过程中，由物流企业为物流需求方提供的与物流相关的资金支付结算、保险、资金信贷等物流衍生的金融服务。物流金融已成为物流企业获得客户资源的重要手段，同时也成为商业银行一项重要的利润来源。

对制造商和销售商而言，商品从制造商到消费者手中的过程中存在着大量的库存，制造商与销售商依靠合理的库存满足顾客的需求，应付供货周期与制造周期的不匹配问题。库存带来了益处，但随之也带来了成本。在解决企业大量资金沉淀的问题上，完全可以盘活企业现有的资源——"仓单、存货"等，将其变成新鲜血液。企业需要将沉淀的资金盘活，而作为金融机构的银行则要考虑的是如何控制风险，这就需要了解抵押物的详细情况，查看权利凭证原件，辨别真伪。这些工作超出了金融机构的业务范围，需要物流企业的帮助。物流企业与金融机构如何协作，满足企业对金融服务和第三方物流服务的迫切需求，促进企业发展，已经成为我国物流、银行、企业和研究人员关注的重要问题。

（1）物流金融在国民经济核算体系中对提高流通服务质量、降低物资积压与消耗、加快货币回笼周转发挥着不可替代的杠杆作用。

（2）物流金融为第三方物流企业提供一种金融与物流集成式的创新服务，其主要服务内容包括物流、流通加工、融资、评估、监管、资产处理、金融咨询等。物流金融不仅能够为客户提供高质量、高附加值的物流与加工服务，还能够为客户提供间接或直接的金融服务，以提高供应链整体绩效和资本运作效率等。物流金融的提供商可以通过自身或自身与金融机构的紧密协作关系，为供应链企业提供物流和金融的集成式服务。

在物流金融中涉及三个主体：物流企业、中小企业和金融机构。物流企业与金融机构联合起来为资金需求方——中小企业提供融资。物流金融的开展对这三方都是非常迫切的现实需要。物流企业和金融机构的紧密融合能够有力地支持社会商品的流通，促进流通体制改革的顺利进行。

▶ 小资料6-2

菜鸟供应链金融正式上线　为赋能物流生态提供新动力

菜鸟网络宣布联合网商银行正式上线供应链金融产品。菜鸟物流生态圈内的商家与合作伙伴能够便捷、快速地申请贷款，单笔最高可贷3 000万元，从申请到放款仅需3秒钟。

菜鸟供应链金融是阿里巴巴旗下电商、金融和物流三大战略板块的强强联手，在试运行阶段已经累计放款超2亿元。

电商商家提前备货对资金的需求量较大，尤其在"双11"这样的大促时期，所需资金动辄上翻数倍。但传统银行贷款流程烦琐、门槛高，商家获得银行贷款的难度很大。菜鸟供应链金融提供的融资服务，是基于阿里巴巴电商、金融及物流平台沉淀的大数据，实时在线授信、动态风控，能够做到随借随还。除商家外，菜鸟生态圈内的物流合作伙伴也可以享受供应链金融服务。菜鸟网络将通过平台上沉淀的数据来评估融资额度，对应的融资产品包括"保理""设备贷""车辆贷"等。

★ 问题引导

泉安金融物流园打造现代物流服务产业区

　　泉安金融物流园秉承互联网化、信息化、智能化、集约化的要求打造新型的物流产业园区模式，依托廊坊高新区着力打造核心产业集群的政策支持，倾力实现廊坊高新区现代服务产业聚集区的高端建设，并在廊坊高新区真正实现转型升级、高质量发展。泉安金融物流园项目总投资为 6 600 万美元（约合人民币 46 130 万元），占地 125 亩，建筑面积 89 000 平方米。

　　项目建成后，泉安金融物流园年货物储运量将达到 20 万吨，预计年销售收入可达 11 204.01 万元，利润总额 7 032.14 万元，年利税总额 4 000 万元，可创造就业岗位 150 个。泉安金融物流园项目将建立现代服务业交易服务中心，集商品展览展示、多功能客户服务、技术服务、平台数据处理、订单处理、商贸物流于一体，满足城市间现代物流仓储及配送需求。

资料来源　廊坊发布. 泉安金融物流园：全新打造高端现代服务产业聚集区［EB/OL］.［2021-05-05］. https://m.thepaper.cn/baijiahao_12532189.

思考：泉安金融物流园的建成有什么意义？

◎ 引导知识点

二、物流金融的模式

1. 融通仓业务

　　融通仓是一种对物流、信息流和资金流综合管理的创新，是对物流服务、金融服务、中介服务和风险管理服务的继承，也是这些服务之间的组合与互动。融通仓的核心思想是在各种流的整合和互补互动关系中寻找机会和时机，其目的是提升顾客服务质量、提高经营效率、降低运营资本、拓宽服务内容、降低风险、优化资源使用、协调多方行为、提升供应链整体绩效和整个供应链竞争力等。在实际操作中，融通仓业务可分为仓单质押业务和保兑仓业务。

　　（1）仓单质押业务。仓单是仓库接受货主的委托，将货物存入仓库以后向货主开具的说明存货情况的存单。仓单质押是指货主把货物存储在仓库中，然后可以凭仓库开具的仓单向银行申请贷款，银行根据货物的价值向货主企业提供一定比例的贷款。第三方物流企业开展的仓单质押业务，不仅仅指企业的仓单，也包括存货、权利凭证（如提单、应付和应收单据凭证等）。对于物流企业而言，一方面，开展仓单质押业务可以增加配套服务功能，提高仓储的附加值，提升企业综合价值和竞争力，稳定和吸引众多客户进驻市场开展经营业务；另一方面，物流企业作为银行和客户都信任的第三方，可以更好地融入客户的商品产销供应链中，这也加强了其与银行的同盟关系。

　　仓单质押业务具有以下功能：①有利于生产企业的销售；②有利于商贸企业获得融资；③有利于回购方（交易所或会员单位）拓展自身业务；④能以标准仓单作为质押获得融资；⑤使得贷款人与回购人紧密合作，实现双赢。

　　这一融资方式的过程如下：银行作为信用贷款的提供方、第三方物流企业作

学习微平台

动画：如何理解物流金融？

为融通仓服务的提供方、生产经营企业作为资金的需求方和质押物的提供方，三方协商签订长期合作协议，生产经营企业在协作银行开设特殊账户，并成为提供融通仓服务的第三方物流企业的会员企业，生产经营企业采购的原材料或待销售的产成品进入第三方物流企业设立的融通仓，同时向银行提出贷款申请；第三方物流企业负责进行货物验收、价值评估及监管，并据此向银行出具证明文件；银行根据贷款申请和价值评估报告酌情向生产经营企业发放贷款；生产经营企业照常使用和销售其融通仓内的产品；第三方物流企业确保在销售产品的收款账户为生产经营企业的协作银行开设的特殊账户的情况下予以发货；生产经营企业以其所得偿还贷款。如果生产经营企业不履行或不能履行贷款债务，银行有权从质押物中优先受偿。

仓单质押模式的具体流程如图6-2所示。

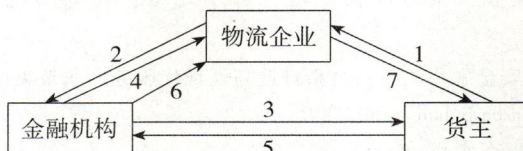

图6-2　仓单质押模式的具体流程

注：1表示货主将货物存入物流企业仓库；

2表示物流企业向金融机构开具仓单；

3表示货主获得银行根据仓单提供的贷款；

4表示金融机构委托物流企业监管货物；

5表示货主归还金融机构贷款；

6表示金融机构通知物流企业放货；

7表示物流企业将货物放还货主。

（2）保兑仓业务。保兑仓业务是指在供应商承诺回购的前提下，购买商向银行申请以供应商在银行指定仓库的既定仓单为质押的贷款额度，并以银行控制其提货权为条件的融资业务。在这一业务中，第三方物流企业实际控制货物并为银行提供监管。保兑仓业务主要定位于钢材、石油、汽车、轮胎、纸张、烟草等行业，产品属于易变现、价值相对较高、流通性强的商品。其主要涉及四方主体：银行、供货商、购货商和储存方。具体操作程序为：依赖银行贷款，购货商从供货商进货，存储在储存方仓库，货物是贷款的质押品，购货商在每次取货时向银行付款，储存方的责任是货物到达后验收，出具收货凭证，同时根据合同约定方式发货。

2.代理结算业务

（1）垫付货款模式。在最基本的垫付货款模式中包括第三方物流企业、发货人、提货人三方。垫付货款模式的流程如下：发货人委托第三方物流企业送货，第三方物流企业垫付扣除物流费用的部分或者全部货款；当提货人提货时，第三方物流企业向提货人交货，同时根据发货人的委托向提货人收取发货人的应收账款；第三方物流企业与发货人结清货款。如果提货人拒绝支付货款，第三方物流企业有权要求发货人回购货物。如果第三方物流企业资金实力不强，其可以与银行合作，发货人将货物的所有权交给银行，而银行向发货人提供融资。当提货人向银行支付货款时，第三方物流企业可以根据银行指令为提货人送货。如果提货人没有支付货款，银行可以要求发货人回购货物。在这一流程中，第三方物流企业主要承担对货物的监管职责。垫付货款模式的具体流程如图6-3所示。

图6-3　垫付货款模式的具体流程

在垫付货款模式中，发货人除了与提货人签订购销合同外，还应该与第三方物流企业签订物流服务合同，在该合同中，发货人应无条件承担回购义务。对第三方物流企业而言，其盈利点是将客户与自己的销售结合在一起，客户群的基础稳固。

（2）代收货款模式。垫付货款模式主要针对B to B业务，对于B to C业务，则适用代收货款模式。第三方物流企业在送货时，代替发货人向提货人收取货款，再将货款转交给发货人。不论垫付货款模式还是代收货款模式，第三方物流企业都有一个资金的沉淀期，这批资金对于第三方物流企业来说就是一笔不必付利息的融资。而且，通过提供这样的服务，第三方物流企业和交易双方可以成为利益相关者，有利于形成核心竞争力。代收货款模式的具体流程如图6-4所示。

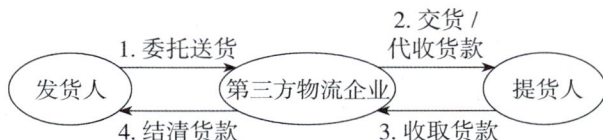

图6-4　代收货款模式的具体流程

在代收货款模式中，发货人与第三方物流企业签订委托配送和委托收款合同，第三方物流企业每日为用户送货上门的同时根据合同代收货款，每周或每月第三方物流企业与发货人结清货款。

物流金融作为一种新型的服务模式，使"物流、资金流和信息流结合"从概念变成了现实。它在拓展了金融机构业务范围的同时，进一步促进了中小企业与第三方物流企业的发展，是一种多赢性的金融服务模式。物流金融的发展对提高供应链的运行效率、降低银行贷款风险具有重要意义。2022年3月，中共中央办公厅、国务院办公厅印发了《关于推进社会信用体系建设高质量发展促进形成新发展格局的意见》，鼓励银行发展订单、仓单、保单、存货、应收账款融资和知识产权质押融资等，提出"创新信用融资服务和产品"，发展普惠金融。目前，物流金融业务的模式有多种，不同的银行、不同的地区都有不同的操作模式及合同条款，这种状况不利于银行的风险控制，操作程序也比较烦琐，应尽快制定相对统一的物流金融业务流程，规范合同条款。

小案例6-1

中外运仓单质押流程

该项目的源头公司为北京公司，所有信息由北京公司统一接收和处理，以保障信息传输的安全、准确和及时。具体内容为：供应商发货到其经销商省市，货物入中外运在各经销商省市的仓库，由中外运当地仓库负责监管。银行根据各地经销商的信用额度及发货申请，通知北京公司发货，北京公司接到发货通知书后立即通知各地中外运公司进行发货和物流配送等操作。图6-5为中外运仓单质押流程。

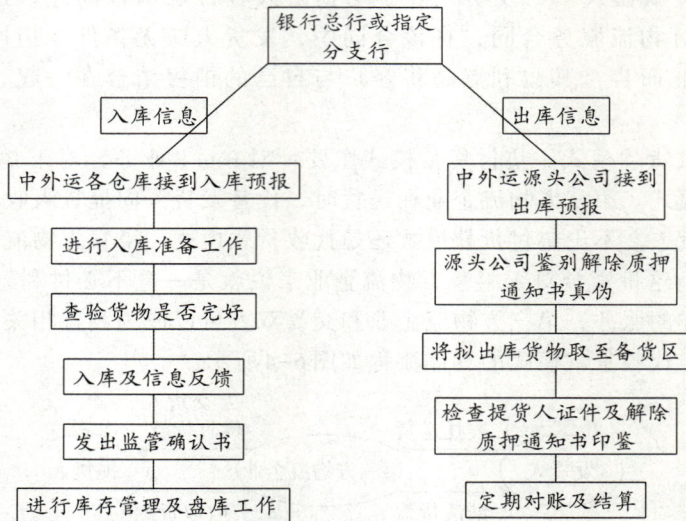

```
              银行总行或指定
                分支行
        ┌──────────┴──────────┐
     入库信息                出库信息
        │                      │
  中外运各仓库接到入库预报    中外运源头公司接到
                              出库预报
        │                      │
   进行入库准备工作        源头公司鉴别解除质押
                            通知书真伪
        │                      │
   查验货物是否完好        将拟出库货物取至备货区
        │                      │
   入库及信息反馈          检查提货人证件及解除
                            质押通知书印鉴
        │                      │
   发出监管确认书           定期对账及结算
        │
 进行库存管理及盘库工作
```

图6-5　中外运仓单质押流程

课堂提问 ✓

物流企业为客户提供金融服务对物流企业或者供应商来说有没有风险？为什么？

课堂实训 ✓

查询一下阿里巴巴卖家如何申请阿里小额贷款。

案例分组讨论 ✓

苏宁金融创新供应链金融服务模式

近年来，大数据、人工智能、云计算、区块链等技术的进步与成熟，对供应链金融的发展、金融产品乃至金融服务模式的创新，都产生了颠覆性的改变和极大的推动作用。苏宁金融始终将金融科技作为驱动力，在供应链金融服务领域的技术应用方面一直处于行业前列。

针对供应链金融发展面临的产业链条长、跨区域业务众多、信息不对称、多层信用难以穿透、异地授信交叉、尽职调查困难等共性难题，苏宁金融打造了"秋毫"企业信用尽调报告产品，通过企业深度尽调的手段，将获得的尽调数据结合公开数据和经营数据进行风险建模，提供以企业信用报告和企业信用信息认证为主的服务，以此解决银企信息不对称的问题，助力企业在融资方面取得新突破。

服务永无止境，创新永不止步。未来，苏宁金融将以产业互联网为基础，不断升级技术和产品服务能力，努力构建智慧供应链金融生态圈，切实提升中小微企业融资服务质效，为助力"双循环"、推动实体经济发展贡献力量。

资料来源　佚名.苏宁金融创新供应链金融服务模式 提升服务实体效能 [EB/OL]. [2021-04-15]. https：//baijiahao.baidu.com/s? id=1697086557642473224&wfr=spider&for=pc.

问题：苏宁供应链金融服务给中小企业带来了哪些便利？查找相关资料，分组讨论苏宁供应链金融服务的流程。

项目考核

1.单项选择题

（1）下面不属于物流服务5R要求的是（　　　　）。

A.合适的数量　　　　B.合适的产品　　　　C.合适的价格　　　　D.合适的路线

（2）下列不属于物流基本服务内容的是（　　　　）。

A.运输　　　　　　　B.储存　　　　　　　C.包装　　　　　　　D.代理结算

（3）物流服务的基本原则是（　　　　）。

A.以适当的成本实现高质量的物流服务

B.为提高服务质量不惜成本

C.以尽可能低的成本降低服务水平

D.以适当的成本实现一般服务

（4）下列属于物流服务特点的有（　　　　）。

A.固定性　　　　　　B.移动性　　　　　　C.复杂性　　　　　　D.主动性

（5）增值性物流服务不包括（　　　　）。

A.增加便利性的服务　　　　　　　　　　B.加快反应速度的服务

C.降低成本的服务　　　　　　　　　　　D.合理安排仓储

2.多项选择题

（1）对物流客户服务的理解正确的有（　　　　）。

A.物流客户服务体现为一种具体活动

B.物流客户服务表现为一种执行标准

C.物流客户服务表现为一种经营理念

D.物流客户服务是一种短期行为

（2）物流客户服务是为了满足客户需求所进行的一项特殊工作，其内容包括（　　　　）。

A.订单处理　　　　　B.技术培训　　　　　C.处理客户投诉　　　D.服务咨询

（3）影响物流服务的因素有（　　　　）。

A.缺货水平　　　　　　　　　　　　　　B.订货信息

C.订货周期稳定性　　　　　　　　　　　D.订货的方便性和灵活性

（4）物流服务质量的指标有（　　　）。

A.人员沟通质量　　　B.订单释放数量　　　C.信息质量　　　　　D.订购过程

（5）仓单质押业务的功能包括（　　　）。

A.有利于生产企业的销售

B.有利于商贸企业获得融资

C.有利于回购方（交易所或会员单位）拓展自身业务

D.以标准仓单作为质押获得融资

3.判断题

（1）客户服务是一个附加服务，目的只是获取经济利益。　　　　　　　　（　　）

（2）物流客户服务应从属于附加产品的范畴，它不同于传统意义上的服务，而是强调能够为所有供应链成员实现价值增值的一系列活动。　　　　　　　　　　（　　）

（3）物流服务的宗旨是在服务数量与品质上都使货主满意。　　　　　　　（　　）

（4）物流服务人员为顾客提供服务的过程，也是顾客消费服务的过程，两者在时空上具有不可分割性。　　　　　　　　　　　　　　　　　　　　　　　　　　（　　）

（5）运输服务越快，转移中的存货就越少，可以利用的运输间隔就越长。（　　）

4.问答题

（1）仓单质押模式的流程如何？

（2）物流服务的作用和地位如何？

项目实训

1.实践训练

小王是现代物流管理专业的毕业生，工作几年后想在自己家乡创业开办个物流公司。请为其公司设计具体的物流服务项目；

2.课外实训

为物流企业设计客户服务满意度调查问卷。

3.拓展训练

某顾客价值11万元的黄金在邮寄过程中离奇失踪。这次黄金丢失是由物流企业内部盗窃引发的，大部分丢失的黄金已经追回。联系实际谈谈物流企业如何防止内盗。

项目七
物流成本控制

学习目标

知识目标：

1. 了解物流成本的含义、构成、分类和特点。
2. 了解降低物流成本的途径和物流成本管理的内容。
3. 掌握物流成本核算的方法。
4. 了解物流成本控制的分类。
5. 掌握物流成本控制的原则、步骤、注意事项和方法。

能力目标：

1. 能够进行物流成本管理。
2. 能够进行物流成本核算。
3. 能够进行物流成本控制。

价值目标：

1. 培养物流人的社会责任感、使命感。
2. 培养物流人的节约意识、共享意识。

价值引领案例

合作、双赢 | 三一重工与一力物流园的物流联盟

三一重工是全球工程机械制造商 50 强、全球最大的混凝土机械制造商、中国企业 500 强、工程机械行业综合效益和竞争力最强企业。在国内，三一重工建设了上海、北京、沈阳、昆山、长沙五大产业园；在国外，三一重工拥有 30 个子公司，业务覆盖 150 个国家，产品出口到 110 多个国家和地区。

湖南一力物流是一家供应链平台型企业，也是国内领先的产业园区开发建设与运营管理商。该公司为产业链上中下游企业提供完善的供应链基础设施和全流程服务，极大地提升了制造业、金融业、生产型服务业等多业融合发展。

自 2008 年以来，三一重工与一力物流持续实施战略合作。一力物流已经为三一重工有效降低综合物流成本提供了运作平台，通过减少制造业与物流供应商之间的内耗，共同努力提高整体物流效率，降低整体物流成本，达成真正共赢。通过合作，三一重工每吨钢材原材料的物流成本较以前下降了 8%，企业自身的物流管理人工成本较以前下降了 25%。

资料来源　编者根据网络资料整理编写。

思考：　（1）三一重工物流成本降低的原因是什么？

　　　　　（2）结合案例，谈谈如何在学习和生活中更好地与他人合作。

学习微平台

拓展阅读 7-1

任务一　了解物流成本

★ 任务目标

了解物流成本的含义、构成、分类和特点。

小词典

物流成本是指物流活动中所消耗的物化劳动和活劳动的货币表现。

★ 课堂讨论

物流成本的重要性体现在哪些方面？何为物流成本的隐性成本？

★ 问题引导

疫情当下如何降低跨境物流成本？

新冠肺炎疫情给跨境电商行业带来了巨大影响，表现为FBA暂停入仓、单量减少、时效受阻、退货增多以及运价高昂等，其中运价高昂对跨境卖家的影响最为严重。

在物流旺季时，运价最多会上涨50%左右，并且排仓程度较小。而在疫情期间，运价上涨了3倍有余，美国路向原本不到40元/千克现在上涨到120多元/千克，E邮宝渠道更是达到150多元/千克。

昂贵的运价让中国卖家面临一个非常尴尬的局面，如果产品涨价，那么产品竞争力下降，失去单量；如果产品不涨价，卖得越多亏得就越多。唯一的解决之道，便是从降低物流成本着手。

资料来源　李俊松. 疫情当下如何降低跨境物流成本？［EB/OL］.［2021-05-05］. https：//www.takesend.com/news/5917.html.

思考：疫情当下如何降低跨境物流成本？

引导知识点

具体来说，物流成本是指产品在实物运动过程中，如包装、装卸搬运、运输、储存、流通加工、配送、信息处理等物流活动过程中所支出的人力、财力和物力的总和。

一、物流成本的构成

1.库存费用

库存费用是指花费在保存货物上的费用，除了包括仓储费用、残损费用、人力费用、保险和税收外，还包括库存占压资金的利息。把库存占压资金的利息加入物流成本，是现代物流成本与传统物流成本计算的最大区别。

2.运输费用

一般而言，运输费用包括货运费用、车队费用、燃料费用、设备维护费用、劳动力费用、保险费用、装卸费用、逾期滞留费用和税收等。运输费用的名目繁多，不同运输方式的运输费用有不同的构成内容和范围。

3.物流管理费用

物流管理费用是指为了以最低的物流成本达到客户满意的服务水平，在对物流活动进行计划、组织、协调与控制的过程中所花费的成本。

4.隐性成本

隐性成本是指由于物流运作不畅导致库存费用增加所形成的资金利息成本、库存资金占用的机会成本、市场反应慢的损失成本，以及管理不善造成的货物损失和损坏的成本。之所以称其为隐性成本，是因为这部分成本很难用定量分析的方法进行估算。

★ 问题引导

在超市里花6元钱买一瓶2升的饮料时，你也许不太注意，这6元钱里包含了人工成本、原材料费用以及物流成本，最后才是一瓶饮料的利润。其实，这瓶饮料的制造成本（也就是把人工成本和原材料费用加在一起）只不过4元左右，利润不过几角钱，物流成本却超过了1元钱。一瓶饮料在仓储、运输上消耗的费用能够占到销售价格的20%~30%。

事实上，物流成本已经成为企业生产成本中不可忽视的一部分。在市场竞争日益激烈的今天，原材料费用和劳动力成本的利润空间日益缩小，劳动生产率的潜力空间也很有限，加工制造领域的利润趋薄，靠降低原材料消耗、劳动力成本或大力提高制造环节的劳动生产率来获取更大的利润已较为困难。因此，商品生产和流通中的物流环节将成为继劳动力、自然资源之后的"第三利润源泉"，而保证这一利润源泉实现的关键就是降低物流成本。

思考：一瓶饮料的物流成本具体包括哪些方面？

◉ 引导知识点

二、物流成本的分类

按照不同的标准，物流成本可以进行多种分类。

1.按物流成本支出形态分类

按物流成本支出形态的不同，物流成本可分为直接物流成本（即本企业支付的物流成本）和委托物流成本（即支付给其他物流服务组织的费用）两大项。直接物流成本包括材料费、人工费、管理费、燃料动力费、折旧费等；委托物流成本包括包装费、运输费、手续费、保管费等。这种分类的优点是便于检查物流成本用于各项日常支出的数额和所占比例，对比和分析各项成本水平的变化情况，因此比较适合生产企业和专业物流部门的物流成本管理。

其中：

（1）材料费。它是指因物料消耗而支出的费用，包括包装材料费、消耗性工具费、低值易耗品摊销、其他物料消耗费。

（2）人工费。它是指因人力消耗而支出的费用，包括工资、奖金、补贴、福利、医药费、职工教育培训费等。

学习微平台

动画：物流成本包含哪些？

（3）管理费。它包括办公费、差旅费、业务招待费等。

（4）燃料动力费。它包括水费、电费、燃料费。

（5）折旧费。

（6）其他费用。它包括劳动保护费等。

小资料7-1

近几年，国家为降低物流成本提出各种切实有效的措施，全国社会物流总费用占GDP的比率整体呈现明显下降趋势。2021年社会物流总费用16.7万亿元，同比增长12.5%，社会物流总费用与GDP的比率为14.6%，比上年下降0.1个百分点，在连续三年持平后首次回落，但与欧美等发达国家10%以下的占比水平相比，还有进一步下降的空间。

持续推动物流业"降本增效"，不是要一味降低运输及物流服务的价格，而是要通过简政放权、减税降费，营造创新发展的环境，通过市场的力量促进衔接协调，优化资源配置，整体上达到"降本增效"的目的，进而增强物流企业创新发展的后劲。

从着力点来讲，目前物流行业最关心的四个方面是"网络通、平台兴、行路畅、负担轻"，这些在2016年8月交通运输部印发的《关于推进供给侧结构性改革促进物流业"降本增效"的若干意见》中都有所回应。可以说，19项具体任务既着眼解决交通运输在物流业发展中的短板和瓶颈问题，又充分结合了物流业未来发展的需求，有助于积极拓展服务领域、鼓励发展新兴业态，有助于主动谋求与物流链、产业链的深度融合。因此，该意见的出台符合供给侧结构性改革的政策导向，符合经济新常态下物流业结构调整的客观要求，符合交通运输业与物流业融合发展的实际需要。

2.按物流活动过程的先后次序分类

按物流活动过程的先后次序，物流成本可分为物流筹备费、企业内物流费、销售物流费、退货物流费、废弃品物流费。这种分类方法便于分析物流各阶段的成本花费情况，较适合综合性的物流部门。

（1）物流筹备费。它是指物流的计划费、预测费、准备费用。

（2）企业内物流费。它是指采购仓储物流费、各种生产性物流费、装卸费、运输费、加工费、包装费。

（3）销售物流费。它是指为销售服务的物流费、储存费、运输费、包装费、服务性费用。

（4）退货物流费。它是指因退货、换货引起的物流费用。

（5）废弃品物流费。它是指在商品、包装材料、运输容器的废弃过程中产生的物流费用，如垃圾清运费、排污费等。

3.按物流的功能分类

按物流功能的不同，物流成本可分为物品流通费、信息流通费、物流管理费三个方面。这种分类方法主要用于分析不同功能的物流成本所占的比例，能够发现导致物流成本过高的原因。

（1）物品流通费。它是指完成商品的物理性流通所产生的费用，包括包装费（即商品在运输、装卸、保管、分拆包装活动中产生的费用）、装卸运输费（即商品在一定范围内发生水平位移或垂直位移所需的费用）、保管保养费（即在一定时期内因保管、保养商品所产生的费用）和流通加工费（即在流通过程中为提高物流效益、进行商品加工所产生的费用）。

物品流通费根据流通环节的不同，又可分为运输费、流通加工费、配送费、包装费、装卸搬运费和仓储费，见表7-1。

表7-1　　　　　　　　　　物品流通费根据流通环节的不同进行的分类

运输费	●人工费用（如工资、福利费、资金、津贴、补贴等） ●营运费用（如营运车辆的燃料费、轮胎费、折旧费、维修费、租赁费、检车费、车辆清理费、过路费等） ●其他费用（如差旅费、事故损失费、相关税费等）
流通加工费	●流通加工设备费用 ●流通加工材料费用 ●流通加工劳务费用 ●流通加工期货费用
配送费	●配送运输费用 ●分拣费用 ●配装费用
包装费	●包装材料费用 ●包装机械费用 ●包装技术费用 ●辅助包装费用
装卸搬运费	●人工费用 ●装卸搬运合理损耗费用 ●其他费用
仓储费	●仓储持有成本 ●仓储缺货损失 ●在途库存持有成本

（2）信息流通费。它是指因处理、传输物流信息所产生的费用，包括与储存管理、订货处理、顾客服务有关的费用。

（3）物流管理费。它是指进行物流的计划、调整、控制所需的费用，包括作业现场管理费、物流机构管理费。

上述几种物流成本的分类方法是比较常见的。事实上，物流管理人员可以根据企业物流现状及其所反映的物流成本的不同侧面，采用不同的分类方法。具体采用何种分类方法，通常是围绕着如何加强物流成本管理进行的，目的是降低物流成本。

引导知识点

三、物流成本的特点

1.物流成本的隐含性

物流成本的隐含性又称物流冰山现象。物流冰山学说认为，企业的绝大多数物流成本都是混杂在其他费用之中的，能够单独列出会计项目的物流成本只是其中很小的一部分，这部分是可见的，人们常常误解为它就是物流成本的全貌。其实，这只不过是浮在海面上的、能被人看见的冰山一角而已。

2.物流效益的背反现象

在企业中，物流成本产生的领域往往是不同部门管理的领域，这种部门的分割使得相关物流活动无法进行整体协调和优化，从而出现了一种物流功能的成本削减，另一种物流功能的成本增加的现象，这种此消彼长、此损彼益的现象是经常出现的。

3.成本削减的乘数效应

物流成本的削减对企业利润的增加具有显著影响。假设企业的销售额为100万元，物流成本为20万元，如果企业的物流成本下降1万元，就可使企业增加1万元的收益。这就是物流成本削减的乘数效应。

4.物流成本中的非可控现象

在物流成本中，有的成本可由物流部门控制和掌握，有的成本则是物流部门无法控制和掌握的，如紧急运输等计划外发货产生的费用。

学习微平台

微课：如何根据物流成本的特点进行物流成本的优化管理？

小思考 7-1

如何根据物流成本的特点进行物流成本的优化管理？

课堂提问 ✓

美国和加拿大企业的物流成本构成见表7-2。

表 7-2　　　　　　　　　美国和加拿大企业的物流成本构成

成本内容	美国企业（%）	加拿大企业（%）
客户服务、订单清关	8	8
仓储	25	25
运输	37	36
管理	9	8
库存搬运	21	23

资料来源　朱伟生.物流成本管理［M］.北京：机械工业出版社，2008.

问题：参考以上资料，对美国和加拿大企业的物流成本构成进行分析。

课堂实训 ☑

请根据给出的条件，计算相关数据。

如果一个企业的物流成本占销售额的10%，企业的销售额为1 000万元，则物流成本是多少？

假如这个企业的销售利润率为2%，那么创造10万元的利润，需要增加多少销售额？降低多少物流成本可以达到这个利润水平？

案例分组讨论 ☑

案例1　顺丰控股（集团）有限公司在新疆实现了一日达。例如，昨天下午在深圳订的货，今天16点以后，客户就可以陆陆续续收到货了。24小时内送达，货运价格不变。另外，顺丰控股（集团）有限公司的全货机开通以后，上午在新疆进行瓜果的采摘打包，装箱上飞机，晚上运到全国各枢纽站疏散以后，第二天人们就能吃到新鲜的水果了。

顺丰控股（集团）有限公司"丝路号"全货机每周直飞5个航班10架次。航线开通后，国内各区域的货物将通过杭州、西安转运至新疆，并通过新疆将货物及时转运至中亚、西亚及欧洲。

资料来源　佚名. 顺丰起航开辟新疆货运快递一日达新纪元［EB/OL］.［2018-09-20］. http://news.cnr.cn/native/city/20160920/t20160920_523147359.shtml.

案例2　联邦快递冒着暴风雪，租用飞机，在24小时之内把客户的邮包送到山上。其收的邮资可能只有10美元，但租飞机的费用可能需要5 000美元。这笔买卖看似亏本，但联邦快递获得的利益毫无疑问比邮资要高多了。

问题：你觉得上述两种快递的运作方式如何？可不可以推广？

任务二　认识物流成本管理

★任务目标

了解影响物流成本的因素，掌握降低物流成本的途径和物流成本管理的内容，能够进行物流成本管理。

❓小词典

物流成本管理是指对物流活动发生的相关成本进行计划、组织、协调与控制。

★课堂讨论

（1）物流成本管理的目标是什么？

（2）是不是一味追求低成本就是"好的管理"呢？

★问题引导

申通九堡分公司人事部经理王飞说，2015年"双11"期间的快递量大概是230万件，估计2016年"双11"期间，这个数字会基本持平或有所攀高。

顺丰控股（集团）有限公司浙江省总经理助理何灿林表示，顺丰为了应对此次"双11"快递高峰，特地增加了航线，全国现在有100多条顺丰航线，还增加了6 000多条干线，这6 000多条干线上要增加2万多辆快递车辆。

记者从两家物流公司了解到，为了应对2016年"双11"的大量发货情况，在硬件配置上，所有快递公司都是按照最大运量进行安排的，不管是快递单，还是交通工具、交通线路等，都已用尽全力。在采访中，两家物流公司都认为，2016年物流公司间比拼实力的标准，除了硬件之外，可能更重要的是人力。

顺丰控股（集团）有限公司浙江省总经理助理何灿林说，整个浙江范围内要招几万名快递员，对快递员的培训主要采用"1带1"的方式，如果把家属带过来，还可以采用劳务外包的方式。

物流公司正在加紧与劳务外包公司合作来招聘人员，同时通过公司员工进行临时工招聘。2016年的人工时薪会比往年略高，成本的增加可能会超过往年。

资料来源　作者根据相关资料整理。

思考：备战"双11"，快递企业的成本支出有哪些？

引导知识点

企业可以通过物流成本计划与预算的编制，并用计划或预算目标去考核，最终达到改进物流作业活动、控制物流成本、提高物流活动经济效益的目的。

一、影响物流成本的因素

1.竞争性因素

当今社会，市场环境变幻莫测，市场竞争日趋激烈，处于这样一个复杂的市场环境中，企业之间的竞争也并非单方面的，不仅包括产品价格的竞争，还包括服务水平的竞争，而高效的物流系统是提高顾客服务水平的重要途径。如果企业能够及时、可靠地提供产品和服务，就可以有效提高服务水平，这些都依赖于物流系统的合理化。同时，企业的顾客服务水平又直接决定了物流成本的多少。因此，物流成本是伴随着日趋激烈的竞争而不断发生变化的。

2.产品因素

产品的特性不同也会影响物流的成本，这主要体现在：

（1）产品价值。随着产品价值的增加，每个领域的成本都会增加。物流成本在一定程度上反映了货物移动的风险。一般来说，产品的价值越大，对运输工具的要求就越高，仓储和库存成本也会随着产品价值的增加而增加。高价值意味着高库存成本，高价值的产品过时的可能性更大，在储存时所需的物理设施也更加复杂和精密。此外，高价值的产品往往对包装也有较高的要求。

（2）产品密度。产品密度越大，每车装的货物越多，运输成本就越低，同时仓库中一定空间内存放的货物也越多，库存成本也就越低。

（3）易损性。易损性对物流成本的影响是显而易见的，易损的产品对运输和库存都提出了更高的要求。

（4）特殊搬运。某些产品对搬运提出了特殊的要求，如利用特殊尺寸的搬运工具，或在搬运过程中需要加热或制冷等，这些都会增加物流成本。

3.空间因素

空间因素是指物流系统中工厂或仓库相对于市场或供货点的位置关系。若工厂距离市场太远，则必然会增加运输费用。

★ 问题引导

某上市车企上半年财报显示，福特、大众等合资车企在华的单车利润约为2万元，相比之下，自主品牌车企的利润则要低得多，比亚迪的单车利润约为6 000元，吉利的单车利润约为4 000元，合资品牌的盈利能力远高于自主品牌。全国乘用车市场信息联席会秘书长崔东树曾对此明确表示："自主品牌盈利的核心障碍是成本较高。"吉利控股集团董事长李书福也曾坦言："制造业的利润比刀片还薄。"

其中，物流成本高已成为一个不可忽视的因素。在由中铁特货运输有限责任公司主办的铁路商品汽车物流发展座谈会上，中国铁路总公司副总经理杨宇栋表示，当前我国商品汽车物流成本过高，各流程和环节过于复杂，促进各种运输方式的合理分工和重组应成为降低我国商品汽车物流成本的重要任务。

思考：车企的物流成本为什么居高不下？

引导知识点

二、降低物流成本的途径

1.物流合理化

物流合理化就是使一切物流活动和物流设施趋于合理，以尽可能低的成本获得尽可能好的物流服务。物流各项活动的成本往往此消彼长，若不综合考虑，必然会造成极大浪费。物流合理化要通盘考虑，根据实际物流流程来设计、规划，不能单纯强调某个环节的合理、有效。

2.物流质量

只有不断提高物流质量，才能不断减少和消除各种差错，降低各种不必要的费用支出，降低物流过程的消耗，从而保持良好的信誉，吸引更多的客户，形成规模化和集约经营，提高物流效率，从根本上降低物流成本。

3.物流速度

提高物流速度，可以减少资金占用，缩短物流周期，降低储存费用，加强货运枢纽与配送中心等不同部门间的协调活动，从而节省物流成本。海尔公司通过提高采购物流、生产物流、销售物流的速度，缩短整个物流周期，提高资金的利用率，实现了低成本运营。

4.重视物流技术选择

先进的物流技术和物流手段不仅可以提高物流速度、增加物流量，而且可以减少物流损失。例如，广泛采用电子信息技术，可以密切物流各环节的联系，减少或杜绝物流各环节之间因信息不畅造成的不必要的停滞，加快物流速度。因此，物流企业应力求采用先进、适用的物流技术，协调各项物流作业，促进物流水平的提高，降低物流成本。

5.实施供应链管理

在供应链环境下，市场的最终用户对商品的周转时间提出了更高的要求。供应链环境下的物流必须真正做到迅速、准确、高效。物流企业不仅要将降低物流成本的目标贯彻到企业所有职能部门之中，还要加强与供应链伙伴的合作和联盟，协调与其他企业以及顾客、运输者之间的关系，从而实现整个供应链活动的高效率。

6.物流人才

实现物流合理化，提高物流服务质量及加快物流速度，都需要专业的物流人员去完成，他们的技能、工作方法、态度都将间接影响企业物流成本的大小。

★ 问题引导

在受理店停止收货之后，日本大和宅急便分区派出小型货车到区内各处将货物集中运往被称为"集货中心"的营业所，并迅速转送到被称为"基地"的地点，进行寄往全国各地的货物分拣工作；然后，大和宅急便将经过分拣的货物按发往的地区和货物的种类为单元，装入统一的长110厘米、高185厘米的货箱内，一个货箱中可以放进70～80件货物。往基地移动时，使用10吨级的大型车，可装载16个货箱；从集货中心往基地，或是从基地往集货中心移动时（称为平行运输），常使用可装8个货箱的4吨级车；专用来收集以及递送的2吨级车，则可零堆约1个货箱容量的货物。此外，大和宅急便还采取设立中转站的方法，这种中转不是货车和货物的中转，而是指交换司机。

思考：日本大和宅急便的物流方式有什么好处？

引导知识点

三、物流成本管理的方法与内容

1.物流成本管理的方法

企业在进行物流成本管理时，首先要有明确的管理目的，做到有的放矢。一般情况下，企业物流成本管理的出发点为：通过掌握物流成本的现状，发现企业物流中存在的主要问题；对各个物流部门进行比较和评价；依据物流成本的计算结果，制定物流规划，确立物流管理战略；通过物流成本管理，寻求降低物流成本的环节，强化总体的物流管理。物流成本管理的方法有三种，详见表7-3。

表7-3　　　　　　　　　　　物流成本管理的方法

方法	内容
物流成本横向管理法	对物流成本进行预测和计划编制
物流成本纵向管理法	对物流过程进行优化管理： ●运用线性规划法和非线性规划法制订最优运输计划，实现物品运输优化 ●运用系统分析技术，选择货物最佳的配比和配送路线，实现货物配送优化 ●运用存储论研究经济合理的库存量，实现库存优化 ●运用模拟技术对整个物流系统进行研究，实现物流系统的最优化
计算机系统管理法	将物流成本的横向与纵向联系起来，形成一个不断优化的物流系统。通过一次次计算、评价，使整个物流系统得以不断改进，最终找出使物流总成本最低的最佳方案

2.物流成本管理的内容

物流成本管理的内容主要包括物流成本核算、物流成本控制、物流成本分析、物流成本计划、物流成本决策、物流成本预测、物流成本考核，如图7-1所示。

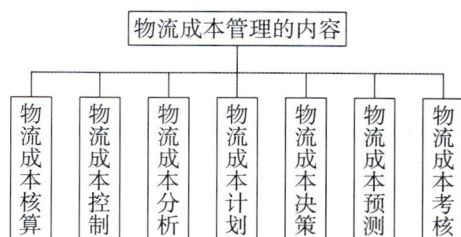

图7-1　物流成本管理的内容

（1）物流成本核算。物流成本核算是根据企业确定的成本计算对象，采用与其相适应的成本计算方法，按规定的成本项目，依据一定的标准对物流成本进行汇集与分配，从而计算出各物流服务成本的实际总成本和单位成本。

（2）物流成本控制。物流成本控制是根据计划目标，对影响成本的各种因素和条件采取必要的措施，以保证物流成本预算的顺利实现。物流成本控制包括事前控制、事中控制和事后控制。通过成本控制，企业可以及时发现物流过程中存在的问题，从而采取纠正措施，保证物流成本目标的实现。

（3）物流成本分析。物流成本分析是在成本核算及其他有关资料分析的基础上，运用一定的方法揭示物流成本水平的变动，进一步查明影响物流成本变动的各种因素。物流成本分析可以检查和考核物流成本计划的完成情况，找出实际与计划出现差异的原因，揭露物流环节的主要矛盾。

物流成本分析包括物流成本全面分析、物流效益分析和物流功能成本分析。物流成本全面分析如图7-2所示，物流成本全面分析指标见表7-4，物流效益分析指标见表7-5，物流功能成本分析如图7-3所示。

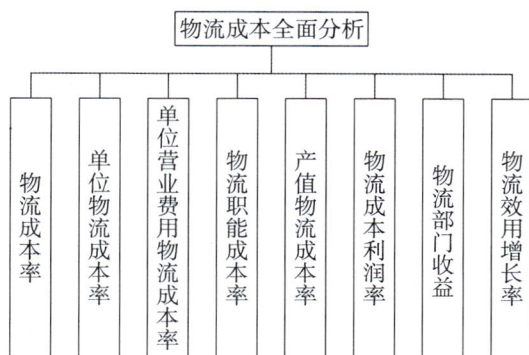

图7-2　物流成本全面分析

表7-4　　　　　　　　　　　物流成本全面分析指标

指标名称	指标计算公式	指标应用目的	指标评价
物流成本率	物流成本率=物流成本÷销售额×100%	单位销售额需要支出的物流成本	比率越高，对价格的弹性越低

指标名称	指标计算公式	指标应用目的	指标评价
单位物流成本率	单位物流成本率=物流成本÷企业总成本×100%	企业物流成本占企业总成本的比率	比率越高，企业整体物流合理化水平越低
单位营业费用物流成本率	单位营业费用物流成本率=物流成本÷（销售费用+一般管理费用）×100%	物流成本占营业费用的比率	判断企业物流成本的比重，适合作为企业物流过程合理化的评价指标
物流职能成本率	物流职能成本率=物流职能成本÷物流总成本×100%（注：各物流职能成本包括包装费、运输费、保管费、装卸费、流通加工费、信息流通费、物流管理费等）	物流各项职能成本占物流总成本的比率	可以明确各物流职能成本占物流总成本的比率，为企业进行物流成本控制提供依据
产值物流成本率	产值物流成本率=物流成本÷企业总产值×100%	企业创造单位产值需要支出的物流成本	反映该时期物流过程耗费的经济效果
物流成本利润率	物流成本利润率=利润总额÷物流成本×100%	利润总额与物流成本的比率	物流效率高，则该指标高。通过企业自身的纵向比较，可以说明企业资金耗费经济效益的状况
物流部门收益	物流毛收益=年物流收益总额-年物流成本总额 物流部门收益=（物流毛收益-管理费用）×物流费用率权重×修正系数	以物流为利润中心，分析物流成本和物流销售收益的关系	物流销售收益必须是在一定物流费用率下的收益，超过规定的物流费用率，物流部门收益将大打折扣
物流效用增长率	物流效用增长率=物流成本本年比上年增长率÷销售额本年比上年增长率×100%	企业物流成本变化和销售额变化的关系	合理比率应小于1；如大于1，则应考核物流费用控制过程中物流费用可降低的空间

表7-5　　　　　　　　　　物流效益分析指标

物流过程	分析指标	具体指标
进出货物流过程	每小时处理货量	每小时处理进货量、每小时处理出货量、进货时间率、出货时间率
	每台进出货设备每天的装卸货量	（出货量+进货量）÷装卸设备数×工作天数
储存物流过程	储存物流过程分析指标	储存面积率、可供保管面积率、储位容积使用率和单位面积保管量

物流过程	分析指标	具体指标
盘点物流过程	盘点物流过程分析指标	盘点数量误差率、盘点品种误差率
订单处理物流过程	订单处理物流过程评估分析指标（订单作业效率分析指标）	平均每日来单数、平均客单数、平均每订单包含货件数、平均客单价值、订单延迟率、订单货件延迟率、缺货率
拣货物流过程	拣货物流过程分析指标（拣货作业效率分析指标）	拣货人员装备率、拣货设备成本产出、每订单投入拣货成本、每取货次数投入拣货成本、单位体积投入拣货成本
配送物流过程	配送物流过程分析指标（配送作业效率分析指标）	平均每人配送量、平均每人配送距离、平均每人配送重量、平均每人配送车次、平均每台车的吨公里数、平均每台车的配送距离、平均每台车的配送重量、配送成本比率、单位配送成本、每体积配送成本、每车次配送成本、每千米配送成本
采购物流过程	采购物流过程分析指标（采购作业效率分析指标）	采购作业过程效率分析、货物采购及管理费用、进货数量误差率、进货不良品率、进货延迟率
整体物流过程	整体物流过程分析指标（物流作业整体效率分析指标）	人员生产量、人员生产力、固定资产周转率、每天营运金额、营业成本占营业额的比率

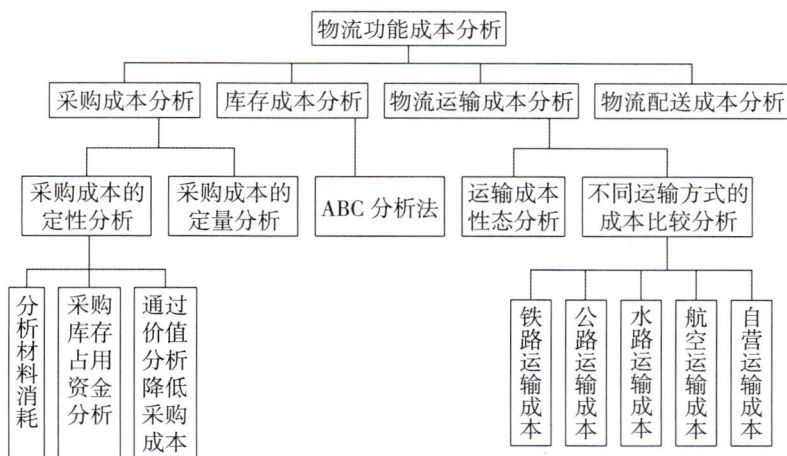

图7-3 物流功能成本分析

（4）物流成本计划。物流成本计划是根据成本决策所确定的方案、计划期的生产任务、降低成本的要求以及有关资料，通过一定的程序，运用一定的方法，以货币形式规定计划期物流各环节的费用水平和成本水平，并提出保证成本计划顺利实现所采取的措施。物流成本计划可以在物流成本各环节给企业提出明确的目标，推动企业加强成本管理，增强企业的成本意识，控制物流环节费用，挖掘降低成本的潜力，保证企业降低物流成本目标的实现。

（5）物流成本决策。物流成本决策是在成本预测的基础上，结合其他有关资料，运用一定的科学方法，从若干个拟订方案中选择一个满意方案的过程。例如，配送中心新建、改建、扩建的决策，装卸搬运设备、设施的决策，流通加工合理下料的决策等。进行物流成本决策、确定目标成本是编制物流成本计划的前提，也是实现物流成本的事前控制、提高经济效益的重要途径。

（6）物流成本预测。物流成本预测是根据有关成本数据和企业具体的发展情况，运用一定的技术方法，对未来的成本水平及其变动趋势做出科学的估计。物流成本预测可以提高物流成本管理的科学性和预见性。

（7）物流成本考核。物流成本考核是以物流责任报告为依据，将实际成本与预算成本或责任成本进行比较，确定两者差异的性质、数额以及产生差异的原因，并根据差异分析的结果，对各物流成本中心进行奖惩，以督促物流成本整体优化。

物流成本考核中的重要一环是衡量物流价值，衡量物流价值的方法如图7-4所示。

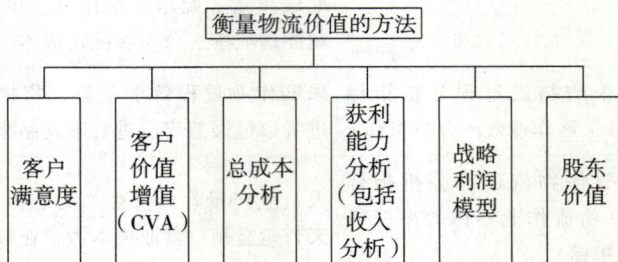

图7-4　衡量物流价值的方法

注：
（1）客户价值包括产品属性、服务属性、交易成本、生命周期成本、风险。
（2）CVA=观察到的公司提供的价值÷观察到的竞争对手提供的价值。

课堂提问 ✓

如何看待公路货物运输的超载问题？

课堂实训 ✓

讨论物流企业应如何加强管理、降低成本。请给出一个简单的方案。

案例分组讨论 ✓

格兰仕通过对生产计划和物料的系统规划，实现了材料和产品的库存都按照计划来流动，只保留少量的合理库存（零库存管理思想）。格兰仕企划中心的游丽敏向记者介绍道："零库存管理的核心在于尽快采购最好的原材料、制造更好的产品，并通过反应迅速的营销体系以最快的速度传递到消费者手中。通过对ERP系统的规划和运用，集团能够对库存进行数字化管理，具体到每个型号的产品在工厂有多少库存、经销商仓库里有多少台产品、每个时期的产品库存周转率是多少，集团都有准确的统计数据。其实，零库存在应用过程中就是一种信息流的规划，这种规划能够提高企业的资金周转率，有效降低经营风险。"

伴随着零库存管理思想，格兰仕还向合作伙伴们提出了"商家经营零风险"的策略，这一策略使得原材料供应商、销售合作伙伴都主动接受了"格兰仕的目标就是我们的目标"的理念。正是零库存给了格兰仕在家电制造领域强有力的自信。尽管两年前，格兰仕首次涉足空调产业时，人们纷纷表达了对这个微波炉企业的质疑，但今天，格兰仕已经成功地将在微波炉生产中积累起来的信息化经验引入空调的生产和营销中，并取得了不俗的业绩。

现在，格兰仕还不能完全通过信息系统来实现决策支持，高层仍然更多地参照盈利链来进行决策，但是其迫切希望通过持续而踏实的努力将信息化扩大到客户，包括海外代理商，根据环境的不断变化来调整客户关系，最后实现一种文化的延伸，及时为终端顾客提供相关的服务和知识。这种新的客户关系不是简单的买和卖的关系，而是一种一对一的交流。

问题：格兰仕是怎样降低物流成本的？

任务三　掌握物流成本核算的方法

★任务目标

掌握物流成本核算的方法，能够进行物流成本核算。

★课堂讨论

假设 A、B 两个客户每月对同一商品的总需求量相同，但订货次数与订货批量不同，这对物流成本有何影响？如何定量区分？

★问题引导

企业物流成本核算现状分析如下：

（1）在传统的物流成本核算法下，人们提出了"物流冰山学说"。一般情况下，企业会计科目中只把支付给外部运输、仓储企业的费用列入成本。实际上，这些费用在整个物流成本中犹如冰山一角。

（2）传统的物流成本核算法提供的物流成本信息失真，不利于进行科学的物流成本控制，核算间接费用普遍采用与产量相关联的分摊基础，包括直接工时、机器小时、材料耗用额等。这种计算方法使现代企业的许多物流活动产生的费用处于失控状态，造成了大量的浪费和物流服务水平的下降。

（3）传统的会计实践通常不能提供足够的物流量度。第一，传统的会计核算方法不能满足物流一体化的要求，物流活动及许多物流成本常常是跨部门产生的，将各种物流活动成本与其他活动成本混在一起进行归集，无法准确划分各项活动的责任。第二，传统会计科目的费用分配率存在问题，从传统成本的各项费用中剥离出物流成本，通常是按物流的功能分离的，很难对个别活动的物流成本进行细分。

思考：企业应该如何进行物流成本核算？

小词典

物流作业成本法，以特定物流活动成本为核算对象，通过成本动因来确认和计算作业量，进而以作业量为基础分配间接费用的物流成本管理方法。

引导知识点

一、会计方式的物流成本核算方法

1.品种法

品种法即以产品品种（或劳务作业种类）作为成本核算的对象，归集生产费用，并据以核算产品成本的一种方法。品种法核算程序如图7-5所示。

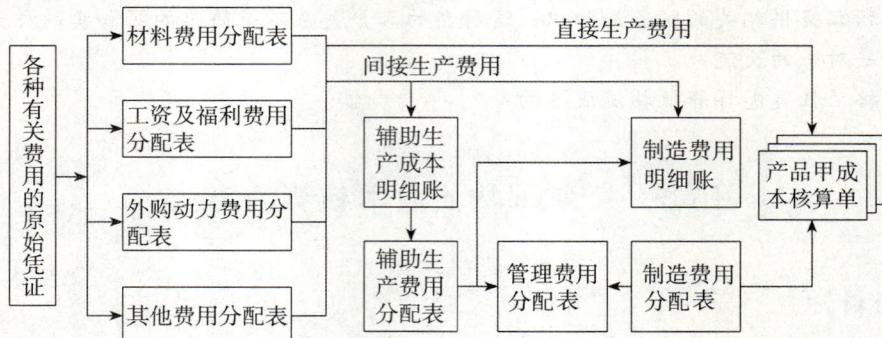

图7-5 品种法核算程序

2.分批法

分批法即以产品的批别（或劳务作业对象的批次）作为成本核算的对象，归集生产费用，并据以核算产品（或劳务作业对象）成本的一种方法。分批法核算程序如图7-6所示。

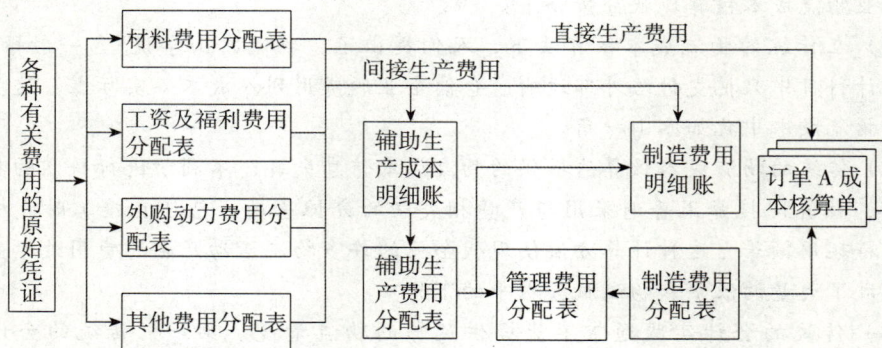

图7-6 分批法核算程序

3.逐步结转分步法

逐步结转分步法即以产品的品种和每种产品所经过的生产步骤作为成本核算的对象，归集生产费用，并据以核算产品成本的一种方法。它适用于大量、大批、多步骤生产的企业，也适用于多环节、多功能、综合性营运的物流企业。逐步结转分步法核算程序如图7-7所示。

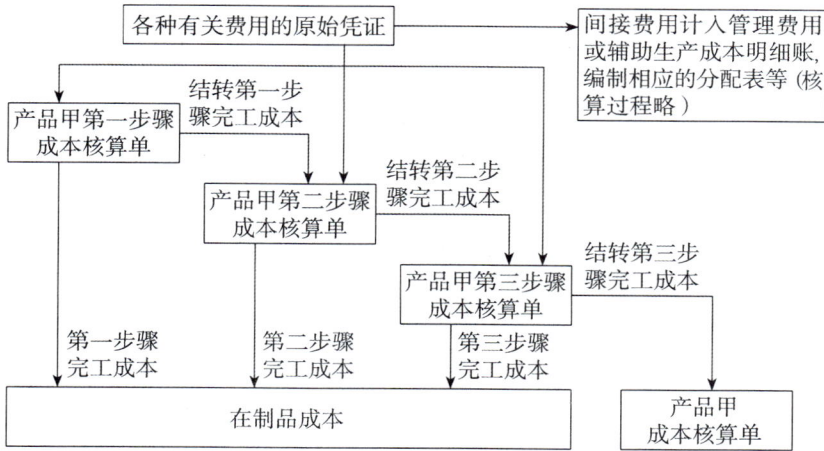

图7-7 逐步结转分步法核算程序

二、作业成本法（简称ABC法）

作业成本法也称作业成本会计或作业成本核算制度，是以成本动因理论为基础，通过对作业（activity）进行动态追踪，反映、计量作业和成本对象的成本，评价作业业绩和资源利用情况的一种方法。作业成本法的分析依据及具体内容见表7-6。

表7-6 作业成本法的分析依据及具体内容

分析依据	具体内容
按成本层次分析	●单位作业：可以使单位产品受益的作业，如机器的折旧及动力等 ●批别作业：可以使一批产品受益的作业，如对每批产品的检验、机器准备与调试、原料处理、订单处理等。这类作业的成本与产品的批数成正比，而与批量的大小无关 ●产品作业：可以使某种产品的每个单位都受益的作业，如对每一种产品编制生产计划、材料清单或变更工程设计等。这种作业的成本与产品产量及批量的大小无关，但与产品种类的多少成正比 ●工序作业：计算加工成本的基础
按与作业成本动因关系的密切程度分析	●专属作业：只与某产品的生产有关的作业 ●共同消耗作业：与众多产品的生产有关的作业。共同消耗作业又可分为批次动因作业、数量动因作业、工时动因作业和价值管理作业等

作业成本法的基本原理为：根据"作业耗用资源，产品耗用作业；生产导致作业的产生，作业导致成本的发生"的指导思想，以作业为成本计算对象，首先依据资源动因将资源的成本追踪到作业中心，形成作业成本库，然后依据作业动因将作业的成本追踪到成本对象，最终形成产品的成本。作业成本法的基本原理如图7-8所示。

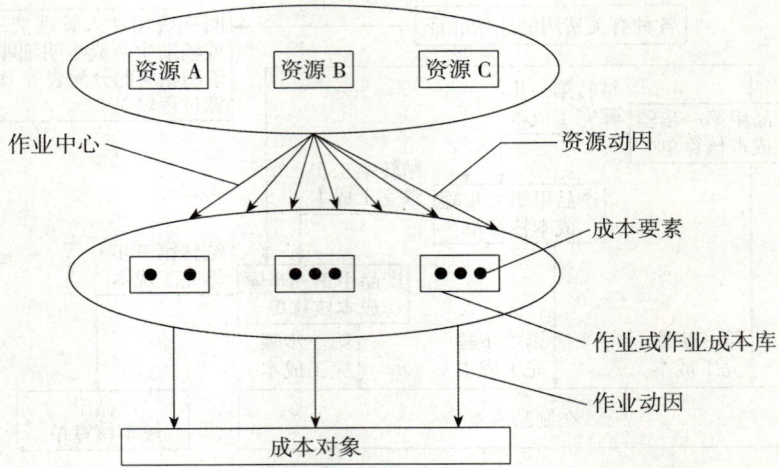

图7-8 作业成本法的基本原理

作业成本法的核算程序和具体内容见表7-7。

表7-7 作业成本法的核算程序和具体内容

核算程序	具体内容
确定各项作业的成本动因	成本动因是否客观合理，是成本作业法能否取得成效的关键。因此，成本动因的筛选与确认应由有关技术人员、成本会计核算人员和管理人员等共同分析讨论
对作业进行筛选整合，建立作业中心及作业成本库	●对各项作业进行确认，确认方法主要有业务职能活动分解法、过程定位法、价值链分析法和作业流程图分析法等 ●在确认作业的基础上，对作业进行筛选与整合
依据资源动因，将各项作业所耗费的资源追踪到各作业中心，形成作业成本库	在对企业的作业和资源动因进行全面分析的基础上，依据各项资源耗费结果、资源动因及作业之间的相关性，将当期发生的生产费用按不同的作业中心进行归集，即按各作业中心的作业成本库归集作业成本，并计算全部成本库的成本总和
根据产品对作业的消耗，将成本分配给最终产品，计算产品成本	当成本归集到各作业中心的作业成本库后，应按作业动因及作业成本额计算出作业成本的分配率，并按不同产品所消耗的作业量的多少分配作业成本，最终计算出产品应承担的作业成本 作业成本分配的计算公式：作业成本分配率=该作业中心的作业成本总额÷该作业中心的成本动因量化总和 某产品应承担的某项作业成本分配额的计算公式：某项作业成本分配额=该产品消耗某作业量的总和×该项作业成本的分配率

例7-1 某配送中心每月都会接到甲、乙两个商店购进洗衣粉的需求，分别为5次/月、400包/次，8次/月、250包/次。现已知配送中心洗衣粉的储存单位为箱，每箱洗衣粉为40包。配送中心各作业环节单位成本明细表见表7-8。

表7-8 配送中心各作业环节单位成本明细表

作业内容	各作业环节单位成本		说明
分拣	散件	0.05元/包（件）	
	箱	0.12元/箱	
制作拣货单证	次	1元/次	
捆包	散件	0.03元/包（件）	

问：用作业成本法计算甲、乙两个商店的配货作业成本。

解：依题可知，每月甲、乙两个商店的订货数量、订货频率与每次进货数量，见表7-9。

表7-9 甲、乙两个商店的订货数量、订货频率与每次进货数量

内容 ＼ 客户	甲商店	乙商店
订货数量	2 000包/月	2 000包/月
订货频率（配货频率）	5次/月	8次/月
进货数量/次（配货数量/次）	400包/次（10箱）	250包/次（6箱零10包）

计算甲、乙两个商店的配货作业成本，见表7-10。

表7-10 甲、乙两个商店的配货作业成本计算表

作业内容	各作业环节单位成本		成本计算	
			甲商店	乙商店
分拣	散件	0.05元/包（件）		10×8×0.05=4（元）
	箱	0.12元/箱	10×5×0.12=6（元）	6×8×0.12=5.76（元）
制作拣货单证	次	1元/次	1×5=5（元）	1×8=8（元）
捆包	散件	0.03元/包（件）		10×8×0.03=2.4（元）
成本合计			11元	20.16元

课堂提问 ✓

如何进行有效的物流成本核算？

课堂实训 ✓

对某配送中心而言，A、B两个客户对某一商品的订货总需求均为100个/月，A、B

两个客户的订货频率及订货次数分别为 5 次/月、20 个/次，20 次/月、5 个/次。配送中心各作业环节单位成本明细表见表 7-11。

表 7-11　　　　　　　　　　　　配送中心各作业环节单位成本明细表

作业内容		单价	作业内容		单价
分拣	散件	0.08 元/个	捆包	散件	2 元/个
	箱（12 个）	0.12 元/箱		厂家原箱	0.37 元/箱
	大型（20 箱）	0.35 元/个		大型（20 箱）	0.65 元/件
	次数	0.50 元/次	贴标签		0.07 元/个
	准备	0.06 元/次			
检验	散件	0.07 元/个	（以下略）		
	箱	0.15 元/箱			

试用作业成本法计算 A、B 两个客户的配货作业成本。

任务四　掌握物流成本决策的方法

★任务目标

掌握物流成本决策的方法，能够进行物流成本决策。

★课堂讨论

（1）如何评价一个决策的好坏？

（2）如何做出正确的成本决策？

★问题引导

杰克和吉姆结伴旅游。经过长时间的徒步旅行，到了中午的时候，杰克和吉姆准备吃午餐。杰克带了 3 块饼，吉姆带了 5 块饼。这时，有一个路人路过。路人饿了，杰克和吉姆邀请他一起吃饭，路人接受了邀请。杰克、吉姆和路人将 8 块饼全部吃完。吃完饭后，路人为了感谢杰克和吉姆的午餐，给了他们 8 个金币，然后继续赶路。

杰克和吉姆对这 8 个金币的分配持不同意见。吉姆说：“我带了 5 块饼，理应是我得 5 个金币，你得 3 个金币。”杰克不同意：“既然我们在一起吃这 8 块饼，理应平分这 8 个金币。”杰克坚持认为应每人分 4 个金币。

思考：你认为应该如何分配这 8 个金币？

引导知识点

一、量本利分析法

量本利分析法是针对确定型决策的一种求解方法，是研究决策方案的销量，以及生产成本与利润之间的函数关系的一种数量分析方法，是从目标利润或目标成本出发，来确定合理的物流业务量或业务规模的方法。

二、期望值决策法

期望值决策法是针对风险型决策的一种求解方法。它以收益和损失矩阵为依据，分别计算各种可行方案的期望值，然后选择收益值最大的方案作为最优方案。

三、决策树法

决策树法也是针对风险型决策的一种求解方法。它是决策层面的一种图解，是按一定的方式绘制好决策树，用树状图来描述各种方案在不同自然状态下的收益，然后用反推的方式进行分析，据此计算每种方案的期望收益，从而进行决策的方法。

四、乐观准则、悲观准则、后悔值准则

乐观准则、悲观准则、后悔值准则是针对不确定型决策的求解方法。乐观准则也称大中取大法；悲观准则也称小中取大法；后悔值准则需要计算后悔值，所谓后悔值，也称机会损失值，是指在一定自然状态下由于未采取最好的行动方案，失去了取得最大收益的机会而造成的损失。

五、成本无差别点分析法

成本无差别点分析法就是对不同的备选方案首先计算成本无差别点，然后把它作为数量界限来筛选最优方案的一种决策分析方法。成本无差别点是指两个备选方案在总成本相等时的业务量。当预计业务量小于成本无差别点的业务量时，则固定成本较小、单位变动成本较大的方案为较优方案；当预计业务量大于成本无差别点的业务量时，则固定成本较大、单位变动成本较小的方案为较优方案。成本无差别点分析法如图7-9所示。

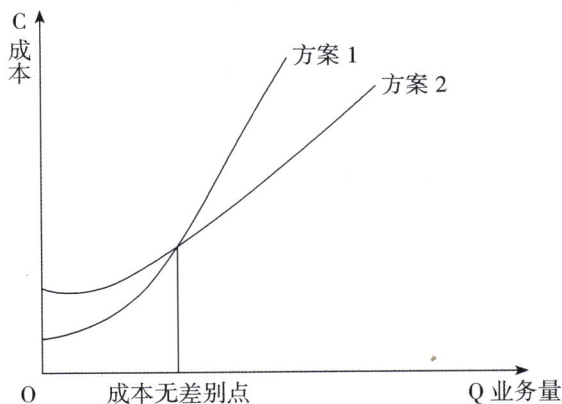

图7-9 成本无差别点分析法

六、重心法

重心法是一种模拟方法，它是将物流系统的需求点和资源点看成分布在某一平面范围内的物体系统，将各点的需求量和资源量看成物体的重量，将物体的重心作为物流网点的最佳设置点，利用求物体重心的方法确定物流网点位置的方法。

七、差量分析法

差量分析法是根据两个备选方案的"差量收入"与"差量成本"的比较所确定的

"差量损益"来确定哪个方案最优的方法。差量收入是指两个备选方案的预期相关收入之间的差额；差量成本是指两个备选方案的预期相关成本之间的差额。如果"差量损益"小于零，则后一个方案较优；如果"差量损益"大于零，则前一个方案较优。应当注意，在计算时，方案的排列顺序必须一致。另外，如果有多个方案供选择时，可两两进行比较，最终确定最优方案。

八、线性规划法

线性规划法是用来解决资源的合理利用和合理调配问题的方法。具体来说有两个方面：一是当计划任务已定时，如何统筹安排，从而以最少的资源来完成任务；二是当资源的数量已定时，如何做到合理利用、配置，从而使完成的任务效果最好。线性规划法的实质是把经济问题转化为数学模型进行定量分析，通过求函数的极大值或极小值来确定最优方案。

例7-2　某产品每件销售价为100元，每件成本为70元；如果卖不掉，残值为30元。在这一时期，需求量为35~40件，即35件以下可以全部卖掉，超过40件则卖不掉。需求量和需求概率见表7-12。

表7-12　　　　　　　　　　需求量和需求概率

需求量（件）	需求概率
35	0.10
36	0.15
37	0.25
38	0.25
39	0.15
40	0.10

问：此产品的订货量是多少？

解：根据资料，得到期望利润计算表，见表7-13。

表7-13　　　　　　　　　　期望利润计算表

实际需求量 \ 订货量（件）概率/利润（元）	35 (0.10)	36 (0.15)	37 (0.25)	38 (0.25)	39 (0.15)	40 (0.10)	期望利润（元）
35	1 050	1 050	1 050	1 050	1 050	1 050	1 050.0
36	1 010	1 080	1 080	1 080	1 080	1 080	1 073.0
37	970	1 040	1 110	1 110	1 110	1 110	1 085.5
38	930	1 000	1 070	1 140	1 140	1 140	1 080.5
39	890	960	1 030	1 100	1 170	1 170	1 058.0
40	850	920	990	1 060	1 130	1 200	1 025.0

比较表 7-13 中的期望利润，订货量为 37 件时期望利润为 1 085.5 元，是最大值。因此，订货量为 37 件是最优方案。

例 7-3　某仓储企业为了增加销售额，拟投资建设仓库。据市场预测，产品销路好的概率为 0.7，销路差的概率为 0.3，有 3 种方案可供企业选择。

方案 1：新建大仓库，投资成本为 300 万元。据初步估计，销路好时，每年可获利 100 万元；销路差时，每年亏损 20 万元。服务期为 10 年。

方案 2：新建小仓库，投资成本为 140 万元。销路好时，每年可获利 40 万元；销路差时，每年仍可获利 30 万元。服务期为 10 年。

方案 3：新建小仓库，投资成本为 140 万元。3 年后销路好时再扩建，需追加投资成本 200 万元，服务期为 7 年，估计每年获利 95 万元。

问：哪个方案最好？

解：采用决策树法，先画出决策树，如图 7-10 所示。

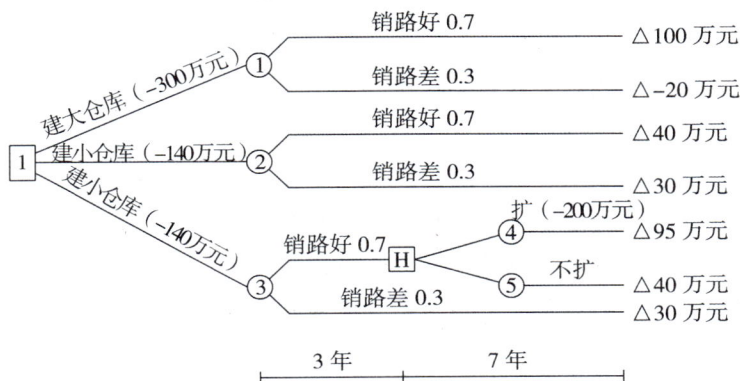

图 7-10　决策树

计算各方案点的期望收益：

$E_1 = [0.7 \times 100 + 0.3 \times (-20)] \times 10 - 300 = 340$（万元）

$E_2 = (0.7 \times 40 + 0.3 \times 30) \times 10 - 140 = 230$（万元）

$E_4 = 95 \times 7 - 200 = 465$（万元）

$E_5 = 40 \times 7 = 280$（万元）

$E_4 > E_5$

$E_3 = 0.7 \times 40 \times 3 + 0.7 \times 465 + 0.3 \times 30 \times 10 - 140 = 359.5$（万元）

比较 E_1、E_2、E_3，E_3 最好。

例 7-4　某运输企业对运输成本的核算有两种方案：方案 A 的固定成本为 20 000 元/月，变动成本为每吨公里 0.50 元；方案 B 的固定成本为 15 000 元/月，变动成本为每吨公里 0.55 元。假设该运输企业 3 月份的运输周转量为 15 万吨公里。

问：选择哪种方案合适？

解：计算成本无差别点，设成本无差别点的运输周转量为 x 吨公里，则列方程式如下：

$20\,000 + 0.50x = 15\,000 + 0.55x$

方程式求解：$x = 100\,000$（吨公里）

即成本无差别点的运输周转量为 10 万吨公里。

由于实际运输周转量15万吨公里>10万吨公里，因此应选择固定成本较高的方案A。

课堂实训 ✓

某企业在下年度进行产品开发设计时有两个方案可供选择：一种方案是企业自行设计；另一种方案是委托其他公司设计。每种方案都面临畅销、一般和滞销三种市场状态，不同市场状态下的概率和收益值见表7-14。

表7-14　　　　　　　不同市场状态下的概率和收益值

市场状态	概率	收益值（百万元）	
		企业自行设计	委托其他公司设计
畅销	0.4	500	400
一般	0.3	200	300
滞销	0.3	-100	0

问：选择哪种方案的期望值较大？

案例分组讨论 ✓

安利是一家善于通过减少中间环节、压缩成本来扩大利润空间的企业，喜欢尝试通过不同的新工具和新技术来降低企业的运营成本。安利在降低物流成本方面的策略主要有：非核心业务外包、仓库半租半建、核心系统高投入。

1. 非核心业务外包

核心业务如库存控制等由安利统筹管理，实施信息资源最大范围的共享，非核心业务则通过外包形式完成。另外，全国几乎所有的仓库均为外租第三方物流公司的仓库，而核心业务，如库存设计、调配指令及储运中心的主体设施与运作等，则由安利团队统筹管理。

2. 仓库半租半建

安利采取和另一家物流公司合作的模式，合作方提供土地和库房，安利租用仓库并负责内部设施的建设。如此一来，安利只用1年时间和1 500万元的投入，就拥有了面积充足、设备先进的新物流中心。

3. 核心系统高投入

安利的物流系统能将全球各个分公司的存货数据联系在一起，各分公司与美国总部直接联网，可以详查每项库存产品的详细数据。有关数据通过数据专线传输至各批发中心，总部及仓库能及时了解各地区、各店铺的销售和存货状况，并按各店铺的实际情况及时安排补货。

资料来源　佚名. 安利之削平物流成本［EB/OL］.［2021-11-03］. https://max.book118.com/html/2021/1103/7026153166004033.shtm.

问题：

（1）如何理解安利核心系统高投入与缩减物流成本之间的关系？

（2）安利中国仓库半租半建的做法对中国物流企业有何启迪？

任务五　了解物流成本控制

★任务目标

了解物流成本控制的分类，掌握物流成本控制的原则、步骤、注意事项和方法，能够进行物流成本控制。

小词典

物流成本控制是指企业在物流活动过程中依据事先制定的物流成本标准，对实际发生的物流成本进行严格审核，一旦发现偏差，及时采取措施加以纠正，从而实现预定的物流成本目标。

★课堂讨论

物流成本控制的目的是什么？如何才能有效控制物流成本？

★问题引导

"运满满"致力于把线下的车货匹配引流到线上，采用平台调度的方式，撮合货主、司机更高效地完成配货。2015年，"运满满"通过智慧、精准匹配，将公路物流原本高达37%的空驶率降低了10%，平台上司机的月行驶里程从9 000公里提高到了11 000公里。随着配货体系的逐渐完善，2016年，"运满满"的"无车承运人"模式强势上线。

思考："运满满"是如何降低物流成本的？

引导知识点

一、物流成本控制的分类

物流成本控制是企业物流成本管理的一个重要手段，物流成本控制分为广义的物流成本控制和狭义的物流成本控制。广义的物流成本控制是指按照物流成本发生的时间划分为事前控制、事中控制和事后控制；狭义的物流成本控制仅指事中控制。

1.物流成本事前控制

物流成本事前控制是指运用目标成本法进行物流成本控制，或者采用预算法进行物流成本控制，这属于前馈控制。目标成本法是指经过物流成本预测和决策，确定目标成本，并将目标成本进行分解，然后结合经济责任制，层层进行考核的方法。物流成本事前控制的主要内容包括物流系统的设计（如配送中心、仓库的建设）、物流设施设备的配备、物流信息系统的建设、作业流程的改进优化等。据估计，60%～80%的物流成本在物流系统的设计阶段就已经确定了，因此物流成本事前控制是物流成本控制最重要的环节，直接影响到物流作业成本的高低。

2.物流成本事中控制

物流成本事中控制是指运用标准成本法进行物流成本控制，也就是日常控制。它对物流过程中发生的各项费用（如设备费用、人工费用、工具设备费用和其他费用等）按预定的成本费用标准，进行严格的审核和监督，计算实际费用和标准费用之间的差异并进行分析，一旦发现偏差，马上采取措施加以纠正，及时进行信息反馈。

3.物流成本事后控制

物流成本事后控制是指在物流成本形成之后，对物流成本的核算、分析和考核，这属于反馈控制。物流成本事后控制通过对实际物流成本和标准成本进行比较，以此确定差异，分析原因，确定责任者，对物流成本责任单位进行考核和奖惩，进而为企业今后的物流成本控制提供意见，帮助企业制定物流成本控制制度，最终达到降低物流成本的目的。

📍 小思考7-2

在物流成本事前控制、事中控制、事后控制的分类中，哪种控制方式更重要、更有效？

★ 问题引导

办公家具公司通常会采用一种与众不同的方法来处理返品。当他们安置新的家具时，同时参与旧家具的移除，并关心顾客的其他需求。例如，当一个顾客重新装修他的办公室时，通常会升级电子设备，因此，公司同时能够完成电子设备的拆除工作。可以说，公司已将返品管理视为一个可以发掘的新商业机会。通过电子设备的再营销、再循环或者处理，提高了公司的收入，并拓展了一项新的盈利业务。

资料来源　佚名.逆向物流的7个最佳实践案例［EB/OL］.［2020-04-28］.https://wenku.baidu.com/view/4a01e0cdb42acfc789eb172ded630b1c58ee9bc5.html.

思考：办公家具公司是如何抓住新商业机会的？

📍 引导知识点

二、物流成本控制的原则

1.经济原则

所谓经济原则，是指以较少的投入取得尽可能好的经济效果，也就是对人力、物力、财力的节省，强调效益观念。这是物流成本控制的核心，也是物流成本控制的最基本的原则。

2.全面原则

全面原则包括全员控制、全方位控制以及全过程控制。全员控制是指物流成本控制不仅要有成本管理机构人员的参与，还要求企业全体人员广泛参与，这样才能取得良好的控制效果。全方位控制是指不仅要对各项费用的数额进行控制，还要对产生费用的时间、用途进行控制，讲求物流成本开支的合理性、合法性和经济性。全过程控制是指物流成本控制不能局限于生产过程，还要将其向前延伸到物流系统的设计、研发，向后延伸到客户服务的全过程。

3.责、权、利相结合的原则

要加强物流成本控制，必须发挥经济责任制的作用，必须坚持责、权、利相结合的原则。企业内部各部门、各单位只有承担相应的物流成本控制职责，被赋予相应的权力，并享有相应的利益，才能充分调动它们对物流成本控制的积极性和主动性，取得良好的控制效果。

4.目标控制原则

物流成本控制是企业目标控制的一项重要内容。目标控制原则是指以既定的目标作为人力、财力、物力管理的基础，从而实现企业的各项经济指标。物流成本控制是以目标物流成本为依据，控制企业的物流活动，从而达到降低物流成本、提高经济效益的目的。

5.重点控制原则

重点控制原则是指加强对物流成本关键点的控制。企业日常的物流成本项目众多，计划与实际的差异点也非常多，如果平均使用力量进行管理，往往要花费大量的时间和精力，而且效果不佳。通过对关键点的控制来降低物流成本，是一些物流发达国家常用的做法。

★ 问题引导

上海通用利用"牛奶取货"成功降低物流成本

汽车厂在组织零部件运输时要么使用自己的运输队，要么找专业的运输公司帮忙。无论采用哪种方式，都存在以下问题：有的零部件因为体积或数量的差异，并不一定正好能装满一卡车，但为了节省物流成本经常装满一卡车，这样就造成了高库存状况。而且，不同供应商的送货缺乏统一的标准化管理，在信息交流、运输安全等方面会产生各种各样的问题。

目前，上海通用做出了新的尝试：聘请一家第三方物流供应商，由他们来设计配送路线，然后到不同的供应商处取货，再直接送到上海通用，利用"牛奶取货"或者叫"循环取货"的方式解决了以上难题。通过循环取货，零部件运输成本可以下降30%以上。对于一些用量很少的零部件，为了不浪费运输车辆的运能，充分节约运输成本，上海通用使用了一种被称为"牛奶圈"的小技巧：每天早晨，上海通用的汽车从厂家出发，到第一个供应商那里装上准备好的零部件，然后到第二家、第三家，直到装上所有的零部件返回。这样做的好处是，避免了所有供应商空车返回造成的运力浪费。

资料来源　佚名. 一个降低物流成本的成功案例［EB/OL］.［2020-05-02］. https: //www.docin. com/p-2354724270.html.

思考：上海通用是如何控制物流成本的？

📍 引导知识点

三、物流成本控制的步骤

物流成本控制贯穿于企业生产经营的全过程。一般来说，物流成本控制包括以下几个步骤：

1.制定物流成本标准

物流成本标准是物流成本控制的准绳，是各项物流费用开支的数量限度，是检查、衡量、评价物流成本水平的依据。物流成本标准包括物流成本计划规定的各项指标，由于这些指标通常比较综合，不能具体控制，因此可以采用计划指标分解法、预算法、定额法等来确定具体的指标，有时还要进行调查研究和科学计算，同时处理好这些指标与其他技术经济指标的关系。

2.监督物流成本的形成

企业应根据控制标准，经常对物流成本的各个项目进行检查、评比和监督，不仅要检查指标本身的执行情况，还要检查影响指标的各项条件，如设施设备、技术水平、工作环境等；不仅要加强物流费用开支的日常控制，做到有专人负责监督，还要加强执行者的自我控制，明确经济责任，调动全体员工的积极性。

3.及时揭示和纠正偏差

企业应及时揭示实际物流成本偏离标准成本的差异，分析差异产生的原因，明确责任归属，提出改进措施并加以贯彻执行。企业一般应采取以下步骤：

（1）提出降低物流成本的课题。从各种物流成本超支项目中寻找降低物流成本的课题，课题一般是成本降低潜力大、可能改进的项目，提出课题的内容和预期要达到的目标。

（2）讨论和决策。发动有关部门人员进行广泛研讨，尽可能提出多种解决方案，从中选择最优方案。

（3）确定方案实施的方法、步骤和负责执行的人员。

（4）贯彻执行方案。执行过程中要加强监督，检查预期目标是否实现。

4.评价和激励

评价物流成本控制措施的执行结果，根据物流成本控制情况实施奖惩。

★ 问题引导

方便快捷的新零售模式

其实，所谓的新零售就是将线上App和线下零售店联系在一起的一种销售模式。用户只需要通过App下单，附近门店就可以将用户购买的东西在很短的时间内送到，这种将线下流量导流至线上的模式就是新零售模式。

相比电商购物，新零售模式最大的优势就是更方便快捷，而且线下门店的存在不仅可以保证送货到家的时间，还能让用户实地看到食材的新鲜程度，让顾客放心，优化用户体验。新零售模式最好的例子之一就是阿里巴巴旗下的盒马鲜生。

作为以生鲜食品为主打品类的新零售电商，盒马鲜生在近几年的表现非常亮眼，销售额超上百亿元，其门店规模也在不断扩大。有关资料显示，目前诸如郑州、济南、南昌等27个城市均有盒马鲜生门店入驻，而在2021年12月中旬，第300家盒马鲜生门店也正式对外营业。

资料来源 佚名.马云又"预言"对了？未来电商或将遇瓶颈，新的销售模式已兴起［EB/OL］.［2021−12−23］. https://page.om.qq.com/page/OSzTkZ−Ixmmtb4C3−5SATmXg0.

思考：新零售模式是如何创造价值的？

⌖ 引导知识点

四、物流成本控制应注意的问题

进入21世纪以来，全球经济一体化的趋势越来越明显。随着竞争的日益加剧，物流成本控制的目标不仅仅是降低物流成本，更要通过物流的合理化，合理配置企业资源，优化业务流程，提高供应链绩效，这样才能提高企业的利润，从而提高企业的竞争力。

企业的物流成本控制应注意以下几点：

1.物流成本控制与服务质量控制相结合

由于提高物流服务质量水平与降低物流成本之间存在着"效益背反"的矛盾关系，因此在进行物流成本控制时，必须做到物流成本控制与服务质量控制相结合。物流成本控制的目标为：以最低的物流成本，实现客户预期的物流服务水平；或者是以一定的物流成本，实现最高的客户服务水平。企业应正确处理降低物流成本与提高服务质量的关系，提高物流效益。

2.局部控制与整体控制相结合

局部控制是对某一物流功能或环节耗费成本的控制，整体控制是对全部物流成本的系统控制，物流成本控制的重要原则是对物流成本的整体控制。例如，航空运输的费用比其他运输方式要高，但航空运输可以减少包装费，保管费几乎为零，而且没有时间成本，因此不能光从运输费用这一项来判断整个物流费用的高低。

3.全面控制与重点控制相结合

物流系统是一个多环节的开放系统，在进行物流成本控制时，必须遵循全面控制的原则。同时，根据重点管理的基本原则，企业应当对物流活动及对自身经济效果有重要影响的项目和因素严加控制，如对物流设备投资、贵重物品包装以及能源等物流成本项目实行重点控制，以提高物流成本控制的效果。

4.经济控制与技术控制相结合

物流成本是一个经济范畴，进行物流成本管理必须遵循经济规律，广泛运用利息、奖金、定额、利润、绩效考核等经济手段。同时，物流管理又是一项技术性很强的工作，企业必须改善物流技术和提高物流管理水平，通过物流作业的机械化、自动化，以及对运输管理、库存管理、配送管理等技术的充分运用，降低物流成本。

5.专业控制与全员控制相结合

专业的物流成本控制是必要的，如运输部门对运输费用的控制、仓储部门对保管费用的控制、财会部门对全部费用的控制等。同时，企业要加强物流成本全员控制的意识，形成严密的物流成本控制网络，这样才能最终达到降低物流成本的目的。

★ 问题引导

2015年，中国有六成网民网购商品，总人数达到了4.13亿。电商销售量和出货量每年递增，物流成本控制被提上日程。你有什么好的电商物流成本控制方法和策略建议？

引导知识点

五、物流成本控制的方法

物流成本控制的方法主要有目标成本法、标准成本法、责任成本法等。

1.目标成本法

目标成本法起源于20世纪60年代初期的日本丰田汽车公司。为了更有效地实现供应链管理的目标，使客户需求得到最大程度的满足，丰田汽车公司从战略的高度进行分析，将成本管理与战略目标相结合，使成本管理与企业经营管理全过程的资源消耗和资源配置协调起来，从而产生了目标成本法。

小词典

目标成本法以给定的竞争价格和预期将要实现的利润为基础来决定产品的成本。目标成本法是产品生产在后，价格和利润决定在前，即企业首先确定客户会为产品或服务支付的价格和企业期望产生的利润，其次计算出产品或服务应花费的成本，最后根据制定的目标成本进行产品或服务的开发设计。

目标成本法使成本管理模式发生了转变：从"客户收入=成本价格+平均利润贡献"转变为"客户收入−目标利润贡献=目标成本"。

企业根据市场调查得到的价格，扣除需要得到的利润以及为继续开发产品所需的研发经费，计算出产品在制造、分销和加工处理过程中允许的最大成本，即目标成本，用公式表示如下：

C= P−S

式中：C——目标成本；P——目标销售价格；S——目标利润。

目标成本法建立在企业内部和外部环境相结合的基础之上，用系统理论把影响企业经营的各种因素考虑到企业产品生产的过程中。因此，目标成本法较传统成本法来说是一个基于开放系统的方法。传统成本法是一个基于企业内部的封闭系统的方法，忽视了企业与其所处环境之间的相互作用。目标成本法强调企业适应外部环境的重要性，把价格、利润和成本三个关系紧密又互相影响的因素结合在一起，提高了企业服务的质量，适应了环境，满足了顾客的需要。传统成本法与目标成本法的区别见表7−15。

表7−15　　　　　　传统成本法与目标成本法的区别

项目	传统成本法	目标成本法
指导思想	以基期的成本水平为依据，考虑到计划期有关因素变动对成本的影响，以此来确定计划期的成本水平，并进行成本管理	以市场为导向，围绕企业的经营管理目标进行成本管理，它取决于企业的目标利润水平
管理范围	管理范围只局限于事中、事后的成本管理	管理范围是将企业的全部经营活动作为一个系统，从事前的成本预测到成本的形成及事后的成本分析，实行全面的、全过程的管理，将全部经营活动中的一切耗费都置于成本控制之下
管理侧重点	侧重于事后管理，虽然也进行成本分析、提出改进意见，但改进措施的实施要等到下一个成本管理期间	把工作重点放在事前控制和事中控制上，及时分析差异，并采取措施消除不利因素影响，提高了成本控制的地位
管理责任的区分	以成本的形成作为成本管理的出发点和归宿	强调成本指标的分解及归口管理，在各自的责任范围内有效控制成本，严格划分责任

例 7-5 某企业物流运输的同业平均服务利润率为 17.8%，预计本年服务量为 408 万吨公里，服务的市场价格为 1 元/吨公里。

问：企业的物流目标利润、物流目标总成本、物流目标单位成本各是多少？

解：物流目标利润=408×1×17.8%=72.624（万元）

物流目标总成本=408×1-72.624=335.376（万元）

物流目标单位成本=335.376÷408=0.822（元/吨公里）

例 7-6 某新产品预计单位售价为 2 000 元，单位产品目标利润为 300 元，该产品的税率为 9%，预计单位产品期间费用为 200 元。

问：该产品的目标成本是多少？

解：该产品的目标成本=2 000-300-2 000×9%-200=1 320（元）

例 7-7 某企业加工一种新产品投入市场，据分析，其单价不能高于同类产品售价（50 元）的 120%，预计加工该产品的固定费用为 1 500 元，目标利润为 11 500 元，销售量为 1 000 件。

问：该产品的目标单位变动成本是多少？

解：该产品的目标单位变动成本=50×120%-（11 500+1 500）÷1 000=47（元/件）

2.标准成本法

小词典

标准成本法是指以预先制定的标准成本为基础，将实际发生的成本与标准成本进行比较，核算和分析成本差异的一种成本计算方法，也是加强成本控制、评价企业经营业绩的一种成本控制方法。

标准成本法的核心是根据标准成本记录和反映产品成本的形成过程和结果，实现对成本的控制。标准成本法包括制定标准成本、计算和分析成本差异、处理成本差异三个环节。其中，制定标准成本是采用标准成本法的前提和关键，据此可以达到成本事前控制的目的；计算和分析成本差异是标准成本法的重点，据此可以促进成本控制目标的实现，并进行经营业绩考评。

小词典

物流标准成本是指以一定的预测方法为基础，根据物流服务水平的要求估算出的物流成本。

选择物流标准成本是一项很困难但非常重要的工作，因为成本水平过高或过低都会影响员工的工作积极性，都不能充分挖掘员工的工作潜力，所以企业可以选取可行性标准作为物流成本控制的依据。

物流标准成本通常包括直接材料标准成本、直接人工标准成本和服务费用标准成本。

（1）直接材料标准成本。直接材料标准成本是指在物流活动中耗费的材料成本。直接材料标准成本一般发生在物流活动中的包装和流通加工过程中。直接材料标准成本涉及的指标有标准用量和标准单位成本。在企业的物流活动过程中，产品的包装和流通加工往往需要耗用多种材料，因此计算时要按照材料种类分别确定每种材料的标准用量和标准单位成本。

直接材料标准成本=标准用量×标准单位成本

标准用量是通过实际测定或技术分析制定的材料耗费的用量标准；标准单位成本是根据市场价格和企业的采购成本确定的。

（2）直接人工标准成本。直接人工标准成本是指直接用于物流活动的人工成本。直接人工标准成本涉及的指标有标准工时和标准单位成本（标准工资率）。

直接人工标准成本=标准工资率×标准工时

在确定物流活动的直接人工标准成本时，首先要对物流活动的过程加以研究，包括物流活动中需要经历哪几个环节、每个环节要做哪些工作、每项工作需要耗费多长时间，以此测算出标准工时；其次要对企业的工资支付形式、制度进行研究，以便结合实际情况来制定标准工资率。

（3）服务费用标准成本。服务费用标准成本可以分为变动服务费用标准成本和固定服务费用标准成本两部分。这两部分服务费用标准成本都按照标准用量和标准分配率的乘积计算，标准用量一般用工时表示。

①变动物流服务费用标准成本的制定：

变动物流服务费用标准成本=单位物流服务直接人工标准工时×每小时变动物流服务费用的标准分配率

每小时变动物流服务费用的标准分配率=变动物流服务费用总额÷物流服务直接人工标准总工时

②固定物流服务费用标准成本的制定：

固定物流服务费用标准成本=单位物流服务直接人工标准工时×每小时固定物流服务费用的标准分配率

每小时固定物流服务费用的标准分配率=固定物流服务费用总额÷物流服务直接人工标准总工时

例7-8 某物流公司某月计划正常运营能力为9 100直接人工小时，直接人工工资预算总额为48 000元，营运间接费用预算总额为24 600元。其中，变动间接费用预算为8 400元，固定间接费用预算为16 200元。假设某项单位物流服务直接人工标准工时为10小时，直接材料标准消耗定额为10千克，每千克标准单价为12元。

问：该项物流服务的标准成本是多少？

解：标准工资分配率=直接人工工资总额÷直接人工标准总工时

$$=48\ 000÷9\ 100$$

$$=5.27（元/小时）$$

变动间接费用标准分配率=变动间接费用预算总额÷直接人工标准总工时

$$=8\ 400÷9\ 100$$

$$=0.92（元/小时）$$

固定间接费用标准分配率=固定间接费用预算总额÷直接人工标准总工时

$$=16\ 200÷9\ 100$$

$$=1.78（元/小时）$$

由此可以确定该项物流服务的标准成本，见表7-16。

表7-16 　　　　　　　　　该项物流服务的标准成本计算表

成本项目		数量标准	价格标准	单位标准成本（元）
直接材料		10千克	12元/千克	120
直接人工		10小时	5.27元/小时	52.7
间接费用	变动间接费用	10小时	0.92元/小时	9.2
	固定间接费用	10小时	1.78元/小时	17.8
合计				199.7

表7-16可以作为物流企业的单位物流服务的"标准成本卡"，利用"标准成本卡"可以为日常的物流成本控制提供依据。

3.责任成本法

小词典

责任成本是指责任单位能够预测、计量和控制的各项可控成本之和。

责任成本按照责任部门承担责任的原则，以责任单位作为计算对象来归集成本，它反映了责任单位与成本费用之间的关系。

（1）直接计算法。直接计算法是将责任单位的各项责任成本直接归集汇总，以求得该单位责任成本总额的计算方法。其计算公式如下：

单位责任成本=该单位各项责任成本之和

用这种方法计算，结果较为准确，但计算量较大。

（2）间接计算法。间接计算法是以责任单位发生的全部成本为基础，扣除该责任单位的不可控成本，再加上从其他责任单位转来的责任成本的计算方法。其计算公式如下：

单位责任成本=责任单位发生的全部成本－该责任单位的不可控成本+其他责任单位转来的责任成本

这种方法的计算量比直接计算法小，但在运用间接计算法时，应当首先确认该单位的不可控成本和其他责任单位转来的责任成本。

例7-9　甲生产车间下设A、B、C三个生产班组，各班组均采取间接计算法计算其责任成本。其中，A班组的责任成本业绩报告见表7-17。

表7-17　　　　　　　　　　责任成本业绩报告

责任单位：甲车间A班组　　　　　　××××年××月　　　　　　　　　　单位：元

项目			实际数	预算数	差异
生产成本	直接材料	原料及主要材料	12 080	12 200	−120
		辅助材料	11 400	11 300	+100
		燃料	11 560	11 500	+60
		其他材料	1 450	1 460	−10
		小计	36 490	36 460	+30
	直接人工	生产人员工资	16 300	15 200	+1 100
		生产人员福利费	2 120	2 100	+20
		小计	18 420	17 300	+1 120
	制造费用	管理人员工资及福利费	11 140	11 000	+140
		折旧费	11 450	10 660	+790
		水电费	1 680	2 000	−320
		其他制造费用	11 350	11 500	−150
		小计	35 620	35 160	+460
	合计		90 530	88 920	+1 610
其他费用	减：折旧费		11 450	10 660	+790
	废料损失		150		+150
	加：修理费		5 300	5 000	+300
责任成本			84 230	83 260	+970

表7-17表明，甲车间A班组本月归集的实际生产成本90 530元减去不该由该班组承担的折旧费11 450元，并减去废料损失150元（因采购部门采购材料的质量问题而发生的工料损失），再加上从修理车间转来的应由该班组承担的修理费5 300元，即为A班组的责任成本84 230元。

从总体上看，A班组当月的责任成本预算执行情况较差，超支970元。从各成本项目来看，"直接材料"中的"原料及主要材料"和"其他材料"共节约130元，"制造费用"中的"水电费"和"其他制造费用"共节约470元。"直接人工"实际比预算超支1 120元，经查明，这主要是企业提高计件工资单价所致。对于从企业修理车间转来的修理费5 300元（比预算超支300元），还应进一步加以分析，看其是因为本班组对设备操作不当导致维修费用增加，还是因为修理车间提高了修理费用（如多计修理工时等）。

对节约的费用项目应进一步加以分析，找出原因，以巩固取得的成绩。

例7-10　甲车间责任成本的计算和考核。其责任成本业绩报告见表7-18。

表7-18　　　　　　　　　　　责任成本业绩报告

责任单位：甲车间　××××年××月　　　　　　　　　　　　　　　　　　　　　单位：元

项目	实际数	预算数	差异
A班组责任成本	84 230	83 260	+970
B班组责任成本	68 930	67 890	+1 040
C班组责任成本	76 890	77 880	−990
合计	230 050	229 030	+1 020
甲车间可控成本：			
管理人员工资	24 500	24 300	+200
设备折旧费	22 960	23 000	−40
设备维修费	22 430	22 500	−70
水电费	5 600	5 200	+400
办公费	3 000	2 500	+500
低价值耗品摊销	6 980	6 800	+180
合计	85 470	84 300	+1 170
甲车间责任成本合计	315 520	313 330	+2 190

从表7-18可以看出，甲车间A、B、C三个班组中，C班组的成本业绩是最好的，甲车间当月责任成本超支2 190元，其中下属三个班组共超支1 020元，甲车间可控成本超支1 170元。A、B两个班组超支合计为2 010元（970+1 040），是责任成本控制的重点。

对于甲车间可控成本的超支项目，还应进一步详细分析，查找原因，采取措施加以控制。

例7-11　××公司总部责任成本的计算和考核。其责任成本业绩报告见表7-19。

表7-19　　　　　　　　　　　××公司总部责任成本业绩报告

××××年××月　　　　　　　　　　　　　　　　　　单位：元

项目	实际数	预算数	差异
甲车间业绩报告：			
A班组责任成本	84 230	83 260	+970
B班组责任成本	68 930	67 890	+1 040
C班组责任成本	76 890	77 880	−990
甲车间可控成本	85 470	84 300	+1 170
甲车间责任成本合计	315 520	313 330	+2 190
乙车间业绩报告：			
⋮	⋮	⋮	⋮
供应科业绩报告：			
⋮	⋮	⋮	⋮
总部责任成本业绩报告	131 500	132 000	−500
责任成本总计	1 223 450	1 221 400	+2 050
销售收入总额	1 455 450	1 445 300	+10 150
利润	232 000	223 900	+8 100

表7-19表明，该公司总部销售收入实际数超出预算数10 150元，在抵减责任成本超支数2 050元后，其利润实际数比预算数净增8 100元。对销售收入增加10 150元的原因，还需进一步加以分析，如看其是否与成本增加有关等。

案例分组讨论

Unisource公司是一家注重销售产品，同时使用一种全新的语言与客户对话的公司。公司这种全新的语言包括采购总成本、供应链管理和发现能改善总体绩效的整合机遇等。

Unisource公司面对不断变化的客户服务需求，果断做出了转变经营模式、重建客户关系和调整物流服务战略的重大决策。通过经营战略评估、内外环境分析，公司发现了以下几个重要的市场大趋势：

（1）一体化供应和业务流程外包。

（2）整合。

（3）全球化。

（4）B to B的电子商务。

模式包括：全面的资源配置解决方案；拍卖和调剂服务；电子外包和电子交易

市场。

为了进行战略调整，Unisource公司采取了许多新措施，主要包括对销售人员的培训、存货管理、服务定价和内部资源配置等，还包括采用新技术，如仓库管理系统、电子商务解决方案以及ERP流程改造。这些措施和技术对Unisource公司成功转向物流服务供应商都是必不可少的。其关键的措施包括如下方面：

（1）销售人员的培训。公司实施团队销售计划，就是让公司的物流、信息和运营团队的人共同参与销售人员的培训，这有助于把技术专家的知识有效传递给公司的客户服务和销售人员。此外，公司还建立了核心团队来创建销售模板和其他销售工具，内部培训的过程也向其他专业人员传授了供应链管理知识。通过培训，销售人员从销售产品转向了销售服务。

（2）改变存货管理方式。Unisource公司为客户制定了清晰的工作指南和操作规程，在为客户提供物流服务（包括存货管理）的同时，又以一个典型的批发商的经营模式来销售其他产品。

（3）根据服务定价。Unisource公司使用了非常细致的基于活动的成本计算方法，这使得有关人员能够使用一致的方法来评价经营机会。此外，对业务运作的评价指标也从销售利润变成企业利税前盈利价值（EBIT）百分比和资本回报率，以及其他绩效指标。

（4）优化内部资源配置。公司设计了一个服务矩阵，使得服务水平与客户的规模和服务需求的复杂程度相适应，从而提升了客户占用或消耗的公司资源与它们所提供的财务贡献的相称程度。

Unisource公司对经营战略的调整产生了惊人的效果。公司提供的一体化供应解决方案的关键客户的业务总量已占公司销售额的20%，而4年前几乎是0。现在，公司的多功能销售团队与客户一起开发整合供应链的项目有好几个。同样，公司与供应商也在探讨这样的合作契机，以保证整个供应链的运作得到优化。

问题：

（1）Unisource公司是怎样控制物流可变成本的？

（2）结合案例，谈谈你对物流成本控制的体会。

●●● 项目考核

1.单项选择题

（1）（　　）是根据企业确定的成本计算对象，采用相适应的成本计算方法按规定的成本项目，依据一定的标准对物流费用进行汇集与分配，从而计算出各物流服务成本的实际总成本和单位成本。

A.物流成本核算　　B.物流成本预测　　C.物流成本计划　　D.物流成本决策

（2）（　　）是根据计划目标，对影响成本的各种因素和条件采取必要的措施，以保证物流成本预算的顺利完成。

A.物流成本核算　　B.物流成本控制　　C.物流成本分析　　D.物流成本决策

（3）（　　）是针对确定型决策的一种求解方法，是研究决策方案的销量，以及生产成本与利润之间的函数关系的一种数量分析方法。

A.量本利分析法　　　B.期望值决策法　　　C.决策树法　　　　　D.重心法

（4）（　　　）是运用标准成本法进行物流成本控制，也就是日常控制。

A.物流成本事前控制　　　　　　　　B.物流成本事后控制

C.物流成本事中控制　　　　　　　　D.物流成本全面控制

（5）物流成本控制的最基本的原则是（　　　）。

A.全面原则　　　　　B.经济原则　　　　　C.目标控制原则　　　D.重点控制原则

2.多项选择题

（1）物流成本按物流费用支出形态进行分类，包括（　　　）。

A.材料费　　　　　　B.管理费　　　　　　C.物品流通费　　　　D.销售物流费

（2）物流成本按物流活动的范围进行分类，包括（　　　）。

A.物流筹备费　　　　B.企业内物流费　　　C.废弃品物流费　　　D.退货物流费

（3）物流成本按物流的功能进行分类，包括（　　　）。

A.物品流通费　　　　B.信息流通费　　　　C.物流管理费　　　　D.折旧费

（4）影响物流成本的因素包括（　　　）。

A.产品因素　　　　　B.服务因素　　　　　C.空间因素　　　　　D.竞争性因素

（5）为了有效进行物流成本控制，必须遵循（　　　）。

A.经济原则　　　　　　　　　　　　　　B.责、权、利相结合原则

C.目标控制原则　　　　　　　　　　　　D.重点控制原则

3.判断题

（1）物流成本是产品在实物运动过程中所支出的人力、财力和物力的总和。　（　　　）

（2）隐性成本可以用定量分析的方法进行估算。　　　　　　　　　　　　（　　　）

（3）产品价值越大，对其所需使用的运输工具的要求就越高，仓储和库存成本也就随着产品价值的增加而增加。高价值意味着存货中的高成本。　　　　　　　（　　　）

（4）产品密度越大，每车装的货物越少，运输成本就越高；同样，仓库中一定空间内存放的货物也越少，库存成本也就越高。　　　　　　　　　　　　　　（　　　）

（5）物流成本控制是以目标物流成本为依据，控制企业的物流活动，以达到降低物流成本、提高经济效益的目的。　　　　　　　　　　　　　　　　　　　（　　　）

4.问答题

（1）写出物流成本控制的步骤。

（2）物流成本控制应注意哪些问题？

项目实训

1.实践训练

德州扒鸡公司门店配送物流是自营模式。公司想降低物流配送成本。请为其规划降低物流配送成本的方案。

2.课外实训

调查一家企业的物流成本控制情况，结合学习内容，针对该企业的物流成本控制

提出建议，并完成一份调研报告。

3.拓展训练

某物流与供应链集团其电商仓储分部A同时服务于甲、乙、丙三个客户。月末时其物流总成本、资源成本、员工总工作时间和甲、乙、丙客户订单及占用资源，见表7-20、表7-21、表7-22、表7-23。

表7-20　　　　　　　　　　　　　　物流总成本

支付形态	支付明细	相关费用（元）
维护费	固定资产折旧	100 000
人工费	单证处理人员（4人）	14 000
	货物验收人员（4人）	14 000
	货物进出库作业人员（5人）	18 000
	仓储管理人员（4人）	14 000
材料费	资材费	20 000
一般经费	水电费	10 000
	合计	190 000

表7-21　　　　　　　　　　　　　　资源成本表　　　　　　　　　　　　　单位：元

费用	订单处理	货物验收	货物进出库	仓储管理	合计
人工费	14 000	14 000	18 000	14 000	60 000
折旧费	10 000	10 000	30 000	50 000	100 000
资材费	6 000	2 000	6 000	6 000	20 000
水电费	2 000	1 000	2 000	5 000	10 000
合计	320 000	27 000	56 000	75 000	190 000

表7-22　　　　　　　　　　　　　　员工总工作时间

员工类别	总工作时间（小时/月）
单证处理人员（4人）	700
货物验收人员（4人）	700
货物进出库作业人员（5人）	1 000
仓储管理人员（4人）	700

表7-23   甲乙丙客户订单及占用资源表

项目（单元）	甲客户	乙客户	丙客户	合计
月订单总数（份）	400	240	160	800
占用托盘总数（个）	800	400	300	1 500
货物进出库总工时（小时）	550	280	170	1 000
租赁仓库面积（平方米）	15 000	9 000	6 000	30 000

计算各作业分配系数，计算甲、乙、丙客户实际服务成本。

（使用作业分配系数计算公式，作业分配系数=作业成本/作业量）

项目八
产业物流

学习目标

知识目标：

1. 掌握零售业物流的运营模式。
2. 了解制造业物流、冷链物流、会展物流、快递业物流。
3. 掌握农业物流的分类。

能力目标：

1. 具有应用零售业物流的业务运作能力。
2. 能够合理利用生产物流的运营模式，具有应用生产物流的业务运作能力。
3. 能够合理利用农业物流的运营模式，具有应用农业物流的业务运作能力。
4. 能够合理利用冷链物流，具有应用食品物流的业务运作能力。
5. 具有应用快递业物流的业务运作能力。
6. 具有应用会展物流的业务运作能力。

价值目标：

1. 培养物流人的使命感、责任感。
2. 根植法治和安全意识，牢记服务本质。
3. 培养物流人的创新意识、钻研精神。

价值引领案例

助农扶贫，爱心奉献｜京喜顶呱呱助农项目

学习微平台

拓展阅读 8-1

　　受新冠肺炎疫情影响，瓜农线下销售渠道减少，销售价降低。2021年7月27日，京喜联合民勤蜜瓜产业带、新疆哈密瓜产业带、山东全美西瓜产业带等全国11个瓜果产业带发起京喜吃瓜节爱心助农活动，推出京喜2 000吨瓜免费送+产地直发好瓜优势品类认知项目。本次推广特别聚焦助推国家级重点贫困县甘肃省民勤县蜜瓜，打响当地农产品牌知名度，带动当地农户增收，助力产业升级。

　　本次活动聚焦在快手、微视、微博三大阵地，打出Social+KOL内容+效果广告组合拳。深度绑定腾讯微视，打造联合营销专题，利用《乘风破浪的姐姐》艺人阿朵的高热度，联合民勤地方政府共同授予其为"民勤蜜瓜助农合伙人"，发起"娱乐瓜+助农瓜"两大高讨论度话题活动。微视端发起"阿朵+全民浪姐吃瓜舞有奖短视频挑战赛"，微博端开展"阿朵+十大瓜农联合吃瓜助农有奖话题"推广，引发互动高潮，实现曝光+UGC自传播+导流销售三大目标，打通链路直导站内，实现为活动及热门商品导流转化。

资料来源　编者根据2021年8月9日广告主评论微信公众号内容编写。

思考：　（1）农产品电商物流的难点在何处？

　　　　（2）如何看待众多平台开展的公益助农活动？

任务一　了解零售业物流活动

★任务目标

了解零售业物流，掌握零售业物流的运营模式，具有应用零售业物流的业务运作能力。

★小词典

零售业物流就是计划、执行与控制商品从产地到消费者的实际流程，并且在盈利的基础上使顾客满意，它包括商品采购、商品库存、商品销售几个阶段。

★课堂讨论

（1）超市的理货员主要在做哪些工作？

（2）很多大型连锁超市都会自建配送中心，承担大部分的物流配送业务，而没有选择将物流业务外包出去，为什么？

★问题引导

大张集团是河南乃至全国知名的零售企业，是区域零售品牌逆袭成长的典型代表之一。多年来，大张集团积极寻求突破，不断强化供应链体系和物流系统建设，从而为业务高速发展提供重要支撑。

在内部供应链建设方面，早在2001年当大多数零售企业还在依赖批发商或代理商拿货时，大张集团就开始找到源头厂家，甩开中间商，打通商品供货渠道，最大限度降低成本，让利于顾客。米面粮油、肉蛋菜水果更是会精挑细选厂家和基地，确保商品丰富、性价比高，且能够快速供应。很多年前大张集团就提出"N+1模式"，即一个配送中心，覆盖N个门店。配送中心与门店的距离不超过200公里，配送3个小时可达，从而使商品缺货率、果蔬鲜度、物流成本、经营成本等各方面实现可控，使门店的品质、形象、服务得到保障。

作为豫西规模最大、设备最先进，集仓储、配送、食品加工、生产于一体的现代化物流产业园，大张现代化物流园在进一步保障消费者食品安全，以及困难时期配合政府平抑市场物价等方面都起着至关重要的作用。经过10多年快速发展，大张集团的供应链和物流配送体系初步建成，其配送中心也升级到第三代。

资料来源　林振强. 大张集团的零售供应链与物流系统建设 [EB/OL]. [2021-12-20]. https://www.163.com/dy/article/GRMHQ2QI0530UFIR.html.

思考：大张集团供应链系统建设有哪些经验值得我们借鉴？

引导知识点

一、零售业物流的特点

零售业物流是一种提供顾客想要购买的产品的能力，其最终目的是在正确的时间把正确的货物以正确的方式送到正确的地点。目前，由于供货商的物流管理水平参差不齐，完全依赖供货商来经营零售企业的物流，有可能会使零售企业的商品销售出现问题，因此零售企业要不断加强企业内部的商品管理，以减少缺货带来的销售损失，避免增加成本。此外，供货商必须及时、准确地将订购的商品送到商店，否则，即便零售企业对商品的销售动向把握得当，订单也准确无误地送到供货商手中，如果后者不能及时、准确地将商品送到商店，就会给零售企业带来损失。为了避免上述情况的产生，零售企业越来越重视建立和完善自己的物流系统。

零售企业的物流系统不同于一般生产企业的物流系统，它具有如下特点：

（1）地理上比较分散，连锁超市可能遍布大江南北；规模较小，十几平方米的店铺也是一个销售网点。

（2）产品多样化，即使同一品牌的商品也包括很多型号。

（3）对时间的要求比较苛刻。必须在规定的时间内到货，否则对配送中心、销售网点、顾客都可能产生影响。就连商品本身，如不易保存的海鲜、肉类等商品，对时间也有严格的要求。

因此，许多零售企业加强了物流配送中心的建设，通过市场预测与决策，研究商品的供应链物流。采取共同进货的方式，以减少不必要的流转环节，降低物流费用，从而达到提高物流管理水平、顺利完成商品使用价值运动过程的目的。

> ➡ **小资料8-1**
>
> **新零售**
>
> 新零售是企业以互联网为依托，通过运用大数据、人工智能等先进技术手段，对商品的生产、流通与销售过程进行升级改造，进而重塑业态结构与生态圈，并对线上服务、线下体验以及现代物流进行深度融合的零售新模式。
>
> 未来电子商务平台即将消失，线上、线下和物流结合在一起，才会产生新零售。线上是指云平台，线下是指销售门店或生产商，新物流消灭库存，减少囤货量。
>
> 电子商务平台消失，是指现有的电商平台分散，每个人都有自己的电商平台，不再入驻天猫、京东、亚马逊等大型电子商务平台。
>
> 新零售的核心要义在于推动线上与线下的一体化进程，其关键在于使线上的互联网力量和线下的实体店终端形成真正意义上的合力，从而完成电商平台和实体零售店面在商业维度上的优化升级。同时，促成价格消费时代向价值消费时代的全面转型。此外，有学者也提出新零售就是"将零售数据化"。移动云商城将新零售总结为"线上+线下+物流，其核心是以消费者为中心的会员、支付、库存、服务等方面数据的全面打通"。

📡 **小思考8-1**

零售企业物流人员需要具备什么样的素质？

★ **问题引导**

7-11便利店（中国区）物流配送系统的运作流程主要分为两种，一种是在一般情况下的运作流程，另一种是在特殊情况下的运作流程。在运作流程中，"JUST IN TIME"这一理念得到了彻底贯彻。

7-11便利店为了保证不断货，配送中心一般会根据以往的经验保留4天左右的库存，同时，中心的计算机系统每天都会收到各个店铺发来的库存报告和要货报告。配送中心把这些报告集中分析，最后形成一张张的向不同供应商发出的订单，而供应商则会在预定的时间内向配送中心派送货物。配送中心在收到所有货物后，对各个店铺所需的货物分别打包，等待发送。

每个店铺都会随时碰到一些特殊情况造成缺货，门店便会向配送中心打电话告急，配送中心则会动用安全库存对店铺紧急配送。如果安全库存已告罄，配送中心则转向供应商紧急求货，并且直接由供应商发货，第一时间送至缺货的门店中。

资料来源　物流指闻. 深度解析"7-11"便利店的物流配送体系［EB/OL］.［2020-09-22］. http://k.sina.com.cn/article_1721303853_6699032d01900qhrp.html.

思考：7-11的配送模式有何特色？

引导知识点

二、零售业物流模式的划分

零售业物流模式是零售企业为了形成自己的竞争优势，对零售业物流的各个要素进行有机组合而形成的物流运作和管理系统。零售企业及其上游的供应商、物流商共同构成了一条紧密的供应链，该供应链采用何种物流模式直接关系到其运作效率和运作成本。

根据不同的标准，零售业物流模式可以进行不同的划分。

1.按主体划分的物流模式

（1）企业自营物流。企业自己拥有物流中心。零售企业沃尔玛在物流方面的成功说明了物流配送中心的重要作用。在我国的商业连锁经营中，具有一定规模的超级市场、便利店、专业店、综合商场等，都十分重视物流环节，并相继建立了物流配送中心。物流配送中心主要是为本企业的连锁分店进行配货，同时也可以为其他企业提供货物，因此能够创造更大的经济效益和社会效益，而且这种做法也符合企业的长期利益和战略发展需要。连锁企业都有自己的经营特色，自建物流配送中心有利于协调与连锁店铺之间的关系，保证这种经营特色不被破坏。

（2）社会化物流。在这种物流模式中，连锁企业的物流活动完全由第三方的专业物流公司来承担。社会化物流的优势在于这些物流公司能够在作业和管理上更专业，可以降低连锁企业的经营风险。在运作中，专业物流公司对信息进行汇集、处理后，按客户订单的要求，配送到各门店。这种物流模式还可以为用户之间的交流提供信息，从而起到调剂余缺、合理利用资源的作用。社会化物流模式是一种比较完善的物流模式。

（3）供应商（或生产商）直接物流。随着零售企业的不断发展，大型超市的规模不断增大，对商品的需求量也成倍增加，这就可以由供应商（或生产商）直接配送到零售企业（或连锁店），有些商品（如生鲜商品）不适合转运，也可以由供应商（或生产商）直接配送到零售企业（或连锁店）。

（4）共同物流。这是一种物流经营企业间为实现整体的物流合理化，以互惠互利为原则，互相提供便利的物流服务的协作型物流模式。

共同物流属于一种横向集约联合，按供货和送货形式的不同，可分为共同集货型、共同送货型和共同集送型。共同集货型是指由几个物流中心组成共同物流联合体，采用"捎脚"方式向各货主取货。共同送货型是指共同物流中心从货主处分散集货，而向客户送货采用"捎脚"方式。共同集送型则兼有上述两种模式的优点，是一种较理想的物流模式。随着"互联网+物流"的发展，这种模式将成为发展方向。

按共用范围的不同，共同物流还可分为资源共同型和共同管理型。资源共同型是指参加横向集约联合的企业组成共同物流中心，使各加盟企业的有限资源（含人、财、物、时间和信息）得到充分利用。共同管理型是指企业间在管理上各取所长、互通有无、优势互补，主要表现在人员的使用与培训上。

共同物流模式可以极大地促进"物尽其用"和"货畅其流"，值得大力推广。

小思考8-2

共同物流模式实施的难点是什么？

2.按物流时间及商品数量划分的物流模式

（1）定时物流。定时物流是指按规定的时间间隔进行物流活动的模式。每次物流活动的品种和数量既可按计划执行，也可在物流活动之前通过电话或专用网络通知。由于定时物流活动的时间固定，便于安排工作计划和使用车辆，因此对用户来讲，定时物流也便于安排人员、设备接货。需要注意的是，由于物流商品种类多，配货、装货难度较大，因此在商品数量发生变化时，也会使物流运力安排出现困难。

（2）定量物流。定量物流是指按规定的批量进行物流活动的模式。这种模式商品数量固定，备货工作较简单，可以按托盘、集装箱及车辆的装载能力规定物流数量，因此能有效利用托盘、集装箱等集装方式；同时，这种模式可以做到整车物流，因此物流效率较高。对用户来讲，每次接货都处理同等数量的货物，有利于人力、物力的准备。

（3）定时、定量物流。定时、定量物流是指按照规定的物流时间和物流数量进行物流活动的模式。这种模式兼有定时物流和定量物流两种模式的优点，但特殊性强、计划难度大，适合采用的对象不多。

（4）定时、定线物流。定时、定线物流是指在规定的运行路线上按事先确定的运行时间表进行物流活动的模式。用户可按规定路线、车站和时间接货及提出物流活动的要求。采用这种方式有利于安排车辆及驾驶人员，在配送用户较多的区域，也可避免产生因过分复杂的配送要求造成的配送组织工作及车辆安排的困难。

（5）即时物流。即时物流是指完全按照用户突然提出的物流要求进行物流活动的模式，它是一种灵活性很强的应急物流模式。

3.按供应链中的节点企业角色划分的物流模式

（1）供应商主导的物流。供应商主导的物流适合供应商规模大、物流能力强的企业。这种模式广泛应用于专卖店、超市等零售业态。

（2）零售商主导的物流。零售商主导的物流有利于零售商对本企业的自我控制和管理，有利于满足多品种、多批次、低数量、及时配送的需求。这种模式广泛应用于大型综合超市、连锁超市等零售业态。

（3）物流商主导的物流。物流商主导的物流有利于借助社会化专业物流完成运输、仓储等任务，有利于零售企业加快资金周转、规避风险、集中企业的核心竞争力等，一般应用于仓储式超市等零售业态。

三、零售业物流模式的选择

零售业在选择物流模式时，应秉持以下三方面原则：

1.经济可行性原则

经济可行性原则主要是指从经济和成本的角度分析如何选择零售商物流模式。它的指标包括物流管理成本、物流交易成本、人力资源成本和顾客服务成本。满足这些指标是零售业物流有效、稳健运行的前提条件。

2.技术可行性原则

技术可行性原则主要是指从物流主导企业信息处理和满足顾客需求的角度分析选择零售业物流模式。它的指标包括数据处理能力、信息共享能力、关键顾客服务能力和顾客需求响应率。这些指标是零售业供应链条正常运行和实现零售业服务功能的保证。

3.风险可控性原则

风险可控性原则主要是指从风险管理、降低风险、提高安全性的角度分析采用何种物流模式。它的指标包括库存管理风险、缺货风险以及企业间战略不吻合风险。这些指标会影响零售企业运行的稳定性。

课堂提问 ✓

是不是所有零售企业都需要建立配送中心？

课堂实训 ✓

把全班学生分为5~8个小组，每个小组以一个企业的身份开展经营活动。每个企业可以通过广告宣传吸引客户、销售产品，根据库存决定下个月的采购量（注：企业的经营活动完全由学生自己决定，老师可以作为消费者设计市场需求量，到各企业购买商品）。最后看哪个企业的物流活动控制得最好。

经营商品的保质期、每月销售量、销售价格资料见表8-1。

表8-1　　　　　经营商品的保质期、每月销售量、销售价格资料

项目	水果	小食品	方便面	饮料	洗涤剂	牛奶
保质期	1个月	2个月	3个月	4个月	5个月	6个月
销售量（月）	100千克	150箱	100箱	80箱	50箱	30箱
销售价格	10元/千克	20元/箱	30元/箱	50元/箱	200元/箱	100元/箱

供应商供应商品价格变化资料见表8-2，量大从优。

表8-2　　　　　　　　　供应商供应商品价格变化资料

项目	水果	小食品	方便面	饮料	洗涤剂	牛奶
数量	100千克以上	150箱以上	100箱以上	80箱以上	50箱以上	30箱以上
价格	6.0元/千克	13元/箱	20元/箱	43元/箱	150元/箱	50元/箱
数量	75~100千克	120~149箱	80~99箱	70~79箱	40~49箱	25~29箱
价格	6.4元/千克	14元/箱	21元/箱	44元/箱	155元/箱	60元/箱
数量	50~75千克	100~119箱	60~79箱	60~69箱	30~39箱	20~24箱
价格	6.8元/千克	15元/箱	22元/箱	45元/箱	160元/箱	65元/箱
数量	40~50千克	80~99箱	40~59箱	50~59箱	20~29箱	15~19箱
价格	7.2元/千克	16元/箱	23元/箱	46元/箱	165元/箱	70元/箱
数量	25~40千克	50~79箱	20~39箱	30~49箱	10~19箱	10~14箱
价格	7.6元/千克	17元/箱	24元/箱	47元/箱	170元/箱	75元/箱
数量	1~25千克	1~49箱	1~19箱	1~29箱	1~9箱	1~9箱
价格	8.0元/千克	18元/箱	25元/箱	48元/箱	180元/箱	80元/箱

案例分组讨论 ✓

沃尔沃汽车致力打造先进物流中心

沃尔沃汽车全新仓储项目借助京东物流基础设施覆盖与技术优势，将沃尔沃汽车原来的全国4个物流中心变成全国8个物流中心，同时通过构建大数据智能运算补货模型，实现汽车配件库存成本的结构性优化。此前西安物流中心的数据显示，在升级后，配件订单满足率提升的前提下库存周转率大幅提升，预期全国8个物流中心全面落地后可实现库存成本的进一步下降。

2021年上半年的相关数据显示，西安物流中心的智能补货模型完成测试验收，仓库订单满足率提升至95%以上，库存周转率也有大幅度提升。据测算，随着北京、上海、广州、成都、南京、贵阳、沈阳、西安全国8个物流中心全面投入使用，将促成至少30%的经销商配送周期得以缩短。

同时，沃尔沃汽车优化了前置快流仓、快中流仓，以及慢流仓的补货逻辑，在全面提升服务满意度的同时，进一步优化库存持有成本与补货流程，实现结构性降本增效。

资料来源　佚名. 沃尔沃汽车与京东物流全国八大物流中心全面开仓［EB/OL］.［2022-01-05］. https://www.163.com/dy/article/GSVKEG9P0511BE1V.html.

问题：沃尔沃为什么在中国建立先进的物流中心？

任务二　认识制造业物流过程

★任务目标

了解制造业物流，能够合理利用生产物流的运营模式，具有应用生产物流的业务运作能力。

小词典

制造业物流是指围绕制造业企业所进行的原材料、零部件的供应物流，是各生产工序上的生产物流以及企业为销售产品而进行的对客户的销售物流。

★课堂讨论

在众多家电生产企业中，海尔拥有自营物流公司，同时提供第三方物流服务；美的组建"安得物流"，实行全面信息化管理，做"一票到底"的配送；长虹自己负责四川地区的物流配送，其他地区则交给第三方物流公司；伊莱克斯则将物流业务全部交给第三方物流企业来经营。讨论一下家电物流该何去何从。

★问题引导

传化智联为制造业物流提供数字化转型支持

传化智联是一家为制造业物流提供数字化转型支持的企业，助力企业降本增效，打造衔接货主企业、物流企业的信息系统，为制造业提供从线下到线上定制化解决方案和服务。

一是形成全方位地面物流服务网，为各类制造企业提供集、分、储、运、配等物流供应链服务的"地网"。

二是打造智能物流货运平台，形成立体式线上物流服务网。通过数字技术，将单个公路港连接成全国一张网，实现制造企业物流业务在线化、数字化、标准化、智能化。

三是健全仓配运物流服务，线下以"智能公路港全国网"为基础，建成覆盖33个城市的仓储网络，整合连接了自有车辆、物流公司与社会车辆等400多万运力资源。

四是提供支付金融服务，实现了物流行业从发货到收货的全程支付在线化。

据传化智联估算，已为快消、钢铁、家电、化工、能源等40多个行业的上百万家企业提供服务，为其提升20%～30%的综合物流效能。以轮胎企业为例，预计可有效降低轮胎制造的仓储及运输成本，提高运营效率，加速制造企业供应链的规范化、透明化、安全化，预计供应链综合成本降低约25%，库存周转率提高约20%，装卸货工时效率提高60%以上，订单及时交付率提高80%以上。

资料来源　编者根据国家发改委公众号相关资料编写。

思考：传化智联为制造业物流提供了哪些支持？

引导知识点

一、物流业与制造业的关系

物流业与制造业之间相辅相成、紧密联系。现代制造业的发展离不开现代物流业的支撑；同时，现代物流业的发展必须以现代制造业为基础。两者互为生产要素，互为服务对象，互相促进，共同发展。具体表现如下：

1.物流业的发展必须以制造业为基础

首先，制造业为现代物流业提供了先进的物流装备，包括运输设备、仓储设施设备、装卸搬运设备和流通加工设备等。相关物流装备的技术水平决定了物流业的运营水平与发展程度。

其次，物流业的大部分功能都是围绕着如何满足制造业的需求而存在的。据统计，目前制造业创造的物流业务量占物流业总业务量的70%以上，制造业的物流总值占全国物流总值的比例达88%，所以物流业的大部分价值都是为制造业服务所创造的。

2.制造业的发展离不开物流业的支撑

首先，物流业能提升制造业的生产效率并降低成本。随着国际分工的日趋深化和跨国公司跨国生产的普及，制造业的生产组织和工序流程被高度分解，物流已成为制造业运行与发展的重要环节，高效的物流运作对制造业的效率提升和成本降低具有重要作用。如果没有现代物流配送体系，没有以信息技术与供应链管理技术为基础的现代物流业的支撑，现代制造业的发展就难以持续。

其次，物流业能提升制造业的核心竞争力。一方面，现代物流技术和服务水平能够促进制造业物流水平的直接提高，进而提升制造行业的整体竞争力；另一方面，第三方物流主体承接制造企业的物流业务，间接提升了制造业的整体竞争力。

3.制造业呼唤智能物流

在目前"互联网+"日益深入的情况下，制造业更需要智能物流（智慧物流）来提供更好的服务和帮助。所谓智能物流，是指具备先进的覆盖全国的城市物流中心网络，具备覆盖供应链上下游的全业务运营管理系统，具备联结全行业各种角色（主体）的开放的生态平台，具备借助大数据和云计算、物联网技术并融合人、车、货、仓、云端技术的智慧物流大脑的先进物流系统。

小案例8-1

海尔物流

海尔物流推进本部成立于1999年。海尔集团将分散在23个产品事业部的采购、原材料仓储配送、成品仓储配送的职能统一整合，成立了独立运作的专业物流公司，并下设采购、配送、储运3个事业部实现战略一体化。海尔物流推进本部研究后发现，海尔物流存在以下问题：一是工厂布局与总体规划布局不清楚；二是物流、商流、信息流和资金流的结合不紧密；三是物流专业的功能不完善。针对这三点，海尔进行物流重组、供应链管理、物流产业化设计，帮助海尔从一个将要倒闭的企业发展成为一个国际化的企业。

★问题引导

联想致力于打造高效协同的供应链体系

联想集团全球供应链为进一步提升整体运营效率和精准度，通过新品导入、采购、计划、制造、物流、交付、质量管理等各个职能部门支持公司个人电脑及智能设备，自主研发设计了联想供应链智能控制塔。

联想供应链智能控制塔作为全球供应链的智能大脑和指挥中心，负责监控和指导端到端的供应链活动，使之成为协同、一致、敏捷和需求驱动的供应链。它为联想全球供应链及其合作伙伴（包括生态圈内供应商、合同制造商、第三方物流供应商等）提供端到端的整体可见性、近乎实时的大数据运营分析，并应用人工智能、机器学习等技术进行运营重点问题的决策建议和仿真模拟，辅助供应链管理者做出决策，从而更好地服务终端客户。

联想供应链智能控制塔以客户为中心，力求在供应链生态体系内实现全面运营最优化方案运作。

资料来源 达睿供应链. 联想全球供应链智能控制塔［EB/OL］.［2021-10-25］. https：//www.163.com/dy/article/GN6EGRAC0532QCTD.html.

思考：联想供应链智能控制塔在制造业的生产过程中起到了哪些作用？

引导知识点

二、制造业物流的特征

制造业物流是指围绕制造企业的物料和成品在供应商、制造商和客户之间，制造商内部各生产车间甚至生产工位之间的有序平稳流动，以及它们之间的信息流动。制造业物流主要有以下特征：

1. 复杂性

对于制造业物流来说，组成产品的零部件成千上万，小到螺栓、螺母，大到大型铸件如汽车底盘、电器壳体，因此物流活动与物流管理十分复杂。它们不仅需要现代化的自动化立体仓库来储存各种大小适中的原材料和零部件，而且需要现代化的普通仓库来存放一些体积较大、形状不规则的零部件（如汽车底盘等）。这就增加了物流中心管理工作的复杂程度。此外，大型制造企业，特别是从事加工装配式生产的企业，由于生产工序多，因此物流路线复杂，物流网络也相当复杂。

2. 有序性

对于制造企业，特别是使用自动化流水线生产的大型制造企业来说，其生产的平稳有序性，要求各个零部件的需求在时间上具有有序性，要求在不同加工、装配工序上的零部件在时间上具有次序性，这就要求制造业物流具有较高的有序性。

3. 配套性

在生产制造过程中，大部分零部件的需求是配套的，如螺栓配螺母、相应的轴承配相应的轴等，因此整个产品的所有零部件实际上可以看成一套零部件。这就要求制造业物流应具有配套性，即按照配套产品的需求准备各个零部件，并确保各个零部件的到货时间合理，从而保证生产的正常进行。

4. 定路线性和定时性

生产企业尤其是大型自动化生产企业在进行生产时，加工工位的地理位置一般不会发生变化，即相应零部件的物流目的地没有发生改变，因此其物流路线是固定的；同时，随着生产节奏的变化，各个工位上的需求也是十分稳定的，体现在物流上即对物流时间的要求也是稳定的，只是随着生产计划的变化而进行小幅度的调整。结合制造业物流的定路线性和定时性，物流企业可以借助自动化程度更高的连续输送机，如辊道式输送机等简化物流中心的管理，借助特定的流程提高物流工作效率，降低物流管理的难度。

5.高度准时性

由于生产的连续性，对于进行流水式生产的企业来说，其对物流的准时性有极高的要求。对于批发零售业物流来说，若物流不及时造成缺货，其结果可能是暂时性地失去该客户；而对于制造业物流来说，若物流不及时，造成的后果将是整条生产线停工待料，从而产生不可估量的损失。物流企业可以通过将物流信息系统与企业计划信息系统高度集成的方法，提高物流的可预测性，从而实现物流的高度准时性。

6.信息网络与JIT生产模式的一体化

电子商务的运用对制造业物流的管理提出了新的目标，即"准时化生产"（just-in-time，JIT），并尽可能做到"零库存"。JIT是指在需要的时间、按需要的数量供给需要的产品。这对管理观念和管理手段均提出了全新的要求，信息网络与JIT生产模式的一体化大大提高了JIT的效率。例如，德国大众汽车公司把所需采购的零部件按照使用频率分为高、中、低三个部分，同时把所需采购的零部件按照所含价值量的高低也分为高、中、低三个部分，将使用频率高和价值含量高的重合部分确定为需要及时供应的零部件，并在网上公布。供方通过联网的计算机了解需方的需要量。借助信息网络，供应商能够及时得到各种需求信息，从而能够及时为用户提供所需零部件。

所以，物流信息要支持物流的各项业务活动，通过信息传递，把运输、储存、加工、装配、装卸、搬运等业务活动联系起来，能够提高物流的整体作业效率。图8-1是制造业物流中物流和信息流的示意图。

从图8-1中可以看出，制造业物流研究的核心是如何对生产过程中的物流和信息流进行科学的规划、管理和控制。

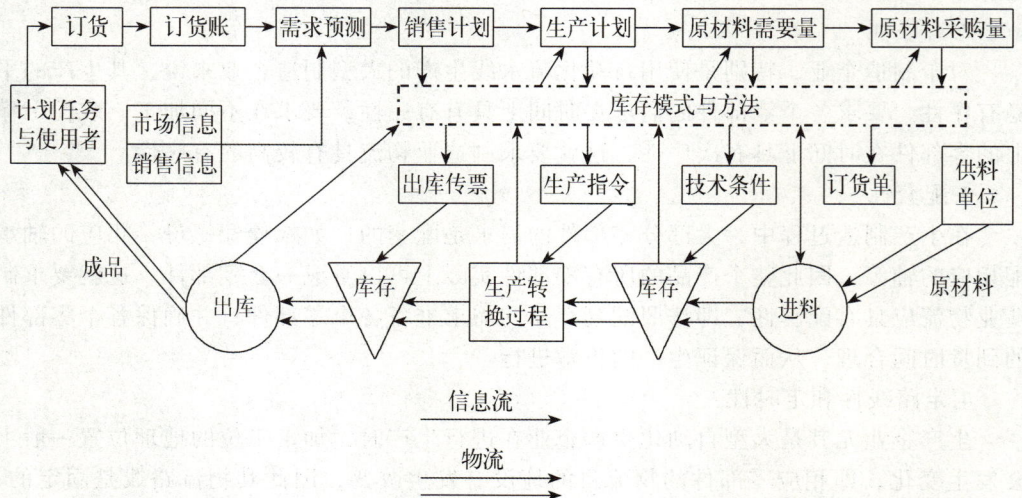

图8-1　制造业物流中物流和信息流示意图

小案例8-2

蒙牛的崛起

物流运输是乳品企业的重大挑战之一。蒙牛目前的触角已经遍及全国各地，甚至还伸向东南亚。奶制品的保质期很短，巴氏奶仅10天，酸奶也不过21天左右；奶制品对冷链的要求很高，巴氏奶必须保持在0℃~4℃，酸奶则必须保持在2℃~6℃。蒙牛采用尽量缩短运输半径、合理选择运输方式、全程冷链保障（奶牛—奶站—奶罐车—工厂）、提高商品实载率、尽量减少空载等方法完成对每个需求点的配送。

★问题引导

自从采取自建物流体系，苏宁的送货及时率有了很大程度提高，不及时率由原来的千分之八左右降为现在的千分之二。与此同时，管理费用也大幅度降低。苏宁自建物流体系的目的最终还是"服务"。在家电零售连锁业竞争激烈的今天，价格竞争已经很难取得成功，注重长久而优质的服务才是取胜之道。

国美寻找服务与成本之间的平衡点，选择将电器配送业务外包。国美的配送车辆和司机都是用第三方的，但管理权掌握在自己手中。国美拥有一套完整的送货服务标准化手册，送货员和驾驶员要经过培训并考核，达到标准才能上岗作业，由此保证了服务质量。

目前，物流管理模式可以分成第三方物流、自营物流以及第三方物流和自营物流相结合的混合模式。中国仓储协会第三次全国物流需求状况调查显示，有43%的生产企业采取自营物流，36%的生产企业采取第三方物流和自营物流相结合的混合模式，而把物流全部交给第三方物流的生产企业只有21%。

资料来源 佚名. 从国美和苏宁来看外包物流和自营物流模式［EB/OL］.［2021-02-20］. https：//wenku.so.com/d/b4e6c3d1f3b07e19636f1fcbf8a35ebe？src=www_rec.

思考：物流外包有什么好处？如何做好物流业务外包？

引导知识点

三、制造企业物流外包的优势

随着市场竞争的加剧，越来越多的制造企业选择将物流外包。制造企业物流外包的优势如下：

1.竞争压力导致物流外包动力增强

在全球经济下行压力加大，贸易、投资、工业生产等活动态势放缓的形势下，我国的制造企业面临着不小的竞争压力。受此影响，自营物流的高固定成本使得制造成本居高不下。

出口数量下滑，同样对物流企业造成了恶劣影响。第一，业务量急剧下降，导致行业内出现恶性价格竞争。第二，物流设施闲置率上浮。第三，由于客户经营出现困难，因此物流服务费的回收也很困难。

制造企业和物流企业双方的困境使得缔结合作联盟、共同探索控制物流成本的合理路径成为可能。传统上的单一职能外包已经达到成本下降的底线，制造企业和物流企业只有通过科学规划、信息共享的物流外包，才能挺过竞争压力增大的难关。

2.物流外包成为供应链整合的纽带

竞争压力迫使制造企业重视自己的供应链管理，而物流外包有助于在各个参与方之间形成合力，使物流、信息流、商流紧密衔接，构建一体化供应链管理优势，从而成为制造企业新的竞争力。

3.制造企业物流外包的新变化

制造企业物流外包涉及两个层面：一是规划层；二是操作层。我国制造企业早期的物流外包往往止步于操作层面，即具体物流职能的外包，如运输、仓储、包装等的外包。接受任务的物流企业无法从全局的角度分析问题，规模效益发挥不足，储运和人力资源无法合理配置，从而导致物流高成本运行。

近年来，物流外包出现了新变化，制造企业对一体化供应链物流服务的需求大幅增加，从而促进了综合物流服务商的发展。中远物流等一些物流服务集成商借助资深行业背景和专业人才优势，在物流规划层与制造企业展开合作，协助制造企业制订综合性的物流规划方案，涉及物流服务提供商的选择、物流基础设施规划、业务调度分配、信息系统对接、数据挖掘等，有些物流企业还将业务拓展至金融领域，提供仓单质押服务，帮助制造企业盘活资金。

4.物流外包可以使制造企业提高自己的核心竞争力

现代竞争理论认为，企业要取得竞争优势，必须巩固和扩展自己的核心业务，这就要求企业致力于核心业务的发展。因此，越来越多的制造企业将仓储、运输等非核心业务外包给专业化的第三方物流企业。

5.利用第三方物流企业的先进技术减少制造企业的投资，降低制造企业的经营风险

第三方物流企业先进的设施和软件可以提高物流作业的效率，减少制造企业在物流领域的投资，使制造企业将财力集中在核心优势方面，从而降低制造企业的经营风险。一项调查表明，第三方物流企业需要投入大量资金用于购买物流技术设备，包括软件、通信设备和自动识别系统。

6.物流外包可以使制造企业真正做到零库存

制造企业将物流外包后，由第三方物流企业负责采购，采购的物料暂时存放在第三方物流企业的仓库里，直到制造企业领用该物料之后，才付款给第三方物流企业。这样，大部分采购成本就落在了第三方物流企业的身上，并且推迟了制造企业付款的时间。同时，第三方物流企业在采购时会面临很大的压力，既要保证及时为制造企业提供物料，又要兼顾自己的库存成本，这就需要先进的物流系统来支持。

此外，物流外包还有利于制造企业拓展国际业务。随着全球经济一体化进程的加快，不少没有国际营销渠道的制造企业希望进入国际市场，而国际第三方物流恰恰可以帮助这些制造企业实现其拓展国际业务的目的。

小案例8-3

冠生园物流外包

冠生园集团是国内著名的老字号食品集团，主要生产和经营糖果、蜂制品、酒类、面制品、味精、冷冻食品、保健食品、生物医药、休闲食品等近20个系列上千个品种。其拥有的近100辆货运车辆要承担上海市3 000多家大小超市和门店的配送，还有北京、太原等地的运输，实际工作过程中出现了淡季运力闲置、旺季忙不过来的现象，每年维持车队运行的费用达到上百万元。冠生园最终决定委托上海虹鑫物流有限公司（简称"虹鑫物流"）作为第三方物流机构，负责运输工作。虹鑫物流每天一早输入冠生园相关的配送数据，然后制定出货最佳搭配装车作业图，安排合理的行车路线。此外，合同中规定，如果货物在运输途中被损坏，由物流公司负责赔偿。据统计，原来铁路运输发往北京的货物需要7天送达，物流外包后，只需要2～3天即可送达，而且是"门到门"服务，5个月就为冠生园节约了40万元的费用。由于配送及时周到、保质保量，因此冠生园的销售额和利润有了大幅度增长。更重要的是，企业领导可以从非生产性的包装、运输中解脱出来，集中精力抓好生产这个主业。

★ 问题引导

第十四届制造业与物流业联动发展年会召开

日前，第十四届制造业与物流业联动发展年会在安徽合肥成功举办。本届年会由中国交通运输协会主办、中国交通运输协会物流技术装备专业委员会承办，以"融合共生、智见未来"为主题，与会嘉宾围绕"十四五"时期两业联动发展方向、多式联运、精细化管理、物流数字化进行了深入探讨和交流。

大会举办了多式联运合作发展论坛、精细化运营管理论坛、"智"造业工厂数字化物流创新发展论坛三场专题论坛。国内行业专家、企业高管等30余位嘉宾进行了交流分享。

大会现场为企业搭建了展示平台，汇聚了运输车辆、物流技术、系统集成等行业顶尖企业展示新技术、新产品，吸引了众多参会代表驻足交流洽谈，为供需双方提供了良好商机。

本届大会在安徽合肥的成功召开，是贯彻落实党中央、国务院战略部署，切实推动物流业制造业深度融合、创新发展的具体行动，有助于进一步推动物流业制造业融合联动、协同创新，促进物流业制造业高质量发展。

资料来源　人民资讯. 第十四届制造业与物流业联动发展年会召开［EB/OL］.［2022-05-12］. https://baijiahao.baidu.com/s? id=1705146718814777477&wfr=spider&for=pc.

思考：为什么要召开制造业与物流业联动发展年会？

引导知识点

四、物流业与制造业联动发展

产业联动是指为了推动经济发展，相关各产业间进行的以生产要素的流动与优化重组为主要内容的产业协作活动。

现代物流业与制造业相互影响、关系密切。制造业为现代物流业提供了先进的装备和技术,制造业的发展释放了物流需求;现代物流业推动了制造业技术结构的升级,并对制造业的产业升级起到了至关重要的作用。

(1)从作用方式上看,现代物流业对制造业升级的影响一方面表现为通过现代物流技术和服务促进制造业物流水平的提升,从而直接提高了制造业的整体竞争力;另一方面表现为第三方物流主体承接制造企业的物流业务,从而间接提高了制造业的整体竞争力。

(2)从企业层次上看,现代物流业可以通过改善制造企业的采购、销售与生产系统提高制造企业的生产效率,从而降低采购、销售及生产成本。

(3)从产业层次上看,制造业实施供应链改造可以合理优化资源,提高行业的综合竞争力。供应链的实质是物流管理在深度和广度上的扩展。

(4)现代物流技术水平直接提高了制造业的技术水平。现代制造业普遍采用的物流技术主要有单元化技术、物流信息化技术、物料搬运技术、现代仓储技术等,从而大幅度提高了物流业的运作效率和管理水平。

制造业与物流业联动发展的实践表明:现代物流业通过提升制造业的物流水平发挥对制造业产业升级的直接推动作用,现代物流技术被制造企业合理利用可以直接提高制造技术水平,提高制造业的物流水平是制造业和物流业和谐发展的关键。

◉ 小案例8-4

上海通用与中远的合作

上海通用的生产线基本上做到了零库存,而这在很大程度上归功于中远出色的物流运作。中远按照上海通用要求的时间准点供应,门到门的运输配送使零部件存放于途中。门到门运输具有很大优势:

第一,包装成本可以大幅度降低,因为从供应商的仓库门到用户的仓库门,装一次卸一次就可以了,这比铁路运输要方便得多。

第二,库存可以放在运输途中,只要算好时间,货物就可以准时送到。生产线的旁边设立了再配送中心,货物到位后2个小时以内就用掉了。再配送中心在这2个小时里起到了一个缓冲的作用,这也就是传统意义上的安全库存。如果没有再配送中心,货物在生产线上流动的时候就没有了"根据地",就会比较混乱,因此再配送中心还能起到集中管理的作用,每隔2个小时"自动"补货到位。

✓ 课堂提问

有人认为,制造业物流应该注重围绕制造企业本身的生产组织物流。例如,如何实施物流才能使生产平稳有序地进行而又尽可能地降低库存水平?各生产工序间如何调整物流工具的使用时间以及优化物流路线?如何预测各生产工序上的需求并通过信息系统的通信来进行物流合理化建设?如何在原有厂区对物流中心进行最优选址?这种说法对吗?请说明理由。

课堂实训 ✓

某销售企业订购100辆自行车，要求11月20日交货，请问自行车生产厂家该如何安排生产计划？图8-2是自行车产品结构树。

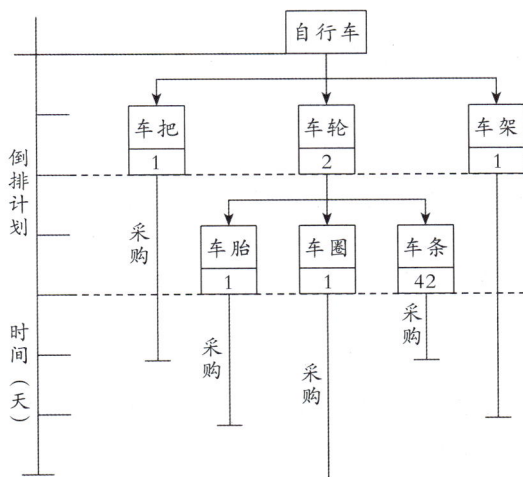

图8-2　自行车产品结构树

案例分组讨论 ✓

物流外包的三个风险点

物流外包对于企业来说具备很多优点，但也会产生以下的风险：

1. 业务控制风险

物流运营人员在日常的管理中经常碰到的难题就是如何处理和第三方物流供应商之间的关系，不仅涉及企业内部关系的管理问题，还涉及和第三方物流供应商的管理人员之间的合作问题。

2. 信息控制风险

沟通中信息失真或者传递不及时等情况，或者信息具备一定的机密性不宜共享等情况都会导致物流外包之后信息传递过程的不对称风险。对于企业来说，很难在第一时间掌握物流供应商的情况，物流供应商也很难在第一时间了解企业物流需求的情况，这样就会给双方带来因对有效性和时效性产生不同理解导致的风险。

3. 财务风险

很多情况下，企业在选择物流外包的时候是想降低物流成本，但有可能事后才发现达不到预期，很多的费用在当初合作的时候并没有考虑进去，在合作之后才发现财务成本居高不下，这样不仅没有降低企业的运营成本，反而可能会带来财务风险的增加。

资料来源　谢鹏. 浅议物流外包及风险防范［J］. 时代经贸，2020（12）. 经编者节选、改编。

问题：分析如何降低物流外包的风险。

任务三　熟悉农业物流运营模式

★任务目标

了解农业物流，掌握农业物流的分类，能够合理利用农业物流的运营模式，具有应用农业物流的业务运作能力。

🔍小词典

农业物流是指在农业生产及相关联的农业生产资料供应和农产品销售过程中的一切物流活动的总称。农业物流分为农业生产物流、农业供应物流和农业销售物流。农业物流包括农业生产资料和农产品的运输、储存、加工、包装、装卸搬运、配送和信息管理等功能要素。

★课堂讨论

我们经常在报纸上看到某地农产品积压，烂在地里，农民增产不增收；另一方面，城市里该种农产品的价格又比较高。这是为什么呢？

★问题引导

《交通运输部办公厅关于进一步加强农村物流网络节点体系建设的通知》指出：农村物流工作的目标是加快建成一批农村物流功能突出、服务"三农"效益显著的网络节点，推动实现"建设标准化、管理规范化、服务多元化"，全面提升农村物流服务水平。农村物流工作的重点包括：优化节点布局，做好统筹规划；完善站场功能，提升服务水平；注重模式创新，强化运营管理；加强信息化建设，实现互联互通；加强组织领导，强化政策支持。

思考：我国农业物流应如何发展？

📍引导知识点

一、农业物流的特征

1.农业物流主体的特殊性

农业物流主体既有加工企业、运销企业，又有农户（农户可视为一个自主经营、自负盈亏的经营主体）。

农户作为农业生产主体和核心企业的供应商，具有多重身份属性：自然人、法人、管理者、决策者、劳动者等。农户的行为模式比较复杂，决策的理性与非理性并存，并受农户个人的文化素养、偏好、心理状态、经济状况等因素影响；农户在对市场信号和经济信息的认知、判断、反应方面，既可能是理智决策，也可能是盲目从众；从数量特征上看，农户作为供应商，其数量弹性很大，有时可以少至百十人，有时又可以多至成千上万人，甚至更多。

例如，伊利集团带动了20多万农户进行牧业生产和原奶供应，供应商数量之多在其他产业物流中是很少见的。

2.农业物流客体和物流工具的多样性

农业物流客体主要包括农副产品及其中间产品、产成品，还包括其他辅料、包装物等。农业物流工具种类繁多、层次不一，既可以是飞机、火车等现代物流工具，也可以是四轮拖拉机、马车等传统物流工具，还可以是个体的人。农业物流客体和物流工具的多样性决定了农业物流主体在数量上呈几何级数增长，这也增加了农业物流路径的多样性和复杂性。

3.农业物流路径的复杂性

农业物流路径的复杂性主要缘于农业生产的分散性和农产品消费的普遍性。农业物流过程可描述为：农业投入物以工厂或工业城镇为起点，经由各种运输方式到达农村，直至千家万户（这一过程的农业物流路径呈强发散性）；经过农业生产、收获等环节后，农产品由少聚多，由支线向干线汇聚到制造厂或分销商（这一过程的农业物流路径呈强收敛性）；农产品经过加工（或流通加工）后，向分销商、零售商扩散（这一过程的农业物流路径呈中度发散性）；最后农产品从各零售网点扩散至千家万户（这一过程的农业物流路径呈强发散性）。

农业物流路径的特征可概括为：强发散性+强收敛性+中度发散性+强发散性。这一特征决定了农业物流在控制上的高难度性，在管理上的复杂性，在物流硬件投资数额上的巨大性。这一特征的影响不仅表现在粮食、棉花等大宗农产品流通方面，也突出表现在一些全方位快速扩张的企业身上，如伊利、双汇、光明等，而其他产业物流路径中的一些生产资料用品基本上不具有这一特征。此外，其他产业的许多日用品物流虽然在供应链下游也体现出强发散性，在供应链上游却没有表现出强发散性+强收敛性的特征。

4.农业物流环境的全方位性和制约性

农业物流环境具有全方位性，农业包含农、林、牧、副、渔等子产业，其作业场所基本涉及我们所知的大多数地理环境。

农业物流环境的制约性表现在两个互相关联的方面：一方面，农业物流能力（包括物流管理和物流基础设施建设等方面）制约和影响着农业物流的范围和绩效，如光明乳业在建立冷链和提升物流系统能力以前，其液态奶的物流半径被局限在加工厂方圆300千米以内；另一方面，宏观物流环境、国家物流政策、农产品产业规范及标准化等对农业物流形成了外部约束和限制。

5.农业物流时间竞争的双向性和局限性

一方面，农业物流在时间竞争的策略指向上具有双向性。在其他产业物流中，时间竞争在策略指向上就是加速，即通过尽可能地缩短产品开发、加工制造、销售物流、服务支持等方面的时间长度及减少它们的波动幅度来参与竞争。在农业物流中，时间竞争在策略指向上不仅包括正向加速，即一般意义上的加速，还包括逆向加速，即削减和抑制农副产品有机体自然生长（呼吸、光合作用、熟化、腐化）的速度，以使其具有更高的经济价值。例如，对生鲜品保鲜、冷藏以降低生物体活动的强度，培育晚熟品种以均衡后续生产和供应等。

另一方面，农业物流在时间竞争方面具有局限性。首先，农产品的生产和运营周期十分漫长，这种长周期与农产品加工、流通的短周期形成了鲜明对比。在一定的经济技术条件下，农产品生产周期压缩的潜力有限，农业物流的时间竞争受到局限。其次，农产品生产环节在响应用户需求时，其响应方式与后续环节存在着巨大差异。农产品生产和决策在时间上整体刚性很强，调整的柔性差。再次，农业物流各子系统在信息的传递、物流系统的协调与集成、标准规则的一致性等方面欠缺，从而约束了农业物流基于时间竞争的整体优化空间。最后，农业物流节点的时间竞争工具有限。制造业物流在时间竞争中常用的系统简化和整合、标准化、偏差控制、自动化等方法在农业物流环节很难运用。

6.农业物流需求的不确定性

进入21世纪以来，随着农业和整个国民经济的发展，居民收入和生活水平不断提高，农副产品及其制品的种类和品牌日益增多，流通渠道日益多样化，消费者对价格、品质、服务等日益敏感，购买偏好和习惯也更加多样化。总体来看，农副产品的消费模式已由温饱型向质量型、服务型转变。

▶ 小资料8-2

农业物流、农村物流、农产品物流的比较

在农业物流、农村物流、农产品物流三个概念中，农业物流的外延最大，可以包括后两者，也可以把"三农"领域的物流统称为农业物流。从狭义上看，农业物流主要是生产性物流；农村物流是指维持农民自身生存、生产的生活生产资料物流；农产品物流是指农产品销售物流。

📍 引导知识点

二、农业物流的分类

1.按物流的阶段划分

农业物流按照物流阶段的不同，可以分为农业供应物流、农业生产物流、农业销售物流。

（1）农业供应物流。农业供应物流是指为了保证农业生产不间断进行，保证农村经济持续发展，供给和补充农业生产所需生产资料和生活资料的物流。农业供应物流是农业生产的前提条件和物质保证。没有农业供应物流，农业生产就会停滞。农业供应物流还可以将工业产品向广大农村输送，是工业和农业两大物质生产部门之间的物质运动。

（2）农业生产物流。农业生产物流是指从农作物耕种、田间管理到农作物收获的整个过程中，由于配置、操作和回收各种劳动要素所形成的物流。农业生产物流是构成农业生产活动的主要内容，它决定了农业的生产成本和效率，影响着农民的收益。农业生产物流是农业生产工序间的物质运动，处于农业生产过程中，活动范围较小。农业生产的作业时间、作业内容、作业场所、作业程序、作业线路、作业组织管理等问题，都直接影响着农业生产物流的效益。

农业生产物流按照内容和形式的不同，又可分成三种物流形式：一是耕种物流，即

为了耕种配置生产要素的物流，包括农业机械设备及工具的调配和运作等。二是管理物流，即为了供给培育农作物生长的物质资料的物流活动，包括育苗、间株（插秧）、除草、整枝、杀虫、追肥、浇水等作业所形成的物流。三是收获物流，即为了满足收获农作物所需生产资料形成的物流，包括农作物收割、回运、脱粒、晾晒（烘干）、筛选、处理、包装、入库等作业所形成的物流。农业生产物流的流动范围小，是农业生产要素从仓库到田地和田地之间的往复运动；物流的方向是双向的，而且出大于入；物流主体可以是农业服务队，如农机站、机耕队或短途货运公司，也可以是农民（农场）自己。

（3）农业销售物流。农业销售物流是指由农产品的销售行为引发的一系列物流活动，包括为销售农产品和满足消费者需要而进行的分拣、配货、装卸、送货等活动。

2.按物流的客体划分

农业物流按照物流客体的不同，可以分为农业生产资料物流和农产品物流。

（1）农业生产资料物流。农业生产资料物流是指以种子、化肥、农药、地膜、农业机械及农业生产消费的原材料、燃料等为物流客体，对它们进行拣选、加工、包装、分割、组配等作业，并按时送达指定地点的农业物流活动。农业生产资料物流的路径一般是由城市到农村。

（2）农产品物流。农产品物流是指以粮食、肉类、水果等农产品为物流客体，对它们进行备货、储存、分拣、配货、装卸、送货等作业，并按时送达指定地点的农业物流活动。农产品物流的路径一般是由农村到城市。

★ 问题引导

广东裕康物流有限公司：做真正的农业服务商

广东裕康物流有限公司（以下简称"裕康"）的业务涵盖了农资购销、金融（小额贷款）、物流运输、仓储、农技培训、粮食收储加工等多个领域，为华南农民提供与众不同的优质服务。

1.首创肥料营销的合伙人模式

裕康通过打通上游核心厂家和省级渠道，成为上游厂家的结算商，农资流通渠道则成为裕康的合伙人。此模式减少了中间流通环节，让农民用最实惠的价格用上优质的肥料产品，同时享受到农技培训、金融扶持、粮食收储等周到服务。

2.积累土地大数据

裕康以土地数据为核心（农户得到肥料，将有专人指导，全程跟踪土地的数据，包括施用情况、农作物生长情况），最终汇集成以土地为核心的农业大数据体系。通过标准化操作，记录作物生长特性，让农户能提前准确掌握种植信息，做到有备无患。

3.引入现代金融支持"小农"

针对广大种植户贷款难的问题，裕康以大数据为基础，推出"惠农贷"金融解决方案。据了解，"惠农贷"属于厂商贴息、农户享受免息贷款的优惠政策。"惠农贷"通过引入专业的金融机构，提高了农户贷款风险的把控性，让行业由被动赊销变为主动赊销。

资料来源　黄海洋．广东裕康物流有限公司：做真正的农业服务商［EB/OL］．［2019-04-21］．http：//www.gdyukang.cn/index.php？a=show&c=index&catid=51&id=117&m=content．

思考：广东裕康物流有限公司采用的物流模式是哪种？

📍**引导知识点**

三、农业物流模式

从供应链战略出发，结合农业产业化发展的实际，可供选择的农业物流模式主要有供应链一体化发展模式、中介组织联动模式、第三方农业物流模式、农业物流联盟模式、节点-网络模式、电子虚拟供应链模式六种。在这几种模式中，究竟采取哪种模式，要根据各城市和农村的农业产业化发展水平、农业物流主体的服务能力等多方面因素来确定。

1.供应链一体化发展模式

供应链一体化发展模式是指农业物流供应链中的核心企业将其供应链一体化，形成企业物流系统的发展模式。在农业物流供应链中，具备一定规模、协调与控制能力较强、商业信誉较好的企业，如果以农业物流作为发展战略要素，那么该企业会主动成为供应链的核心企业，并在一定范围内将农业物流供应链中的相关城乡客户、供应商和企业联结起来，整合各项物流功能，在服务水平、效率、成本与效益方面做出恰当的物流功能定位，实现城乡供应链一体化运营管理。

2.中介组织联动模式

中介组织联动模式以各种中介组织（主要包括农业合作组织、技术协会、农民经纪人等）为纽带，组织产前、产中、产后的全方位服务，使众多分散的小规模生产经营者联合起来，形成较大的统一群体，从而实现规模效益，提高市场议价能力，增加农民收入。这种模式适用于对技术要求比较高的种植业、养殖业，特别适用于新产品、新品种、新方法推广过程中的农业物流运作。中介组织可以为农民提供专业供需信息等除生产本身之外的所有服务，直接充当城乡双向流通的纽带。

3.第三方农业物流模式

第三方农业物流模式是指第三方农业物流企业独立承包一家或多家农业生产者或农资、农产品经销商的部分或全部物流业务的模式。这种模式可以把城乡双向流通中出现的物流瓶颈、供需矛盾、信息失真等问题通过第三方农业物流企业来解决。第三方农业物流企业充当了城乡双向流通的缓冲器，必须具备对农业物流的协调、组织、运作能力。第三方农业物流企业可以自行承担物流业务，也可以将一部分物流业务委托他人进行操作，可以是综合性物流企业，也可以是功能性物流企业。

4.农业物流联盟模式

农业物流联盟模式是指为了实现农业物流的战略目标，两个或多个农业物流主体通过各种协议、契约结成优势互补、风险共担、利益共享的松散型网络组织的物流模式，这是国外普遍采用的形式。这种发展模式强调企业之间在市场交易中进行战略性的合作和协调，从而有效节约交易费用；同时，由于联盟成员仍保持各自的相对独立性，仍存在着竞争（围绕自营、外购），因此能够维持较高的市场效率，从而避免了一体化组织中的僵化失灵产生的组织费用。

5.节点-网络模式

节点-网络模式是指通过发展农业物流节点，建立节点之间的联系，进而形成城乡双向的农业物流服务网络的发展模式。网络化是现代农业物流的基本特征，农业物流的效率直接依赖和受限于网络结构。现代农业物流服务网络是由节点、链接、层次和活动有机结合而成的。节点具有一定的功能和空间位置，可以是企业、供应商、顾客、物流设施；运输和通信是建立节点之间联系的链接；层次是指农业物流服务网络中的组织管理和功能层次结构；活动是指各种农业物流业务活动。由于节点的功能和布局在很大程度上决定了农业物流的网络格局和功能结构，因此我们通常将发展物流节点作为发展现代农业物流的关键和重要切入点。物流设施是指物流园区、货运中心、配送中心、仓库、货运站、港口、运输枢纽等。

这一模式的特点为：以节点的农业物流资源为优势，依靠政府的宏观管理与政策扶持，发挥农业物流企业的市场主体作用，将城乡一定区域范围内的数个物流节点有机联结起来，建立节点间的城乡农业物流合作关系，形成现代农业物流网络，构建区域农业物流系统、国际农业物流系统等。

6.电子虚拟供应链模式

电子虚拟供应链模式主要借助于网络建立商务平台，来自城乡的供应商、生产商、批发商、零售商、物流供应商等以会员形式加入其中，供客户、消费者查询，形成虚拟农业物流供应链。在虚拟农业物流供应链的运作中，各物流企业的合作是均势的，信息透明度、准确度和及时性高，所以能够减少需求不确定带来的库存增加，克服供应链敏捷性较差的不足，降低农业物流的运作成本，提高整个农业供应链的效率。这一发展模式对农业物流的服务网络与信息系统、数据处理能力、人员素质的要求很高。所以，信息技术和网络技术的发展与应用会加快我国农业物流信息化的步伐，电子商务的迅速发展会推进我国农产品电子物流的进程，农民素质的提高也会加强农业物流主体的合作意愿，这些因素促进了电子虚拟供应链模式的发展。

四、农业物流模式的选择依据

影响农业物流发展的因素很多，如物流基础设施建设情况、物流渠道、市场体系、农业产业化水平、中介组织的发展状况、供应链上各个环节决策者的物流意识、国内外竞争环境的变化、物流技术与管理水平等。所以，现代农业物流模式可以有多种选择，但无论选择何种模式，都必须遵循以下三个基本原则：

1.利益原则

现代农业物流是一个整体，是以满足利用它的成员或客户的利益来维系的。因此，只有当一种发展模式对农业物流参与者具有经济利益上的吸引力时，物流参与者才会相互合作，通过实现组织目标，达到最佳的运作效果，从而实现各自的利益。这是现代农业物流持续发展的首要条件。

2.效率原则

效率原则要求以有限的资源谋求最大的成果，坚持效率原则在现代农业物流发展模式的选择过程中是显而易见和始终如一的。现代农业物流要求农业物流参与者按照专业化的分工和协作有规律、有秩序地运作，因此必定产生规模效应、协同效应。当一种农业物流模式能够尽可能地整合和利用农业物流参与者的物流资源、加快市场反应速度、降低物流成本、提高物流效率和效果时，这种农业物流模式才是有效率的，才是可以选择的。

3.可持续发展原则

我国正处于工业化发展的中期，人口众多，农产品生产和消费的数量都很大。同时，现代物流起步较晚，与农业物流相关的经济活动对资源、环境、人们生活质量的影响都很大，不可避免地会造成资源消耗过度、环境破坏严重。所以，农业物流参与者要强调全局与长远的利益，强调全方位对环境的关注，选择与绿色生产、绿色营销、绿色消费等绿色经济活动紧密衔接的集约型发展模式。

课堂提问 ✓

为什么要发展现代农业物流？

课堂实训 ✓

某些时期，市场上的猪肉、鸡蛋、大蒜、苹果等农副产品的价格波动较大，试分析其中的原因。这与物流有何关系？

案例分组讨论 ✓

近几年来，国家投入大笔资金规划粮食物流园区，部分代表性粮食物流园区的规模与投资见表8-3。

表8-3　　　全国部分代表性粮食物流园区的规模与投资

名称	地址	投资额（万元）	占地规模（亩）
宿迁粮食物流园区	江苏宿迁	150 000	2 000
长春东北亚现代粮食物流园区	吉林长春	250 000	3 000
射洪粮食物流园区	四川射洪	80 000	260
漳州国际性粮食物流园区	福建漳州	10 878	200
湖南金霞粮食物流园区	湖南长沙	68 000	394

资料来源　编者根据政府公共平台资料整理。

问题：全国代表性粮食物流园区对我国农业物流的发展有何帮助？

任务四　了解食品物流业务环节

★任务目标

了解食品物流，能够合理利用冷链物流，具有应用食品物流的业务运作能力。

小词典

食品物流是指食品从供应地向接受地的实体流动过程，即根据实际需要，将食品运输、储存、装卸、搬运、包装、流通加工、配送、信息处理等基本功能实现有机结合的过程。

★ 课堂讨论

近年来，食品安全问题频发，不良商家在生产经营过程中偷偷使用了病鸡病鸭、地沟油等，对消费者身体危害很大。物流企业能为食品安全做些什么？

★ 问题引导

2021年1月8日，"中国食品行业智库筹备工作组"成立，"中食智库"进入筹建期。筹建期内，筹备工作组通过行业领导走访、专家交流、企业沟通等多种方式组织专项课题研究，通过多方论证的形式不断修正智库架构，并结合国家"十四五"规划中相关战略实施要求，紧抓核心要素，多元化完善运营内容，逐步形成了"中食智库"专属的"4+6+N"（4大研究中心、6大赋能平台、N个落地活动）创新型平台模式。

中国食品报社社长黄国胜表示，"中国从食品大国迈向食品强国"这一重大使命，需要食品行业的所有机构、企业、专家及从业人员共同努力。"从中国食品产业高质量发展到人们的饮食健康，行业的每一项发展变化都与我们密切相关，中国食品报社有责任、有能力也有信心建设好中国食品行业的特色新型智库，携手更多有识之士，共同助力中国食品行业腾飞。"

资料来源 何义涛. 管委会成立，"中食智库"正式运营［N］. 中国食品报，2021-05-21.

思考：从食品大国到食品强国转型的过程中，食品物流的特点与价值何在？

引导知识点

一、食品物流的特点

食品物流相对于其他行业的物流而言，具有以下几个突出特点：

（1）为了保证食品的营养成分和安全性，食品物流要求高度清洁卫生，对物流设备和工作人员也有较高要求。

（2）由于食品具有特定的保鲜期和保质期，因此食品物流对产品的交货时间即前置期有严格标准。

（3）食品物流对外界环境有特殊要求，如适宜的温度和湿度、不同品种的果蔬不能混装、水产品鲜货与冻货不能混装、生熟食品要分开等。

（4）生鲜食品和冷冻食品在食品消费中占有很大比重，所以食品物流必须有相应的冷链。

此外，社会经济和信息化的持续发展，消费者结构的多元化发展，食品电子商务的蓬勃发展等，都会给食品物流带来很大的影响。

二、食品物流对食品行业的影响

食品物流就是物流在食品行业中的应用。人们通常把物流称为"企业的第三利润源泉"，食品物流水平的高低，既关系到食品企业的发展，也关系到食品行业的发展。

1.食品物流对食品安全的影响

随着我国人民生活水平不断提高，人们对食品安全的要求也上了一个新台阶，要求食品新鲜、无污染。食品安全不仅要在食品生产、加工过程中严格把控，而且依赖于后期食品物流的效率与质量。在食品物流运作过程中，先进的冷链技术、快速的区域物流，以及及时、高效、多频次的城市配送，是保证食品安全的关键。

2.食品物流对食品价格的影响

目前，我国的食品价格高，利润却比较低。造成食品价格高的原因有很多，如原料成本高、市场竞争激烈、运输费用高、企业盈利能力低等。值得关注的是，食品的价格中有很大一部分是为了补贴物流成本。据估计，我国每年有总价值750亿元的食品在运送过程中腐坏。一些容易腐坏食品的售价中，有七成是用来补贴在物流过程中损坏货物的支出。因此，营造良好的食品物流环境，提高企业的物流水平，完善企业的物流体系，可以有效缓解我国食品价格高的现状。

3.食品物流对食品企业效益的影响

目前，食品企业间的竞争非常激烈，价格战在食品行业愈演愈烈，从而导致食品企业的利润逐年下降，食品企业出现了亏损甚至倒闭的情况。

不合理的食品物流会降低食品的安全性，提高食品的物流成本，导致食品在市场竞争中处于劣势，最终影响食品企业的效益。因此，食品物流企业应选择先进的物流技术与设备，提升物流管理水平，从而使食品供应链各环节的综合成本最小化，提升食品物流对食品企业效益的积极影响。

4.食品物流对食品企业出口的影响

改进食品物流水平，不仅可以降低企业的物流成本，而且可以使企业运营科学化、标准化、规模化，使企业竞争力增强，使企业产品与国际接轨，满足国际市场的要求。因此，出口企业应加快食品物流建设，整合食品供应链，使企业能够从容应对区域保护主义、技术壁垒和贸易壁垒。

5.食品物流对食品服务业的影响

目前，我国整个食品供应链的服务水平较低，主要表现在企业诚信度低、信息不畅通、服务人员态度差、服务设施落后、订单的供应率和满足率低、运输货损率高、配送不合理和交货不及时等方面。

提升食品物流的水平，可以有效降低食品物流的成本，提升食品供应链上各环节的满意度，提升食品行业企业的产品竞争力，有效促进食品行业整体向健康的方向发展；同时，改进食品物流还可以缓解我国"从农田到餐桌"的食品安全问题，提升我国的食品服务水平。

小案例8-5

麦当劳冷链物流

麦当劳的物流不是采用自营模式，而是外包给了夏晖公司。麦当劳餐厅经理预先估计安全库存，一旦库存量低于安全库存，便进入订货程序。网上下单，将订单发往配销中心。夏晖公司在接到订单后，在最短的时间内完成装货、送货等一系列过程。餐厅经理每天都要把订货量与进货周期进行对照，一旦发现问题，立刻进入紧急订货程序。虽然紧急订货不被鼓励，但一经确认，一两个小时后货品就会被送到餐厅门口。因此，麦当劳总能确保货物存量在安全库存之上。为了保证质量，夏晖公司实行全程冷链运输，即冷藏冷冻库—冷藏冷冻车—餐厅冷藏冷冻柜。

★ 问题引导

在当前中国冷链物流行业的终端需求中，食品冷链占绝大部分比重，接近90%，剩余的则是医药冷链、化工冷链等。那么，冷链物流公司有哪些呢？

1. 上海郑明现代物流有限公司

公司主要从事冷链物流、汽配物流、快消品物流、医药物流等，设立了网络物流事业部，将现代物流与传统物流相结合，形成零担班车与干线运输相互配合、冷链运输与普货运输相互补充的发展格局。依托网点拓展，公司还可为客户提供网络内各个城市的门对门运输服务和城市内仓储配送业务。

2. 双汇物流

作为食品物流50强企业、冷链服务商，公司主要负责双汇集团在全国各地物流项目的投资、发展决策、网络建设，是国内的专业化公路冷藏物流公司之一，已成功实现由企业物流向第三方物流的转变。公司利用自身网络优势为客户提供门到门、点到点的运输、分销和配送服务。

3. 上海安鲜达物流科技有限公司

公司专注于生鲜物流冷链配送领域，为生鲜食品类商家提供冷库仓储、冷链干线、冷链短驳、安全质检、货品包装、分拣加工、冷链宅配、门店销售等一体化服务，在配送方式上实现了"常温、冰鲜、冻鲜、活鲜"4种形式、跨温控的战略布局。公司也获得阿里巴巴、KKR集团的战略注资。

资料来源　佚名. 国内冷链物流公司有哪些？[EB/OL]. [2020-08-27]. http://www.wl890.com/wuliujs/14608.html.

思考：材料中介绍了哪些冷链物流公司，它们都开展哪些业务？

小词典

冷链是指根据物品特性，从生产到消费的过程中使物品始终处于保持其品质所需温度环境的物流技术与组织系统。

引导知识点

冷链物流是以冷冻工艺学为基础，以人工制冷技术为手段，以生产流通为衔接，以达到保持食品质量完好与安全为目的的低温物流过程。

冷链物流包括低温加工、低温运输与配送、低温储存、低温销售四个方面。食品在产地收集后，经过预冷、加工、储存、包装后，运到销售终端，最后卖给终端消费者。因此，冷链物流应遵循"3T原则"，即时间（time）、温度（temperature）和耐藏性（tolerance）。冷链物流的适用范围包括三类，即初级农产品（蔬菜、水果、肉、禽、蛋、水产品、花卉产品），加工食品（速冻食品，禽、肉、水产等包装熟食，冰激凌和奶制品，快餐原料），特殊商品（药品）。

三、冷链物流的特点

由于食品冷链是以保证易腐食品品质为目的、以保持低温环境为核心要求的供应链系统，因此它是一个庞大的系统工程，比一般常温物流系统更复杂，建设投资也要大很多。由于易腐食品的时效性要求冷链上的各环节具有更高的组织协调性，因此食品冷链的运作始终与能耗成本相关联，有效控制运作成本与食品冷链的发展密切相关。

1.建设投资大，系统庞大复杂

冷链物流和常温物流相比，其在冷藏库、进出通道、保温车辆等硬件方面和作业环节上对温度、湿度和鲜度有明确的要求，因此冷链物流中心建设初期投入较大，技术含量高。保温、保鲜、节能、环保技术应用于库房规划设计、进出库作业、在途运输、商品交接的各个环节，相应的投资成本、管理成本和营运成本较常温物流系统更高，一般中小型企业难以自建冷链物流系统。

2.要求各环节具有更高的组织协调性

为了保证产品品质，降低产品在输送过程中的损耗，冷链物流中的各个环节必须具有更高的协调性。由于冷链食品含水量高、保鲜期短，并且极易腐烂变质，从而限制了冷链食品的运输半径和交易时间，对冷链物流的作业流程和储运条件也提出了很高的要求。与常温物流相比，冷链物流的运输线路相对集中和固定，常分布于繁华的市区，配送半径一般在150千米以内，通常要求在8小时内送达。对温度要求严格的食品，要用保温车辆或保温器具配送；对鲜度要求严格的食品，每天至少要配送一次。因此，城市交通情况（畅通性、出入限制）、配送位置及门店开关门的时间等因素都对冷链物流的时效性具有直接影响。

3.对冷链食品的安全防护要求高

保证食品品质是冷链物流的灵魂，所有的温度控制措施及环节均为延长产品寿命及保证产品的品质服务。在冷链配送过程中，速食类商品占冷链配送总品项的70%以上，因此对食品的安全防护是冷链物流的重要内容。对冷链食品的安全防护贯穿于冷链配送的各个环节，从向供应商收货开始，到在冷库进行分拣配货作业、配送途中车辆的温度监控，直至最终入库（上架）并交付给最终客户，商品的有效期、温度、湿度、鲜度控制，以及装运器具的清洁卫生、配送人员的健康状况等，都是冷链食品安全防护工作涉及的内容。

4.冷链过程中涉及的学科范围广泛，行业跨度很大

从生物学、微生物学到制冷科学，从食品加工工艺到生鲜食品加工中心的规划设计，从农、林、牧、渔业到信息产业，冷链物流体系涉及多个学科和行业。

★ 问题引导

苏宁物流全国布局8大冷链仓

苏宁物流拥有仓储及相关配套设施总面积628万平方米，拥有快递网点近20 000个，物流网络覆盖全国352个地级城市、2 810个区县城市。全国冷链仓的布局，助力苏宁生鲜全面发力，让更多的用户真正实现"领鲜生活"。

苏宁物流相关负责人表示，在传统冷链仓基础上，苏宁物流将机器人、穿戴辅助装置以及其他自动化技术应用到整个冷链仓储、运输、配送等环节，完美解决生鲜电商最头疼的"最后一公里"问题。

值得注意的是，苏宁物流新建立的8座冷链仓均采用B2B店配和B2C客户包装发货模式，满足苏宁生鲜、苏宁小店、苏鲜生超市的冷链物流需求。这也意味着，用户不仅可以选择在家收到生鲜产品，也可以去苏宁遍及全国的各类门店自提、选购。

苏宁小店的商品可分为快消品和生鲜两类，由线上与线下两部分构成。线上拥有日常便利性商品为主的1小时送达、生鲜产品为主的生鲜预定、苏宁易购的精选商品；线下则为100～200平方米的社区便利店，线下销售生鲜占比约30%。值得一提的是，苏宁小店依托苏宁的自建物流体系，可做到2公里范围内1小时到达的急速配送。

资料来源 佚名. 苏宁物流全国布局8大冷链仓 生鲜最短1小时内送达〔EB/OL〕.〔2022-01-21〕. http://www.wl890.com/wuliujs/14608.html.

思考：苏宁物流如何保证食品安全？

◎ 引导知识点

四、食品安全信息追溯系统

食品安全信息追溯系统是制度设计和技术设计的统一体。它的本质是对食品生产—流通—消费服务的全过程进行监管，在此基础上实现对商品信息和经营责任的追溯。

根据食品的流通过程，食品安全信息追溯系统大致可以分为以下几类：

1.原产地（属地）信息追溯系统

这主要针对食品供应的源头等信息，如白菜、大豆的原产地等。

2.食品加工过程信息追溯系统

这主要针对食品的加工环境、加工方法与步骤等信息。食品加工方式的不同会影响食品的品质，对食品的口味、储存时间等也会产生一定的影响。

3.存储与运输信息追溯系统

在食品的储运过程中，有些食品，特别是水产品、肉类、熟食、新鲜水果、蔬菜、饮料等是有一定保质期的，并且要求满足一定的环境条件，如温度、湿度等，如果不符合要求，就可能导致食品腐烂、变质。因此，类似的信息也需要采集和分析，以保证食品的安全性。

> **小资料 8-3**

食品安全追溯链条

目前，养殖业已经拥有食品安全追溯链条，我们可以查到市场上销售的禽（畜）肉从哪里来、在哪里屠宰，每个环节都可以查到。例如，一头猪在养殖场时，会被植入一个耳标，里面是一个 RFID（无线射频识别）标签，标签里记录了这头猪的产地、生长发育的过程，每个电子耳标只识别一头生猪。猪送到屠宰场以后，这些信息会自动转存到系统中，在生猪变成白条肉以后，会产生一个新的唯一标签，记录前面的信息以及屠宰场的信息。超市购入白条肉，并对其进行分割、出售。对于每一份分割品，超市也会赋予它一个具有唯一识别作用的追溯码，这个追溯码会同分割包装一同交到消费者手上，这时候消费者就可以通过超市的终端进行相关信息的查询。这样就构成了一份猪肉完整的食品安全追溯链条。

> **课堂提问** ✓

你知道生物疫苗在运输过程中为什么通常应用冷链运输吗？

> **课堂实训** ✓

结合生活中的实际情况说明，如果把冷链物流中的"线"定义为冷藏（冷冻）环境下的运输，那么"节点"有哪些？请描述冷链物流的流程。

> **案例分组讨论** ✓

在发达国家，日常物品的冷链物流流通量接近 100%，但我国才刚刚起步，果蔬类约占 5%，肉禽类约占 15%，水产类约占 40%。2020 年我国冷链物流市场总规模为3 832.0 亿元，预计到未来 5 年内，年均增速将超过 20%。

我国冷链物流业与世界先进水平相比还存在巨大差距，但巨大差距的背后也蕴含着巨大的机遇和市场。目前，有两大因素支撑着我国冷链物流业的发展：一方面，我国中产阶层的数量迅猛增长，2015 年我国中产阶层人口数量超过美国，而这部分人群恰恰非常重视食品、药品的质量安全；另一方面，我国政府对食品、药品的质量安全也日益重视，发改委、财政部等十部委发布了《关于进一步促进冷链运输物流企业健康发展的指导意见》，提出大力发展第三方冷链物流。

问题：我国冷链物流业目前存在什么问题？有什么改进措施？

任务五　了解快递业物流活动

★任务目标

了解快递业物流，具有应用快递业物流的业务运作能力。

小词典

快递是指承运人将物品从发件人所在地通过承运人自身或代理网络送达收件人手中的一种快速服务方式。

快递业物流是指在一定的区域范围内，根据用户要求，对快递货物进行分拣、包装、分类、组配等作业，并以最短的时间送达指定地点的物流活动。

★ 课堂讨论

近年来，我国快递行业呈现爆发式增长态势，规模总量已居世界第二位，但国际快递中有80%的份额被DHL、UPS、FedEx所垄断，我国快递行业陷入了价格战的低端竞争。说说为什么我国快递行业会陷入低端竞争呢？

★ 问题引导

按照上市时间对民营快递五巨头进行排序，依次为：圆通、顺丰、申通、中通、韵达。回溯民营快递五巨头的上市历程，依次为：圆通成功借壳上市，成为民营快递第一股；顺丰上市方案获证监会有条件通过；申通借壳公司通过证监会审核；中通快递敲响纽交所开市钟；韵达借壳公司通过证监会审核。

思考：快递物流如何分类？我国民营快递企业纷纷上市说明了什么问题？

引导知识点

一、快递业物流的分类

快递业物流能够在极短的时间内将物品运到目标地点，但是运量相对较小、运费较高，同时由于要经过不同的站点，因此物品容易丢失或损坏，安全系数相对较低。

快递业物流的本质是服务，提高服务质量需要关注快递服务流程与服务传递过程。相对于其他产业的物流来说，快递业物流的作业环节比较少而且简单，但快递业物流对时间的要求非常高，强调以最短的时间完成物流任务，因此其物流成本高于其他产业的物流成本。

（1）快递业物流按照服务地域范围的不同，可分为同城物流、国内物流与国际物流。

（2）快递业物流按照物流客体的不同，可分为快递信件物流、快递包裹物流等。

（3）快递业物流按照快递企业所有制性质的不同，可分为国有快递物流、民营快递物流和外资快递物流。其中，国有快递物流又可分为邮政、航空、铁路等产业的快递物流，民营快递物流以同城物流为主，外资快递物流以国际物流为主。

小思考8-3

快递运输有什么要求？

★ 问题引导

近年来，快递行业的业务量在电子商务、懒人经济、疫情等多方因素的推动下不断上升。艾媒咨询数据显示，2020年，全年实物商品网上零售额为97 590亿元，增长14.5%；2020年中国快递服务业务量以30.7%的速度增长至830亿件，同比上升

5.4 个百分点。2010—2020 年，我国快递行业的年业务量始终都维持在 25% 以上的增速，并且连续 8 年保持全球第一。

国家统计局最新数据显示，2021 年我国邮政业全年完成邮政函件业务量 10.9 亿件，包裹业务量 0.2 亿件，快递业务量 1 083.0 亿件，快递业务收入 10 332 亿元。

5 年前，京东 CEO 刘强东曾表示："未来国内物流行业可能只有两家快递公司能活下来，一家是京东，一家是顺丰。"

"德邦在 2018 年正式进军大件快递，可以说是在 60 千克以下的大件快递中杀出了一条血路。但本身依靠品牌或者供应链壁垒形成的黏性，远不如直接背靠商流这种模式形成的黏性更高，在物流寡头中运营得也较为成熟。因此，京东借助自身优势收购德邦快递，最终占据零担快递市场，远比自身做要有利得多。"网经社电子商务研究中心特约研究员陈虎东说道。业内人士分析，这几年快运市场竞争激烈，红利逐渐降低，所以京东收购德邦也在情理之中。

资料来源　王楠. 京东"得"邦，快递业"洗"出新牌局 [EB/OL]. [2022-03-14]. https: //3w. huanqiu.com/a/c36dc8/47BVoj7zc3B.

思考：京东发展快递业务有哪些经验值得同行借鉴？

引导知识点

二、快递业物流的特征

1. 托运人对快递货物的物流时间要求高

时间是托运人委托快递企业提供服务首先要考虑的因素。伴随着社会经济活动的日益频繁，人们对货物送达时间的要求越来越高。对一些商业企业来说，一份商业文件能否及时送达，可能关系到一笔生意能否做成；一批产品能否及时送达，将直接影响企业在客户群中的声誉并对企业市场占有率的高低产生影响。

另外，一些时令性较强的商品，以及客户对某一产品或配件的应急采购等，都要求快递企业提供快捷的送达服务。正是由于客户对物流时间的要求高，因此快递运输所实现的货物时间价值要比普通大宗货物运输高。

履行服务承诺，保证客户对物流时间的要求，是快递企业生存与发展的根本。

2. 快递货物通常体积不大、难以替代

快递货物通常体积不大，如通信器材、计算机芯片及配件、服装等。由于产品体积不大，因此快递业通常采用人工装卸作业而非机械装卸作业方式，这使得快递业的劳动密集程度相对较高。

快递货物的另一个特点是难以替代。例如，一些商业合同文件、时令性商品、特殊需要商品或个性化物品等，不仅对时间的要求高，对安全性的要求也非常高。这就对快递企业的服务条件、保险责任、信誉和资金实力等提出了较高的要求。

3. 物流路径通常需要"门到门"服务，物流成本较高

与普通大宗货物运输相比，快递货物的托运人对快递企业的服务要求较高，除了运输时间和货物的在途安全外，还要求服务提供者上门取货并送货上门，真正实现货物的"门到门"运输服务。由于快递企业面对的是分散的社会群体，单个货物的体积

通常较小，因此运输单位体积货物产生的成本远远高于普通货物。

4.服务对象分散、地域分布广，需要完善的物流网络系统

快递业物流另一个重要的特征是快递企业必须要有完善的物流网络系统来支持其业务活动，这是由其服务对象分散和地域分布广等特征决定的。

5.大多数快递业物流需要建立在航空运输的基础上，需要航空运输与物流基地的地面中转紧密配合

一方面，我国地域辽阔，要实现最快速度的运输，1 000千米以内的区域可以凭借公路、铁路进行，1 000千米以外的区域必须依靠飞机才能完成。UPS获得美国至中国的直航权后，从美国到北京、上海等城市的文件运送时间由3天缩短为2天，包裹则由4天缩短为3天。由此可见，只有借助飞机，才能实现最快速度的运输。目前，我国快递业80%的急件都是通过飞机来运送的。

另一方面，航空运输必须与物流基地的地面中转互相配合。由于条件限制，飞机在运送快递货物时，只能选择在大城市降落。中小城市尽管有机场，但由于货物比较零散，而且飞机不能像火车一样做到站站停，因此快递企业必须根据自己的网络结构选择几个点作为物流基地，以集散南来北往的货物，然后统一分拨、派送，从而达到提高物流速度、节约物流成本的目的。

所以，除同城快递物流外，大多数快递业物流需要建立在航空运输的基础上，同时需要航空运输与物流基地的地面中转紧密配合。

6.快递业物流环境以城市为主，并且对物流质量有很大影响

一方面，快递企业在制订物流计划（时间、路径等）时，必须充分考虑城市对货物快递运输工具在地域、时间等方面的限制程度等；另一方面，快递企业在实施物流活动时又会受到道路、停车场等运输基础设施与城市交通政策环境的制约。

★问题引导

完善产业链 共建生态圈

2020年4月10日，商务部部长助理任鸿斌在新闻发布会上表示，商务部将会同相关部门主要做好五方面工作：推动传统企业触网上线；充分发挥国际性平台的作用；支持跨境电商平台走出去；高质量推进海外仓建设；完善跨境电商产业链和生态圈等。商务部将继续指导综试区汇聚制造生产、电商平台、仓储物流、金融风控等各类企业，发展物流、支付、快递等服务行业，带动本地周边和产业链上下游企业触网上线，为跨境电商发展营造良好的环境。

国家邮政局召开2020年二季度例行新闻发布会，对《快递进村三年行动方案（2020—2022年）》进行发布解读。在发布会上，中国快递协会联合邮政EMS、顺丰速运、中通快递、圆通速递、申通快递、韵达速递、百世快递、德邦物流、京东物流、苏宁物流、菜鸟网络、阿里巴巴、京东集团13家快递物流和电商企业发出倡议，希望共建共享农村快递物流的生态圈。各企业表示将竭尽全力，切实推动"村村通快递"的宏伟目标。

资料来源 毕磊. 电商每周热点：完善产业链 共建生态圈［EB/OL］.［2020-04-17］. https：//www.360kuai.com/pc/954e0632107482768？cota=3&kuai_so=1&sign=360_57c3bbd1&refer_scene=so_1.

思考：快递业物流公司为何要共建快递物流的生态圈？

引导知识点

三、电子商务与快递业物流的联系

当今社会，电子商务和快递业物流发展迅猛，两者的紧密结合已成为新的经济发展方向，其相互促进、共赢发展的前景十分广阔。电子商务的发展离不开快递业物流，电子商务依托快递业物流实现了跨越式发展，在消费流通领域中的作用日益突出；电子商务对快递业物流的发展也起到了促进作用，电子商务配送已成为拉动快递业务增长的重要力量。京东商城推出了酝酿已久的"众包物流"新模式，即将外卖O2O的配送工作交给企业外的大众群体来完成。其招聘页面显示：只要拥有一部智能手机且年满18周岁，即可应聘众包兼职配送员，男女不限、时间自由，经培训后上岗，每单配送完成后可获得6元的收入。2015年5月，阿里巴巴联手云峰基金对圆通速递进行战略投资，此次合作是快递巨头与电商巨头的首次直接对接，产业链上下游由资本层面带动的深度整合，将给整个市场带来巨大影响和示范效应。快递企业和电商企业的"结合"不仅体现在资本层面上，更在于快递企业能够利用移动互联网的优势，在管理监控、运营作业、金融支付等方面实现信息共享，也就是实现整个供应链的信息化。快递企业还能根据用户的消费习惯和需求，在线上为用户推出透明化、标准化的服务和各类线下体验，获得增值收入，实现资本和运力的双聚合。此外，借助"互联网+"整合快递企业与电商企业的相关信息，借助物流园区整合快递企业与电商企业，不仅促进了电商的发展，也带动了快递业的产业升级，实现了快递与电商的高效整合。

2015年5月，商务部发布了《"互联网+流通"行动计划》。该计划提出，将在电子商务进农村、电子商务进中小城市、电子商务进社区、线上线下互动、跨境电子商务等领域打造安全高效、统一开放、竞争有序的流通产业升级版，释放消费潜力。2016年4月，国务院办公厅发布了《关于深入实施"互联网+流通"行动计划的意见》，部署实施"互联网+流通"行动计划，以推进流通创新发展和实体商业转型升级。电子商务与快递业物流的合作是信息化服务与快递物流资源的有机结合，它为广大客户提供了更为快速、经济、便捷的渠道，减少了客户的支出，促进了运营商、供货商与服务商三者的相互联系。在电子商务与快递业物流的合作中，如何处理好配送问题，促进两者的合作优化与创新，是影响我国电子商务与快递业物流发展水平的一个重要因素。

课堂提问 ✓

假设你是淘宝卖家，身在北京，需要给澳大利亚的买家发送货物，货物是一个首饰盒。买家希望能够支付较低廉的运费，并在1周内收到货物。你该用何种方式、何种具体方法才能在最短的时间内以相对便宜的价格将货物安全寄出？大概花多少钱、多长时间？如何跟踪货物的运输情况？

课堂实训 ✓

快递企业各显神通备战"双11"

"'双11'期间，顺丰推出了'极效前置'服务，预计顺丰'极效前置'服务的包裹数量同比增长近20%，梅州服务网点数量增至20个。"顺丰梅州公司相关负责人说道。

"'双11'期间，预计全市邮政渠道快递邮件日均进口量达14万件，日均出口量达4.5万件，同比增长近80%。"中国邮政梅州市分公司运营部经理黄海京介绍，为了保障配送速度，今年投入400多万元对中心邮件处理设备进行改造。目前该设备是全市首家配置的摆轮邮件自动化分拣设备，日均分拣处理能力达20万件以上。

"进入旺季后，极兔速递增加了发往乡镇的货车趟次。原来每天往每个乡镇只发一趟货车，现在改为每天发两趟车，中午一趟、傍晚一趟。"极兔速递梅州负责人黄科文介绍，极兔很看好梅州的农村市场，已在梅州127个乡镇设立网点，在梅州农村乡镇客户较多，日常到货60%以上的订单都以乡镇为主。

资料来源 李玉娇，廖瑜玉. 快递企业各显神通备战"双11"！全市快件量或突破千万件［N］. 梅州日报，2021-11-06.

问题：结合案例思考快递业物流如何提速并提升服务质量。

案例分组讨论 ✓

2021年7月，郑州出现罕见持续强降水天气过程，全市普降大暴雨、特大暴雨并引发洪灾。紧急关头，苏宁易购组织人力、物力以及当地门店、物流等资源全力支援郑州。

7月21日，苏宁家乐福从郑州周边城市以及武汉大仓紧急调运方便面、瓶装水、生鲜蔬果等生活物资前往郑州。同时，郑州家乐福花园店保持正常营业，以此来保障和满足当地居民对生活物资的需求。

苏宁物流同步面向政府、企事业单位、慈善基金组织免费开放郑州苏宁物流基地以及河南全省10余个转运中心，承接各类救援物资的仓储服务。目前，苏宁物流在不断组织郑州以及周边地区运输车队以及配送力量，响应政府要求，全力投入到抢险救灾和物资配送中。

河南省内的苏宁家乐福、苏宁电器店、苏宁生活广场、苏宁小店等有条件对外开放的苏宁门店，为当地市民提供汛情避险场所，并提供热水及充电服务。

除此之外，苏宁公益平台紧急联合爱德基金会上线捐赠项目，汇聚爱心网友力量，驰援河南。

资料来源 佚名. 苏宁：免费开放郑州物流基地、全力支持救灾物资配送［EB/OL］.［2021-07-21］. https://baijiahao.baidu.com/s? id=1705875933562833432&wfr=spider&for=pc.

问题：如何建立我国的应急物流体系？

任务六   熟悉会展物流运营模式

★任务目标

了解会展物流，具有应用会展物流的业务运作能力。

小词典

会展业是指举办各种形式的会议和展览展销会的行业。会展业不仅能带来诸如场租、搭建、广告、运输、保管等可观的直接经济效益，而且能带来住宿、餐饮、通信、旅游、购物、贸易等间接经济效益。

★课堂讨论

各个国家每年都会举办形式多样的博览会、展销会（如：2019年9月中国国际教育装备（上海）博览会、2019年11月中国（郑州）国际纺织服装博览会、2019年11月第二十一届中国零售业（青岛）博览会、2019年12月俄罗斯国际专业劳动者安全防护展、2020年4月世界食品（深圳）博览会、2020年1月德国慕尼黑国际运动及时尚ISPO博览会、2020年2月法国巴黎（春季）成衣面料及辅料展览会等），从而为众多的商户、商家创造了无限的商机。

试分析会展物流运输流程与一般商品物流运输流程相比有哪些特点。

★问题引导

世界博览会是综合反映世界各国政治、经济、文化和科技发展水平及成就的大型展示活动，被称为经济、科技、文化界的奥林匹克盛会。每一届世界博览会均展现了当时的政治、经济、科技、文化的发展水平及成就，也展示了人类社会经济发展的未来。世界博览会是人类生活的重要组成部分和反映人类历史进步的"台阶"。

受新冠肺炎疫情影响，2020年迪拜世博会推迟开幕。我国对迪拜世博会格外重视，投资近5亿元人民币修建迪拜世博会中国馆，其占地面积4 636平方米，是本届世博会面积最大的展馆之一。

为确保中国馆的顺利运转，中国贸促会向国家卫健委申请调派医生及疾控专家前往迪拜，负责馆内新冠疫情防控及医疗保障工作。这是历史上首次有医务人员直接参与世博会中国馆工作。

随着经济全球化和信息技术网络化的发展，物流业已从传统物流进入综合化、集约化、协同化和最优化的现代物流发展阶段，这也对世界博览会的成功举办起到了至关重要的作用。

资料来源   编者根据网络资料整理编写。

思考：会展物流对于世界博览会的成功召开发挥了什么作用？

引导知识点

一、会展物流的划分

会展物流是物流行业的一个分支，属于项目物流的范畴，主要包括两个方面的内容：一是与会展场馆搭建有关的建材、设备设施的物流服务；二是展览物品的物流服务。会展物流是指为了保证会展的顺利举行，将会展涉及的物品（如展品、商品、行李等）从供应地运到接收地的实体流动过程。根据会展的实际物流需求，将运输、存储、装卸、搬运、包装、流通加工、配送、信息处理等基本功能有机结合，并根据需要提供相应的延伸服务。

▶ 小资料8-4

根据2020年6月中国会展经济研究会会展统计工作专业委员会发布的《2019年度中国展览数据统计报告》，2019年全国展览总数为11 033场，展览总面积为14 877.38万平方米，较2018年分别增长0.6%和2%。全年净增展览65场、展览总面积301.62万平方米。

随着2008年北京奥运会的成功举办以及2010年上海世界博览会的顺利举行，我国在国际会展业中的地位已经得到了极大提升。"没有成功的物流，就没有成功的奥运会。"这是让物流业最感荣耀的一句话。北京奥运会圆满结束后，同样也给物流业留下了一笔宝贵财富。会展物流将借鉴奥运物流的有益经验，不断发展壮大。

根据会展时间和物流服务商业务流程的不同，会展物流可以分为展前物流、展中物流、展后物流三个主要环节。其中，展前物流与展后物流构成了一个回收物流循环。

1.展前物流

会展开始之前的物流活动包括展品进口报关、装箱、运输、卸载等过程。展前物流的要求是准确、及时、标准。展品必须在展览开始前，如期进入展馆施工安装，并且符合展览设计的标准要求。

2.展中物流

会展进行中的物流活动包括展品的库存管理、配送等。展中物流的要求是及时。展览过程中展品的补充或配送都需要及时，否则，发生的缺货损失会使展览效果大打折扣，导致参展商的满意度下降。

3.展后物流

会展结束之后的物流活动统称为展后物流，包括展品装箱、回运及废弃品物流等活动。展品的回运是指参展后，展品仍然回到原来的地方，这样的物流一般在展前就已做好计划，除非展品在参展后就被顾客买走，这种情况也非常普遍。展品的回运也应遵循展品进馆的流程。如果参展商展后签订了售货合同，那么参展商和买家还要协商如何把这些东西运到买家处。展后物流的要求是安全、环保。展览结束之后，展品必须完好、准确地返还给参展商，因此保证展品的安全是至关重要的。在做好展品物流工作的同时，对废弃物的物流也必须按照绿色环保的要求完成。

小思考8-4

如何做好会展物流？

二、会展物流的特点

会展物流是关系到会展成功开展的重要环节之一，会展业的发展为会展物流的发展提供了广阔的空间；同时，优质的会展物流服务又促进了会展业的健康、稳步发展。与一般企业商品流通的"单一输出模式"不同，会展物流是发生在短期内，同时与多个参展企业发生关联的物质流通活动。针对会展的特殊要求，可归纳出会展物流以下特点：

1.物流环节的复杂性

会展期间的物流组织与管理工作是一项极其复杂的系统工程。物流环节的复杂性表现在两个方面：

第一，在明确了会展主题、功能与层次等方面的定位后，物流服务商需要立即依据项目策划书中对会展场馆内部的布局和风格设计，购置或租借用于室内外装潢的材料和用于搭台、摆台的物品；然后，要尽快与参展商取得联系，核定其参展产品的申报单；最后，协助参展商进行这些产品的运输，并安排好仓储。上面这些工作在实际操作时显得非常繁杂且琐碎，每个环节的衔接都要按照既定的程序来开展。

第二，会展物流涉及的运输方式多种多样，在一次展览中要用到的运输工具往往包括车辆、船舶、飞机、火车等，在仓储、装卸、搬运和布展的过程中还可能用到叉车、升降机等多种装卸设备。此外，展品在物流包装方面可能有缓冲、固定、防潮、防水等特殊要求，在进出口报关方面也可能有特殊的要求。

因此，上述两个方面都体现了会展物流环节众多、流程复杂的特点。

在整个物流活动中，不同环节对物流的具体要求不同，而这些环节又是相互依托的，往往牵一发而动全身。一旦某个环节出现问题，就可能导致整个物流活动失败。

2.时间要求的高效性

展览、会议等日程往往是很早就确定好的，在没有遇到非常事件的情况下，展览、会议一般不会延期举行，这就对展品的如期顺利到达提出了严格的要求，所有展品都必须及时、准确地送达指定地点，既不能太早，也不能太晚。太早，参展商需要付出高昂的仓储费；太晚，又会耽误展览、会议的举行。时间要求的高效性不仅仅体现在对展品到达时间的控制上，还表现在信息传递的高效性上。在会展物流的组织与管理过程中，物流信息管理是一项非常重要的内容，会展组织者应会同各参展商的有关人员不断对各种物流信息进行实时监控，根据反馈信息及时调整物流过程中的具体行动措施。

3.运输过程的安全性

会展物流不仅要确保所运送物品及时到达，还要保证物品安全到达。展品有些是精密仪器、工艺品，有些甚至是价值连城的文物或具有特殊历史文化意义的物品，因此在安全方面不允许有任何闪失。运输过程的安全性之所以重要，一方面是因为展览现场的配件很少，维修保养的技术人员也不多，一旦损坏，不仅很难修复，而且会影响展览的正常进行；另一方面是因为有的展品还需要参加巡回展，如果损坏，就会影响其在下一个目的地的展出。

4.组织管理的专业性

会展业务涉及商务、法律、贸易、营销、管理等诸多专业，又几乎包括了运输、保管、保险等所有物流环节，这就要求为会展提供物流服务的供应商应具有较强的专业能力。例如，物流服务供应商应拥有健全的国际和国内操作网络、专业的报关队伍、专业的会展包装能力、专业的展场操作能力、专业的干线运输能力和转运能力、协助布展的能力、大型展品的装卸和就位能力等，能够在为会展活动提供展品运输的同时，研究、协调和解决会展物流中的一切问题，从而为参展商和会展组织者提供全程服务。因此，专业化程度相对较高是会展物流的一个非常显著的特征。

▶ **小资料8-5**

展品运输模式

目前，展品运输模式有以下四种：参展商自行负责展品运输；参展商自选物流服务商进行展品运输；展览主办方指定会展物流服务商；参展商通过邮递或快递进行展品运输。

◉ **小案例8-6**

兵马俑赴英展真枪实弹护送 穿特制"防震服"

工作人员首先把兵马俑放在木头底座上，然后套上依据兵马俑尺寸特制的泡沫塑料，再用海绵填塞兵马俑头部、背部和箱子之间的空隙，兵马俑身体正面的填塞物较多，最后用特制的绳索牢牢捆住兵马俑的上半身和膝盖。

赴英展览的兵马俑在由西安、北京转运至伦敦的过程中，配备了专业的包装人员和运输人员。文物抵达英国后，运送车辆是目前世界上最先进的文物专用运输车，不但有防震、恒温功能，车厢周围还装有安全系统围板，这种围板在车辆断电时根本无法打开。在行驶过程中，车辆的速度不超过每小时60千米。在整个运送过程中，英国警方安排警察真枪实弹护送。

此次包括20多件兵马俑在内的秦始皇时期留存下来的珍贵文物赴大英博物馆展出，英国政府投入了巨额保险，其中一件跪射俑的保险金额就达到了320万美元。

资料来源　佚名.兵马俑赴英展真枪实弹护送 穿特制"防震服"［EB/OL］.［2018-09-03］. http://www.china.com.cn/news/txt/2007-09/03/content_8791073.htm.

★ **问题引导**

世博物流系统主要由支持上海会展经济发展的会展物流系统、临时服务于世博园区的园区物资保障系统、提供城市服务的游客行李跟随系统以及物流信息平台所构成。

　　会展物流系统通过衔接国际物流网络、国内物流网络，实现货物在港口、机场、车站与会展场地（世博园区）间的顺畅流动，提供临时保管、进出口报关、港口机场与世博园区之间的运输、园区内部配送运输、包装、单证支持等方面的服务。

　　园区物资保障系统主要保证世博会期间参展单位、工作人员、游客等的生活、工作需求，包括一般食品供应、工作物资保障、各国风味食品原材料供应等；同时，对于园区内部的展馆布置、场馆设施设备建设及维修维护物资提供配送保障。

　　游客行李跟随系统是根据游客的要求，在城市对外交通枢纽（机场、车站）与城市内分布的各个星级宾馆之间，由物流企业负责将游客的非随身行李按照行程安排进行配送转移。该系统在虹桥国际机场、浦东国际机场、火车站设立游客行李跟随系统的收发点，在三星级以上宾馆也设立收发点。该系统的关键在于保障信息流与实物流之间的有机融合，保证服务请求传递、配送计划与车辆调度、货物跟踪等功能的有效实现。

　　物流信息平台是物流运作的神经中枢，它以信息为纽带，保证物流各个子系统高效、快捷地运行。充分发挥物流系统的功效，实现物流合理化、网络通达化、流动一体化、信息电子化、系统运行高效化；充分运用系统工程、信息技术、管理科学、物流科学等多学科技术，构筑统一开放的物流信息平台；充分运用条形码、无线射频、GPS、GIS 等现代物流信息技术，满足信息服务需求，保障世博会正常、顺利进行。

思考：请描述世博物流系统的构成。

引导知识点

三、会展物流系统的组成

　　会展物流系统包括物流作业系统和物流信息系统。其中，物流作业系统主要包括仓储、包装、国内运输、进出口报关和清关、国际运输，以及展览中的装卸、搬运、布展等作业；物流信息系统是指参展商和主办方的信息反馈、最佳运输路线的选择、全球定位系统，通过信息系统对会展过程中的各种信息进行收集、分类、汇总、跟踪、查询等处理。相对于国际会展，国内范围的会展除了在作业内容上没有国际运输和进出口环节外，其他方面都是一致的。

　　从角色分工的角度来讲，无论什么性质的会展，都需要主办者、搭建商、物流服务商、展馆方、信息服务商等的通力协作。从供应链的角度来分析，会展就像一个产品，会展主办者是这个产品供应链上的核心企业，搭建商、物流服务商、展馆方、信息服务商等是其战略合作伙伴。其中，会展物流服务商是会展物流配送系统的主体，其要做的工作概括起来就是保证参展商的展品安全、及时地到达展位，在展会结束后进行回运等工作。

　　从活动要素的角度来看，会展物流系统可以分为信息管理系统、仓储配送系统、进出口系统、运输系统、包装系统、装卸与搬运系统等。其中，信息管理系统是对会展活动进行信息管理的操作平台，它的核心部分包括会展物流情报中心、会展物流调度中心、会展现场管理中心等；仓储配送系统包括收货查验系统、订单拣货系统和交运出货系统；进出口系统主要针对国际会展的进出口业务，进出口业务处理的效率会直接影响会展的进程；目前广泛流行于会展物流领域的运输系统是以展品集装箱运输为基础的国际多式联合运输。

会展物流系统的目标是实现效益最大化，但是会展物流本身的特殊性使得会展物流活动中存在着大量的"效益背反"现象，这主要表现在以下两个方面：

（1）时间的及时性和成本的矛盾。会展物流要求高度及时，如果为了确保时间而使展品提前到达，那么高昂的仓储费用会导致成本过高；如果想让展品按时到达而忽略了突发事件（如进出口清关过程中可能出现的问题、运输途中的突发事件等），那么可能会延误展品到达目的地的时间。

（2）质量和成本的矛盾。在会展活动中，展品是核心，因此展品的质量成为会展物流关注的另一个要点。首先，为了确保展品质量，装载空间将难以充分利用；其次，包装的好坏与展品的损坏率有直接关系；再次，运输中途转车无法监控，展品丢失现象时有发生；最后，对于巡回展这类特殊的展览，出于保险的考虑，一般都要通过不同的途径向同一地点发送两套展品。

课堂提问 ✓

做好会展物流应注意哪些细节工作？

课堂实训 ✓

在课堂上分组模拟展品运输，小组内成员模拟参展商1人、物流公司员工若干人、展会主办方若干人，开展运输活动，注意展品运输的安全性和时效性。

案例分组讨论 ✓

东亚天地展品直通车服务的内容包括：从参展商始发地上门收取展品、安排展品的长途运输，到展品目的地提货，再将展品送至展馆展位，同时将展品包装物寄存；撤展时，所有展位签收的展品由东亚天地的搬运工统一运至东亚天地货物分拨中心，再由分拨中心统一发货到各城市，并由全国各城市服务网络配送至参展商。享受展品直通车服务的参展商，撤展时只要在展位上填写运单，办理托运服务，即可离开展馆。当参展商回到公司时，公司通常已收到回运的展品。因使用展品直通车服务比使用常规物流服务能够节约30%左右的费用，所以越来越多的参展商选择展品直通车服务。

问题：展品直通车服务的内容有哪些？

● 项目考核

1.单项选择题

（1）（　　）就是计划、执行与控制商品从产地到消费者的实际流程，并且在盈利的基础上使顾客满意，它包括商品采购、商品库存、商品销售几个阶段。

　　A.零售业物流　　　B.便利店物流　　　C.末端物流　　　D.共同物流

（2）零售企业沃尔玛十分重视物流环节，并相继建立了物流配送中心。物流配送中心主要是为本企业的连锁分店进行配货，同时也可以为其他企业提供货物，这种形式为（　　）。

A.社会化物流　　　　　　　　　B.企业自营物流

C.供应商（或生产商）直接物流　　D.共同物流

（3）对于制造企业生产的平稳有序性，要求各个零部件的需求在时间上具有有序性，要求在不同加工、装配工序上的零部件在时间上具有次序性，这就要求制造业物流具有较高的（　　）。

A.有序性　　　　B.配套性　　　　C.复杂性　　　　D.高度准时性

（4）（　　）是指由农产品的销售行为引发的一系列物流活动，包括为销售农产品和满足消费者需要而进行的分拣、配货、装卸、送货等活动。

A.农业销售物流　　B.农产品销售物流　　C.农村物流　　　D.农村电商物流

（5）（　　）是以冷冻工艺学为基础，以人工制冷技术为手段，以生产流通为衔接，以达到保持食品质量完好与安全为目的的低温物流过程。

A.冷链物流　　　　B.冷藏物流　　　　C.常温物流　　　　D.冷冻物流

2.多项选择题

（1）零售企业具有（　　）等特点。

A.地理上比较分散　　　　　　　B.产品多样化

C.送货时间苛刻　　　　　　　　D.送货时间宽松

（2）零售业物流模式按主体的不同，可以分为（　　）。

A.企业自营物流　　　　　　　　B.社会化物流

C.供应商直接物流　　　　　　　D.共同物流

（3）制造业物流主要具有（　　）等特点。

A.复杂性　　　　B.稳定性　　　　C.配套性　　　　D.高度准时性

（4）农业物流模式的选择依据包括（　　）。

A.利益性原则　　B.效率性原则　　C.可持续性原则　　D.波动性原则

（5）根据会展的特殊要求，会展物流具有（　　）等特点。

A.物流环节的复杂性　　　　　　B.时间要求的高效性

C.运输过程的安全性　　　　　　D.组织管理的专业性

3.判断题

（1）零售企业的供货由供应商的物流管理水平决定，完全依赖供货商来经营零售企业的物流，能够使零售企业的商品得到保证。　　　　　　　　　　　　（　　）

（2）即时物流是完全按照用户突然提出的要求进行物流活动的方式，是一种灵活性很高的应急物流方式。　　　　　　　　　　　　　　　　　　　　（　　）

（3）制造企业和物流企业的利益是一致的，它们是一方多赚一分、另一方就会少赚一分的关系。　　　　　　　　　　　　　　　　　　　　　　　　（　　）

（4）农业物流客体和物流工具的多样性决定了农业物流主体在数量上呈几何级数增长，这增加了农业物流路径的多样性和复杂性。　　　　　　　　　　（　　）

（5）由于易腐食品的时效性要求冷链上的各环节具有更高的组织协调性，因此食品冷链的运作始终与能耗成本相关联，有效控制运作成本与食品冷链的发展密切相关。　　　　　　　　　　　　　　　　　　　　　　　　　　　　　　（　　　）

4.问答题

（1）简述零售业物流模式的选择原则。

（2）简述物流业与制造业的关系。

（3）现代农业物流的分类有哪些？

（4）食品物流对食品行业有什么影响？

项目实训

1.实践训练

（1）每年10月中旬到12月中旬是大闸蟹上市季节，经销商需要用快递完成送达服务。经销商要求48小时送达，并保证大闸蟹存活；快递费用比普通商品略高。（2）为了使内陆地区的消费者能吃上新鲜的海蟹，经销商需要用快递完成送达服务。经销商要求48小时送达，并保证海蟹存活；快递费用和大闸蟹一样。这两单生意能不能接？请说明理由。

2.课外实训

你所在的城市要举办一场大规模的服装展会，主办方负责物流运输，请设计一个物流服务方案。

3.拓展训练

阿里全方位的零售版图初步形成：（1）有1-3天达的传统电商产品——淘宝、天猫、聚划算、淘宝特价版；（2）有次日定点提货的盒马集市；（3）有半日达、当日达或次日达的淘鲜达、天猫超市；（4）有半小时到1小时达的盒马鲜生、饿了么。

阿里将其零售分为以上四个业态并辅以四种物流模式，请写出这四种物流模式的供应链物流流程。

项目九
现代物流业的发展

学习目标

知识目标：

1. 了解绿色物流的内涵、价值和特征。
2. 了解物流及物流系统对环境的不同影响。
3. 了解正向绿色物流管理和逆向绿色物流管理的内容。

能力目标：

1. 能够简单处理物流噪声。
2. 能够进行绿色物流管理。

价值目标：

1. 培养物流人的社会责任感，培养节约意识、可持续发展意识。
2. 培养物流人的创新意识、钻研精神。

价值引领案例

生态平衡 | 高铁建设与环境保护

学习微平台

[二维码]

拓展阅读 9-1

在广东省江门市天马村附近发生了一起铁路建设与环境保护和谐相融的典型事件。

这里生长着一颗明末清初栽种下的大榕树，它广袤的枝叶成为 3 万多只白鹭栖息的家园，"落霞与孤鹜齐飞，秋水共长天一色"是这里最绝妙的美景。随着高铁建设项目的推进，一条长长的线路将穿过大榕树区域。为了保证高速通过的列车不对生态环境和可爱的白鹭产生难以挽回的影响，一场既要保护环境又要发展铁路的攻坚战就此拉开序幕。铁路科研人员思来想去最终决定在经过榕树区的线路上安装先进的声波吸收隔板，从而使噪声无法影响到白鹭的繁衍生息。

这一工程从开始的那一天起就注定了不平凡，最终在经过整整 3 年的努力拼搏下，一段覆盖 42 260 块隔音板并采用世界上最先进隔音设备和技术且能抗击 14 级强风的低噪全封闭线路宣告完工。

资料来源　匡星暐. 高铁建设与保护生态同行［EB/OL］.［2022-01-02］. http://news.gaotie.cn/x/2019-11-19/518570.html.

思考：　（1）交通建设与环境保护有何关系？

　　　　（2）作为物流人，我们还能为环境保护做些什么？

任务一 了解绿色物流

★任务目标

了解绿色物流的内涵、价值和特征。

小词典

绿色物流是指通过充分利用物流资源、采用先进的物流技术，合理规划和实施运输、储存、装卸、搬运、包装、流通加工、配送、信息处理等物流活动，降低物流活动对环境影响的过程。

★课堂讨论

探讨绿色物流与低碳物流、低碳生活的关系。

★问题引导

绿色物流、低碳生活，顺丰推出"箱"伴计划

最近，有网友收到了一个有些特别的快递包裹，这个快递纸箱的内侧设计了示意线条，按照提示把快递箱拆开平铺，沿着示意线裁开，很快就制作了一个置物架。"我觉得很有意思！快递纸箱变废为宝，被再次利用，自己可以动手参与践行环保。"吴女士收到的快递纸箱来自顺丰，这种特别的纸箱是顺丰推出的"'箱'伴计划"其中的一个举措。据悉，顺丰在全国大中城市共投放了数十万个创意纸箱，激发用户动手对旧纸箱进行改造，传递变废为宝的环保理念。

资料来源 佚名. 绿色物流、低碳生活，顺丰打造可持续发展的供应链服务［EB/OL］.［2021-12-11］. https: //www. 360kuai. com/pc/9d9644d5482f521ce？ cota=3&kuai_so=1&refer_scene=so_3&sign=360_da20e874&tj_url=so_vip.

思考：你认为在物流运作方面如何做才能更环保？

引导知识点

一、绿色物流的内涵

1.绿色物流的最终目标是可持续发展

绿色物流是对环境友好的物流，亦称生态型的物流。其根本目的是减少资源消耗、降低废物排放。这一目的实质上是经济利益、社会利益和环境利益的统一，这也正是可持续发展的目标。因此，绿色物流也可称为可持续物流。

一般的物流活动的目标主要是实现企业盈利、满足顾客需求、扩大市场占有率等，最终实现某一主体的经济利益。绿色物流的目标是在实现上述经济利益目标之外，还追求节约资源、保护环境这一既具有经济属性，又具有社会属性的目标。尽管从宏观角度和长远利益来看，节约资源、保护环境与实现经济利益的目标是一致的，但对某一特定时期、某一特定的经济主体来说却是矛盾的。按照绿色物流的最终目标，企业无论是在战略管理中还是在战术管理中，都必须从促进经济可持续发展这个

基本原则出发，在创造商品的时间效益和空间效益以满足消费者需求的同时，注重按照生态环境的要求，保持自然生态平衡和保护自然资源，从而为子孙后代留下生存和发展的空间。实际上，绿色物流是可持续发展原则与物流活动目标相结合的一种现代物流观念。

2.绿色物流的活动范围涵盖产品的全生命周期

产品在从原材料的获取到使用消费，直至报废的整个生命周期，都会对环境产生影响。绿色物流既包括对从原材料的获取、产品生产、包装、运输、分销直至送达最终用户手中的前向物流过程的绿色化，也包括对退货品和废物回收逆向物流过程的生态管理与规划。因此，绿色物流的活动范围包括了产品从产生到报废处置的整个生命周期。

产品生命周期不同阶段的物流活动不同，绿色化的方法也不相同。从生命周期的不同阶段来看，绿色物流活动分别表现为绿色供应物流、绿色生产物流、绿色分销物流、废弃物流和逆向物流；从物流活动的作业环节来看，绿色物流活动一般包括绿色运输、绿色包装、绿色流通加工、绿色仓储等。

3.绿色物流的理论基础包括可持续发展理论、生态经济学理论、生态伦理学理论和循环经济理论

首先，物流过程不可避免地要消耗资源和能源，产生环境污染，要实现长期的、持续的发展，就必须采取各种措施，形成物流与环境之间共生发展的模式。其次，物流系统既是经济系统的一个子系统，又通过物料流动、能量流动建立了与生态系统之间的联系和相互作用关系，因此绿色物流正是通过调节经济目标与环境目标之间的平衡，实现生态与经济的协调发展的。另外，生态伦理学告诉我们，不能一味追求眼前的经济利益而过度消耗地球资源，破坏子孙后代的生存环境，绿色物流及其管理战略将迫使人们对物流中的环境问题进行反思和控制。最后，以物质循环流动、资源循环利用为特征的循环经济，是按照自然生态系统的物质循环和能量流动规律构建的经济系统，其宗旨就是提高环境资源的配置效率，最终降低废物的排放量。绿色物流要实现对前向物流过程和逆向物流过程的环境管理，也必须以物料循环利用、循环流动为手段，提高资源利用效率，减少污染物的排放。

4.绿色物流的行为主体包括公众、政府及供应链上的全体成员

我们知道，产品从原料供应、生产制造、包装、运输到完成使用价值而成为废弃物，每一个阶段都存在着环境问题。专业物流企业对运输、包装、仓储等物流作业环节的绿色化负有责任和义务。处于供应链核心地位的制造企业，不仅要保证产品及其包装的环保性，而且应该与供应链的上游企业、下游企业、物流企业协同起来，从节约资源、保护环境的目标出发，改变传统的物流体制，制定绿色物流战略和策略，实现绿色产品与绿色消费之间的连接，最终使企业获得持续的竞争优势。

另外，各级政府和物流行政主管部门在推广和实施绿色物流战略的过程中具有不可替代的作用。由于物流具有跨地区和跨行业特性，因此绿色物流不是仅靠某个企业或在某个地区就能完成的，也不是仅靠企业的道德和责任就能主动实现的，它需要政府的法规约束和政策支持。例如，对环境污染指标的限制、对包装废弃物的限制、对物料循环利用率的规定等，都有利于企业主动实施绿色物流战略，并与供应链上的企

业进行合作，最终在整个经济社会建立起包括生产商、批发商、零售商和消费者在内的循环物流系统。

公众是环境污染的最终受害者。公众的环保意识能促进绿色物流战略的实施，并对绿色物流战略的实施起到监督作用，因此公众也是绿色物流战略实施不可缺少的行为主体。

▶ 小资料9-1

国家邮政局出台了《推进快递业绿色包装工作实施方案》，谋划快递业绿色包装工作，以提高快件包装领域资源利用效率，降低包装耗用量，减少环境污染。该方案明确了快递业包装工作的总体目标，提出要稳步推进快递业包装的依法生产、节约使用、充分回收、有效再利用，实现"低污染、低消耗、低排放，高效能、高效率、高效益"的绿色发展。方案明确，要在绿色化、减量化、可循环方面取得明显效果，"十三五"期间，力争在重点企业、重点地区的快递业包装绿色发展上取得突破。到2020年，基本淘汰有毒、有害物质超标的包装物料，基本建成社会化的快件包装物回收体系。

↑ 小思考9-1

为什么要倡导绿色物流？

★ 问题引导

顺丰的绿色物流贯穿快件全流程

顺丰提倡绿色物流，围绕"绿色物流"的环保主题，通过科技创新，从包装、运输到转运努力提升自身的资源利用率，降低碳排放和能源消耗。

在绿色包装方面，顺丰研发了包含标准循环箱、集装容器、循环文件封等循环快递容器。2021年9月，顺丰投入社会使用的循环产品总计2 900万个，总循环次数2.9亿次。其中，顺丰标准循环箱共计循环2 210万次。顺丰启动"丰景计划"对包装进行技术改造，打造减量化快递绿色包装。自启动计划以来，累计实现节省原纸约6.6万吨，节省塑料约1.6万吨，合计减少碳排放约17.5万吨。

在绿色运输方面，顺丰持续加大新能源物流车投放力度，积极响应国家"公转铁"号召，减少干线车辆发货并增加铁路发货量。注重打造低能耗高效率的"绿色机队"，引进燃料效率更高、油耗更低的大型货机，持续降低飞机能耗。

在绿色转运方面，顺丰积极打造绿色产业园，降低快递中转对环境的污染，同时积极加强可再生能源利用，开展可再生能源计划，减少温室气体的排放。另外，顺丰在合适的场地推进屋顶分布式光伏建设，加大清洁能源电力引入。

资料来源　编者根据网络资料整理编写。

思考：顺丰提倡的绿色物流有什么好处？

引导知识点

二、绿色物流的价值

有人认为，绿色物流只是一种环保理念，是不切实际的幻想，因为它不仅不能带来任何经济效益，而且会增加企业的物流成本；也有人认为，绿色物流是政府的事情，和企业无关。这些观点都有失公允。国内外的实践足以证明，绿色物流是有价值的，这不仅体现在概念价值上，还体现在实体价值上。

1.绿色物流对企业的经济价值

如果采用绿色物流，就必须在绿色物流的各个环节中付出环境管理方面的费用，这在短时期内增加了物流的总成本，相对降低了企业的经济利润和竞争力。特别是在回收和废弃物流中，由于所处理的对象价值较低，因此如果对废弃物的处理费用过高，就会增加企业的开支。另外，回收物流成本过高，也将导致以回收物资为原材料进行生产的企业陷入困境。然而，绿色事业也为绿色物流企业开辟了新的经营与发展领域，给企业带来了新的拥有巨大潜力的商机。如今，世界上许多发达国家都制定了苛刻的环境标准，世界贸易由此形成了绿色壁垒。企业只有将绿色事业作为企业战略发展与日常经营活动中的重要组成部分，才能突破绿色贸易壁垒进入国际市场，提高国际竞争力。目前正在广泛探讨并实施的环境管理系列标准（ISO 14000）被视为企业"通向世界市场的通行证"。实践证明，通过 ISO 14000 认证进入国际市场的企业都获得了丰厚的经济利益回报。

经济价值是物流企业实实在在的收益。最新研究指出，一个具有良好环境表现的企业通常也具有良好的盈利表现。道琼斯可持续发展指数（DJSI）等投资分析统计也证明了这一点。因此，绿色物流是可以为物流企业创造价值的。首先，绿色物流有利于树立良好的企业形象，使企业更容易获得股民和其他投资者的青睐；其次，绿色物流企业通过对资源的集约利用、对运输仓储的科学规划及合理布局，可以大大压缩物流成本，降低物流的环境成本，拓展有限的"第三利润"空间；最后，资源循环、资源回收再利用等逆向物流可以给物流企业带来实际收益，成为物流企业利润的新源泉。

2.绿色物流的社会价值

社会价值是一种虚拟的价值，它包括企业形象、企业信誉、企业责任等。企业伦理学指出，企业在追求经济利益的同时，还应努力树立良好的企业形象并履行社会责任等，形成企业的社会效益。社会价值虽然仅仅是一种概念价值，却会直接影响企业的实体价值，这也是很多跨国公司关注公益事业、关注社会问题的原因。不可否认，绿色物流对现代物流企业的概念价值具有重要作用。绿色物流将物流企业推向可持续发展的前沿，有助于物流企业树立良好的企业形象和赢取公众信任，从而在激烈的市场竞争中占有一定的优势。

绿色消费观念的兴起使得顾客更加青睐环保的产品，员工更愿意为对环保负责的企业工作，银行更愿意向对环保负责的企业提供贷款，保险公司也更愿意向对环保负责的企业提供保险。另外，各种税收优惠政策也越来越多地涉及企业的环保行为，绿

色物流企业可以因此获得更多的竞争优势。

随着可持续发展观念不断深入人心，消费者对企业的接受和认可不再仅仅取决于企业是否能够提供质优、价廉的产品与服务，消费者将越来越关注企业是否具有社会责任感，即企业是否节约利用资源、是否对废旧产品的原料进行回收、是否注重环境保护等，这些都是决定企业形象与声誉的重要因素。绿色物流从产品的开发与设计到最终消费，都将考虑这些因素，绿色物流体系的构建不但可以降低回收成本，而且有利于提高企业的知名度，增加企业品牌的价值和寿命，延长产品的生命周期，从而间接增强企业的竞争力。因此，构建绿色物流体系显得至关重要。

3.集约资源

这是绿色物流最本质的内容，也是发展绿色物流的指导思想之一。通过整合现有资源，优化资源配置，企业能够提高资源利用率，减少资源消耗和浪费。这既是可持续发展所提倡的，也是我国发展绿色物流亟待解决的问题。以基础设施建设为例，我国有的地区在新建物流中心时，没有考虑到与原有物流设施的兼容问题，结果新的建起来，旧的就弃置了，从而造成了资源的巨大浪费。这显然与物流发展的方向背道而驰，更不要说绿色物流了。

小思考9-2

绿色物流的目标与传统物流活动的目标有什么不同？

★ 问题引导

深植"绿色物流"观念，践行绿色包装

无限极（中国）作为国家标准《绿色物流指标构成与核算方法》的起草单位之一，参与了标准主体框架的设计与编写，并结合绿色物流的实践案例，为标准提供了企业经验。

如今，网购给消费者日常生活带来了很大的便利。连年递增的包装数字让无限极更加重视环境保护。要想从根本上解决问题，就要加快包装材料的循环利用和研发新型可降解材料。为此，无限极（中国）有限公司成立了专门的项目团队，通过切实可行的技术方案，降低包装和物流环节对环境的影响，实现真正的可持续发展。

截至2019年1月，无限极共使用周转箱146万余次，直接节省一次性纸箱超过百万个，减少使用615万米胶带。由此可见，如果多数企业都投身于绿色物流，那么对绿色地球将大有裨益，一定程度上减少了资源浪费。

无限极（中国）以绿色发展理念为核心，以智慧管理技术和绿色制造理论为基础，其坚持的绿色物流不仅保护了生态环境，也彰显了企业践行社会责任的决心。

资料来源　佚名. 无限极中国　深植"绿色物流"观念 践行社会责任［EB/OL］.［2020-03-20］. https://www.163.com/dy/article/GSDSO3N80511DDOK.html.

思考：无限极践行绿色物流的理念带给我们哪些启示？

引导知识点

三、绿色物流的特征

绿色物流除了具有一般物流所具有的特征外，还具有学科交叉性、多目标性、多层次性、时域性和地域性等特征。

1.学科交叉性

绿色物流是物流管理与环境科学、生态经济学的交叉学科。由于环境问题日益突出，物流活动与环境之间的关系日益密切，因此在研究社会物流和企业物流时必须考虑环境问题和资源问题。同时，由于生态系统与经济系统之间的相互作用，生态系统也必然会对物流这个经济系统的子系统产生影响，因此必须结合环境科学和生态经济学的理论、方法进行物流系统的管理、控制和决策，这也正是绿色物流的研究方法。学科的交叉性使得绿色物流的研究方法非常复杂，研究内容也十分广泛。

2.多目标性

绿色物流的多目标性体现在企业的物流活动要顺应可持续发展战略目标的要求，注重对生态环境的保护和对资源的节约利用，注重经济与生态的协调发展，即追求企业经济效益、消费者利益、社会效益与生态环境效益四个目标的统一。系统论的观点告诉我们，绿色物流的多目标之间通常是相互矛盾、相互制约的，一个目标的增长将以另一个或几个目标的下降为代价。如何取得多目标之间的平衡，正是绿色物流要解决的问题。从可持续发展理论的观点来看，保证生态环境效益是其他三个效益得以保证的关键。

3.多层次性

绿色物流的多层次性体现在以下三个方面：

（1）从对绿色物流的管理和控制主体来看，绿色物流活动可分为社会决策层、企业管理层和作业管理层三个层次，也可以说是绿色物流的宏观层、中观层和微观层。其中，社会决策层的主要任务是通过相关政策和法规等手段传播绿色理念，约束和指导企业的物流战略；企业管理层的主要任务是与供应链上的其他企业协同，共同规划和管理企业的绿色物流系统，建立有利于资源再利用的循环物流系统；作业管理层的任务主要是实现物流作业环节的绿色化，如运输的绿色化、包装的绿色化、流通加工的绿色化等。

（2）从系统论的观点来看，绿色物流系统是由多个单元（或子系统）构成的，如绿色运输子系统、绿色仓储子系统、绿色包装子系统等。这些子系统又可按空间或时间特性划分成更低层次的子系统，即每个子系统都具有层次结构，不同层次的物流子系统通过相互作用构成一个有机整体，最终实现绿色物流系统的整体目标。

（3）绿色物流系统还是另一个更大系统的子系统，这个更大的系统就是绿色物流系统赖以生存和发展的外部环境。这个外部环境包括人口环境、政治环境、文化环境、资源环境等，它们都将对绿色物流的实施起到约束或推动作用。

4.时域性和地域性

时域性是指绿色物流管理活动贯穿于产品的整个生命周期，包括原材料供应，生产物流，产成品的分销、包装、运输直至报废、回收的整个过程。

绿色物流的地域性体现在两个方面：一是随着经济的全球化和信息化，物流活动早已突破了地域限制，形成了跨地区、跨国界的发展趋势，因此物流活动的绿色化也具有跨地区、跨国界的特性；二是绿色物流管理策略的实施需要供应链上所有企业的参与和响应，这些企业很可能分布在不同的城市，甚至不同的国家。例如，欧洲有些国家为了更好地实施绿色物流战略，对托盘的标准、汽车尾气的排放标准、汽车燃料的类型等都进行了限制，不符合标准要求的货运车辆将不允许进入本国。

◉ 小案例9-1

阿里巴巴践行"绿色物流"理念

经过多年的沉淀，2020年9月，阿里仁和数据中心落地杭州，成为中国首座绿色等级达5A级的液冷数据中心，也是全球规模最大的全浸没式液冷数据中心。其能源利用效率PUE低至理论极限1.09，相比传统数据中心每年可省电7 000万度，足够西湖周边所有路灯连续点亮8年。经过长期努力，2021年阿里巴巴每10笔电商订单的能耗约为2005年第一代数据中心时的5%，即能耗降低95%。

菜鸟和中国主要快递公司共同发起低碳行动，努力推广电子面单、装箱算法、智能路径规划、环保袋、循环箱、低碳回收箱、新能源物流车、太阳能物流园等，推动了全行业的绿色低碳转型。电子面单累计用于超过1 000亿个快递包裹，帮助全行业减少了纸张的消耗。

低门槛的交易方式、丰富多样的交易模式和基于阿里生态优势，满足用户在买卖闲置方面的绝大部分需求，将浪费变消费，废物变宝物，推动"无闲置社区"到"无闲置城市"再到"无闲置社会"的建设。据第三方测算，2020年闲鱼平台减少碳排放3 800多万吨，相当于浙江省工业二氧化碳排放量的10%。

此外，阿里巴巴通过高德出行平台，鼓励和引导公众绿色出行；运用云计算和钉钉智慧协同工作平台，推动数字化工作方式的建立等。

资料来源　阿里研究院. 数字技术助力碳中和阿里巴巴案例入选《可持续发展蓝皮书：中国可持续发展评价报告》［EB/OL］. ［2021-12-19］. https://www.163.com/dy/article/GSD-SO3N80511DDOK.html.

思考：阿里巴巴践行"绿色物流"理念的价值和意义有哪些？

课堂提问 ✓

哪些物流因素会影响环境？

课堂实训 ✓

据统计，目前我国的商品周转率只有发达国家的30%，配送差错率为发达国家的

3倍，每年因包装造成的损失约150亿元，因装卸、运输造成的损失约500亿元。同时，由于缺少必要的产业引导和规划，许多企业又热衷于建各类物流园区、配送中心和立体仓库，这无疑会增加物流资本存量，与发展现代物流、提高整个社会效益的目标背道而驰。

根据资料写出你的物流方案。

案例分组讨论 ✔

当大多数仓库开始考虑环境管理系列标准ISO 14000的认证工作时，LEGO（乐高）公司的配送中心就已经奏响了环境保护的乐章了。LEGO的仓库占地22 500平方米，建于2000年，坐落于美国康涅狄格州，它为LEGO提供了环境与设施相融合的机会。

LEGO正在制订配送中心的噪声控制计划，其与哈佛大学声音工程系的学生一起研究，测量配送中心的噪声水平，并且设计了一个减少噪声的方案。该配送中心通过改变搬运的速度，并在搬运现场周围设置隔离物，最终使噪声水平降低了6~7分贝。噪声水平的降低使LEGO员工可以不再采用保护耳朵的装置。

LEGO的仓库会产生大量的瓦楞纸板，员工将这些纸板和其他纸制品一起进行再利用；通过在地板内修建排水管道、设置分离器和抽水泵来防止排泄物溢出而污染环境，并且控制蓄水池中的污水以适当的速度流出。通过采用种种环保的做法，LEGO的仓库最终成为"绿色仓库"。

问题：为什么说LEGO的仓库是"绿色仓库"？LEGO在环境保护方面做了哪些工作？

任务二　熟悉物流活动与环境

★任务目标

了解物流及物流系统对环境的不同影响，知道如何减轻物流对环境的不利影响。

★课堂讨论

探讨高铁和磁悬浮列车对环境的影响。

★问题引导

绿色低碳交通是公路交通行业可持续减碳的需要

绿色低碳公路交通的核心是控制资源占用、减少能源消耗、降低碳排放。随着光伏、风电等可再生能源的快速发展，构建绿色综合能源系统，向交通运营管理、服务区、道路、桥梁涵洞等系统提供可再生能源电力，不仅在技术及经济方面具有可行性，对指导新建绿色公路也具有重要参考价值。公路交通行业构建绿色综合能源系统符合国家政策的支持方向，交通运输部制定的《公路交通运输绿色低碳发展行动计划》明确了绿色低碳发展时间表、路线图。

浙江、江苏、山东、天津、山西、甘肃、内蒙古及湖北等地已率先开展了交通+

光伏绿色公路的建设与实践，大部分省份将光伏、风电、储能、充换电、制氢及加氢等工作分成不同主体，进行多头开发。部分省份、企业集团重视综合开发利用绿色低碳能源。

公路交通绿色综合能源系统以打造清洁低碳、安全高效、智慧开放的现代能源体系为目标，以可再生能源基地、智能配电系统、源网荷储协同互动等为抓手，通过充分开发利用高速公路路域资源，建立绿色能源与高速公路基础设施用能供能相适应的自洽供给、谷价储能余电上网、数字化智能控制的能源体系。

资料来源　罗小刚，娄伟，张会成.“双碳”目标下的公路交通绿色综合能源系统建设［EB/OL］.［2022-01-25］. https://www.163.com/dy/article/GUIHMUBF0519QM4P.html.

思考：发展绿色低碳交通的意义何在？

引导知识点

一、物流对环境的影响

物流对环境的影响表现在以下几个方面：

1.废气排放污染

物流工具，尤其是货运汽车，其排放的尾气是污染环境的重要因素。实际上，很大一部分汽车的尾气排放都属于超标准排放，由此造成的污染问题也更为严重。

小资料9-2

生态环境部和国家市场监督管理总局联合下发了关于《重型柴油车污染物排放限值及测量方法（中国第六阶段）》的公告。公告明确指出了该标准的实施日期，自2019年7月1日起开始执行。

国家层面硬性要求全国实施国六排放标准有两个时间点。一是自2020年7月1日起，全国范围开始实施相对宽泛的国六A阶段排放标准；二是自2023年7月1日起，全国范围开始实施更为严格的国六B阶段排放标准。与国五标准相比，国六标准将严格控制污染物的排放，在排除工况和测试影响的情况下，汽油车的一氧化碳排放量降低50%，总碳氢化合物和非甲烷总烃排放限制下降50%，氮氧化物排放限制加严42%。国六标准在国五标准的基础上提高了40%～50%，比欧六标准还高，与美国相当，是目前世界上最严格的排放标准之一。该标准规定了轻型汽车在常温和低温下排气污染物、实际行驶排放（RDE）排气污染物、曲轴箱污染物、蒸发污染物、加油过程污染物的排放限值及测量方法，污染控制装置耐久性、车载诊断（OBD）系统的技术要求及测量方法。

2.噪声污染

物流噪声污染主要来自火车、货运卡车等大型车辆。与废气、废液污染不同，噪声污染一般只会造成局部的环境问题。噪声污染主要对人的生理产生影响，见表9-1。

表9-1 噪声污染对人的生理产生的影响

噪声强度（分贝）	对人的生理产生的影响
40	妨碍睡眠
50	妨碍正常听力
60	妨碍两个人在1米距离的会话
70	妨碍打电话
>80	长期作用会影响人的血压，使人产生头痛、惊悸、胃肠不适、激素失调等症状
>90	1天处于这个环境中，会导致听力衰减
>100	每天1个小时处于这个环境中，会导致听力衰减

3.振动污染

火车、汽车在行驶过程中，车体本身、车体与地面的摩擦都会产生振动，振动往往和噪声同时发生。振动通过空气和地面进行传播，过量的振动会使人不舒适、疲劳，甚至导致人体损伤。

4.扬尘污染

物流过程中产生的扬尘污染，主要来自两个方面：一是汽车在低等级路面行驶，造成路面上尘土飞扬，这种情况在发展中国家，尤其是小城镇和农村地区经常出现；二是粉体物流对象在物流过程中，由于物流过程粗放造成扬尘，如粉状物、煤炭、矿石等在运输和装卸过程中出现的扬尘。

扬尘污染的对象包括：一是造成建筑物表面蒙尘，并逐渐侵蚀建筑物表面，使建筑物表面质量下降，尤其是腐蚀性的粉尘，对建筑物表面的危害更大；二是对人的生活环境、卫生状况造成影响；三是对人的生理产生影响，对于长期处于扬尘环境中的人而言，这个影响更为严重。

5.有毒物污染

除了汽车尾气、粉尘之中包含有毒物之外，物流过程中的事故，尤其是装运有毒物的设备和有毒物储存仓库的事故，会造成有毒物大面积扩散，从而对局部环境造成严重的污染。即使没有有毒物污染事故发生，由于有毒物在物流过程中经常会与环境接触，也会对环境造成一定程度的污染。物流机械、装备、工具等在使用或清洗过程中对废物的排放，也会对环境造成污染。有毒物污染的途径一般包括粉尘的扩散，液体和气体的排放、挥发和扩散等，一旦形成火灾、水灾等灾害事故，有毒物就会迅速扩散，从而对环境造成严重的污染。

▶▶ 小资料9-3

汽车排放污染物的量和比例取决于很多因素，包括发动机的设计、发动机的大小、燃油的性质、车辆使用的状况等。

德国的一项研究发现，65%的人会受到道路交通噪声的影响，其中25%的人会受到严重影响。

为了降低道路噪声污染，世界各国都在制定相应的政策，如改进车辆技术、铺设低噪声路面、降低噪声反射、吸收噪声、进行交通限制及规划道路等。

★ 问题引导

船舶运输是贝克啤酒厂出口业务采用的最重要的运输方式。贝克啤酒厂毗邻不来梅港，这是其采取海运的最大优势。凭借全自动化设备，标准集装箱可在8分钟内灌满啤酒，15分钟内完成一切发运手续。每年贝克啤酒厂通过海运方式发往美国的啤酒达9 000标准箱。

思考：贝克啤酒厂为什么选择海运方式？

◎ 引导知识点

二、物流系统对环境的影响

1.运输对环境的影响

尽管运输是产生环境问题的主要原因，但是国民经济的发展离不开运输。我们不可能彻底清除运输对环境的危害，但可以通过有效的决策和措施，降低运输对环境的污染程度。如果物流决策不合理，就会增加运输过程中的资源消耗，导致严重的环境污染。具体分析如下：

（1）物流网络节点（如货运网点、配送中心）布局不合理，会导致货物迂回运输、重复运输、过远运输或倒流运输等不合理现象的发生。这些不合理现象造成了很多无效运输，人为地增加了在途货车的行驶里程，既增加了能源消耗和运输费用，也提高了货损概率，还加重了城市交通阻塞。

（2）运输系统规划与运输决策不合理，会导致运输工具选择不当、运力不足、非满载运输等现象。例如，弃水走陆、铁路和大型船舶的过近运输等，都会导致运输工具的使用效率和能源利用率降低，从而增加能源消耗。

（3）运输需求信息的不共享以及物流管理理念的落后，会导致大量的车辆空载行驶，造成资源的极大浪费。尤其是在我国，第三方物流、社会化物流市场的发育尚不完善，很多企业倾向于拥有自己的运输车队，这是大量货车空载行驶的主要原因；同时，社会上的物流需求信息和运力供应信息不能互相交流，也是车辆空载行驶的重要原因。

（4）货车在物流节点的空转等待加剧了空气污染。由于认识上的偏差，多数司机在物流节点处等待装货、卸货的时候，经常使车辆原地长时间空转，这不仅增加了燃油消耗，更加剧了空气污染。国外有人进行过统计，汽车在空转的时候，仍然会排放废气和有毒物，由于这时的燃料未能得到充分燃烧，因此有些废气的排放量（如一氧化碳、烃）比车辆行驶时废气的排放量要高出许多。企业管理者必须重视这一问题，加强对司机的宣传教育，让所有司机认识到汽车空转时产生的空气污染问题。

2.装卸搬运对环境的影响

装卸搬运是指发生在物流节点（如仓库、车站、码头、配送中心等）的以人力或机械将物品装入运输设备或从运输设备上卸下的活动，包括货物堆码、上架、移动、取货、备货、货物装载、卸货等作业。搬运是指物品横向或斜向的移动；装卸是指物品上下方向的移动。在物流系统的功能活动中，装卸搬运虽然不产生新的效用或价值，但它是伴随着包装、仓储、运输所必须进行的活动，并且在采购物流、企业内部物流、销售物流等整个供应链物流过程中占有较大的比重，是物流各项活动中发生频率最高的活动。装卸搬运作业质量的好坏和效率的高低不仅影响物流成本，而且与物品在装卸搬运作业过程中的损坏、污染等损失有关，与是否能及时满足客户的服务需求相关联。

装卸搬运对环境的影响主要包括以下三个方面：

（1）不恰当的作业方式造成无效装卸、无效搬运次数增加，以及人力资源和能源动力的浪费。

（2）过多的装卸搬运次数增加了物品在装卸搬运过程中发生损耗的概率，进而造成了自然资源的浪费和废弃物的增加。

（3）装卸机械在作业过程中排出的冷却液、润滑液会对周围环境造成污染。

3.储存对环境的影响

物品通过储存保管，克服了产品生产与需求之间的时间差异，能够使产品具有更好的效用。因此，储存保管是物流创造时间价值的重要手段。当然，为了实现储存功能，被储存物品的质量及其使用价值必须得到保证。现代物流系统已经拥有很多有效维护商品质量、保证商品价值的技术手段和管理手段，人们也正在探索物流系统的全面质量管理问题，希望通过对物流过程的控制及工作质量的提高来保证被储存物品的质量。

储存环节对环境的影响主要表现在以下三个方面：

（1）为了保证被储存物品不丧失使用价值，必须对被储存物品进行维护保养，其中对部分被储存物品采取的技术措施，如在物品表面喷涂化学药剂等，也会对仓库周围的生态环境造成不良影响。

（2）如果保管不当，就有可能造成被储存物品变质、损坏甚至被丢弃，从而造成废弃物污染；有些危险品的泄漏，还会对周围环境造成不良影响。

（3）仓储设施是重要的基础设施，占用了大量土地资源。

4.包装对环境的影响

物流包装容器的种类很多，采用不同的材料、不同的结构形式。与产品直接接触的包装是内包装，一般是一次性包装；为了方便运输、储存及装卸作业，有时还需要对产品进行二次包装，甚至三次包装，典型的包装容器如托盘、集装箱、集装袋、瓦楞箱、罐、桶等。无论是商品的内包装还是物流包装，都需要消耗大量的资源，产生大量的固体废弃物，所以包装对环境的影响是非常大的。

包装对环境的影响主要表现在以下四个方面：

（1）过度包装增加了商品的重量、体积，增加了对运输能力、储存能力的需求。

（2）相当一部分工业品特别是消费品的包装都只能使用一次，并且越来越复杂，这些包装材料不仅消耗了大量的自然资源，废弃的包装材料还是城市垃圾的重要组成部分，处理这些废弃物要花费大量的人力、物力和财力。

（3）不少包装材料是不可降解的，它们长期留在自然界中，会对自然环境造成严重影响。目前，市场上常用的塑料袋、玻璃瓶、易拉罐等包装材料在自然条件下很难降解，会对环境造成污染。

（4）随着物流量的增加，物流包装（如托盘等）在总包装中所占的比重也越来越大。中物联资料显示，2019年我国托盘产量为3亿片左右，托盘市场保有量达到14.5亿片左右。目前，托盘最常用的材料是木材，塑料托盘所占的比例逐年提升。托盘消耗的木材资源的数量是巨大的。

5.流通加工对环境的影响

由于流通加工具有较强的生产性，会造成物流停滞、增加管理费用，因此不合理的流通加工方式也会对环境造成不利影响。

流通加工对环境的影响主要表现在以下三个方面：

（1）由消费者分散进行的流通加工，资源利用率低下，浪费能源。例如，餐饮服务企业对食品的分散加工，既浪费资源，又污染空气。

（2）分散的流通加工中产生的边角废料，难以集中和有效再利用，造成了资源浪费和废弃物污染。

（3）如果流通加工中心的选址不合理，不仅会造成费用增加和有效资源的浪费，而且会因为增加了运输量而产生新的污染。

各种流通加工活动均会对环境造成不利影响，具体的影响类型和程度由流通加工的方式决定，采用清洁生产方式可以很好地解决流通加工活动对环境的不利影响问题。

6.物流信息处理对环境的影响

物流信息处理能够促使物流活动更加有效地进行，促进各环节的有效衔接，避免重复和浪费，因此物流信息处理对于节约资源、提高作业效率是有积极作用的。一般认为，物流信息处理对生态环境没有负面影响，但是随着计算机的普及和企业内部信息系统的建设，信息处理功能要素中也出现了环境问题，如机房里密集布设的计算机设备产生的辐射可能危及员工的健康。由于各类物流企业中的计算机装备比较简单且数量少，因此物流信息处理对环境的影响较小。然而，某些大型物流企业采用的先进信息技术，如射频技术、全球卫星定位系统等，会产生不同程度的电磁辐射，对环境的影响较大。

小词典

地下物流系统也称地下货运系统（underground freight transport system，UFTS），是指运用自动导向车（AGV）和两用卡车（DMT）等承载工具，通过大直径的地下管道、隧道等运输通路，对固体货物进行输送的一种全新概念的运输和供应系统。

★问题引导

菜鸟网络全链路发力，打造绿色物流新样本

《双11菜鸟绿色物流减碳报告》显示，包括使用电子面单、原箱发货、装箱算法、驿站绿色回收和寄件等在内，基于菜鸟绿色物流全链路，菜鸟、商家和消费者合计产生18亿次绿色行为，为全社会减碳5.3万吨。

在绿色仓储方面，菜鸟网络在上海、广州、杭州、武汉、东莞的智慧物流园区内建设了屋顶太阳能光伏发电站。目前，全国已有6个物流园区配备了屋顶光伏发电设

施，将清洁能源应用于物流园区以降低能耗。

在绿色包装和周转方面，菜鸟通过装箱算法、电子面单、纸箱复用、循环箱等解决方案，从源头实现了包材减量、环保及流通安全、高效等。

对于包装箱选取，菜鸟联手天猫超市等推广"原箱+回收纸箱发货"，实现70%的包裹发货不再用新纸箱。

菜鸟自2017年起便推动绿色"回箱计划"，在全国31个省区市300多个城市的菜鸟驿站和快递网点铺设绿色回收箱，鼓励消费者取件后将快递纸箱、包装填充物投入回收箱。今年"双11"，菜鸟在全国范围内再新增1.3万个回收箱，预计每年可循环再利用上亿个快递纸箱。此外，菜鸟还通过新能源车、环保寄件袋、智能分仓、智能路径规划等实现绿色、高效配送。

资料来源　佚名. 中国"低碳时刻"，菜鸟网络全链路发力，打造中国绿色物流新样本［EB/OL］. ［2021-11-06］. http://stock.hexun.com/2021-11-16/204754660.html.

思考：如何评价菜鸟绿色物流对社会的贡献？

引导知识点

三、减轻环境负担的措施

从目前的科学技术发展水平来看，物流对环境的破坏作用是没有办法根除的，因此，企业必须在管理方面采取若干措施，把减轻环境负担作为管理的目标。若想减轻环境负担，最有效的办法是实现物流合理化。无论是宏观的物流还是微观的物流，都应该实现合理化。

（1）提高铁路运输和水路运输的比重，减少对环境污染最大的公路运输的比重。很多研究表明，在多种可选择的运输方式中，公路的资源占用（包括能源消耗、土地资源占用、人力资源占用等）最高；从对环境的影响来看，公路运输对环境的破坏作用最大。

在管理方面，企业可以采取以下措施来减轻环境的负担：①将合理的铁路、公路、水路结构作为宏观调控的目标，增加铁路运输量，降低公路运输量。②发展多式联运，限制汽车的长距离、大量运输，在减少环境污染的同时提高物流系统的运输能力。③依靠科学技术，采用清洁燃料，从源头降低污染。

（2）采用管道输送的物流方式，减少液体、气体、粉状扬尘对环境的污染。

（3）合理规划物流线路，对物流节点实行集约化管理，使物流节点远离居民稠密地区是解决和降低噪声、扬尘及尾气污染的有效措施。因此，物流基地、物流中心等大型物流节点应当远离城市中心区并且适当集中分布，配送中心应当和居民稠密区保持适当距离。货运配送应当优先采用低排放的新能源物流车辆。大型运输车辆应当限制进入城市地区；同时，对不符合排放标准、噪声过大的运输车辆，应该实行严格的上路行驶限制措施。

课堂提问 ✓

你知道新能源汽车主要包括哪几种类型？

课堂实训 ☑

物流活动的各环节对环境造成了什么危害？

案例分组讨论 ☑

2014年3月，中华人民共和国交通运输部正式下发通知，启动了全国高速公路ETC（电子不停车收费系统）联网工作。2015年9月28日，交通运输部发布消息称，全国高速公路电子不停车收费实现全国联网，2 100余万用户实现一卡畅行全国。2019年3月5日，李克强总理代表国务院作《政府工作报告》时提出："两年内基本取消全国高速公路省界收费站，实现不停车快捷收费，减少拥堵、便利群众。"《深化收费公路制度改革取消高速公路省界收费站实施方案》（国办发〔2019〕23号）提出："2019年底前各省（区、市）高速公路入口车辆使用ETC比例达到90%以上，同时实现手机移动支付在人工收费车道全覆盖。"

ETC是国际上正在努力开发并推广的一种用于公路、大桥和隧道的电子自动收费系统，也是目前世界上最先进的路桥收费方式。ETC通过安装在车辆挡风玻璃上的车载电子标签与在收费站ETC车道上的微波天线之间的专用短程通信，同时利用计算机联网技术与银行进行后台结算处理，达到车辆通过路桥收费站不需要停车就能支付路桥费的目的。

数据显示，1条ETC车道相当于5条人工收费车道。采用ETC车道，车辆通过收费站的平均时间由14秒降低为3秒，这对缓解高速公路拥堵、提高通行效率作用明显。

问题：交通运输部为什么大力推行ETC联网工作？ETC能为物流业带来哪些利好？

任务三　了解绿色物流管理

★任务目标

了解正向绿色物流管理和逆向绿色物流管理的内容，能够进行绿色物流管理。

★课堂讨论

探讨我们生活中的哪些物品是可以再回收利用的。

★问题引导

绿色航运，未来可期

中国不仅拥有世界上最繁忙的内河通航系统，还拥有漫长的海岸线和众多的沿海与内河港口，它们在支持贸易发展、促进内河和沿海城市经济增长方面发挥了重要作用。但是，行驶或停泊在这些航线和港口的船舶排放出的大量污染物，也破坏着生态环境。针对船舶污染问题，中国明确提出要发展绿色航运。

为进一步减少国内航运排放，自然资源保护协会近期发布的《引领绿色航运发展——国内航运低零排放政策的国际经验》报告认为，短期的清洁航运政策可考虑侧重于推动新船和在役船舶采用可商用的氮氧化物减排技术，以进一步改善环境空气质量。从长远来看，鉴于气候变化对农业、生态、水资源、空气质量和居民健康的不利影响，应制定长期的清洁航运战略。

港口项目专家冯淑慧对长期清洁航运战略提出了具体建议，包括：收紧船用发动机排放标准，以促进国内船队采用国际上可商用的氮氧化物减排技术；对所有在役内河及沿海船舶实施最严格的排放规定，以加速高排放船舶的更新、改造或升级；扩大岸电使用范围；为在人口密集地区流域航行和固定航线的船舶设定零排放目标，逐步考虑为国内船舶设定零排放的长期目标，并制定推进零排放船舶的长期战略等。

资料来源 编者根据网络资料整理编写。

思考：实现绿色航运的有效措施有哪些？

引导知识点

一、正向绿色物流管理

正向绿色物流是指从原材料的供应到生产企业生产出最终产品，再到通过销售渠道把产品销售给最终顾客的过程中实施的绿色物流。企业要进行正向绿色物流管理，应从以下几个方面考虑：

1.绿色供应商管理

供应商的原材料、半成品质量的好坏直接决定了最终产品的性能，所以要实施绿色物流，就要从源头上加以控制。由于政府对企业环境行为的严格管制，因此供应商的成本绩效和运行状况对企业的经济活动产生了直接影响。在绿色供应物流中，企业有必要增加供应商选择和评价的环境指标，即要对供应商的环境绩效进行考察。例如，潜在供应商是否因为环境污染问题而被政府处以罚款？潜在供应商是否因为违反环境规章而存在被关闭的危险？供应商供应的零部件是否采用绿色包装？供应商是否通过 ISO 14000 环境管理体系认证？

2.绿色生产管理

绿色生产包括绿色原材料的供应、绿色设计、绿色制造及绿色包装。

绿色产品的生产首先要求构成产品的原材料具有绿色特性，绿色原材料应符合以下要求：环境友好型；不加任何涂镀，废弃后能自然分解并能被自然界吸收；易加工且加工过程中无污染或污染最小；易回收、易处理、可重复使用。同时，应尽量减少原材料的种类，这样有利于原材料的循环使用。

绿色设计要求面向产品的整个生命周期，即在概念设计阶段，就要充分考虑产品在制造、销售、使用及报废后对环境的影响，使得产品在制造和使用的过程中可拆卸、易回收，不产生毒副作用，保证产生最少的废弃物。

绿色制造追求两个目标：一是通过可再生资源、二次能源的利用及节能降耗措施，缓解资源枯竭的现状，实现持续利用；二是减少废料和污染物的生成及排放，提高工业品在生产和消费过程中与环境的相容程度，降低整个生产活动给人类和环境带来的风险，最终实现经济和环境效益的最优化。

包装是商品营销的一个重要手段，但大量的包装材料在使用一次以后就被消费者遗弃，从而产生了环境污染问题。绿色包装是指节约资源、保护环境的包装，其特点为：材料最省、废弃最少且节约资源和能源；易于回收利用和再循环；包装材料可自然降解并且降解周期短；包装材料对人的身体和生态环境无害。绿色包装要求提供包装服务的物流企业进行绿色包装改造，包括使用环保材料、提高材料的利用率、设计折叠式包装以减少空载率、建立包装回收制度等。从再循环的角度来看，包装物的材料品种越少越好。德国曾对各种材料的循环价值进行评分，并据此收取不同的处理费。

3. 绿色运输管理

交通运输工具的大量能源消耗，运输过程中排放的大量有害气体及产生的噪声污染，运输易燃、易爆等危险原材料或产品可能引起的爆炸、泄漏等事故，都会对环境造成很大的影响。因此，进行绿色运输管理，构建企业的绿色物流体系，就显得至关重要。

（1）合理建设配送中心，制订配送计划，以提高运输效率，降低货损量。开展共同配送，减少污染。共同配送的特点是统一集货、统一送货，因此可以明显减少货流，有效消除交错运输，缓解交通拥挤状况，提高市内货物运输的效率，减少空载率，有利于提高配送服务水平，使企业库存水平大大降低，甚至实现"零"库存，最终降低物流成本。

（2）实施联合一贯制运输。联合一贯制运输是指以件杂货为对象，以单元装载系统为媒介，有效地巧妙组合各种运输工具，从发货方到收货方始终保持单元货物状态而进行的系统化运输方式。运输方式的转换包括转向铁路、水路和航空运输。联合一贯制运输是物流现代化的主要标志。

（3）评价运输者的环境绩效，由专业运输企业使用专门运输工具负责危险品的运输，并制定应急保护措施。

目前，许多国家都对运输污染采取了极为严格的管理措施。例如，我国制定了严格的汽车尾气排放标准；同时，为了充分发挥经济杠杆的作用，我国正在酝酿对汽车征收排污费。由此可以看出，企业如果没有绿色运输，将会加大经济成本和社会环境成本，从而影响企业的经济运行和社会形象。

4. 绿色储存管理

储存在物流系统中起着缓冲、调节和平衡的作用，是物流管理的一个中心环节。储存的主要设施是仓库。现代化的仓库是促进绿色物流运转的物资集散中心。绿色仓储要求仓库布局合理，这样才能够节约运输成本。如果仓库布局过于密集，则会增加运输的次数，从而增加资源消耗；如果仓库布局过于分散，则会降低运输的效率，增加空载率。在建设仓库前，企业还应当进行相应的环境影响评价，充分考虑仓库建设对所在地环境的影响。例如，易燃易爆商品的仓库不应设置在居民区，有毒物品的仓库不应设置在重要水源地附近。采用现代储存保养技术，如气幕隔潮、气调贮藏和塑料薄膜封闭等，是实现绿色储存的重要措施。

5. 绿色流通加工管理

流通加工具有较强的生产性，这也是流通部门对环境保护大有作为的领域。

绿色流通加工主要包括两个方面：一方面，变分散加工为专业集中加工，采用规模作业的方式提高资源利用效率，以减少环境污染；另一方面，集中处理消费品加工过程中产生的边角废料，以减少分散加工所造成的废弃物污染。

6.绿色装卸管理

装卸是跨越运输和物流设施而进行的，发生在输送、储存、包装前后的商品取放活动中。绿色装卸要求企业在装卸过程中进行正当装卸，避免商品被损坏，从而避免资源浪费以及产生废弃物；绿色装卸还要求企业消除无效搬运，提高搬运活性指数，合理利用现代化机械，从而保持物流的均衡顺畅。

7.产品绿色设计

绿色物流建设应该始于产品设计阶段。企业在进行产品设计时，通过采用产品生命周期分析等技术，能够提高产品在整个生命周期的环境绩效，从而在推动绿色物流建设方面发挥先锋作用。

另外，通过标签表示产品的成分也十分重要，这样做会使将来的回收、处理工作进展顺利。

★ 问题引导

宝山钢铁股份有限公司（以下简称"宝钢"）遵循"减量化、无害化、资源化"的原则，对钢铁生产过程中形成的大量废弃物进行资源化处理，采用"控制源头、减少产生，全程管理、防止污染，循环使用、消灭废弃，科研开发、增大效益"等对策，对生产过程中产生的大量固体废弃物（如高炉渣、钢渣、粉煤灰、污泥和粉尘等）进行集中回收和各种工艺处理，然后将其重新用于烧结等工序或作为水泥原料和建材，这样既节约了资源，又减轻了环境负荷，还创造了可观的经济效益和社会效益。目前，宝钢余能回收总量已达到能源采购量的12%；生产用水已100%实现循环利用；焦炉和高炉煤气的利用率分别提高到100%和99.8%，达到世界领先水平。

思考：宝钢为绿色物流做出了什么贡献？

◎ 引导知识点

二、逆向绿色物流管理

逆向绿色物流是指所有与资源循环、资源替代、资源回用和资源处置有关的物流活动。由于逆向绿色物流能够充分利用现有资源，减少对原材料的需求，因此常被发达国家作为建设循环型经济的重要举措。实施逆向绿色物流是一项系统工程，需要有完善的商品召回制度、废物回收制度以及危险废弃物料处理制度。

1.废弃物料的处理

企业废弃物料的来源主要有两个：一是生产过程中未能形成合格产品且不具有使用价值的物料，如产品加工过程中产生的废品、废件，钢铁厂产生的钢渣，机械厂切削加工形成的切屑等；二是流通过程中产生的废弃物，如被捆包的物品解捆后产生的废弃的木箱、编织袋、纸箱、捆绳等。随着垃圾堆场的日益减少，掌握有效减少废弃物料产生的方法已经越来越重要。一方面，企业要加强对进料和用料的统筹安排；另一方面，在产品的设计阶段就要考虑资源的可得性和可回收性。

2.回收旧产品

回收旧产品是逆向物流的起点，它决定着整个逆向物流体系能否实现盈利。旧产品的数量、质量、回收方式及返回时间等方面都应在企业控制之内，如果这些方面不能得到有效控制，整个逆向物流体系就可能会一团糟，产品再加工的效率也可能得不到保证。因此，企业必须和负责收集旧产品的批发商及零售商保持良好的沟通。

3.回收产品的检查与处理

对回收产品的测试、分类和分级是一项劳动和时间密集型的工作，如果企业通过设立质量标准，使用传感器、条形码以及其他技术使得测试自动化，就可以改进这道工序。一般来说，在逆向物流体系中，企业应该尽早做出对产品的处置决策，这样可以大大降低物流成本，并且缩短再加工产品的上市时间。

4.回收产品的修理和复原

企业从回收产品中获取价值，主要通过两种方式来实现：一是取出回收产品中的元件，经过修理后再次销售；二是对回收产品重新加工后再次销售。需要注意的是，相对于传统的生产过程而言，对回收产品的修理和再加工具有很大的不确定性，因为回收产品在档次、质量以及生产时间上的差异可能很大，这就要求企业在对回收产品进行分类时，应尽量把档次、质量及生产时间类似的产品整合起来，以降低这种不确定性。

5.再循环产品的销售

回收产品经过修理或复原后就可以投入市场进行销售了。与普通产品的供求一样，企业如果计划销售再循环产品，首先要进行市场需求分析，从而决定是在现有市场销售，还是开辟新的市场，在此基础上制定出再循环产品的销售决策并且进行销售，这样就完成了逆向物流的一个循环。

资源循环、资源回用等逆向物流举措可以给企业带来实际收益，是企业利润的新源泉。据西方学者估计，目前全球逆向物流市场的规模达200亿美元。在我国，逆向物流还没有得到充分发展，仅局限于废旧物资回收、生活垃圾分类等初级行为，经济效益尚不明显。我国的逆向物流工作基本上是在政府的组织下进行的，作为企业自身行为的逆向物流活动还不多见。

课堂提问 ✓

为什么说绿色物流是企业最大限度降低经营成本的必经之路？

课堂实训 ✓

请为企业设计一个绿色物流方案。

案例分组讨论 ✓

绿色包装案例：100%可循环回收纸浆模塑猫砂包装+100%可降解包装瓶

1.100%可循环回收纸浆模塑猫砂包装

亮点：可回收原料+特殊制作工艺，提高包装应用效果。

Nestle Purina PetCare 公司与 Ecologic Brands 公司共同推出了一款绿色环保猫砂包装。该包装的瓶身和瓶盖均采用100%可循环回收纸浆作为原料，没有使用任何塑料衬垫。尽管瓶身使用的压敏纸标签和胶黏剂并没有以可循环材料为原料，但均可以回收。

通常来说，纸浆模塑产品的防水性令人担忧，需要添加防水涂料来加强，但该包装为了秉承绿色环保理念，采用了特殊的制作工艺，取代防水涂料的使用，即在纸浆热成型时对其进行高温、高压处理，增加包装密度，从而达到提高防水性的目的。另外，在包装设计上，该包装的提手处采用了专门的压制工艺，不仅结构上符合人体工程学，方便手提，而且异常坚固，可承受6.0～10.5磅的产品重量。

2.100%可降解包装瓶

亮点：可持续发展木材+完全生物降解，实现包装零浪费。

目前市面上常见的啤酒瓶主要采用玻璃、塑料、铅材等传统包装材料制成，虽然这些包装瓶可回收，但存在不可降解的问题，或多或少会对环境造成污染。为此，嘉士伯啤酒公司提出了一种革命性的啤酒瓶包装理念，即开发零污染的包装瓶。该包装瓶采用可持续发展的木材（砍伐后在一定时间内不可再次砍伐的木材）作为原料，甚至连瓶盖也采用了该材料，同时辅以生物技术，从而实现了包装的100%可降解。这种由可持续发展的木材制成的包装瓶更易重复使用，特殊的制造工艺使包装材料更加致密，确保了瓶体不易破碎。该包装瓶在相容性方面同样表现优异，它适合盛装啤酒和碳酸饮料，其木材纤维不仅不会影响内装饮品的口感，相较于传统包装瓶，还有利于保持啤酒和碳酸饮料的凉爽口感。此外，该包装瓶外观不透明，阻挡了紫外线，更有利于产品的储存。

资料来源 佚名. 绿色包装经典案例赏析［EB/OL］.［2018-08-15］. http：//www.keyin.cn/magazine/pt-bzzh/201608/15-1097442.shtml.

问题：结合案例说明绿色包装设计对绿色物流的作用。

●●●项目考核

1.单项选择题

（1）不合格物品的返修、退货所形成的物品实体流动属于（   ）。

A.销售物流　　　　B.回收物流　　　　C.废弃物物流　　　D.生产物流

（2）现代化的仓库是促进绿色物流运转的（   ）中心。

A.物资集散　　　　B.物资储备　　　　C.物资包装　　　　D.物资加工

（3）物流系统对环境的影响中，产生环境问题的主要原因是（   ）。

A.包装　　　　　　B.运输　　　　　　C.仓储　　　　　　D.信息

（4）绿色物流建设应该始于（　　　），通过采用产品生命周期分析等技术，能够提高产品在整个生命周期的环境绩效，从而在推动绿色物流建设方面发挥先锋作用。

A.产品设计阶段　　B.运输　　　　　　C.仓储　　　　　　D.流通加工

（5）绿色物流的最终目标是（　　　）。

A.可持续发展　　　B.未来发展　　　　C.企业实力提升　　D.品牌形象

2.多项选择题

（1）逆向物流是指所有与（　　　）有关的物流活动，它能够充分利用现有资源。

A.资源循环　　　　B.资源替代　　　　C.资源回用　　　　D.资源处置

（2）绿色物流的特征（　　　）。

A.学科交叉性　　　　　　B.时域性　　　　　　C.多目标性

D.多层次性　　　　　　　E.地域性

（3）物流对环境的影响包括（　　　）。

A.运输对环境的影响　　　　　　　B.储存对环境的影响

C.包装对环境的影响　　　　　　　D.流通加工对环境的影响

（4）绿色物流管理的内容包括（　　　）。

A.正向绿色物流管理　　　　　　　B.逆向绿色物流管理

C.短期绿色物流管理　　　　　　　D.持续性绿色物流管理

（5）物流对环境的影响表现在（　　　）。

A.废气排放污染　　　　B.噪声污染　　　　C.振动污染

D.扬尘污染　　　　　　E.有毒物污染

3.判断题

（1）绿色物流建设是在维护生态环境与实现可持续发展的基础上，对传统的物流体系加以改进，最终形成一个环境共生型的、可持续发展的现代物流系统。（　　　）

（2）不合格物品的返修、退货不属于物流范畴。（　　　）

（3）绿色物流要实现对正向物流过程和逆向物流过程的环境管理，必须以物料循环利用、循环流动为手段，提高资源利用效率，减少污染物的排放。（　　　）

（4）物流过程不可避免地要消耗资源和能源，造成环境污染。为了追求眼前的经济利益，就要消耗地球资源，所以通过经济目标和环境目标之间的平衡，实现生态与经济的协调发展是非常困难的。（　　　）

（5）实施逆向绿色物流是一项系统工程，需要有完善的商品召回制度、废物回收制度以及危险废弃物料处理制度。（　　　）

4.问答题

（1）绿色物流具有什么特征？

（2）包装对环境的影响有哪些？

（3）论述绿色物流的发展趋势。

●●●● 项目实训

1.实践训练

探讨物流如何改进能为绿色物流做出贡献。

2.课外实训

对高校的快递包装进行调查，为快递包装的回收利用出谋划策；快递包装有哪些方面需要改进；促进绿色快递包装发展的对策。

3.拓展训练

绿色物流视角下物流服务商评价指标体系与一般物流服务商评价指标有何不同？请选择一客户（大型设备制造商、中小型零售企业）为其构建绿色物流视角下物流服务商评价指标体系，帮助其选择到合适的物流服务商。

项目十
供应链与供应链管理

学习目标

知识目标：

1.了解供应链的特点和类型。

2.了掌握供应链管理的目标、方法和重点。

3.了解牛鞭效应的相关知识。

能力目标：

1.能够进行供应链管理。

2.能够将牛鞭效应相关知识运用到供应链管理中。

价值目标：

1.培养物流人的社会责任感。

2.培养物流人的创新意识、命运共同体意识。

价值引领案例

创新服务｜拒绝内卷，日日顺牢筑供应链护城河

　　如今，物流企业间的价格战内卷已经严重影响到企业自身乃至行业的发展。

　　2020年以来，在极兔等企业的参与下，快递企业竞争进入白热化，单票价格持续下降。2020年10月，全国快递件价格首次跌破10元；2021年6月，快递单票价格仅为9.4元，同比下降12%。从单票收入看，最新数据显示，快递业单票收入进入"两元时代"。大件物流领域的价格战也是如火如荼。百世快运、安能快运、壹米滴答、优速快递等企业就相继对大件快递产品调整重泡比变相打折。

　　一直以来，传统的物流以货为中心，而日日顺供应链打造的服务模式则是以用户体验为中心，为不同用户提供独特的定制化服务。日日顺供应链聚集了众多跨行业、跨领域的优质生态方，抱团形成合力推动供应链行业大步向前。面对消费者，日日顺供应链提出了场景物流；面对相关客户，日日顺供应链打造出了"一体化供应链管理解决方案"。

　　日日顺深耕场景生态，冲破行业"天花板"，与业界共同牢筑供应链护城河，推动物流业发展进入快车道。

资料来源　观海新闻. 行业深陷内卷价格战，看日日顺供应链的破局攻略［EB/OL］.［2022-02-12］. https://www.guanhai.com.cn/p/141321.html.

学习微平台

拓展阅读 10-1

任务一　了解供应链

★任务目标

了解供应链的特点、基本模型和类型。

小词典

供应链是指生产及流通过程中，围绕核心企业的核心产品或服务，由所涉及的原材料供应商、制造商、分销商、零售商直到最终用户等形成的网链结构。

★课堂讨论

讨论我们日常生活中用到的矿泉水、方便面等产品供应链的构成情况。

★问题引导

研究和咨询公司 Gartner 公布了 2018 年全球供应链 25 强公司排名（The Gartner Supply Chain Top 25 for 2018）。榜单显示，进入榜单前十的企业分别为：联合利华（Unilever）、Inditex、思科（Cisco Systems）、高露洁棕榄（Colgate-Palmolive）、英特尔（Intel）、耐克（Nike）、雀巢（Nestle）、百事公司（PepsiCo）、H&M 以及星巴克（Starbucks）。其中，联合利华以综合得分 6.36 分位列榜首。据悉，今年是联合利华连续第三年获得榜单的第一名。

据了解，本排行榜是依据 Gartner 和同行的意见，根据公司最近三年的总资产报酬率、库存周转水平、收入增长水平、企业社会责任（CSR）等指标，最后得出各企业的综合得分，并排出顺序。综合得分=同行的意见×25%+Gartner 研究意见×25%+总资产报酬率×20%+库存周转率×10%+收入增长×10%+CSR 得分×10%。此外，上榜公司的年营收要高于 120 亿美元。

资料来源　编者根据网络资料整理编写。

思考：上网查询进入榜单前十企业的供应链信息，并总结其共同拥有的特点。

引导知识点

一、供应链的特点

1.复杂性

由于供应链节点组成的跨度（层次）不同，因此供应链节点企业有生产型、加工型、服务型之分，还可分为上游企业、核心企业等。也就是说，供应链往往由多个、多类型甚至多国企业构成，所以供应链的结构模式比一般单个企业的结构模式更为复杂。

2.动态性

供应链因企业战略和适应市场需求变化的需要，其节点需要动态更新，这就使得供应链具有明显的动态性。

3.面向用户需求

供应链的形成、存在、重构，都是基于一定的市场需求而发生的。在供应链体系中，用户的需求拉动是供应链中信息流、物流、资金流运作的驱动力。

4.交叉性

对于产品而言，每种产品的供应链由多个链条组成。供应链节点企业既可以是这个供应链的成员，也可以是另一个供应链的成员，众多的供应链形成交叉结构，增加了协调管理的难度。

5.整体性

考虑总体成本，追求整体利益。

★ 问题引导

惠普（HP）供应链如图10-1所示。

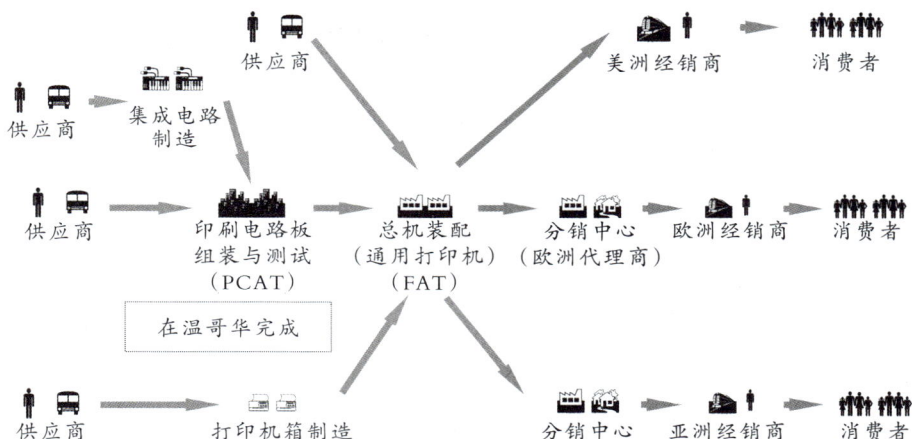

图10-1　HP供应链

思考：根据 HP 供应链思考常规供应链结构模型是怎样的。

引导知识点

二、供应链的基本模型

一般来说，供应链由所有加盟的节点企业组成，其中通常有一个核心企业（可以是产品制造企业、大型零售企业或原材料供应企业），节点企业在需求信息的驱动下，通过供应链的职能分工与合作（生产、分销、零售），以资金流、商流、物流、信息流为媒介，实现整个价值链的不断增值。供应链基本模型如图10-2所示。

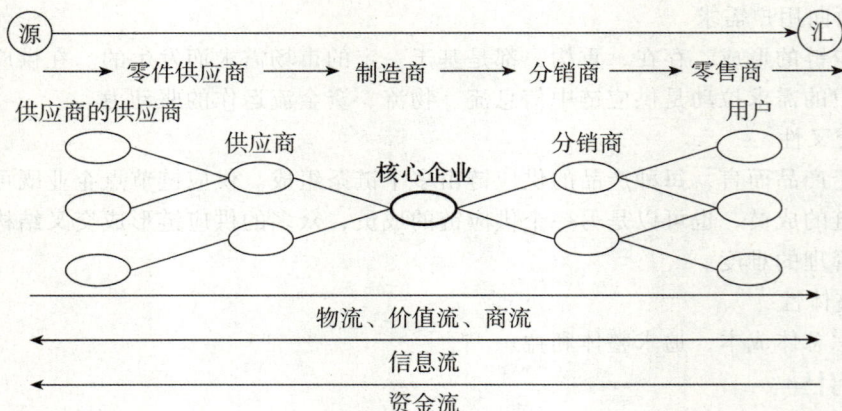

注：核心企业包括制造商、零售商等。

图10-2　供应链基本模型

★问题引导

小麦属于主要粮食作物，电脑属于高科技产品。小麦的供应链和电脑的供应链从类型划分上看有何区别？

◎引导知识点

三、供应链的类型

1.根据供应链稳定性的不同，可以将供应链分为稳定的供应链和动态的供应链

基于相对稳定的、单一的市场需求而组成的供应链，稳定性较强；基于相对频繁变化的、复杂的需求而组成的供应链，动态性较高。在实际管理运作中，我们需要根据不断变化的需求，相应改变供应链的组成。

2.根据供应链的容量与用户需求的关系，可以将供应链分为平衡的供应链和倾斜的供应链

假设某个供应链具有一定的、相对稳定的设备容量和生产能力（所有企业能力的综合，包括供应商、制造商、运输商、分销商、零售商等），但用户需求处于不断变化的过程中。当供应链的容量能满足用户需求时，供应链处于平衡状态；当市场变化加剧，供应链出现成本增加、库存增加、浪费增加等现象，并且企业不是在最优状态下运作时，供应链处于倾斜状态。

平衡的供应链可以实现各主要职能（采购/低采购成本、生产/规模效益、分销/低运输成本、市场/产品多样化、财务/资金运转快）之间的平衡。

3.根据供应链功能模式（物理功能和市场中介功能）的不同，可以将供应链分为有效性供应链（efficient supply chain）和反应性供应链（responsive supply chain）

有效性供应链主要体现供应链的物理功能，即以最低的成本将原材料转化为零部件、半成品、成品，以及在供应链中的运输等；反应性供应链主要体现供应链的市场中介功能，即把产品分配到能够满足用户需求的市场，以及对未知的需求做出快速反应等。

4.推动式供应链和拉动式供应链

推动式供应链是传统的供应链模式，是指根据商品的库存情况，有计划地将商品推销给客户。当前更常用的是拉动式供应链，顾名思义，该供应链模式源于客户需求，客户是供应链中一切业务的原动力。在拉动式供应链中，零售商通过POS系统采集客户所采购商品的确切信息，数据在分销仓库中经过汇总分析后传递给制造商。这样，制造商就可以为下一次向分销仓库补货提前做准备，同时调整交货计划和采购计划，原材料供应商也可以改变相应的交货计划。

课堂提问 ✓

有效性供应链和反应性供应链的区别有哪些？

课堂实训 ✓

总结各行业供应链（如制造业供应链、零售业供应链等）的形式，并以典型供应链为例，分析其成功之处。

案例分组讨论 ✓

2021年全球汽车零部件供应商百强

整体来看，由于受疫情影响，汽车产量整体下滑。大部分零部件企业的营业收入都出现了不同程度的下滑，但前十大零部件巨头相对稳定，2021年累计营收465.15亿美元。

前十名之后，盛骏汽车安全系统、美国车桥控股、马瑞利、安东林、库柏标准汽车的排名严重下滑，而包括天纳克、艾伯赫、NGK、普里斯顿集团、严蕊理化在内的零部件公司排名大幅上升。

值得一提的是，在百强榜单中，来自中国的零部件企业数量比去年增加了1家，达到9家。这9家公司为：延锋、京海纳川、盛骏汽车安全系统、中信余炳轩、江森电气、石民集团、五菱工业、安徽钟鼎密封件、惠州德赛四维。并且，原来的8家中国企业排名都有不同程度的提升。

资料来源 佚名．榜单！2021年全球汽车零部件供应商百强［EB/OL］．［2022-01-19］．https：//www.pcauto.com.cn/jxwd/2839/28392312.html.

问题：结合案例并上网查找相关资料，分析全球汽车零部件供应商供应链的现状与发展趋势。

任务二 认识供应链管理

★任务目标

掌握供应链管理的目标、方法和重点，能够进行供应链管理。

⊘ 小词典

供应链管理是指从供应链整体目标出发，对供应链中采购、生产、销售各环节的商流、物流、信息流及资金流进行统一计划、组织、协调、控制的活动和过程。

★ 课堂讨论

物流管理与供应链管理有何异同？

★ 问题引导

提升供应链竞争力，小企业怎样干出大作为？

齐碳科技是一家从事纳米孔基因测序仪及配套试剂耗材研发、制造与应用的企业。公司创始人白净卫告诉记者，企业正处在产品推向市场的"临门一脚"阶段，深化各环节的合作对企业发展特别重要。

记者采访的"专精特新"中小企业负责人普遍认为，更好融入产业链和产业生态，在市场历练中增长本领是迫切需求。

"我们梳理了'小巨人'产业图谱，推动融入行业龙头企业供应链、创新链。"工信部将推出一系列政策，开展一系列活动，推动大企业向中小企业开放市场、技术、人才等资源要素。

加强对中小企业的投融资支持同样重要。国家中小企业发展基金董事长马向晖表示，截至2021年年底，累计完成投资项目687个，其中围绕新一代信息技术、高端装备、生物医药等重点领域的投资金额占比达80%以上。"我们将积极引导子基金坚持投早、投小、投创新，促进中小企业向'专精特新'方向发展。"

资料来源　张辛欣，冯家顺. 提升产业链供应链竞争力，小企业怎样干出大作为？[EB/OL]．[2022-01-24]. https://baijiahao.baidu.com/s? id=1722826963220468765&wfr=spider&for=pc.

思考：小企业发展如何借力供应链创新？

◉ 引导知识点

一、供应链管理的目标

1.总成本最小化

众所周知，采购成本、运输费用、库存成本、制造成本以及供应链物流的其他成本费用都是相互联系的。因此，为了实现有效的供应链管理，必须将供应链各成员企业作为一个有机整体来考虑，并使实体供应物流、制造装配物流与实体分销物流之间达到高度均衡。从这一意义出发，总成本最小化目标并不是指运输费用、库存成本或其他任何供应链物流运作与管理活动的成本最小，而是指供应链运作与管理的所有成本的总和最小。

2.总库存成本最小化

传统的管理思想认为，库存是维系生产与销售的必要措施，上下游企业之间在不同的市场环境下只是实现了库存的转移，整个社会的库存总量并未减少。按照JIT管理思想，库存是不确定性的产物，任何库存都是浪费。因此，在实现供应链管理目标的同时，要将整个供应链的库存控制在最低水平，从而实现总库存成本最小化。

3.总时间周期最短化

在当今的市场竞争环境下，时间已成为赢得竞争的重要因素之一。市场竞争不再是单个企业之间的竞争，而是供应链与供应链之间的竞争。从某种意义上说，供应链之间的竞争实质上是时间的竞争，即必须实现快速、有效的客户反应，最大限度地缩短从客户发出订单到收到货物的整个供应链的总时间周期。

4.产品或服务质量最优化

企业产品或服务质量的好坏直接关系到企业的成败，也直接关系到供应链的存亡。在所有业务完成以后，如果发现提供给最终客户的产品或服务存在质量缺陷，就意味着所有成本的付出将不会得到任何价值补偿，供应链物流的所有业务活动都会变为非增值活动，从而导致整个供应链的价值无法实现。

★ 问题引导

美国供应链管理专家克里斯多夫指出："21世纪的竞争不再是企业与企业的竞争，而是供应链与供应链的竞争。"供应链管理是物流管理的高级形态，是物流管理的发展趋势，这已成为业内共识。

思考：供应链管理有何独特的管理方法？

⦿ 引导知识点

二、供应链管理的基本方法

1.环节分析法

环节分析法是将供应链流程分解为一系列的环节，每个环节用于连接供应链中两个相继出现的阶段的方法。假设供应链由5个阶段组成，包括供应商、制造商、分销商、零售商和顾客，那么供应链流程可以相应分解为4个环节，包括原料获取环节、生产环节、补充库存环节、顾客订购环节，如图10-3所示。

供应链5阶段

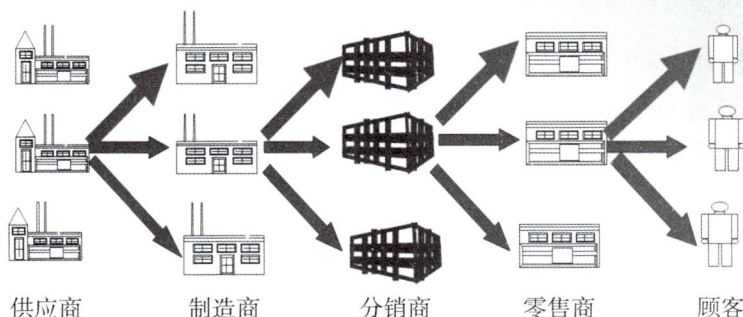

供应商　　　　制造商　　　　分销商　　　　零售商　　　　顾客

供应链4环节

原料获取环节　　生产环节　　补充库存环节　　顾客订购环节

图10-3 环节分析法图示

环节分析法保证了所制定决策的可操作性，因为它清楚地界定了供应链中每个成员的角色和责任。例如，当供应链运营所需的信息系统建立起来时，由于明确了各环节的所有权关系和目标定位，因此供应链流程变得清晰流畅。

2.推拉分析法

推拉分析法是依据对顾客需求的执行顺序，将供应链上的流程分为推动流程和拉动流程的方法。所谓推动流程，即在顾客需求不确定的情况下，对顾客的订购活动进行预测的流程；所谓拉动流程，即在顾客需求已知并确定的情况下，对顾客订单做出反应的流程。供应链上的推拉边界将推动流程和拉动流程区别开来。例如，在戴尔公司，PC机组装线的起点就是推拉边界，PC机组装前的所有流程都是推动流程，而组装过程和此后的流程均是对顾客需求的反应，属于拉动流程。戴尔公司流程的推拉分析如图10-4所示。

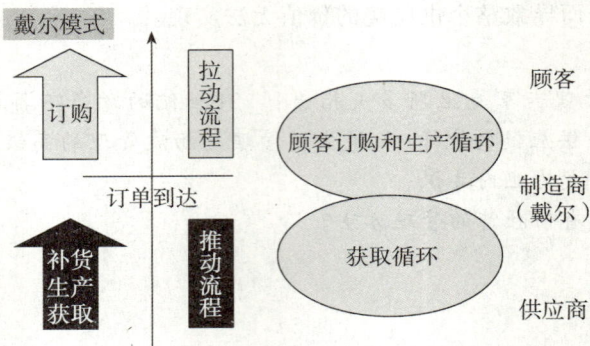

图10-4　戴尔公司流程的推拉分析

在进行与供应链设计相关的战略决策时，供应链的推拉分析法非常有用。由于供应链流程与顾客订购有关，因此推拉分析法要求进一步从全球化的角度考虑问题。

小思考10-1

环节分析法与推拉分析法在供应链管理中的作用有何差异？

3.供应商管理库存（vendor managed inventory，VMI）

小词典

供应商管理库存是指按照双方达成的协议，由供应链的上游企业根据下游企业的物料需求计划、销售信息和库存量，主动对下游企业的库存进行管理和控制的库存管理方式。

VMI是供应链条件下一种新型的库存管理办法，它打破了传统的、各自为政的库存管理模式。VMI的核心思想是供应商通过共享用户企业的当前库存和实际耗用数据，按照实际的消耗模型、消耗趋势和补货策略，进行有实际根据的补货。

VMI的关键措施主要体现在以下几个原则中：合作精神（合作性原则）、使双方成本最小（互惠原则）、框架协议（目标一致性原则）和持续改进原则。

实施VMI的好处是能够以更低的存货成本实现更高的服务水平。首先，在成本缩减方面，供应商借助VMI可以降低顾客需求的不确定性，提高补货频率，使不同顾客之间的订货情况相互协调，从而降低了成本。其次，在改善服务方面，供应商借助VMI可以充分了解顾客的主要需求，使产品的更新更加方便，新货上架速度更快。

小思考 10-2

VMI 是一种新型、有效的库存管理方法，但是为什么在我国现阶段 VMI 没有得到普遍应用呢？如何推动 VMI 的应用？

小资料 10-1

美的集团如何运用 VMI 进行库存管理

长期以来，美的在减少库存成本方面一直成绩不错，但依然有最少 5～7 天的零部件库存和几十万台的成品库存。这一存货水准相对其他产业的优秀标杆仍稍逊一筹。在此压力下，美的在 2002 年开始尝试 VMI。

美的作为供应链里的"链主"（即核心企业），居于产业链上游。美的较为稳定的供应商有 300 多家。其中，60% 的供应商是在美的总部顺德周围，还有部分供应商在 3 天以内车程，只有 15% 的供应商距离较远。在现有供应链基础上，美的实现 VMI 的难度并不大。

对于剩下的 15% 供应商，美的在顺德总部建立了很多仓库，然后把仓库分成很多片区。外地供应商可以在仓库里租赁一个片区，并把零部件放到片区里面储备。美的需要用到这些零部件的时候，就会通知供应商，然后进行资金划拨、取货等工作。此时零部件的产权才由供应商转移到美的手上，而在此之前，所有的库存成本都由供应商承担。也就是说，在零部件交易之前，美的一直把库存成本转嫁给供应商。

资料来源　佚名.供应商库存管理 VMI 实施案例分享-美的集团［EB/OL］.［2021-08-24］. https://zhuanlan.zhihu.com/p/402936642.

4.联合管理库存（joint managed inventory，JMI）

小词典

联合管理库存是指供应链成员企业共同制订库存计划，并实施库存控制的供应链库存管理方式。

JMI 是一种在 VMI 的基础上发展起来的上游企业和下游企业权责平衡和风险共担的库存管理模式。JMI 体现了战略供应商联盟的新型企业合作关系，强调了供应链企业之间的互利合作关系。

JMI 是解决供应链系统中各节点企业相互独立的库存运作模式导致的需求放大问题，提高供应链同步化程度的有效方法。JMI 强调供应链中的各个节点同时参与、共同制订库存计划，让供应链过程中的每个库存管理者都能从相互之间的协调性出发考虑问题，使供应链各个节点之间的库存管理者对需求的预期保持一致，从而解决需求放大的问题。任何相邻节点需求的确定都是供需双方协调的结果，库存管理不再是各自为政的独立运作过程，而是供需相连的纽带和协调中心。

JMI 将供应链系统进一步集成为上游和下游两个协调管理中心，库存连接的供需双方从供应链整体的观念出发，同时参与，共同制订库存计划，从而实现了供应链的同步化运作，部分消除了供应链环节之间的不确定性和需求信息扭曲现象导致的供应链的库存波动。JMI在供应链中实施合理的风险、成本与效益平衡机制，建立合理的库存管理风险的预防和分担机制、库存成本与运输成本分担机制及与风险、成本相对应的利益分配机制，在进行有效激励的同时，避免了供需双方的短视行为；通过协调管理中心，供需双方共享需求信息，从而提高了供应链系统运作的稳定性。

JMI的优点主要体现在：在供应链库存的优化管理方面，简化了供应链库存管理的运作程序；在减少物流环节、降低物流成本的同时，提高了供应链的整体运作效率；提高了供应链的稳定性，为连续补充货物、快速反应、准时供货等创造了条件。

5.快速反应（quick response，QR）

小词典

快速反应是指供应链成员企业之间建立战略合作伙伴关系，利用电子数据交换（EDI）等信息技术进行信息交换与信息共享，用高频率小批量配送方式补货，以实现缩短交货周期，减少库存，提高顾客服务水平和企业竞争力为目的的一种供应链管理策略。

QR最早产生于美国的纺织行业，沃尔玛是推行QR的先驱。现在，QR已成为零售商获得竞争优势的工具。

QR的实施需要以下几个步骤：条形码和EDI、固定周期补货、先进的补货联盟、零售空间管理、联合产品开发和快速反应的集成。以上每一个步骤都需要以前一个步骤为基础，每一个步骤都比前一个步骤有更高的回报，但需要额外的投资。

QR的优点体现在对厂商和零售商两个方面。对厂商而言，QR可以更好地服务顾客，降低流通费用和管理费用，更好地安排生产计划；对零售商而言，QR可以提高销售额，减少降价损失，加快库存周转，降低采购成本、流通费用和管理成本。

小资料10-2

无境创新布局医疗器械智慧供应链

无境创新是一家专注于为医疗器械供应链提供智能化解决方案的公司。该公司以智慧供应链中台系统为基础，在商业公司及经销商端形成了中心仓、城市仓、城市配送分仓三套解决方案来满足商业流通公司的需求，实现了订单下达、库存、采购、销售、质量管理、定价授信、双向物流的数字化管理。在医院端升级了供应模式，从医生习惯及医院手术需求拉动供应链，将高值耗材的管理渗透至手术的整体流程与服务，实现了全新的院内数字化耗材精细管理闭环。

金沙江创投主管合伙人张予彤表示，无境创新软硬件结合的供应链管理产品，能够帮助耗材厂商和商业公司更加精细、及时、便捷地进行库存管理和货品追踪。前置到手术室的院内版产品则改变了传统的高值耗材下单采买方式，无境创新的供应链数据中台连接了医院、商业公司、耗材厂商，使得耗材的流转和使用变得更加高效透明。无境创新的团队拥有医疗、互联网、供应链管理多领域交叉背景，我们相信未来能够成为医疗供应链领域的佼佼者。

资料来源 猎云网.无境创新获金沙江创投独家投资，布局医疗器械智慧供应链［EB/OL］.［2021-11-04］.https://baijiahao.baidu.com/s?id=1715464969032832916&wfr=spider&for=pc.

6.有效客户反应（efficient consumer response，ECR）

小词典

有效客户反应是指以满足顾客要求和最大限度降低物流过程的费用为原则，及时做出准确反应，从而使提供的物品供应或服务流程最佳化的一种供应链管理策略。

ECR是1992年从美国的食品杂货业发展起来的一种供应链管理战略。这是一种分销商与供应商为消除系统中不必要的成本和费用并给客户带来更大的利益而进行密切合作的一种供应链管理战略。

ECR作为一个供应链管理系统，需要把营销技术、物流技术、信息技术和组织革新技术有机结合起来，并作为一个整体来利用。其中，营销技术主要包括商品类别管理和店铺货架空间管理；物流技术主要包括连续库存补充计划（CRP）、自动订货（CAO）、预先发货通知（ASN）、供应商管理库存（VMI）、直接转运（cross-docking）、店铺直送（DSD）；信息技术主要包括销售终端（POS）和电子数据交换（EDI）；组织革新技术主要包括企业内部革新技术、企业间的革新技术和成本会计的革新技术。

ECR的优点是减少存货成本、降低缺货率，因此它能够以较低的商品售价提高整体销售额。

小思考10-3

试比较QR与ECR这两种供应链管理方法有何差异。

7.协同计划、预测与补货（collaborative planning，forecasting and replenishment，CPFR）

小词典

协同计划、预测与补货是指应用一系列信息处理技术和模型技术，提供覆盖整个供应链的合作过程，通过共同管理业务过程和共享信息来改善零售商与供应商之间的计划协调性，提高预测精度，最终实现提高供应链效率、减少库存和提高客户满意度的供应链库存管理策略。

CPFR的形成始于沃尔玛所推动的CFAR（collaborative forecast and replenishment），CFAR是利用互联网，通过零售企业与生产企业之间的合作，共同做出商品预测，并在此基础上实行连续补货的系统。后来，在沃尔玛的不断推动下，基于信息共享的CFAR系统又向CPFR发展。

CPFR的本质即协同、计划、预测和补货。协同即建立协同目标，不仅要建立双方的效益目标，而且要确立协同的利益驱动性目标。计划即共同制订合作计划，包括合作财务计划、促销计划、库存政策变化计划、产品导入计划等。预测强调供应链双方共同参与最终的预测、对预测反馈信息的处理及预测模型的制定与修正。补货即共同确认补货相关事宜，包括运输计划、安全库存水平、前置期等。

CPFR的实施主要包括识别可比较的机遇（其关键在于订单预测的整合和销售预测的协同）、数据资源的整合应用（体现在对不同层面的预测比较、商品展示与促销包装的计划、时间段的规定）、组织评判和商业规则界定。

○ 引导知识点

三、供应链管理的重点

在供应链管理中，供应商关系管理（supplier relationship management，SRM）和客户关系管理（customer relationship management，CRM）是管理的重点。SRM 和 CRM 在供应链中永远是并重的两端，SRM 用来改善与上游企业的关系，CRM 用来改善与下游企业的关系。SRM 被称为节流管理，CRM 被称为开源管理。

↑ 小思考 10-4

为什么供应商关系管理被称为节流管理，而客户关系管理被称为开源管理？

1.供应商关系管理

◎ 小词典

供应商关系管理是一种致力于实现与供应商建立和维持长久、紧密的合作伙伴关系，旨在改善企业与供应商之间关系的管理模式。

SRM 的基本内容包括需求分析、供应商的分类与选择、与供应商建立合作关系、与供应商谈判和采购、供应商绩效评估。

（1）需求分析。准确、及时的需求分析是企业制定决策的一个先决条件，在采购方面也是如此。SRM 能够整合企业内部和外部的资源，建立起高效能的采购组织，对自身业务需要的关键性材料或者服务进行战略部署，从而减少日常生产运作中意想不到的问题的发生。

（2）供应商的分类与选择。企业应该确定符合企业战略的供应商特征，对所有供应商进行分类与评估。一般来讲，供应商可以分成交易型、战略型和大额型三类。交易型供应商是指为数众多，但交易金额较小的供应商；战略型供应商是指企业战略发展所必需的少数几家供应商；大额型供应商是指交易数额巨大、战略意义一般的供应商。对供应商进行分类，是为了针对不同类型的供应商制定不同的管理方法，从而实现有效管理。为了实现这种管理方式的转变，企业应该首先与各利益相关方进行充分沟通，并获得支持。

（3）与供应商建立合作关系。首先，与战略型供应商和大额型供应商在总体目标、采购类别目标、阶段性评估、信息共享和重要举措等方面达成共识，并记录在案。其次，与各相关部门开展共同流程改进会议，发现有改进潜力的领域。再次，对每个供应商进行职责定位，以明确其地位与作用。最后，与供应商达成建立合作关系框架协议，并明确关系目标。在这一部分可以做的工作包括：建立供应商管理制度；进行供应商绩效管理和合同关系管理；设计与实施采购流程。SRM 能够使采购流程透明化，提高工作效率和反应能力，缩短周转时间，提高买卖双方的满意度。

（4）与供应商谈判和采购。前面各步骤的工作可以通过与供应商的谈判达成协议。SRM 能够帮助企业跟踪重要的供应商的表现数据，如供应商资金的变化等，以备谈判之用。SRM 在采购过程中还可以实现公司内部与外部的一些功能。公司内部的功能包括：采购信息管理；采购人员的培训管理和绩效管理；供应商资料实时查询；内部申请及在线审批。公司外部的（与供应商之间的）功能包括：在线订购；电子付款；在线招标。

（5）供应商绩效评估。供应商绩效评估是整个供应商关系管理的重要环节。它既是对某一阶段双方合作实施效果的衡量，又是下一阶段供应商关系调整的基础。SRM能够帮助企业制定供应商绩效评估流程，定期向供应商提供反馈。供应商绩效评估的内容包括技术、质量、响应、交货、成本和合同条款履行等方面。制定供应商绩效评估流程的目的在于为双方提供开放沟通的渠道，以提升彼此的关系；同时，供应商也可以向企业做出反馈，站在客户的角度提出其对企业的看法。这些评估信息有助于改善企业和供应商之间的业务关系，进而提高企业的业务运作效率。

▶ **小资料 10-3**

麦当劳（中国）开启智慧供应链模式

2022年1月14日，麦当劳供应链智慧产业园主体工程在湖北汉孝产业园全面开工。据介绍，此次开工的主体工程包括冷链物流、仓储项目，以及包装、烘焙生产线，2024年全部建成投产后，将进一步提升麦当劳对中西部餐厅的供应速度和效率。

2020年12月，麦当劳（中国）携四大供应商泰森、宾堡、新夏晖、紫丹落户汉孝产业园，计划投资15亿元，建设涵盖食品生产、环保包装、冷链配送于一体的全产业链供应基地。该基地将充分利用物联网技术，实现生产流通数据实时追溯。

2021年8月，"泰森（湖北）食品-智慧工厂项目"率先动工，目前主体结构已封顶，2022年5月有望投产。据孝南重点项目服务中心主任杨云峰介绍，该区组建工作专班进驻园区，建立重大项目推进微信群，全天24小时跟踪服务。

资料来源 陈春保，黄桂红. 麦当劳供应链智慧产业园全面开工［N］. 湖北日报，2022-01-18.

2.客户关系管理

❓ **小词典**

客户关系管理是一种致力于实现与客户建立和维持长久、紧密合作伙伴关系，旨在改善企业与客户之间关系的管理模式。

根据权威机构统计，企业开发一个新顾客的费用是维护一位老顾客费用的8倍；顾客满意度提升5%，企业利润可提高1倍；减少5%的客户流失率，企业利润可提高25%～85%。因此，CRM的本质是培养忠诚顾客，提升客户价值，留住老客户。

CRM是一种以客户为中心的商业哲学、企业战略和企业文化。它的内容是选择并管理最有价值的客户，使客户关系处于最佳状态，注重以最佳方式提升公司与客户之间的全面关系，从而使企业和客户的整个生命周期价值最大化。

目前，人们对CRM的理解可以归纳为三种思路：一是从商业哲学的角度来理解，认为CRM是把客户置于决策出发点的一种商业哲学，它使企业与客户的关系更加紧密；二是从企业战略的角度来理解，认为CRM是通过企业对客户的引导，实现企业最大盈利的战略；三是从系统开发的角度来理解，认为CRM是帮助企业以一定的组织方式来管理客户的软件系统。

CRM的组织实施必须具备以下几个条件：企业最高管理层的全力支持；员工观念和素质的转变，每个员工在观念和行为上都需要以客户为中心；组织和业务流程的变革；资金和资源配置到位；实施规则和范围的界定；隐私问题和原则的执行。

课堂提问 ✓

供应商管理库存与联合管理库存的区别有哪些？

课堂实训 ✓

美国达可海德（DH）服装公司把供应商管理库存（VMI）看作增加销售量、提高服务水平、降低成本、保持竞争力和加强与客户联系的战略性措施。在实施VMI的过程中，DH公司发现有些客户希望采用EDI技术并且形成一个紧密的双方互惠、信任和信息共享的关系。为了对其客户实施VMI，DH公司选择了STS公司的MMS系统，以及基于客户机/服务器的VMI管理软件。DH公司采用Microsoft Windows NT，用PC机做服务器，带有5个用户终端。在STS公司的帮助下，DH公司对员工进行了培训，设置了必要的基本参数和使用规则。技术人员为主机系统的数据和EDI业务管理编制了特定的程序。

在起步阶段，DH公司选择了分销链上的几家主要客户作为试点单位。分销商的参数、配置、交货周期、运输计划、销售历史数据以及其他方面的数据，被统一输进了计算机系统。经过一段时间的运行，根据DH公司信息系统部的统计，分销商的库存减少了50%，销售额增加了23%，取得了较大的成效。

接着，DH公司将VMI系统进行了扩展，并且根据新增客户的特点采取了多种措施，在原有VMI管理软件的基础上增加了许多新的功能。VMI系统建立起来后，客户每周将销售和库存数据传送到DH公司，然后由主机系统和VMI接口系统进行处理。DH公司用VMI系统，根据销售的历史数据、季节款式、颜色等不同因素，为每一个客户预测一年的销售量和库存需要量。结果表明，DH公司及其客户都取得了预期的收益。

该公司VMI系统成功的关键在哪里？

案例分组讨论 ✓

华为的供应商管理之道

一、华为对供应商的绩效评估

华为采购部制定了供应商评估流程，定期向供应商提供反馈建议。该流程从技术、质量、响应、交货、成本和合同条款履行这几个关键方面对供应商进行评估。同时，华为鼓励供应商向华为反馈。这些反馈信息将用于改善彼此的业务关系，改善华为内部的业务运作。

二、华为制定业务行为准则

华为的政策是与供应商和其他任何有业务关系的客户进行公平往来，共同遵守商业道德。如果供应商感觉到该政策的执行打了折扣或背道而驰，就可以将担忧向华为供应商反馈办公室反映。华为将本着尊重事实、谨慎周密的原则进行调查处理，并替反馈人保守秘密。

三、华为提供多样化的沟通渠道

每个物料专家团内部都有供应商对接人，负责与供应商对接，处理供应商与华为来往过程中可能碰到的任何问题和疑问。通过这一渠道，专家团会将所有可能影响到供应商业务的采购策略和计划传达给供应商。华为设立供应商反馈办公室，主要是为了处理所有与采购相关的问题，包括供应商针对华为员工或某部门的不公平行为和不道德行为的投诉等，供应商可以坦诚地让华为知悉自己的顾虑。

资料来源　佚名. 华为的供应商管理之道［EB/OL］.［2020-01-15］. https://www.360kuai.com/pc/97554024d30bb082c? cota=3&kuai_so=1&sign=360_57c3bbd1&refer_scene=so_1.

问题：华为公司供应商管理的特色何在？华为公司的供应商管理方法对其他企业有何启示？

引导知识点

四、供应链中的牛鞭效应

小词典

牛鞭效应是指由供应链下游需求的小变动引发的供应链上游需求变动逐级放大的现象。牛鞭效应如图10-5所示。

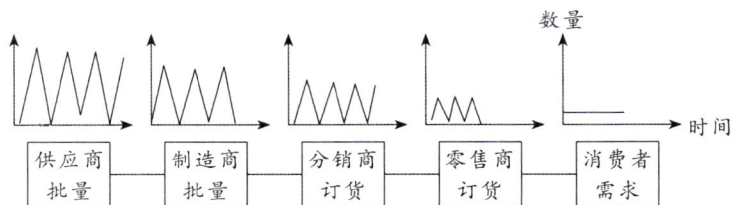

图10-5　牛鞭效应示意图

1.供应链中牛鞭效应产生的原因

牛鞭效应产生的原因主要包括以下几个方面：

（1）需求预测修正。供应链上的成员采用不同的预测模型进行各自的预测，所采用的数据仅限于下游客户的直接订单，缺少对未来情况的掌握，因此其常在预测值上加一个修正增量作为订货数量，从而产生了需求的虚增。

（2）价格波动。零售商和分销商面对价格波动剧烈、促销与打折活动、供不应求、通货膨胀、自然灾害等情况，往往会采取加大库存量的做法，从而使订货量远远大于实际需求量。

（3）订货批量。企业订货常采用最大库存策略，在一个周期内或者汇总到一定数量后再向供应商整批订货，这使得其上游供应商看到的是一个不真实的需求量。

（4）环境变异。政策和社会发展等环境的变化所产生的不确定性，也造成了订货需求量放大。一般而言，应付环境变异最主要的手段就是持有大量库存，且不确定性越大，库存量就越大，但这种高库存代表的并不是真实的需求。

（5）短缺博弈。当市场上某些产品的需求增大时，零售商和分销商就会怀疑这些商品将会出现短缺情况，这会使得零售商和分销商增加订货量；当需求降温或短缺结束后，订货量又突然减少，从而造成了需求预测和判断的失误，产生了牛鞭效应。

（6）库存失衡。传统的营销过程一般是由供应商将商品送交分销商，库存责任仍然归供应商，待销售完成后再进行结算，商品却由分销商掌握和调度。这就导致了分销商普遍倾向于增加订货量以掌握库存控制权，进而使得订货需求加大，产生牛鞭效应。

（7）缺少协作。由于缺少信息交流和共享，企业无法掌握下游企业的真正需求和上游企业的供货能力，只好自行多储货物；同时，供应链上无法实现存货互通有无和转运调拨，零售商和分销商只能各自持有大量库存。

（8）提前期拉长。需求的变动随着提前期的变长而增大，且提前期越长，需求变动引起的订货量就越大。企业由于无法确定交货的准确时间，因此往往希望对交货日期留有一定的余地，从而持有较长的提前期，提前期逐级拉长也导致了牛鞭效应的产生。

2.抑制供应链中牛鞭效应的措施

（1）提高预测的精确度。这需要考虑历史资料、定价、季节、促销和销售额等因素。由于有些数据掌握在零售商和分销商手中，因此上游企业必须与零售商和分销商保持良好的沟通，以便及时获得这些数据。供应链成员间分享预测数据，同时使用相似的预测方法协作预测，能够有效提高预测的准确性。

（2）实现信息共享。这是抑制牛鞭效应最有效的措施之一，供应链成员间通过EDI来实现实时交流和信息共享，能够减少甚至消除信息的不对称性，准确把握下游企业的实际需求。

（3）业务集成。供应链成员间实现业务紧密集成，形成顺畅的业务流，既能减少下游企业的需求变动，又能掌握上游企业的供货能力，进而能够安心享受供给保障，不再虚增需求量。

（4）订货分级管理。根据"二八定律"划分分销商，区别对待每一个分销商，实行订货分级管理，通过关注重要分销商来降低变异概率。

（5）合理分担库存。供应商、分销商和零售商采用JMI、VMI等方式合理分担库存，一旦某处出现库存短缺，可立即从其他地点调拨，以保证供货。这既防止了需求变异的放大，又共担风险，降低了整体库存，从而有效抑制了牛鞭效应。

（6）缩短提前期。一般来说，订货提前期越短，订货量越准确。根据沃尔玛的调查，如果提前26周进货，需求预测误差为40%；提前16周进货，需求预测误差为20%；在销售时节开始时进货，需求预测误差为10%。因此，缩短提前期能够显著抑制牛鞭效应。

（7）业务外包。例如，采用第三方物流策略可以缩短提前期和实现小批量订货，不需要再向一个供应商一次性大批量订货。

（8）建立供应链战略伙伴关系。供需双方在战略联盟中相互信任，公开业务数据，共享信息和业务集成。这样，每一方都能够了解对方的供需情况和能力，从而避免了货物短缺情况下的博弈行为，减少了产生牛鞭效应的机会。

小思考10-5

　　新冠肺炎疫情期间，个人防护和消毒用品，包括口罩、消毒液等全面脱销，以至日常用的纸巾甚至食品都被抢光了。疫情暴发之初，口罩全球性紧缺，以至于"一罩难求"！为什么口罩甚至纸巾都会全面紧缺？一是病毒的全面暴发导致紧急刚需，二是因为没有人知道疫情会发展成什么样，大家都陷入恐慌，疯狂囤积口罩，而制作口罩的瓶颈熔喷布生产线是一个长期的产能规划过程，不可能及时短期内布置完成，导致口罩全面紧缺。

　　面对这个巨大的潜在市场需求加上口罩的价格趁机暴涨，商家竞相逐利，多家央企民企不惜重金投资口罩及防疫物资的生产。但是潜在的风险恐怕就不是那么容易看得见，这个风险就是随之而来的库存积压及产能过剩风险，以至于短期的暴利收入无法与投资相抵，产能及相关重要资源浪费，无法获得预期的回报。

　　近日来已有陆续报道熔喷布价格暴跌，从几十万元一吨暴跌仅万元乃至要"白送"，口罩积压严重，许多商家从"日进斗金"到"亏损百万"，市场形势转变之快，令众多商家始料不及，悔不当初。

资料来源　佚名. 口罩跌下神坛，牛鞭效应再次应验，该如何应对？[EB/OL]. [2020-06-30]. https://www.163.com/dy/article/FF03VMQJ0538FF3C.html.

　　结合此案例谈一谈你对"牛鞭效应"的认识。

课堂提问 ☑

　　供应链中的牛鞭效应能否彻底消除？

案例分组讨论 ☑

联想集团的供应链管理分析

　　联想的供应链组织包括原材料采购、生产、成品配送、运输、仓储（外包）和支付。联想从流程改造入手，设计了计划流程、物流运作流程和订单交付流程三个主要流程的改造计划。在计划流程环节，根据每天不断变化的市场信息修订计划；在物流运作及订单交付环节，采用空运的方式提高物流效率。

　　联想供应链管理的策略：

　　1.业务外包战略

　　联想将技术含量相对较高的业务外包出去，紧紧抓住自己的核心业务，减少了供应链的运行总成本，从而提高了竞争力。

　　2.采用一体化的运作体系

　　联想把采购、生产、分销以及物流整合成一个统一的系统，在集团内进行统一的协调。

　　3.采取一种安全库存结合按订单生产的方式

　　联想会保证1~2天的成品安全库存，其余则是根据用户的订单来快速地响应客户和市场的需求。

此外，联想还采用了VMI采购模式。VMI为联想的生产与发展带来了可观的效益：一是联想内部业务流程得到精简；二是使仓库更接近生产地，增强了供应弹性；三是改善了库存回旋余地，进而保持库存量的最优化；四是通过可视化库存管理能够在线上监控供应商的交货能力。

资料来源　佚名. 联想集团的供应链管理分析［EB/OL］.［2020-11-02］. https：//max.book118.com/html/2020/1030/5004244344003014.shtm.

问题：联想供应链管理的有效性体现在哪些方面？

项目考核

1.单项选择题

（1）供应链中一切业务的原动力来自客户需求，这样的供应链是（　　）。

A.有效性供应链　　B.反应性供应链　　C.推动式供应链　　D.拉动式供应链

（2）以实现物理功能为主的供应链称为（　　）。

A.倾斜的供应链　　B.有效性供应链　　C.反应性供应链　　D.平衡的供应链

（3）供应商关系管理属于（　　）。

A.开源管理　　　　B.内部管理　　　　C.节流管理　　　　D.交易管理

（4）（　　）的不确定性会造成牛鞭效应。

A.生产与销售　　　B.运输与配送　　　C.需求与供给　　　D.采购与配送

（4）（　　）可以实现各主要职能（采购/低采购成本、生产/规模效益、分销/低运输成本、市场/产品多样化、财务/资金运转快）之间的平衡。

A.倾斜的供应链　　B.平衡的供应链　　C.有效性供应链　　D.反应性供应链

2.多项选择题

（1）实施供应链管理的目标包括（　　）。

A.总成本最小化　　　　　　　　　　　B.客户服务最优化

C.产品或服务质量最优化　　　　　　　D.总时间周期最长化

（2）客户关系管理的核心是（　　）。

A.培养新客户　　　　　　　　　　　　B.提高客户满意度

C.保持老客户　　　　　　　　　　　　D.培养忠诚客户

（3）CPFR的本质是（　　）。

A.协同　　　　　　B.计划　　　　　　C.预测　　　　　　D.补货

（4）抑制牛鞭效应的措施有（　　）。

A.提高预测的精确度　　B.实现信息共享　　C.业务集成

D.订货分级管理　　　　E.建立供应链战略伙伴关系

（5）下列说法正确的有（　　）。

A.VMI、JMI是供应链条件下新型的库存管理办法

B.VMI的关键措施主要体现在以下几个原则中：合作精神（合作性原则）、使双方成本最小（互惠原则）、框架协议（目标一致性原则）和持续改进原则

C.JMI是一种在VMI的基础上发展起来的上游企业和下游企业权责平衡和风险共担的库存管理模式

D.JMI是解决供应链系统中各节点企业相互独立的库存运作模式导致的需求放大问题，提高供应链同步化程度的有效方法

3.判断题

（1）小麦的供应链通常属于稳定性供应链、反应型供应链。　　　　　　（　　）

（2）推拉分析法是将供应链流程分解为一系列的环节，每个环节用于连接供应链中两个相继出现的阶段的方法。　　　　　　（　　）

（3）环节分析法保证了所制定决策的可操作性，因为它清楚地界定了供应链中每个成员的角色和责任。　　　　　　（　　）

（4）供应链中的拉动流程，即在顾客需求已知并确定的情况下，对顾客订单做出反应的流程。供应链上的推拉边界将推动流程和拉动流程区别开来。　　　　　　（　　）

（5）联合管理库存是指按照双方达成的协议，由供应链的上游企业根据下游企业的物料需求计划、销售信息和库存量，主动对下游企业的库存进行管理和控制的库存管理方式。　　　　　　（　　）

4.问答题

（1）简要说明供应链的常见分类。

（2）简述你对SRM和CRM的认识。

（3）什么是牛鞭效应？分析其产生的原因及解决对策。

项目实训

1.实践训练

有以下分类：矿泉水、方便面；项链、小礼物；服装；家电。试从不同的角度分析其供应链的类型。

2.课外实训

考察一下从一家便利店购买饮料的情形，描述这个供应链的不同阶段及其涉及的供应链物流。

3.拓展训练

选择某供应链为研究对象，分析如何利用供应链的方法去提升其供应链水平。

主要参考文献

［1］杰里·拉德. 物流管理实战指南：运输、仓储、贸易和配送［M］.欧阳恋群，黄帝，译.北京：人民邮电出版社，2022.

［2］顾东晓，章蕾. 物流学概论［M］. 2版. 北京：清华大学出版社，2021.

［3］沈小平，卢少平，聂伟. 物流学导论［M］. 2版. 武汉：华中科技大学出版社，2021.

［4］姜岩. 物流服务质量管理：理论及应用［M］. 北京：机械工业出版社，2021.

［5］崔介何. 物流学概论［M］. 5版. 北京：北京大学出版社，2015.

［6］刘刚. 物流管理［M］. 4版. 北京：中国人民大学出版社，2018.

［7］黄福华，周敏. 现代企业物流管理［M］. 2版. 北京：科学出版社，2019.

［8］梁金萍. 齐云英. 运输管理［M］. 3版. 北京：机械工业出版社，2021.

［9］刘敏. 现代物流管理基础［M］. 3版.北京：电子工业出版社，2021.

［10］陈文，吴智峰. 物流成本管理［M］. 4版.北京：北京理工大学出版社，2021.

［11］王桂花，王志凤，高文华. 供应链管理［M］. 3版. 北京：中国人民大学出版社，2019.

［12］傅莉萍. 食品物流管理［M］. 北京：清华大学出版社，2020.

［13］刘胜春，李严锋. 第三方物流［M］. 4版. 大连：东北财经大学出版社，2019.

［14］侯云先，吕建军. 物流与供应链管理［M］. 2版. 北京：机械工业出版社，2016.

［15］马跃月，艾比江. 物流管理与实训［M］. 2版. 北京：清华大学出版社，2013.

［16］其日格夫，段春媚. 物流成本管理［M］. 2版. 北京：中国人民大学出版社，2016.

［17］李创，王丽萍. 物流管理［M］. 2版. 北京：清华大学出版社，2016.

［18］宿春君. 博弈论的诡计［M］. 北京：华夏出版社，2011.

［19］刘冬，姚丽凤. 现代物流管理理论与实务［M］. 天津：天津大学出版社，2009.

［20］杜昊宇. 试论互联网背景下的第三方物流升级策略［J］. 才智，2019（3）.

［21］潘灿辉，李依蓉. 第三方物流的发展现状与趋势研究［J］. 中国市场，2019（7）.